读 书 与 行 路

古代有狂生，囿于识见，道是："秀才不出门，全知天下事。"后来眼界渐开，始知求取真知，要"读万卷书，行万里路"。

晚明的文人张岱，就是这么一位。他少年时代"为纨绔子弟，极爱繁华，好精舍，好美婢，好娈童，好鲜衣，好美食，好骏马，好华灯，好烟火，好梨园，好鼓吹，好古董，好花鸟，兼以茶淫橘虐，书蠹诗魔"。不想年至半百，遭逢家亡国破，由此痛加反省，才懂得纸上亲闻不如实地亲见。他在《快园道古》中说："视燕图者言燕，而燕不核也；及至燕，而始能言燕，则空言之无当于实见也。"

近代欧风东渐，让国人引进了社会学与人类学。老一辈社会学家、人类学家如费孝通等前辈，没有模仿那些没出息的古之士大夫，他们不走"安乐椅上的人类学"、"书斋里的社会学"一路，而强调"实见"的重要，讲究读书思考与田野调查并重。这在今天的社会科学研究中，其重要性已经为人们充分认识。

不过，求取知识，也不一定非得正儿八经地去做田野调查不可。现代交通技术的迅猛发展，使人的活动半径大大拓展。无论是旅游也罢，休闲也罢，参加会议也罢，有心人胸中如具灵光，屐痕所至，处处都能有所发现。但也有人每天做将要远行状，以为近处不足观；有人足蹬耐克鞋，开着进口豪华车，行旅半中国；有人周游世界，甚至绕了地球不止一圈。可他们却空行了万里路，归来还是大脑空空。他们不懂得，"读万卷书，行万里路"，关键是要有一双社会学之眼，才能"思接千载，视通万里"，具备穿透表象的洞察力量。无论面对的是荒丘堙莽，残垣断壁，还是帝国胜迹，繁华市井，都能看到常人见不到的东西，真正增长知识见闻。社会学家米尔斯则认为，想象力比观察力更为重要。而要具备这种想象力，就要能"从个人烦恼看出社会议题，结合小我生命和大我生命以及社会结构来思考问题，要打破学科的僵化界限而以问题为中心"，而最最重要的，则是"要将人类的理性与自由，常萦胸际"。

王　焱

目 录

帕金的"文化缓冲带"思想与中国的"社会缓冲带"

李 强

弗兰克·帕金（Frank Parkin）是新韦伯主义分层思想的重要代表，他的贡献主要在理论方面，比如他十分清晰地阐述了韦伯主义的社会屏蔽思想。帕金比吉登斯的年龄要大些，他于1931年出生于英国。他和吉登斯一样都曾在伦敦经济学院学习，从1958年至1961年，帕金在伦敦经济学院读了三年本科，1966年获得博士学位。在读博士期间的1964~1965年，他曾在吉登斯读书的学校赫尔大学任助理讲师。获得博士学位以后，他到肯特大学（Kent University）社会学系教书，历任讲师、副教授（reader）、教授。1992年他在肯特大学建立了"社会与政治运动研究中心"，该中心的学术取向体现了与社会政策、社会实践相结合的特点。直到新世纪以来，他仍然参与很多教学和学术活动，曾任英国牛津大学莫德林学院（Magdalen College）的指导教师（tutor）。

在社会流动的研究中，帕金提出了一个"社会文化缓冲带（a social and cultural buffer zone）"的理论。他认为，在中产阶级与工人阶级之间存在着一个"社会文化缓冲带"，这个缓冲带是由大量的低层白领职业群体构成的。大量的社会流动是围绕缓冲带进行的，最上层阶级与最下层阶级之间的流动是很少见的，两极之间距离太远、流动困难，而进入和流出缓冲带的阶级流动则要更容易一些。西方社会的经验证明，社会流动多数是短距离的，也就是说，流动不管是上升还是下降，都会先进入到这个缓冲带。

帕金认为，缓冲带具有重要的社会稳定功能。由于有了这个缓冲带，社会流动就不会引发明显的社会不适应问题。比如，出身于工人阶级家庭的人，向上流动进入了中产阶级下层的缓冲带，在这个缓冲带里，他们的行为模式、所认同的社会符号，就不会与周围有太大的差距。他们就不会显得很不适应，就不会有外来感。所以，大量的所谓社会流动，只不过是边缘阶层进

李　强：清华大学社会学系教授。

出缓冲带的流动,是同一个家庭两代人之间发生的边缘地位的流动。

如果父母向下的流动所失去的地盘能够通过子女的成功又重新获得,这样,父母的社会地位下降的感觉就会有所减轻。研究证明,由于他们子女的地位又上升了,那些地位下降的父母心理上得到很大满足。这些先是发生下降流动,后来又在下一代实现了上升流动的家庭,不仅显示了社会的机会,而且也减轻了地位下降所造成的心理紧张。所以,如果将两代人的流动综合起来看,一代人的损失通过另一代人得到补偿,也可以起到缓冲作用。

阶级之间的流动也可以带来原来阶级的文化,这也是一种文化缓冲。研究显示,那些曾经在家庭里有过中产阶级经历的工人阶级的孩子,比那些在家庭里没有中产阶级经历的工人阶级的孩子,在学校的学习表现要好得多。那些出身于中产阶级但是嫁给工人阶级的妇女,她们在促进子女学习上进方面起了很大作用。科恩(Elizabeth Cohen)对于美国工人阶级家庭的中学生的研究表明:如果母亲曾经是白领家庭出身的,那么孩子中有80%能上大学;而如果母亲是工人阶级家庭出身的,则孩子只有42%上大学。既然受教育水平与职业成就之间有十分密切的关系,那么,这个数据就可以证明那些曾经是中产阶级出身,后来下降流动到工人阶级的母亲,其所在家庭的子女具有明显高的上升流动的潜在动力。对此,还可以找到更为直接的证据。有研究证明,那些通过取得教育成就而流入到非体力职业的工人阶级子女,他们大多是,或者有父母出身于中产阶级家庭,或者是父母处在工人阶级与中产阶级的边缘位置上,而不是来自那种典型的、传统的工人阶级家庭。

各阶级的向下流动,由于上述因素的制约,可以缓和社会紧张,避免造成严重的政治后果。所以,帕金的缓冲带理论是在解释为什么西方国家一方面有大量的下降社会流动,另一方面却没有造成危及整个社会体制的政治后果。

帕金认为,从事专业、管理的中产阶级及其子女,他们的下降流动会比下层白领职业成员的下降流动受到更大的文化震惊。体力工人的生活方式、工作经历、报酬水平,对于那些已经习惯于中产阶级特殊地位的人来说,显然需要作出很大的适应调整。在工业社会中,有时确实会发生这种类型的长距离地位下降流动。但是,绝大多数情况下,拥有专业技术的中产阶级家庭能够保证他们的子女承继某种白领地位。这里所说的承继更多的不是指继承私有财产,而是指提供给子女较好的教育、较好的家庭环境,这些因素有助于子女的成功。

当然,长距离下降流动,除了个人病理原因、自动放弃等原因外,也不排除竞争淘汰方面的原因。那些出身于富有阶级家庭的子女,当然也会有人由于能力较弱而落入了报酬很低的体力劳动者行列,但是其比例是十分小的。由于上层阶级子女所获得的在文化、教育、环境方面的优越条件,即便是最为愚钝的人,也可以得到大量的知识、重要的社会技能,因此他们比较容易适应白领的工作。所以,较高家庭地位出身的人,即便是下降,也会有很多缓冲的因素。

总之,长距离下降流动不是主流,主流是进入到邻近的阶级,而"社会文化缓冲带"大大缓解了社会紧张和社会不适应。这就是西方社会得以稳定的重要原因。那么,中国的情况如何呢?

笔者认为,近些年来,一方面,我国部分城乡居民确实出现了地位下降的情况;但是,另一方面,从历史的纵向比较看,我国当前还是比较好的发展时期,还属于"大治"之世,与"文化大革命"的"大乱"之世形成鲜明对照。

虽然中国的国情与西方很不相同,但是,对于一个急剧变迁的社会,"缓冲带"的原理可以为我们缓解社会危机、缓和社会冲突、解决社会问题提供一种新的思路。中国目前处在改革与社会巨变的时代,社会流动规模在扩大,速度在加快,上升流动和下降流动频繁发生。地位上升固然是好事情,但是,一部分人的地位上升,比如迅速富裕起来,也会导致其他群体的相对地位下降。而且在这一时期,地位下降也并不少见,比如,20世纪90年代中后期的大批城市职工失业下岗,城市出现新的相对和绝对贫困阶层等。传统上,对于地位下降,人们集中于探讨它所造成的负面效应,即造成社会动荡、社会不稳定、社会矛盾、社会冲突等。而帕金却提出这样一个命题:下降流动也可以因为缓冲带的机制而转化为社会稳定。这是一个很好的思路,沿着这个思路考虑,我国当前可以探讨的具有中国特色的"缓冲带"机制有哪些呢?笔者试列出如下几种。

第一,基层组织"缓冲带"。中国是组织资源最为发达的社会。中国自然资源总量十分丰富,但是最近的一些调查数据显示我国的人均自然资源十分短缺,在国际上位次很低。我国人均淡水资源排在全世界第88位,我国人口占世界人口的21%,但石油储量仅占世界的1.8%,天然气储量仅占世界的 0.7%。所以，从人均的角度看，我们的自然资源是相当贫乏的。但是，与之形成强烈反差的是，我们的组织资源极为丰富。改革以前的计划经济时代，我们建立了层级管理的组织体系，甚至在很大程度上取代了市场，通过组织管理和票证制度，居然将物质资源配置到每一个人。当然，这样一种人为配置资源的做法扼杀了个人的积极性，一般被视为计划经济的严重弊端。但是，如果从社会资源的角度看，这又确实是一种极为强大的组织资源。长期以来，我们通过这套组织资源实现了极为罕见的社会动员。改革以后，从表面上看，层级的组织管理体系有所弱化，但是，2003 年对于突发的"非典"危机的处理，再次证明即使在市场转型以后，我国的组织资源仍然是极为强大和有效的。既然有强大有效的组织资源，我们就应该充分发挥它的效能。目前，在社会转型中，与老百姓联系最为密切的组织资源是城市里的街道、社区居委会，农村的村委会等。单从城市社区居委会的工作看，近年来，居委会在辅助城市弱势群体，实施城市最低生活保障制度，照顾老弱病残，建立城市社区医疗保障体系，协助城市失业下岗人员再就业，解决家庭困难、纠纷与矛盾等方面，发挥了重要的缓冲带功能。在全世界，能够像中国这样，通过极为庞大的基层层级街道、社区居委会组织体系实现社会救助的，确实不多见。所以，这应被看做是具有中国特色的缓冲带。

第二，传统单位体制的"缓冲带"功能。近来关于单位制的探讨大多集中在讨论市场转型时期单位制的变迁和衰落方面，而对于市场转型中单位制为缓和社会矛盾、继续发挥功能方面关注得不够。其实，即使在 20 世纪 90 年代中后期国有企业转制，失业、下岗、离岗、内退等人员激增的时期，单位制还是在发挥作用的，下岗、离岗、内退等人员在很长一段时间里，仍然与单位保持了一定的联系，不少单位在不同程度上为曾经工作过的职工提供了一些福利。20 世纪 90 年代中后期，单位房屋体制改革，将原属于单位的住房以比较低的价格卖给了职工。所以，最近的数据显示，中国城市居民住房的自有比率在全世界位居前茅，而居民拥有住房的主要渠道就是"单位房改"。拥有自己的住房成为社会稳定的重要原因，所以，"单位房改"实际上也起到了社会缓冲的功能。

第三，政治身份群体"缓冲带"。在 90 年代中后期城市体制大转轨中，随着大批国有企业的转制，很多原来处在中间阶层地位上的国企职工经济地位明显下降。但是，这也分为不同的情况，其中的某些群体，特别是具有传统优秀政治身份的群体，在不同程度上得到了一些社会照顾和福利，比如，市级以上的劳动模范、革命伤残人员、军属、烈属等受到了一些政策的保护。

第四，新的社会保障机制起到了缓冲带的功能。20世纪90年代以来，针对城市里出现的地位下降群体或新的贫困层，国家逐步建立了一系列新的社会保障机制。比如，城市最低生活保障线，即对城市居民中的贫困阶层给予经济上的帮助。又比如，针对失业下岗，各个城市均建立了多种再就业机制，一些城市提出防止"零就业家庭"的出现，即保证家庭中至少有一个人就业。再比如，近来一些城市尝试在市民中建立"广覆盖"的医疗保障机制等。

第五，子女地位上升对于父母地位下降的补偿功能。帕金的研究证明，在西方国家，一代人的地位下降，从另一代人的地位上升中得到补偿。在我国，这种现象也很突出。改革以来，由于产业更替很快，很多中老年群体的技术被淘汰了，出现了明显的地位下降状况，但是，新生代由于受教育水平高、掌握新技术的速度快，因此，出现了某些新生代地位迅速上升的现象。笔者曾将此种现象称为"我国中等阶层的代际更替"，即认为改革以前的国营企业职工层在我国当时的社会是类似于中产的阶层，改革以后大部分衰落了，随着国有企业的解体而地位明显下降，但是，年轻的一代却迅速成长起来，所以，家庭中工作不久的孩子的收入明显超过父母的现象比较普遍。这里面有明显的代际补偿，这也是一种重要的社会缓冲现象。

第六，家庭内部的经济互助，这是最具有中国特色的社会缓冲机制。改革以来，我国同一家庭内部成员的上升和下降流动是很不一样的，常常出现同一家庭的兄弟姐妹之间，有的人迅速致富，有的人失业下岗的现象。在多数西方国家，兄弟姐妹之间是很少有经济往来的，缺少一种缓冲的机制。而在我国，家庭内部的经济互助、金钱帮助是十分普遍的。家庭中一个成员富起来了，父母就会出面调解，让兄弟姐妹之间互相帮助。这种家庭成员之间的互助使得下降流动的成员得到了经济补偿，缓解了他们的危机，这也是一种特殊的缓冲带机制。

总之，下降流动是任何一个社会都无法避免的。虽然好的社会体制应该是提供更多的上升流动机会，但是，如果发生了下降流动，也并不可怕。以上的分析就说明，很多因素可以起到缓冲作用，可以起到补偿作用。

中国的骚乱事件与管治危机

——在加州大学伯克利分校的演讲

于建嵘

　　这次能够专程到世界著名的美国加州大学伯克利分校作演讲，我很高兴。这首先要感谢欧博文（Kevin J. O'Brien）教授，是他及他领导的中国研究中心邀请我到这里的，他们不仅承担了我的全部旅费，而且还精心安排了我到斯坦福大学和加州大学洛杉矶分校（UCLA）的学术交流活动。实际上这个演讲最初安排在 5 月 10 日，中国研究中心在年初就作了公告。但后来因我 5 月 8 日要陪同我们的一位国家领导人到广东考察，所以没有来。对此，我感到非常抱歉。今天看到有这么多关心中国问题的学生和教授，特别是有这么多美国的著名学者来同我一起讨论中国目前在管治方面存在的问题和对策，我特别感动。

　　我演讲的题目是"中国的骚乱事件和管治危机"。我这里所讲的"骚乱事件"，是目前中国社会群体性事件的一个特别的类型。我一直认为，对群体性事件的观察和分析，是理解中国社会发展状况的重要窗口，因为这些事件客观和真实地表现了中国社会的许多重要信息。事实上，近十年来，中国发生的群体性事件在迅速增加。1993 年，全国共发生 8709 宗，此后一直保持快速上升趋势，1999 年总数超过 32000 宗，2003 年 60000 宗，2004 年 74000 宗，2005 年 87000 宗，上升了近十倍。如果要对这些事件进行分类的话，农民维权约占 35%，工人维权为 30%，市民维权为 15%，社会纠纷为 10%，社会骚乱为 5%，有组织犯罪等为 5%。2005 年发生的较大社会骚乱事件约占全年群体性事件的 5.1%。

"以法抗争"和"以理维权"

　　近年来，我研究的主要问题就是农民和工人的维权活动。这些研究的主

于建嵘：中国社会科学院农村发展研究所教授。

要成果是两部专著:《当代农民的维权抗争——湖南衡阳考察》和《当代中国工人阶级状况——安源实录》。在这两部专著和相关论文中,我把农民的维权活动称之为"以法抗争",工人的维权抗争称之为"以理维权"。所谓"以法抗争",是指以具有明确政治信仰的农民利益代言人为核心,通过各种方式建立相对稳定的社会动员网络,抗争者以其他农民为诉求对象,他们认定的解决问题的主体是包括他们在内并以他们为主导的农民自己,抗争者直接挑战他们的对立面,即直接以县乡政府为抗争对象,是一种旨在宣示和确立农民这一社会群体抽象的"合法权益"或"公民权利"的政治性抗争。我这个"以法抗争"直接来源于欧博文教授和李连江教授所提出的"依法抗争",但它们之间是有区别的。这些区别主要有:"以法"是直接意义上的以法律为抗争武器,"依法"是间接意义上的以法律为抗争依据;"以法抗争"是抗争者以直接挑战抗争对象为主,诉诸"立法者"为辅,"依法抗争"则是以抗争者诉诸"立法者"为主,直接挑战抗争对象为辅,甚至避免直接挑战抗争对象;在"以法抗争"中,抗争者更多地以自身为实现抗争目标的主体,在"依法抗争"中,抗争者更多地以立法者为实现抗争目标的主体。工人"以理维权"的"理",不是道义经济学中的"生存伦理",而主要是一种"政治伦理"。这种"政治伦理"最直接的精神资源来自执政者长期宣扬的意识形态。由这种意识形态决定的主流话语中,工人阶级是革命的主力军,执政的共产党是工人阶级的先锋队,工人是国家的主人,是社会真正的统治者。这种政治化的话语,一方面制约着工人的独立思考和阶级意识的发育,另一方面又成为工人维权抗争的武器。在维权抗争方面,还有很大一部分是有关市民维权的。这方面我没有进行专门的研究。从已有的研究成果和我自己的观察来看,可以称之为"理性维权"。市民维权由于社会阶层复杂,维权的问题主要在物权、环境权及消费权等方面,许多事务是个体的,群体联系有限,运用法律和关系网解决的可能性较多,显得相对理性,引发群体性事件的比例较少。目前,由市民维权引发的群体性事件主要在社区物业管理和房屋拆迁方面。总之,在我看来,无论是农民的"以法抗争",工人的"以理维权",还是市民的"理性维权",在性质上都表现为如下四个特点:

其一,都是利益之争,不是权力之争,经济性大于政治性。其二,规则意识大于权利意识,但随着从个案维权向共同议题转变,权利意识有所加强。

对这个问题,欧博文教授和哈佛大学的裴宜理教授有不同的观点。在裴宜理教授看来,中国民众所进行的维权抗争活动,起支配作用的是规则意识,但欧博文教授和李连江教授却提出在规则意识之外,公民权的兴起将越来越多地影响到维权活动。其三是反应性大于进取性,基本上都是因自身权利受到了侵犯的一种反应性行为。其四则是目标的合法性与行为的非法性共存,就是说,维权群体的目标是合法的,但在具体的行为上,也可能出现一些非法现象。

前面我分析了中国维权事件,这实际上是近几年中国学界和西方学界都关注的热点问题之一,也产生了一些较有影响的理论成果,形成了一些基本共识。可对社会骚乱事件的性质及特点等问题的研究,还没有引起人们足够的重视。有些学者,特别是西方学者,把所有发生在中国的群体性事件都称之为社会骚乱。对这一点我是不同意的。因为只要我们进行深入研究就会发现,它们之间有许多不同。下面,我结合近年来中国发生的影响较大的社会骚乱事件,来分析这些不同。

第一,这些事件主要是因偶然事件引起,突发性极强。同维权事件不同的是,这些事件一般都没有个人上访、行政诉讼等过程。比如2004年的重庆万州事件就是这样。2004年10月18日下午,重庆市万州区的搬运工余某途经太白路中段,其肩上的扁担撞了在他后面行走的曾姓妇女。随后两人发生争执,曾某打了余某一记耳光,后来曾某的丈夫胡某也冲上前殴打,并自称是公务员,出了什么事花钱都可以摆平。胡某的真实身份是昊盛房地产水果批发市场临时工。事件当即引起群众的公愤,造成数百名群众围观,堵塞交通。接着发生砸烧警车的行为,造成数千群众聚集围观。随后,近万民众向位于高笋塘广场的区政府大楼集结,要求政府出面公平处理民工被打事件。民众先后将5辆警车及消防车掀翻后放火焚烧,万州区政府的玻璃大门也被群众扔的石头打碎。群众冲撞区政府办公大楼,抢走电脑,损毁财物。再比如2005年的安徽池州事件也是因一起交通事故引发的。有些事件出现过事主不满,找有关部门反映或要求解决问题而未果,但真正骚乱事件发生时,仍然有很强的突发性。

第二,绝大多数参与者与最初引发的事件并没有直接利益关系,主要是路见不平或借题发挥,表达对社会不公的不满,以发泄为主。这种"无直接利益冲突"或"泄愤性冲突"是社会骚乱事件区别于维权事件最为主要的特点。前面所说的万州事件就是一个非常典型的案例,安徽池州案件也是如此。2005年6月26日14时30分左右,安徽池州城区翠柏路菜市场门口,一辆挂着苏A牌照的丰田轿车将行人刘某挂伤,双方发生争执,车上司乘人员将刘某殴打致伤,引起部分市民不满并向池州110报警。接警后,九华路派出所立即派人赶赴现场,将刘某送往池州市第一人民医院就诊,拟将肇事者连人带车带到派出所接受调查。围观的群众认为警察在袒护打手,袒护商人,要求警察把人交出来。18时左右,围观群众近万人,有人开始推砸肇事车辆,将丰田轿车砸得面目全非并掀翻。接着有人开始点燃轿车,并向着火的车辆扔入鞭炮,引起骚动。随后围观者把停放在派出所门前的一辆警车推堵到派出所门口,一边点燃车辆,一边燃放鞭炮,顿时浓烟四起,现场混乱开始升级。接着围观者开始袭击现场武警,6名武警被石块砸伤。赶来灭火的消防车,不但消火栓被抢,车子也被推离现场10余米。19时40分,停放在翠柏路上的一辆宣传车和一辆警车同时被点燃。随后,围观者开始围攻附近的东华东超市,他们破门而入进行哄抢。3个多小时以后,超市被洗劫一空。事后查明,这起事件参与者与交通肇事双方都没有直接关系。

第三个特点是,在这个过程当中,信息的传播有新的特点,其中,短信和网络的传播对事件的发生和发展都起到了非常重要的作用。在信息传播方面,浙江瑞安事件较为典型。2006年8月18日凌晨,浙江瑞安市三中29岁的女教师戴某坠楼身亡,其丈夫及家人以死者受不了教学压力自杀而报案,公安人员调查也认为戴某系自杀,但该校师生都不认同这一结论。网上开始流传戴某是被其夫家谋害,而其夫家是当地亿万富豪,买通了警方等信息。8月20日,瑞安市三中几百名学生自发游行呼吁调查真相,学生们发表公开信。9月5日,温州市公安局刑事科学研究所作出尸检报告,认定戴某系精神抑郁症发作,引发夜间跳楼自杀。9月6日,因民众怀疑在塘下韩田菜场有人用贿赂的方法获取支持定案自杀的签名而引发众怒,塘下韩田菜场被围困。下午2时左右,警方开了二十几辆警车,特警队的人全副武装,拿着电棍、盾牌等,往人群中扔催泪弹,驱散人群。但在此期间,各种关于公安人员被买通的短信和网络信息在当地传播,号召民众游行示威。9月7日上午,数千市民按短信要求再次组织几批人分别游行到塘下镇政府和塘下派出所抗议,并有民众涌到戴某夫家工厂,致使五部汽车被砸,厂里的设备电器部分基本报废。

第四,没有明确的组织者,找不到磋商对象,而且有打、砸、抢、烧等违法犯罪的行为。在维权事件中,一般也没有明确的组织,但都有一些实际上起着作用的"领头人"。我在研究湖南农民维权抗争活动时,就发现许多抗争事件有实际领导农民抗争活动的"减负代表",而且,维权活动一般都较为克制。但社会骚乱事件由于突发性强,而且参加者一般与最初引发的事件没有直接利益关系,大都是临时参与到事件中来的,因此,当事件发生时,基本上找不到磋商对象,警方也很难控制局面。当然,有些事件仍有一定的阶段性,前期具有维权性,后来就发展成骚乱了。比如 2007 年发生的四川大竹事件就可以分为两个阶段。2006 年 12 月 30 日凌晨 4 时许,该县竹阳镇莱仕德酒店一名女员工因不明原因死亡。在公安机关调查侦破期间,死者亲属与酒店方发生争执,矛盾激化。2007 年 1 月 15 日下午,死者亲属及数百名群众到莱仕德酒店门前聚集,要求尽快查明死因。这个阶段基本上还算是维权。可到了 2007 年 1 月 17 日下午 4 时左右,近万名围观者中的少数人员冲入酒店打砸烧,就是骚乱了。

管治危机是危机中的危机

我上面所说的社会骚乱事件的这些特点,应是判断事件性质的基本标准。其中最需要关注的就是事件的参与者,他们与诱发事件并"无直接利益关系",主要是一种"泄愤性冲突"。正是根据这一点,我认为维权事件表明的是社会群体的利益冲突,而骚乱事件则表明的是国家的管治危机。

所谓的管治危机,就是指国家管理社会秩序的有效性存在问题。它和政治危机及经济危机是有区别的。政治危机主要是政治结构方面存在的问题,经济危机则主要是经济体制和运行方面存在的问题。这三类危机是相互联系,互为牵动,管治危机是三大危机中的危机。一般来说,管治危机主要有两大因素:一个是社会不满群体的存在,一个是管治能力的低下。下面,我将简单分析中国当前在这两个方面存在的问题。

我们首先来分析中国当前的社会不满群体。在我看来,这些群体主要是一些社会底层群体,他们主要是下岗失业的工人、失地的农民、农民工、退伍复员军人、底层知识分子、拆迁居民、离退干部。中国媒体一般都将这些人称为弱势群体。对于这些群体的基本情况，理论界也多有研究。各位有兴趣的话，可以看陆学艺老师、李培林、李强、孙立平等人的研究成果。这里我就不详说了。民众的社会不满主要表现在对官员腐败、贫富不均、司法不公、治安恶化、信仰不自由、社会诚信特别是政府和官员的诚信缺失等方面。在这些不满中，司法腐败及司法不公是民众最大的不满。你们可以看一看，在中国的北京街头，经常有成千上万的上访者，他们私下里把最高人民法院人民信访接待室改名为冤民接待室，他们自称是中华民族 56 个民族之外的一个民族，叫冤民。在一定的意义上，社会不满是一种社会心理，这种社会心理具有一定的传染性，它通过一定的载体传播而与相同的社会处境者产生共鸣。目前，表达社会不满的方式有很多，比如利用民间的歌谣、顺口溜、政治笑话、小道消息等等。特别是随着手机短信、网络等新媒体的出现，这种传播变得更为容易，影响也更大。这一方面可以为民众宣泄自己对某些社会现象的不满、怨恨和愤慨情绪；另一方面，由于这些缺乏理性的牢骚话的传播范围广，容易引发社会群体的愤慨或恐慌，起到聚众行动的作用。

从理论上讲，如果民众的社会不满长期得不到消解，就会产生国家合法性危机这一非常严重的后果。根据我的研究，近十年来，中国民众对国家政权的信任危机和认受性危机在迅速加剧并出现了许多新的情况。其一，从对具体工作人员的质疑发展到对政权体制的不满。很长一个时期，基于传统教育等原因，中国民众的社会不满一般只针对具体的工作人员，他们将社会出现的许多问题归结为基层党政工作人员的腐败无能。但随着基层政权出现的功能性异化，在很大程度上它不仅不能为民众提供必要的公共产品和服务，反而成为专向民众收取税费并进行乱摊乱派的暴力机器。这样，民众就不再将基层政权与个别工作人员区分开来，而是将整个基层政权视为"敌人"。其二，对法律的正义性和公正性表示怀疑。"合法性作为对统治权力的承认"是靠法律制度来保证的，司法公正是合法性的重要标志。而各种利益集团甚至黑恶势力对国家政权的侵蚀最为直接的就是对司法公正的否定，或者是利益集团甚至黑恶势力利用国家政法部门某些人的保护来作奸犯科，或者是国家政法部门的某些人假借黑恶势力来获利。这些事实的客观存在，对民众的法律观念影响极大。有些民众就用"官黑一伙"、"警匪一家"来表示对国家法律制度的绝望。前面我们分析的所有案例,最后发生骚乱性冲突,都有一个对司法不信任的问题。注意到这一点特别重要。其三,合法性危机的对象在加速上移。这一点在农村最为典型。十年前农民一般只是质疑村级组织和村干部的非法行为,还将希望寄予县乡政府,而现在许多农民认为县乡政府已经是"乌天黑地",是农民灾难的制造者,有的农民将省级政权视为农民灾难之源。虽然现在许多农民还将希望寄予中央政府,但对中央政府有没有能力处理好这些事情表示怀疑。

我们再来分析一个国家管治能力方面存在的问题。当然,不是任何社会不满都可以产生社会骚乱的,社会骚乱事件不仅有诱因,而且与国家管治能力是相关的。一般认为,管治能力由三个方面组成,也就是所谓的预警机制、处置技术和问责制度。中国各级政府在这些方面都有严重的欠缺。首先,我们来分析预警机制存在的问题。这个机制最重要的意义应是建立社情民意的迅速反应机制,决策者真实快捷地获取信息应是前提和基础。现在的情况恰恰是,各级政府及其官员为了所谓的政治利益,想尽一切办法不让上级政府特别是中央政府知道下面的真实情况,搞信息隔绝。昨天晚上,我们伯克利大学的中国同学会请我去讲信访制度改革问题,我谈到了我最近在《凤凰周刊》发表的一篇文章,是讲信访"销号"的。其中就有某省某县党政机关公开下文,要求下面的人到北京的国家信访部门去行贿,目的就是要把自己县里到北京上访群众的信息销掉,不要让中央知道有多少人到北京来上访了。更可怕的是,他们这样做还非常有成效。文件中称,2007 年 1 月~3 月,这个县实际发生赴京上访 25 起 65 人,进入登记的只有 1 起;到省上访 41 起 55 人,进入登记的只有 7 起。这说明连信访部门都已经发生了严重的腐败,而且表明中央决策者最后获得的信息是不真实的。根据这些不真实的信息建立的所谓预警机制只能是形式主义的。

其次,我们再来看处置技术方面存在的问题。从总体来讲,目前中国地方政府在处置社会冲突方面的水平十分有限,有许多本来完全可以化解的事情,由于处置不当而产生了严重后果。这些不当主要表现在,事情刚发生时不重视,往往错过最佳处理时机。如在重庆万州事件中,当双方发生争执并引起民愤时,当地白岩路派出所民警赶到现场,欲将当事人带上接警车时,围观群众不满,把警车围住不许警车通行。在僵持 3 个半小时后,三位当事人才被公安机关带离现场,随后便发生了损失惨重的骚乱事件。如果在这3个半小时中,当地政府能有效处置,骚乱事件也许就不会发生了。事情发生了,又经常希望用暴力解决。中国内地长期以来,政治动员是管制基层社会的重要手段。但随着市场经济的推行,这种动员的效力因社会利益的分化和社会不满的增强正在逐渐消失。而在目前中国这样自上而下的压力体制下,基层政权为了完成上级分派的各项任务及众多的一票否决指标,就不得不采用强化政权机器等手段来填补社会动员资源的缺失,基层政府及干部的行为出现强制的暴力趋向。事情发生后,地方政府认为首先要做的就是封锁消息。因为在他们看来,只有封锁消息才不会造成所谓的政治和社会影响。但是事实上,现在是没有办法封锁消息的,民众会通过短信、通过 E-mail 向全世界发布。地方政府封锁消息,对谁封锁? 对中央政府封锁。所以我们经常会看到,某些事情全世界都知道了,而中央政府还不知道。

最后来看看问责制。应该说,在社会管治方面,目前中国是存在较为严格的问责制的。但这种问责主要是政治性的,众多的一票否决实际上就是一种政治追究,而且规定了所谓责任倒查制度。问题是,中国各级政府与官员存在着非常强的政绩共同体。这就决定,许多事件最终都是大事化小,变成不了了之。正是由于上述这三个方面的情况,我认为,中国社会的管治能力是相对低下的。这正是中国为何出现这样许多的社会治安问题的一个重要原因。

面对管治方面存在的危机,如何办?

说实话,这是我们这些研究当代中国社会冲突的人最感困惑的问题。一方面看到这么多的问题而忧心忡忡,另一方面只能提出操作层面的解决方案。在演讲前,欧博文教授对我说,他非常理解我的困惑,不仅仅因为这个问题的艰难性,而在于我们对当前政治的某些方面并不认同。的确如此。有时看到一些官员在各种场合唱形势大好的高调,想起他们每天花天酒地,心里很气愤,有时甚至想研究这个干吗,反正自己是一个无党派人士,又没有当官掌权,让老百姓把他们闹死算了。可最后总是用国家又不是他们的,民族也不应因他们这些人而受损这样的大道理来安慰自己。所以,这些年来,我总是对一些具体的社会问题,如工农维权、信访制度改革等,提出一些超越意识形态的所谓对策和建议。尽管这样做容易遇到非议,但我还是把它看成是社会科学家的一种道义和责任。今天我仍然只是从具体的操作层面,对如何克服中国目前存在的管治危机提些想法。

首先,要在克服民众不满方面下工夫,或者说,要想办法加强民众的政治认同。这其中最基础性的工作,就是要建立真正的公平公正体制,让社会各阶层真正共享经济发展的成果。大家都知道刚结束的中共十七大把"科学发展观"写进了中共党章。在我看来,以"公平公正"为基础的"和谐社会"正是"科学发展观"的重要内容。发展要持续,社会要和谐,就得公平公正,让民众少些社会不满。这个大道理谁都会讲,问题是怎样才能使中国社会公平和正义呢?应该说,中共十七大已经提出了许多应该做的事情。但我认为,有一个最重要的事情没有提到,这就是如何真正建立民意表达机制。也就是说,怎么让中国的民众自己来表达公平正义,如何建立各种利益的博弈机制。这方面目前还没有任何实质性的进步。长期以来,我不停地讲要让工人和农民的利益表达组织化,就是让农民建立农会,让工会真正成为维护工人权益的组织,就是推动利益表达机制的建设。

其次,要树立法制的权威,或者说,建立科学的司法制衡制度,真正做到依法治国。这是我今天要讲的重点。目前的中国,传统的作为国家管治基础的意识形态受到无法修复的冲击,而作为管治国家最重要的、具有工具性的法制体制又存在太多的问题。这个问题最直接的表现就是国家司法权力因体制性的原因被地方政治利益化了。或者说,中国司法的许多问题就是太政治化了,而且是地方性政治化。司法当然与政治相关,这是基本的常识。但如果从国家管治的技术层面上来说,司法如果不能与政治特别是政治权力人物保持一定的距离,就是制定再多的法律,最终仍然是人治,不会走向法治。中国目前在社会管治方面存在的许多问题,都与民众对司法不信任有关。不信任司法的通常说法是,由于司法腐败而不能为民众提供公平公正的保护。应该说,中国的司法的确存在各种各样的腐败,但在我看来,中国司法最大的腐败是地方政府以所谓"合法"的名义在侵犯民众的合法权益。而且,最致命的是,这种腐败是制度性的。这个制度性的根源就是在中国没有处理好政治分权问题。我和香港中文大学的李连江教授最近有一项合作研究就是探讨这个问题的。我们认为,要解决目前中国司法存在的问题,一定要从政治分权入手。分权原则的基本含义是众所周知的,它指的就是把广义的政治权力划分为立法、行政、司法三个权力,分别由不同的机关和人员掌握,使影响人们经济、社会、政治生活的政治权力不至于由于集中在一个机关、一个组织、一个政党甚至一个人的手中而被滥用。这个原则被称之为"权力分立"。

在这里,我想在行政技术层面讨论一下分权原则。换言之,我不是讲如何按照分权原则重新构建政治体制,而是讨论如何重新界定中央与地方的关系,以改革司法的地方化的问题。目前,地方的司法权在制度设计和现实运作中都是属于地方的。在体制设计上,地方人大是地方的国家权力机关,地方人民法院和地方人民检察院都对人大负责。在人事制度上,各级地方人民法院院长、人民检察院检察长由地方各级人民代表大会选举和罢免,副院长、副检察长、庭长、副庭长、审判员、检察员由地方各级人民代表大会常务委员会任免;地方各级人民法院和人民检察院对本级人民代表大会及其常务委员会负责并报告工作,地方各级人民代表大会常务委员会监督本级人民法院和检察院的工作。以上描述的是制度设计上司法权的地方化。在现实中,司法权的地方化表现为各级地方行政机关对司法权力的限制及影响。导致地方司法机关不隶属于地方国家权力机关却隶属于地方行政当局的一项重要制度安排是:法院和检察院的主要经费都源于同级财政,其他物资资源也受制于地方行政部门。我们认为,司法审判权力的地方化影响了国家法律实施方面的统一性,影响了司法权威,使法官的公平和公正执法没有充分有效的法律保障。同时,它导致或助长了审判和执行中的地方保护主义,容易产生各种司法腐败。因此,我们认为需要建立一整套的司法制衡,以妥善处理中央政治的统一性与地方政治的特殊性之间的关系。我们设计的司法制衡制度的核心内容是把司法审判权从地方收归中央,由中央实行垂直管理。县域司法制衡的原则是在一个县的区域内,司法部门与县政权分离。显而易见,建立县域司法制衡的关键就是让县法院和县检察院的人、物、事脱离县政权的控制,在人事、财政、业务三方面直接对中央政府负责,而不是对县政领导负责。为了防止县法院和县检察院与县级政权建立不合法的关系,中央政府可以考虑实行司法人员的流动回避制。

最后,要改进管治技术,提高管治水平,加强国家管治能力。前面两点是基础性的,这一点则是技术性的。在预警机制、处置技术和问责制度等方面如何改进,我前面在分析问题时已有说明,下面我只讲几个具体的问题。

2007 年 4 月，我应法国外交部的邀请到法国进行研究访问。我花了一些精力去了解法国的社会骚乱问题，访问了法国的许多官员和研究这个问题的学者。最后得出三点结论：其一，法国社会骚乱的参与者主要是移民后代。所以，我想起了中国的农民工二代，因为这些人进不了城市，也回不了农村，他们将来会成为真正的社会边缘人。其二，法国的社会骚乱区域主要集中在当年政府设立的移民安置区。所以，他们建议中国不要把安置房、经济房建到一起，要分散建。其三，法国社会骚乱的一个很重要的原因是把法国的社区警察变成了巡警，搞得警察脱离了社区和群众，不了解情况，与社区居民没有感情交流，甚至经常成为敌人。这就让我想到，中国要加强管制能力也要从基础做起。一个很重要的问题，就是让警察真正走进社区。从现在的情况来看，中国的执政者已经注意到这个问题，这些年在城市和农村设立了许多警务室。据公安部公布的数据，截至 2007 年 6 月底，全国公安机关共建设社区警务室 56253 个，配置社区民警 99953 名；建立驻村警务室 88151 个，配置驻村民警 88261 名。我认为这一措施对中国社会的管治方面特别是处理社会骚乱事件是有好处的。当然光有社区警察还远远不够，还有一个如何适应新的科技这个问题。因为有了现代科技的手机短信和网络，像以前那样靠人来封锁消息是不可能的，这一点我在前面讲过了，许多案例也说明了应注意这个问题。

在演讲前，我和欧博文教授讲了我现在进行的一项研究，这就是科学技术对民众维权抗争的影响。这个问题来源于我对维权农民的观察。我发现他们拿着复印的中央文件，在与地方政府的抗争时或动员民众参与时，都会宣称他们才是真正按中央政策办的，所以是代表中央的。假如没有复印机，他是不敢这么说的，人家会说，你这是抄的，你伪造中央文件。比如录音机，在湖南衡阳县有一个老农民，就把中共中央减轻农民负担的文件请人用录音机录下来，然后自购高音喇叭，乡镇干部到哪个村收税费，他就去哪个村放这些文件的录音。我问他为何要录下来，他说，一是这样方便；二是由于录下来的，有证据，不怕干部说乱读中央文件。这些问题都是值得去研究的问题。但是在中国的学界，或者研究中国社会问题的学者，对这个问题还没有充分注意。所以我一直有个心愿，就是如何把这个问题研究清楚，这对理解和处理当代中国农民、工人的抗争或者社会骚乱事件都是非常有益的。今天来了这么多像欧博文教授这样的学术大家,我把这个题目提出来,希望有人把它做出来。最后一点,就是在处理中国社会骚乱时,一定要走向法制化。在中国的明天,也就是我们现在所在地美国旧金山的后天,11 月 1 日,中国将有一个新的法律实施,这就是《中华人民共和国突发事件应对法》。无论这部法律还有多少欠缺,但有一点则是可以肯定的,就是中国在试图用法制化的方式处理社会冲突事件。

当代中国所面临的挑战,是西方国家过去二百年所遇到的问题的总和。我们要认识和理解中国,一方面要看到它经济的飞速发展,而这个发展是建立在工业化、城镇化及经济从计划经济向市场经济转型的基础上的;另一方面,我们也会看到,中国经济腾飞过程中存在着这样或那样的问题。特别是中国的政治发展仍然是在威权政治的框架内运行,而市场经济产生了不同的社会群体利益,威权政治则不能很好地调节这些利益。这也许正是目前中国利益冲突和社会危机存在的最深层次的制度性原因。事实上,这些问题在困扰着中国的领导者、民众和理论家们。我们都注意到了中国共产党十七大在这些方面的努力。我们也许不完全同意中国执政者的许多做法,但他们为解决这些社会问题的努力还是需要肯定的。而且,我要特别提醒的是,中国问题的复杂性决定了解决这些问题的长期性和艰巨性。作为一位学者,面对这些问题时,首先应想到的是我们这个伟大而多灾多难的民族和国家的未来。也就是说,所有的中国人,或者关心中国社会进步和民族复兴的人,都有一种责任,就是要以这个民族长远的利益去面对现在中国的问题,而超越党派和意识形态之争。当然,这是困难的。也正是我们面对的社会环境和问题是人类历史上未曾有过的,才有可能产生真正伟大的社会理论。今天有这么多中国的同学和中国的访问学者和我共同讨论这个问题,这是一件非常令人高兴的事情。因为,对我们中国人来说,如何能够把西方二百年历史的理论创造和总结与中国的现实结合起来,形成真正意义上的可以称之为这个时代最有意义的理论,是一个非常重要的工作。这也就是我愿意为了一场演讲专程从中国来到美国的全部原因。谢谢各位。

编者附言:本文为作者 2007 年 10 月 30 日在美国加州大学伯克利分校的演讲记录,文中小标题为编者所加。

不要把穷人拒于城市之外

——城市准入与共同体精神

薛 涌

　　最近,中国几大城市都在讨论准入制度,以便把"低素质"的人排除在城市之外,维持基本的社会秩序。根据一系列调查,大城市的居民,特别是白领,普遍支持设立这样的制度。

　　这样的局面,说明了中国社会精神的破产和城市中产阶级的思想猥琐,乃至他们不知道怎样应对一个变迁中的社会。最近1/4世纪中国的经济起飞,在很大程度上就是建立在逐渐打破户籍制度的高速城市化的基础上的。未来几十年,几亿农民还将继续进入城市。这一过程如果中断,经济发展的势头就无法维持。准入制度,无非是一种变相的户籍制度。在市场经济的社会设立准入制度,比在计划经济的社会设立户籍制度更要荒唐。毕竟户籍制度和计划经济的原则还是相合的,而准入制度和自由竞争的市场逻辑则有着根本的冲突。靠官僚干预建立一套准入制度,无法有效地把优秀人才选入城市,更难把"低素质"的人排拒在外。

　　我们当然不能否认,准入制度的提出有其现实的背景。这个背景,就是城市治安的恶化。所以,讨论准入制度,首先要分析一下治安恶化的原因,然后再看看准入制度是否能够有效地解决这个问题。

　　准入制度的提倡者们无不指出,如今的大城市治安已经恶化到了令人无法忍受的程度,几乎每个城市居民都有被偷被抢的经历。城市的外来闲杂人员是造成人们缺乏基本安全感的罪魁祸首,必须限制。

　　这种说法,不仅有现实依据,而且有理论基础。经济学家们早就发现,在一场经济博弈中,当那些追求最大利益的博弈者们知道这场博弈是不断重复的交易或游戏时,当他们对其他博弈者过去的表现都相当了解时,当博弈人数有限时,他们之间就更喜欢合作。用我们通俗的话说,当我们生活在一

薛　涌:美国萨福克大学历史系副教授,耶鲁大学博士。

个面对面的世界,对周围的人不仅知根知底,而且一辈子要不停地和这些人打交道,想躲也躲不开时,当这些老死都不得不往来的人的数量也非常有限时,我们接人待物、立身处世就会更老实厚道一些。

也正是这个原因,我们过去说农民老实厚道,特别那些越是住在偏远地区的农民就越是老实厚道。想想看,一个农民一辈子没有进过几回城,走到看不见自己家的烟囱的地方心里就发慌,村里一共就几百人,祖祖辈辈聚居,大家彼此知根知底。在这种环境中,一个人要是不老实,就很难生存。如今呢,我们突然把这些农民称为"低素质"的闲杂人员,是犯罪的根源。原因之一,是他们离开了过去那个面对面的生活圈子,来到了谁也不认识的大城市。来无踪去无影,再老实厚道已经不符合他们生存的利益。大家要做的都是一锤子买卖,一锤子买卖当然就没有必要信守不断重复的交易的游戏规则,偷偷抢抢也就不是什么奇怪的事情了。

由此可以看出,一个社会的长治久安,就需要社会成员都意识到彼此打交道不是一锤子买卖,意识到他们之间的交易或者游戏要不断重复,彼此要不断增进了解,共处于低头不见抬头见的"圈子"之中。这样,大家即使为了自己的利益,也必须时时顾及对他人的责任。再简单地说,构成社会基础的是一个共同体或者社区。用韦伯的语言界定,在这种共同体中,人们在情感上或者传统上都有共同的归属感。

现代社会对这种共同体的纽带提出了严峻的挑战。人们走出传统的村庄中面对面的生活圈,来到充满陌生人的大都市,人们不觉得和陌生人之间的交易或游戏会重复,不了解打交道的对手的背景和人品。在几百万人口的大都市,一个人可以来无影去无踪,有什么对他人负责的必要? 这种现代社会的变动,给每个人都带来了不安全感。这种不安,也是现代民族主义崛起的一个重要基础。大家通过民族主义,创造了一种 Benedict Anderson 所谓的"想象共同体",建立理念和感情上的共同纽带和责任。超越相识的人之间的感情甚至种族国家之间的界限的宗教也起了类似的作用,有助于人类在信赖中整合。更重要的是,现代国家的诞生,成了维持陌生人之间的游戏规则和确保这种游戏不断重复的权威。比如,当你到美国一个大都市,可以把自己的信用卡交给一个素不相识以后也不可能再见到的营业员,用不着担心自己受欺诈。现代国家的管理已经如此周密,保证了这种不相干的人之间的交易也是要重复的。你欺诈了别人,马上会受到惩罚。

不过,所有这些都不能取代基层的制度建设:在人们从村庄一样的面对面社区走进现代大都市所代表的陌生人社会时,怎么在最大限度上维护传统的共同体纽带? 城市化进程恰恰是这方面的一块试金石。

英国率先进入工业革命,是在城市化中第一个吃螃蟹的,经验和准备都非常不足,在这方面给后来者留下了许多教训。英国工业革命初期,由于圈地运动,大量农村剩余人口涌入城市,成为现代工厂的劳工。这一过程,马克思在《资本论》中有绘声绘色的描述。马克思受到当时学术成果的限制,没有意识到圈地运动并非突然发生,而是延续几个世纪的漫长过程,他也没有把人口增长的因素考虑在其分析之中。不过,这些局限都不影响他基本的洞见:在农村,特别是在圈地前的封建领地,传统共同体的纽带很强,领主和农民彼此之间有许多非经济的义务。圈地打破了这种义务,让领主把不需要的农民驱除出土地,流浪到城市,成为工业化的基本劳动大军。这些农村来的新工人来到陌生的大城市,举目无亲,丧失了传统共同体的伦理约束,也根本适应不了现代工厂的纪律(比如按时上下班等等,都是他们传统生活中所没有的),许多人流落街头,甚至成了罪犯。当时伦敦的景象在狄更斯的小说中得到了生动的描述:夜间行走,不小心会绊在一具死尸上。现代人口学的研究也表明,工业化虽然带来人口的高速增长,但城市人口死亡率远远高出农村,乃至不能自我维持。没有农村人口的不断涌入,城市人口就会下降。当时城市生活之残酷可见一斑。

英国的应对措施,很类似我们现在讨论的准入制度,《资本论》对此也有记述。警察把"低素质"的游手好闲之徒或者哪怕是犯了小罪的人逮捕,在前额上烙印,标明其身份,或者干脆解送海外。一个澳大利亚就是这么由英国工业革命制造的罪犯创造出来的。

这也只有在工业化初期,海外不断有新殖民地扩张的余地时,才有可能,不过即使如此,也解决不了城市的危机。托马斯·杰佛逊(后来美国《独立宣言》的起草人)周游欧洲工业化国家时,看到广大城市劳工被自己所看不到的金融权力所控制,生活悲惨不堪,就不断感谢上帝,庆幸北美殖民地能免于此难,而保持着面对面的乡村社会的朴素美德,一般民众的生活水平也高出发达的欧洲。英国都市问题的根本解决,还有待于 19 世纪维多利亚时代的一系列立法,逐渐承认工会的权利,保证工人阶级的基本福利,把劳工阶层接纳为城市共同体中体面的一分子。其实,劳工阶层并非故意闹事的阶层,而是千方百计希望被城市的主流阶层所接纳。比如,看当时的工潮就知道,劳工阶层示威游行,和警察冲突,但大家身穿的都是整齐的绅士装,好像是参加上流社会的聚会。只要中产阶级接纳他们,他们会既来之则安之,成为社会稳定的力量,而非颠覆性的力量。美国后来的城市化发展,在对待外来"闲杂人员"上就比英国好得多。这在某种程度上是因为美国是个移民国家,大家都是外来"闲杂人员",连工业家卡耐基也不例外。具体而言,美国在这方面的成功取决于三个因素:经济机会、政治权利和小社区的纽带。

当时的北美殖民地地广人稀,急需劳动力。虽然经济落后,但由于资源充沛,普通劳动者的收入高于欧洲。比如在托马斯·杰佛逊的老家弗吉尼亚,一个欧洲白人登陆后,基本就可以获得 50 英亩的土地,相当于几十个足球场那么大。有这样的经济机会,大家就不会忙着犯罪。当时从英国来的许多白人契约奴隶是罪犯,他们不来这里,英国本土的犯罪率就会上升。可是,在北美殖民地,作为契约奴服役期满,就有经济资源自立。那时,两三个人(包括妇女)夜晚在乡村旅行,并没有什么安全上的威胁,可见社会治安之好。建国之后,老百姓普遍拥有政治权利,投票权创造了一种共同体的归属感。另外,工业化并没有破坏小社区那种乡村式的共同体意识。勤奋,可靠,正直,成了在这种社区中立足的根本品性。

举个简单的例子。20 世纪二三十年代的大萧条,本应对社会具有毁灭性的打击。罗斯福上台时,国民经济总产值几乎跌了一半,1/3 的非农业劳工失业。研究大萧条的历史学家 David M. Kennedy 描述道:当时每个周末,城市的工人就被请到橄榄球场观看橄榄球比赛。大家热闹一场之后,款待的人出来说:对不起,从现在开始,大家全被解雇。David M. Kennedy 问道:当时一个橄榄球场差不多容纳 10 万人,而且一个家庭主要是丈夫一个人工作。一场球下来,就意味着砸了 10 万个家庭的饭碗。而且每周如此。可是,当时的社会,以现在的标准看,却平静得出奇。为什么主流社会没有人出来造反?

David M. Kennedy 本身没有经历过那段可怕的历史,于是就问在大萧条中饿过肚子的父亲。令他惊异的是,父亲不愿意谈这些事情。最后他总算搞明白,他父亲那代人对在大萧条中失业挨饿感到耻辱,觉得是自己没有本事，不能怪社会。这样自责的人，怎么会出来造反呢？

我们分析一下美国社会的构成，就不难理解小民百姓的这种感受。他们手里有选票，这种基本的政治权利保证了他们的社会责任。另外，他们有强烈的共同体的归属感。一直到 20 世纪 60 年代，美国的工人大多是不离乡土。他们高中一毕业就和同学结婚，进入本地的工厂并干一辈子。在高中时结下的人际纽带，也是一生人脉的基础。前克林顿政府的劳工部长 Robert B. Reich 充满怀旧情怀地说，传统美国企业有个不成文的规矩，工厂只要还在赚钱，就不解雇工人。共同体的纽带与责任和市场经济原则一样重要。在这种情况下，大萧条时解雇工人，人们的共识是：我们都倒霉了，不要彼此埋怨。这也是要通过观看橄榄球比赛来解雇工人的原因。美国的橄榄球队，根植于地方社区，能创造一种社区共同体的亲和力。一起去看橄榄球，等于向大家重申：我们都是一个队的"粉丝"，都是一个共同体的成员，都在一条船上。当橄榄球最后一次确认了这种纽带之后，再解雇人，大家回家后背叛共同体而去从事烧杀抢掠的人就会减少到最低限度。

不过，在城市化中吸收外来人员方面最成功的，还是战后的日本。日本城市人口在总人口的比例，从 1945 年的 28%上升到 1970 年的 72.1%，用 25 年的时间走完了美国用了一个世纪才完成的城市化道路。在这个过程中，日本经济高速增长，大量农村人口涌入城市。但城市治安情况怎么样呢？东京作为世界上最大的都市，8 岁的孩子晚上自己乘公共交通车回家，不用成人看管，社会秩序井然有序。为什么日本能如此？一位日本官员在十年前说了一句话：日本是一个村庄！高度的工业化和城市化也没有打破村庄里那种面对面的社会人际纽带。战后日本给农民的福利非常丰厚，农村的基础教育是世界一流的。在工业化进程中，东京的大公司跑到一个乡村，一下子把村子里一年毕业班的学生全雇下来。这样，村子里一代人集体进城，到了一个公司，有了终身的工作和优厚的福利。他们自然以公司为家，在大都市还和在村子里那样，维持着对小共同体的忠诚。

从世界工业化的大历史中我们可以清楚地看出，准入制度不仅无助于解决城市化过程中的治安问题，从长期看，可能会把治安搞得更坏。城市治安恶化的根本原因，在于外来"闲杂人员"失去了传统的共同体和面对面的人际网络，同时又不能进入新的共同体，并建立新的人际网络。这样的环境自然鼓励他们在和周围的人打交道时进行一次性的交易。上述各国国情虽然不同，但解决城市化过程中治安问题的根本都是城市的社区接纳外来人员，使他们把城市看做自己的家，建立新的共同体的归依感和责任，自觉约束自己的行为。所谓"兔子不吃窝边草"，也就是这个道理。

我们的城市化需要外来人员。但是，我们想出各种办法歧视他们，给他们一种不合法的感觉，无法以城市为自己的家园。当你给了人家不合法的感觉后，又怎么能期待人家守法呢？举个例子，学校是一个社区的核心。在美国，你住进一个社区，拿着水电煤气公司寄来的信封上印有你名字的地址，就可以送孩子到当地公立学校上学。每天送孩子进了学校，家长聚在门口不散，讨论孩子教育的各种问题，并一同到学校当志愿者。很快，你就和这个镇上的人相熟，建立了面对面的人际纽带，成为社区的一员，有了对自己生活环境的责任。我们则是反其道而行之。外来人员的子女连正常就学也做不到，他们凭什么对所居住的社区抱有责任？

中国未来的经济发展，必然加速城市化进程，市场会把许多外来人员吸引到城市中来。城市居民不构想一套制度，为这些人创造一个家园感，反而要用准入制度将这些人排除在社区之外，将他们打入地下，拒绝他们在城市中和其他人进行重复交易的权利和机会，这就会人为地创造一个法外阶层，鼓励和刺激他们进行掠夺性的一次性交易，最终使城市居民人人自危。从这个意义上说，城市治安的恶化，也是缺乏公共道德、自私自利的城市中产阶层自讨苦吃的结果。

刘小超 绘

中等收入群体≠中产阶级

仇立平

中共"十六大"报告提出"扩大中等收入者的比重"之后，立即引起广大民众的热烈反响和学术界的讨论，其中学术界最为关注的两个问题：一是如何理解中等收入阶层，二是中等收入阶层与中产阶层是什么关系。对这两个问题，学术界分别形成了两种相互对立的回答。对第一个问题，一种观点认为中等收入阶层是一个经济统计的概念，也就是说，中等收入阶层就是收入处于中间的那部分人。有的经济学家根据统计局按五等份方法划分的居民收入抽样调查数据，把各占 20% 的中上收入、中等收入和中下收入的人口数相加，认为中等收入阶层已达到 60%。另一种观点则认为中等收入阶层是一个综合性概念。如李培林指出，中等收入阶层是与生活质量、收入分配、城乡结构、社会职业结构、国别相联系的概念。对于第二个问题，一种观点认为中等收入群体或阶层就是中产阶层。如李强指出，"中等收入阶层"在国外通称为"中产阶级"，英语就是 middle class，只是在我国因为意识形态的影响，人们通常将中产阶层表述为"中间阶层"、"社会中间层"、"中间阶级"、"中等阶级"等。另一种观点（刘伟等人）则认为中等收入者不等同于中产阶级，中等收入者是指在一定时期内达到中等收入水平的城乡居民，一定的收入水平是其唯一的划分标准，不需要区分居民的教育程度、资产规模、职业种类、价值观念、社会地位等方面的差别，不具有阶级或阶层的意义。

如同李培林等学者指出的，中等收入阶层首先是一个生活质量的概念。如果我们生活在一个污染严重的环境下，承受巨大的工作压力和精神压力，每天工作十几个小时，不能享受体面的、悠闲的生活，即使收入很高，也很难说是中等收入阶层。其次，中等收入阶层是一个收入分配的概念，统计上的平均收入水平无法反映收入分配的公正和公平。在一个国家或地区中，平均

仇立平：上海大学社会学系教授，《社会》杂志执行主编。

收入再高,但是如果地区之间、个人之间收入分配差距过大,也不能形成一个中等收入阶层。第三,中等收入阶层反映了一个国家的社会结构和分配结构。"中等收入阶层为主的社会"意味着城市化水平在50%以上,农业劳动者的收入也可以达到中等,城乡差距大大缩小。第四,中等收入阶层反映了社会职业结构的特征。"中等收入阶层为主的社会"是与一定的社会发展阶段相联系的,从产业结构上说,"中等收入阶层为主的社会"中第三产业的比重一般在50%以上,因此,中等收入阶层与中产阶级是有密切联系的。第五,中等收入阶层是一个反映国情差别的概念。不同国家的中等收入标准、贫困线的划分是不同的。发展中国家的中等收入者在发达国家中只能是贫困者,如果单纯以收入定义中等收入阶层,这个阶层的规模和比重因为依赖于主观确定的中等收入线变得非常随意。因此,当中等收入涉及"阶层"时,就不再是单一的"收入"指标所能界定的,而是一个综合性概念。

笔者虽然倾向于认同李培林等人的观点,但是需要强调的是:第一,中等收入阶层与中产阶层虽然有很大的重叠性,但也有重要的差别。在我国"扩大中等收入者的比重"要比发展中产阶层具有更大的社会意义,更能反映执政党代表广大人民利益的执政理念。第二,虽然中等收入阶层是一个综合性概念,但是收入对于分析中等收入阶层是一个非常重要的指向性指标。第三,中等收入阶层是一个共时性与历时性并举的概念。中等收入阶层的数量是反映我国现代化发展阶段的一个重要特征,对它们的讨论必须放置到具体的时空背景中展开。

从社会阶层(职业)结构来说,中等收入阶层并不完全等同于中产阶层,准确地说,中产阶层必定是中等收入阶层,但是中等收入阶层并不一定是中产阶层。现代社会中,中产阶层除了传统的旧中产阶层(小资本家、小业主等)外,还包括大量的以白领(职员、技术人员等)为主的新中产阶层。因此,中等收入阶层的涵盖面显然要大于中产阶层,其中包括蓝领阶层的一部分,如技术工人等。在西方发达国家中,技术工人、农业劳动者的收入一般不会低于普通白领的收入,他们的生活水平与生活方式和一般白领也没有太大的差别。根据阶层地位的主观评价,相当多的蓝领也把自己划分到中产阶层。

由于我国工人的收入和保障程度较低,大多数城市青年不再愿意当工人,技术工人尤其是高级技术工人已经成为稀缺性生产要素;农民的收入普遍低于市民,农民工的收入甚至不能维持正常的劳动力生产和再生产。根据笔者的理解,党的"十六大"报告中提出的"扩大中等收入者的比重"的目标,绝不仅仅是在意识形态上回避中产阶层的概念,而是对执政党执政理念的正确表达。也就是说,作为代表广大人民利益的执政党,必须根据我国现代化的发展水平,在保持社会、经济活力的条件下,坚持按生产要素分配的原则,建立公正、公平的分配制度,完善社会保障制度,使广大人民群众分享改革开放的成果。"扩大中等收入者的比重"告示我们,不仅要在中产阶层中"扩大中等收入者的比重",而且也要在工人、农民中"扩大中等收入者的比重",从而扩大和巩固执政党的执政基础。笔者认为,虽然中等收入阶层是一个综合性概念,但是在构成中等收入阶层的诸要素中,收入是一个非常重要的指标,对于中等收入阶层的发展具有基本的指向性意义。当然笔者并不赞同对中等收入阶层只是简单的收入统计分析,而是主张把收入分析纳入现代化发展的一定阶段,与处于特定社会发展阶段的国家或地区和我国实际情况进行比较。在这个前提下,收入分析就能够清晰地表明我国中等收入阶层处于什么阶段,与我国社会发展已经达到的阶段是否相适应。

中等收入阶层的数量是反映现代化发展阶段的一个重要特征,中等收入阶层的壮大是现代化发展的结果,或者说是现代化基本实现之后的产物。在发展中国家,虽然也存在着中等收入阶层,但是还不能成为社会的主要阶层。因此,我们在考察中等收入阶层时,一方面,要参照世界各国现代化发展过程需要经历的阶段,分析这些国家在实现现代化后中等收入阶层的发展,并根据我国的具体情况,选择合适的参照点,研究我国中等收入阶层发展的差距;另一方面,则要截取我国现代化发展的横断面,考察我国中等收入阶层的实际情况是否适应已经达到的现代化发展阶段。因此,作为共时性和历时性分析,实际上就是以我国中等收入阶层现状,与已经初步实现现代化国家或地区的中等收入阶层和我国现代化发展阶段进行比较。

中共的"十五大"、"十六大"报告中提出到 2010 年初步建成小康社会,2020 年建成高水平小康社会,到本世纪中叶基本实现现代化的发展目标。中国科学院"中国现代化战略研究课题组"最新研究(《中国现代化 2007》)表明:中国总体上还是发展中国家或初等发达国家,预期在 2015 年前后完成第一次现代化,即达到 1960 年发达国家的水平;北京、上海、天津已经或者接近完成第一次现代化,初步达到中等发达国家水平;香港、澳门、台湾地区已达到发达国家水平。除发达国家外,2004 年完成第一次现代化的国家主要是俄罗斯、东欧国家和一些拉美国家。因此,现阶段我国中等收入阶层的发展应该参照俄罗斯、东欧国家或地区的现代化发展水平。若以初步达到中等发达国家水平的北京、上海、天津为参照地区,2006 年北京、上海、天津的城市居民人均可支配收入(以下简称为"收入")分别为 19978 元、20668 元、14283 元,平均为 18310 元;农民人均纯收入分别为 8620 元、9213 元、7942元,平均为 8592 元;同年全国城乡居民收入分别占三市平均水平的 64.2%、41.7%。若以平均收入为中等收入标准,以实现第一次现代化为参照,全国城乡中等收入水平与已经初步达到中等发达国家水平的北京、上海、天津相比还有较大的差距,实际上意味着扩大我国中等收入阶层还要有一段时间。

已经达到中等发达国家的地区是否就必然会扩大中等收入阶层呢?以上海为例,2006 年城乡人均收入分别为 20668 元、9213 元,假定收入为正态分布,上下 25% 的城乡中等收入间距分别为 15501 元~25835 元和 6910 元~11516 元,家庭平均人口若为 3 人,城乡居民家庭达到中等收入最低标准的年收入约为 4.7 万元、2.1 万元,最高标准约为 7.8 万元、3.5 万元,平均年收入分别为 6.2 万元、2.8 万元。根据经验观察,我们还很难说有半数以上的家庭年收入达到这个水平,尽管上海在全国已经率先达到中等发达国家水平,并且挤进全球生活质量"百强"。其原因在于近几年内,在国民收入初次分配中,劳动者报酬占 GDP 的比重不仅没有达到成熟市场经济国家的普遍水平,而且逐年下降(1998 年至 2003 年,我国劳动者报酬占 GDP 的比重从 53.14% 下降到 49.62%。在成熟市场经济体中,劳动者报酬占 GDP 的比重,美国接近于70%,其他国家和地区普遍在 54% 至 65% 之间),上海的情况可能也差不多,这意味着一般劳动者并没有完全分享到改革开放带来的成果。更重要的是,收入分配的公正和公平直接影响到中等收入阶层的扩大。有关研究表明,反映我国现在收入差距的基尼系数现已逼近 0.47,尽管对于基尼系数的评价有不同的看法,但国际上通常把 0.4 作为收入分配贫富差距的"警戒线",当基尼系数超过 0.4 时,意味着收入差距偏大。也就是说,在一个两极分化的社会,即使人均收入很高,也无法形成一个数量较大的中等收入阶层。因此,已经达到中等发达国家水平的地区并不意味着会自然扩大中等收入阶层。

不成熟的社会

王处辉

我的一位年近 60 岁的亲属,一生老实厚道。一日在骑自行车回家的路上,看到前面一位 50 多岁的妇女骑自行车摔倒后不能自己站立,便好心下车相扶并送她去了医院。可她的家属来后,那妇女硬说是我的亲属撞倒了她,其家属也深信不疑。我那亲属被气得捶胸顿足,又找不到目击证人,只好为她支付了一万多元的治疗费。他事后对我说:"她怎么会变得那么没良心?以后我再也不敢做好事了!"我听后在想:这个社会到底出了什么问题?

在讨论见义勇为行动的时候,有两种针锋相对的观点:一种观点强调路见不义行为或急需他人帮助的事情时,不应坐视不管,而应主动自觉地有所作为。另一种观点则认为,中国应当向美国学习。美国社会处处提醒公民,遇有可能伤害自己救助他人的危急事件,不要擅自出手,而要报告警察。如果遇到劫匪,就宁可听从匪徒指令,也不要反抗,以免伤及生命。

美国社会价值系统中,以每个公民保护好自己的生命安全为最高价值之一。中国社会价值系统中的见义勇为行为,在美国甚至会被视为违法行为。例如在中国,如果遇上邻居家火灾,大都会不假思索地前去救火,认为这是作为邻居的义务,否则会被同一社区的人们所不齿。可同样的事情如果发生在美国,政府会提醒你,你的责任就是尽快逃离现场,不能主动去救火,擅自救火是一种违法行为,事后要受到法律制裁。总之,对于中国人心目中一向奉为高尚的"见义勇为"行为,在美国社会中是不提倡的,有些甚至要遭到反对。不难看出,中国与美国的社会价值取向是何等不同!

这一事例引发我们进一步的思考:当代中国人的社会价值取向是什么?

社会价值观系统如同一棵大树,可分为根干层和枝叶层。一个国家、一个民族或一个生活共同体的成员,其枝叶层的社会价值观可以有各种差别,

王处辉:南开大学社会学系教授。

并因其差异而显得活泼、有生气，但根干必须是同一的，才能撑起高大的由枝叶构成的树冠。如果是枝叶各异，且根干也各异，那就是一簇灌木，或是一片森林。社会价值系统的灌木状或森林状，是当今世界各国文化和人类社会价值系统的理想状态，类乎费孝通先生所说的世界各国文化"美美与共"的共生状态。但作为一个国家、一个民族、一个生活共同体，可以在社会价值观与文化的枝叶层提倡"美美与共"，却不能在根干层各行其是。社会价值系统的根干层，是不同国家、不同民族的民众在长期生产与社会生活实践中形成的，经过千百年的发展，已经成为各自国家和民族之人文世界的"基因"。它一旦形成，是很难改变的。社会价值的枝叶层如同人的衣服和面容，衣服可以随时换，面容也可通过整容师改造；而社会价值系统的根干层，则如同人的骨骼和神经系统，是很难改造的。一个社会如果在社会价值观和文化的根干层存在严重差异或对立，这个社会就是一个不成熟社会。社会价值观和文化的根干层的多元性，典型表现即是行为取向的多元性，人们追求的目标呈一盘散沙状。处于这种状态下的社会是一个危险的社会，或者起码可以说是一个不成熟社会。以笔者看来，当今的中国社会就是一个不成熟社会。

成熟社会的最基本特征是不同阶层的社会成员之间，或各社会成员及社会群体之间，其社会价值取向的枝干层可以各有偏好，但在其根干层具有一体性。或者说，在对最根本的价值问题的判断上持有相同的准则。以此为前提，社会才有可能建构起和谐的生活秩序。从这个意义上考察，我们可以说，中国传统社会是一个成熟社会，西方社会也是一个成熟社会，而当代中国社会则是一个不成熟社会。

传统中国社会，从社会上层到基层民众，虽然各自利益点有所不同，生活方式与物质条件各不相同，但他们之间社会价值取向的根干层是一致的。如从皇帝到百姓，都崇尚"孝道"，从汉代提出"以孝治天下"到清圣祖颁布"圣谕十六条"，其价值理念如出一辙。从孔孟提倡"舍生取义"到近代以来无数先烈为国家民族利益而"英勇就义"，其实在根干层社会价值取向上是一致的。中国社会从几千年前形成的尊祖敬宗的社会价值观，无论是皇族贵胄还是底层民众，士农工商各阶层民众对此均持相同认知，没有任何争议。无论社会任何阶层，都以讲诚信、"言必信，行必果"，"一诺千金"者为"君子"，以不讲诚信即"言而无信"、表里不一者为"小人"，其价值取向与话语系统也是一致的。以急人之难,济人之困为"高尚",以路见不平、拔刀相助为"仗义"。中国民众崇拜关公,儒家以之为重情义的楷模,中国道教和中国佛教也都将关公作为属于自己的神明。中国各地除了有很多关公庙之外,九华山上地藏菩萨的肉身殿中也供着关公的神像,有"北武当"之称的河北平山境内的天桂山青龙观道院中,也供奉着关公的神像。这种情况在西方宗教中是不可想象的。天主教以基督耶稣为唯一神明,教徒只能崇拜他,不能再信奉其他神明,伊斯兰教也只信奉真主阿拉。没有哪个神明是各宗教都共同信奉的。而在中国,以关公的品格和精神为代表的某些根干社会价值取向却是被各宗教都接受的。这个事例可以说明在中国传统社会中,都有一个超越了宗教与世俗界限的共同的社会价值系统,无论是宗教社会还是世俗社会,都持有一种同质性的根干社会价值取向。两千多年来,中国社会发生过无数次战乱,平均二百多年就发生一次改朝换代的大变动,朝代在变,但作为中国社会价值系统中的根干层却没有发生质性的变化。

近代以来的中国不断向西方学习,中国的发展和社会转型,都与此有关。在虚心向西方学习的过程中,我们受益匪浅。但同时也不可否认,在学习过程中,我们也引进了不少糟糕的或不适合中国国情的东西。因为人类对物质的需求较为一致,所以人类的物质文化是最容易达成一致的,比如说德国的汽车制造水平高,美国的飞机质量好,就很容易得到全世界各国的认同。但制度文化就不那么简单了。同一种制度,在这一国家行之有效,但在另一些国家实施可能会适合,也可能不太适合或很不适合。在思想文化层次包括社会意识形态和社会价值观在内,比制度文化更具多元性特征,其标准和体系本身都可能是完全不一致的。要想通过向外国学习以取代中国自身传统的、千百年积淀至今的思想文化,恐怕是不大可能的。

人类在对物质的需求层面,本质上与其他动物是一致的。所有动物都有求生存的本能,生存的第一需求就是维持生存所需的基本物质条件,然后才是求舒适。人类以自己的聪明才智,把物质需求复杂化了,给物质需求增加了很多社会性价值符号,一个人拥有的物质条件会成为他人评估其社会地位的符号,这一点对于全人类来说也同样有相当大的一致性。但在思想文化层面,却不能找到一个被人类普遍认同的价值符号来,没有人能判定信仰佛教的人与信仰基督教的人,或不信仰任何宗教的人谁的社会地位更高些,即使有人做出判定也不会得到人类社会的广泛认同。人类社会发展到今天,仍然没有形成一种可以与评判汽车性能之高下那样的评判社会价值系统之高下的世界统一标准,而且很可能这种标准是并不存在的或永远也找不到的。但作为一个国家、一个民族或一个生活共同体,必须有一个相对一致的根干社会价值观,才能有凝聚力。

所谓"见义勇为",关键是个"义"字。从字源学上讲,"义"是表达群己关系的一个词,泛指合理适宜的事,但主要指社会群体中多数人共同认可的社会正当行为。其价值取向以群体或他人利益而不惜个人利益为特点。这与传统社会中对义的内涵具有价值取向的一致性。何为"勇"?《说文解字》中说:勇,气也,"力者,筋也,勇者,气也。气之所至,力亦至焉。心之所至,气乃至焉"。孟子也说,勇乃"志气之帅也"。现代词书中说"勇"是指"一种不怕危险和困难的品质",与古意大体相同。"勇为"就是在危险与困难面前,仍能迎头而上,为达到既定目标尽力而为。经你充分思考判断,认定对自己没有任何危险,做起来也没有困难,才去有所"为",这最多可叫做"能为则为,不能为则不为",就不属"勇为"的范围了。所以认为见义勇为要充分考虑前提条件的观点,实则与"见义勇为"相去甚远,其价值取向已经不属一个根干系统了。

以上事例可以说明,当代的中国社会,积淀和传承了几千年的属于自己国家和民族的根干层社会价值取向的根干地位发生了动摇,出现了分歧。

春秋战国时期,中国社会之乱的根本原因,其实就是社会价值系统出现了严重分歧。但汉代之后的两千年间,直到近代西力东侵与西学东渐之前,中国社会价值系统的根干层再也没有发生过严重分歧。可从19世纪末以后的一百多年间,中国对西方思想文化与社会价值观的引进、学习及吸收,则多是主动的。这导致了以西方思想文化与社会价值观为标准,猛烈批判中国传统思想文化与社会价值观,从五四时期的"打倒孔家店"到"文化大革命"的"破四旧",其思想理路都是一致的。从那时起,中国社会中就开始并存着多种根干社会价值系统,但总结起来,主要是三种:一是源自西方自由主义的根干社会价值系统,一是源自西方马克思主义的根干社会价值系统,一是源自中国传统的根干社会价值系统。

近一百年来,这三种根干社会价值系统之间的冲突一直没有停止过,至今仍各自保持着自己的特色。20世纪前半叶,西方自由主义的社会价值系统成为社会的主流话语，马克思主义社会价值系统在与之争夺话语权的过程中地位不断上升，中国传统的社会价值系统受到打压，但在基层社会中仍然占据主导地位。20世纪后半叶，马克思主义社会价值系统成为社会的主流话语，在"反帝反封"和"批判封资修"的旗帜下，西方自由主义社会价值系统受到批判，中国传统的社会价值系统也受到打压，但它在基层社会中依然占据主导地位。从一定意义上说，中国化的马克思主义，实则是在努力实现西方的马克思主义社会价值系统与中国传统社会价值系统的有机结合，在这个过程中也并不排除对西方的优秀思想文化与社会价值观的吸收。可时至今日，对中国社会有深入了解的人们都知道，中国基层社会的运作逻辑中，其实仍然是以中国传统的社会价值取向为主导的，甚至在社会运行过程中，一些官员及知识分子乃至被称为新中间层的做事风格、人生态度与人际互动方式中，仍然可见很多传统社会价值取向的痕迹。

西方自由主义社会价值系统，在改革开放后的30多年间，在中国的地位有所回升，从过去被口诛笔伐变为广泛学习借鉴的对象，进而在社会的新中间层中占了重要地位。纵观当代中国的社会价值系统，在官方社会和最主流话语系统中，是马克思主义特别是中国化的马克思主义占据主导地位，其力量之强大，无与伦比；在社会新中间层中，西方自由主义的社会价值系统所占地位不断提高，其潜在力量不可低估，大有在这个阶层占据主导地位的趋向；在基层社会中，中国传统社会价值系统仍占主导地位，在可预见的将来，并不存在根本改变的迹象。对于这些在根干社会价值取向上的差别，只要我们到社会生活中去考察，就会看得十分清晰。这三种根干社会价值取向之间相互较量、相互借鉴、相互取长补短的过程仍远未结束。

作为一个成熟社会，必须有一个同一的根干社会价值取向，而在社会价值的枝叶层次，则可以是千姿百态、争奇斗艳的。当代中国在社会价值的枝叶层次，它们之间的界线差别已经日趋清晰了，这是很正常的现象。当代中国社会的危险性与不成熟性主要表现在人们的生活世界中，态度与行为的社会价值取向的不一致性，究其根源，则是由于几种根干社会价值系统并存。

中国在21世纪要建成创新型国家，关键其实在于根干社会价值观系统的创新。在这个创新的过程中，我们必须充分体认属于中国自己的根干，发掘当代社会价值中的传统基因。

从全民幻想到集体意淫

——中国定型化的社会结构

倪晓锋

改革开放给我国的资源配置和社会流动带来了巨大变化,20世纪80年代到90年代初,社会流动速度大大加快,不仅出现了世界罕见的"民工潮",即农民从农村到城市的空间流动,更带来了阶层之间的地位流动,一大批社会的中下阶层通过各种途径实现地位的上升和财富积累。然而,新世纪以来我国的社会状况发生了新的转变,"出人头地"越来越困难,变得仅仅停留在想象中,"全民幻想"逐步取代原始财富积累,社会逐步"定型化"。

"社会定型"这个概念最早是由孙立平提出来的,他认为:"20世纪90年代以来,一个与80年代有着很大不同的新的社会正在出现并开始逐步定型化……收入的差距和财富拥有的不平衡,正在定型化一种两极化的社会结构,主要表现为:阶层之间的边界开始形成,内部认同的形成,阶层之间的流动开始减少。"(孙立平,《定型——90年代以来中国社会结构演变新趋势》,《南风窗》2003年第6期)

只有成功地追逐到"名"和"利",才能实现社会地位的有效上升。但随着社会分层体系的逐渐定型化,一夜暴富、白手起家、空手套白狼的行为越来越少,几万甚至几十万元打天下的局面一去而不复返,创业不仅需要努力、勇敢,还需要资金、技术以及广泛的社会交际网络。然而人们对于"名利"的追逐心从未停止,只是用新的方式来取代,意淫或全民幻想就是其中最典型的表现。

其一:"金钱"之全民幻想。

快速致富的"罗马"之路,除了自主创业之外,没有什么比彩票、股票及基金来得更快,这就造成了遍及全国每一个角落的彩票热、股票热、基金热。不管有没有专业知识,不管有没有足够的资金,不管有没有充裕的时间,全

倪晓锋:中山大学政务学院社会学系博士生。

民炒股的风气势不可挡地席卷全国。不仅中年人炒股,老年人炒股,大学生炒股,甚至高中生、初中生、小学生都用自己的零花钱和压岁钱频频炒股。在股票指数翻一番上两千点的时候,人们预测有四千点;当上了四千点的时候,人们预测会上六千点;当六千点的时候,人们仍然预测会上一万点,甚至两万点。彩票同样如此,五百万、八百万、一千万甚至五千万的单注大奖一次次冲击市民的心理底线,彩票大军同样庞大,不仅一些公司职员挪用公款购买彩票,而且农民工群体也成为新的主力军。

其二:"名气"之全民幻想。

如果说彩票、股票和基金给人们带来了快速致富的途径,那么以"超级女声"为代表的各种各样的选秀节目则导致了人们对于出名的全民幻想。

"超级女声"模式有两点吸引了市民的眼球,为其提供了良好的幻想空间。首先是从平民到明星,从默默无闻到举世瞩目。美国《时代周刊》在2006年的一期刊物上刊登了超女冠军李宇春的大幅照片,把中国的"超级女声"带到了全世界。这类选秀节目无疑给人们提供了一条"鲤鱼跃龙门"的"光明大道"。其次,全民参与以手机短信、拨打电话、网络等形式为入围选手提供选票,直接决定其晋级状况及冠亚军的归属,这种形式使个体产生自己掌握他人命运的感觉,以虚幻的方式部分满足了人们的权力欲望。

无论惊心动魄的彩票市场是还是名目繁多的选秀节目,永远都只是极少数人从中获利,成为优胜者,而更多的人只是观众,股票市场的"二八原则"也决定了获利的只是少数人,甚至只可能是大户获利。本来只是一些普通的娱乐活动或人们工作之余的简单投资,却吸引了如此众多的市民全力以赴地参与,更多是由于当前特殊的社会状况造成的。

如上所说,虽然中国的社会阶层状况已逐步向"定型化"的方向发展,但"一部分人先富起来"的生动例子和以往社会阶层的频繁流动充分调动了人们的欲望。人们普遍选择地位较自己高的群体作为自己的参照群体,梦想着自己有一天可以达到甚至超过他们的高度。频繁的地域空间流动也加剧了这一过程,比如在城乡之间经常走动的农民工也经常以城市居民或其他较富裕地区的农民作为自己的参照群体。再加上媒体的推波助澜,貌似所有人都可以通过个人努力从而实现社会地位上升。消费文化的盛行也使得攀比现象比比皆是,进一步加大了人们对于快速致富的渴望。而社会阶层"定型化"的现实状况却限制了这一目标的实现,从而出现目标和手段之间的不对称状态。

默顿在《社会理论与社会结构》中对社会失范有着精彩的论述。他认为:"一个社会的稳定程度,与其文化目标和实现该目标的方式有关,可以从社会学角度把反常行为看成是文化规定了的追求与社会结构化了的实现该追求的途径间脱节的征兆。"概括地说,个体适应社会的模式有五种:遵从、创新、仪式主义、退却主义和反抗。其中遵从行为是用制度化的手段来实现文化目标,其他四种就是人们无法用制度化手段来实现文化目标时而出现的社会失范状况。仪式主义是永久的降低志向,墨守成规,知足常乐,消极,畏惧改变;退却主义是人们不仅拒绝制度化手段,而且也拒绝文化目标,从而沦为社会的弃儿;反抗就是他们谴责渴望本身,从而做出革命性的变革;创新就是人们认同社会上形成的成功目标,而通向这一目标的适当途径受到阶级结构的很大限制,只有借助于越轨行动来实现。(默顿,《社会理论与社会结构》,唐少杰、齐心等译,译林出版社 2006 年版,第 264~293 页)

而具体到中国社会,个体适应社会的方式明显不同。改革开放之初,放权让利不仅给地方经济带来活力,而且也使得全民受益,特别是原先的弱势群体(如农民以及四类分子等),敢闯敢拼成为那一代人的代名词,"练摊"、"卖茶叶蛋"致富的情况比比皆是。而进入 20 世纪 90 年代中后期,随着分税制改革及商品、要素市场的逐步形成,资源配置从分散到重新聚集,不仅地方权力和资源重新汇集到中央,而且也从全民受益聚集到社会某一类强势群体身上,也就是孙立平教授所说的"利益群体"。新的社会结构使得一些标准的达到对于这类群体极为容易,而对于其他人则相当困难,迫使一些人寻找新的手段以获得制度化目标。人们相信社会化的文化目标,对无法获得自身同样渴望的事物只是暗生怨恨,而无实质性的抵触,然而相对固化的思维方式以及保守的性格使得大部分市民没有能力或没有勇气采用创新的方式进行,只能采用"现实加幻想"的方式,即在实际工作中仍然采用遵从的方针,严守科层制的上升途径和财富积累方式,但同样以狂热的心态追逐那些官方所认可的"一夜暴富"机会,比如股票、彩票、基金市场或明星选秀,从而出现全民幻想状态,而与此同时在心理结构上出现集体意淫的状况。

意淫同幻想相似,都是对未来生活的美好期望,但和幻想不同的是,它不在现实生活中去实现,不是通过股票、彩票等,而是仅仅出现在想象中,最常见的意淫领域是网络和电视。

毫无疑问,网络是最好的意淫方式,时间与空间的分离、现实与梦想的分离、实体与表象的分离等在网络中体现得淋漓尽致。主要有三种方式:(1)网络聊天。在网络世界中,由于时空分离,没有人知道你的年龄、性别,甚至没有人知道你是否是"人",所以人们大可以在网络世界中尽情表演。儿童可以变老人,老人可以变儿童,男性可以变为女性,女性同样也可以男性的形象出现,完全满足了人们身份置换的心理需求。(2)网络游戏。如果说网络聊天还只是交流与想象的平台,电脑游戏特别是网络游戏则提供了一个角色转换试验和操练的虚拟平台。尽管在真实世界里可能一事无成,但在游戏中人们却可以扮演自己想象中的角色,可以获得现实中不可能获得的事物,从超强的武林盟主、无上的权力、数不清的黄金珠宝到眼花缭乱的各地美女。有的网络游戏更是提供了现实模拟,模拟结婚、模拟生子、模拟养育孩子、模拟管理城市等,应有尽有。由于现实社会结构的限制,那些在虚拟世界中满足了人们意淫心理的网络游戏,近年来在中国市场上获得了几倍、几十倍的快速增长,成功造就了一批现实世界中的亿万富翁。(3)网络小说。阅读小说可以充分发挥读者的想象力,从而把意淫发挥得淋漓尽致,而且阅读小说是非常方便的事情,随时可以在网络上阅读,不分时间,甚至可以下载到手机上进行浏览。如果说曾经风靡全国的武侠小说是成年人的童话,那很多网络

网络小说《赵赶驴电梯奇遇记》、《赵赶驴手机奇遇记》

小说则是当代青年人的最爱。魔幻小说的流行就是一例。通过对魔幻世界或未来世界的描绘和憧憬，读者把自己演绎为魔幻世界中的主人公，从平民到王子，从默默无闻到举世瞩目的大英雄。而一些现实性小说也同样充满着意淫。从网友点击量来说，《赵赶驴电梯奇遇记》还是《赵赶驴手机奇遇记》都是这方面的巅峰之作，充满着男性对女性、对婚外情、对多妻制的憧憬和幻想，然而却以最不真实的形式——意淫——展现出来。

意淫并不只是男性的专利，女性同样存在。与男性的意淫相比，女性则显得更为现实。"学得好不如嫁得好"，女性的意淫多是对于感情和婚姻的憧憬，期待着一个富有、英俊、体贴、专一的男朋友或老公的出现。偶像剧恰恰提供了这一平台。20世纪90年代末以后，日剧、韩剧、台剧以其浪漫的故事情节、梦幻般的情感经历、男方显赫的家族势力、女方绝美的舞台形象吸引着大量青少年观众，充分满足了女性"灰姑娘"的梦想。

一个较好的社会结构应该给社会流动提供一定的空间，允许人们通过制度性手段实现社会地位的改变，这不仅有利于资源配置效率的提高，而且通过社会精英更替保证了社会发展的活力。出现"全民幻想"或"集体意淫"的原因主要有两个：

其一，在大众媒体以及其他因素影响下，人们的欲望(即文化目标)被无限制调动和夸大，远远超过其可接受能力。一方面改革造就了"一部分人先富起来"，原本同质性较强的群体在其内部出现分化，势必会对没有富起来的这部分人造成沉重的心理压力，不公平感和怨恨感随即产生。如前所述，怨恨不同于默顿所论述的"反抗"，怨恨并不拒绝该文化目标，只是觉得自己无法和其他群体一样从市场改革中获益而形成的心理感受，只要达到了该文化目标，怨恨自然解除。另外，媒体在这方面也进行了推波助澜，铺天盖地的广告及电视剧节目所宣传的是所谓成功人士的消费模式——名车豪宅、名牌服装、珠宝首饰，好似这些消费品对每个人来说都唾手可得。这些事物本是豪华奢侈品，现在却演变为全民各阶层渴望的目标。

其二，随着社会结构的逐步定型，缺乏制度化的手段去实现这些不断高涨的文化目标。一般来说，教育是实现文化目标最好的制度化手段，美国、日本及一些发达国家的例子证明，只有提高国民素质(受教育程度是其中最重要的指标)，国民经济才有可能迈向成熟稳健的发展道路。然而随着高校的逐步扩招,再加上体制内资源与市场资源的加快融合,教育水平的市场回报能力有所下降,受教育程度并不意味着高收入,以至于最近两年的研究生报名人数呈萎缩之势。另外,从资源配置来说,体制内资源与市场资源的融合加快了社会"定型化",降低了社会流动速度。房地产是这种融合的最好例子。近年来,《福布斯》中国内地财富排行榜的前几名一直被房地产商占据,2007年《财富》排行前10名的富豪有7位都是房地产商,前100名中有超过一半的房地产商。同其他高科技行业相比,房地产是一个低技术、高资金、多体制内资源的行业,因为需要大量资金以及较广的体制内人脉关系,进入门槛很高,对学历的要求却不高。在这种情况下,快速致富变得越来越困难。

2007年的中国内地首富是年仅26岁的顺德女青年杨惠妍,个人资产总计160亿美元。与其他富豪不同的是,她的资产来自于其父亲的馈赠。从杨惠妍开始,中国的财富积累又进入了新阶段。改革开放以来先富起来的这批人已经加快了资产转移——向下一代转移,这种行为给社会流动增加了新的障碍。在这种情况下,到底是应该降低文化目标,还是迫使人们采取非制度化手段去实现该目标,抑或是任由人们陷入全民幻想和集体意淫中,是社会结构转变过程中政府决策者亟须考虑的问题。

公民社会在中国的现状与发展前景

贾西津

　　"公民社会"通常被定义为在政府、企业之间提升公共利益的领域,构成该领域的核心要素是非营利性质的公民自组织,或者称"第三部门"。政府、企业、公民社会,构成所谓的"三驾马车"、"三根支柱"、"三条腿走路"的现代社会治理结构。中国现在大力推进"社会建设",正是相应于政府职能转型"小政府"的建设、市场经济中企业发展的思路,进一步促进社会组织或第三部门发展的举措。

　　不过,"第三条腿"只是在 20 世纪后期以来才具有得到崇尚的公民社会的含义,它的形成背景是福利国家失灵,人们越来越重视公民自组织在提供公共服务中的作用,将它们视为对政府直接福利和服务模式的另一种选择途径。事实上,"公民社会"还有两种不同的含义。一种是黑格尔提出来的与"国家"相对应的"市民社会"(英文是"civil society",只是在用于这种含义时,人们更习惯翻译为"市民社会"),指与国家统治机器相制衡的市民生活的保障机制,主要包括市场经济、志愿组织以及独立的司法体系。它强调了与"国家"相独立的"社会"之重要性,为理解国家与社会关系提供了一个框架。

　　"公民社会"的再一个理念,是对于理解现代民主法治制度最重要的,也是渊源最深、在历史上具有最悠久传统的理念。公元前 4 世纪,亚里士多德针对古希腊雅典创立的以自治为基础的城邦体制,提出"koinônia politiké"一词来表述之,后来转译为拉丁文的"文明社会",又译为英语的"公民社会"。它是对一种人类社会形态的描述,这种社会形态区别于自然聚居的群落,创造出公民共同治理的政治制度。正如雅典以公民大会治理的城邦是最早的直接民主制度,也是深远影响了人类历史的一次重大政治创新。近代的一些大思想家仍然在"理想社会"的意义上使用"公民社会"一词,如康德对于人

贾西津:清华大学公共管理学院 NGO 研究所副教授。

社会学家茶座　社会

类社会的理想就是"普遍法治的公民社会",洛克也认为唯一具有合理性的政治社会是公民志愿联合和授权政府所形成的"公民的社会"。"公民社会"作为理想的人类社会形态,其核心特征是以个体自由为出发点的公民自主的治理;而使之成为可能的重要制度安排就是人们就相互之间的自由协调规则达成共识,并以此作为社会共同体的最高法则,也即普遍法治的原则。康德、洛克的公民社会,哈耶克所说的"自生自发的秩序",以及博兰尼所说的"自发秩序",均体现了这种公民社会的理想。

作为治理主体之一的公民社会,作为国家制衡力量的公民社会,作为自由秩序的公民社会,三种含义使公民社会的概念经常在不同的情况下被使用。中国公民社会的发展,应该说是在上述三元、二元、一元的制度背景同时演进的情况下展现的,同时呈现出社会的、经济的、政治的三个层面的意义,从而面貌更加复杂。

国际上有一项"公民社会指数(CSI)"项目,从结构、环境、价值、影响四个维度 72 个指标测度了公民社会的图景。在这里不妨结合中国 CSI 的研究,找出公民社会不同层面的核心要素,为中国的公民社会勾勒一幅速写图。

要素一:公民社会组织

公民社会组织被视为公民社会的核心要素。所谓公民社会组织,即公民志愿组建的非营利性质的社会组织,包括以人为主建立的社团,如环保组织,维权组织,以及以资产为主的基金会或实体性服务机构,如私人举办的非营利性的学校、医院、博物馆、研究所、服务中心等。

截至 2007 年 9 月底,中国注册登记的"社会组织"有 36 万个,包括社会团体 19.5 万个,民办非企业单位 16.4 万个,基金会 1245 个。近 5 年来,社会组织的总数量平均年增长率达 9%,呈现平稳较快增长的趋势。不过横向比较来看,日本平均 400 人、美国平均不到 200 人、英国平均 100 人就拥有一个公民社会组织,而中国平均 4000 人才有一个社会组织,可见,中国的社会组织处在尽管快速生长但仍明显不足的阶段。

同时,由于社会组织的注册登记需要政府部门作为业务主管单位为前提,因而政府组建、为政府做帮手的"政府办社会组织"仍然占有相当比例,而公民的志愿组织很多尚难以获得法律认可的地位。公民社会组织法律合法性与社会合法性的不一致,构成中国公民社会的一个特色。

对于公民社会组织的两大功能——公共服务和政策倡导,中国的公民社会组织倾向于单纯提供社会服务,特别是助残帮困等辅助性社会服务,多数组织对倡导行为小心谨慎。CSI 研究显示,70% 的公众认为倡导是受到法律限制的,同时 50% 的人认为对倡导活动进行限制是合理的,反映了公众对倡导行为的负面观念。在公共服务功能上,全球 22 个国家的数据显示,公民社会组织贡献平均占到各国 GDP 的 5%,其中教育、医疗、服务是就业规模最大的三大主导领域,私立非营利性的学校和医院作用突出。在中国,这个数字不到 1%,并且大多数组织以社会服务、行业服务、调查研究为主,私立学校和医院等公共治理领域活动很不发达。这说明中国公民社会组织的社会功能整体上处于以救济、帮扶等辅助服务功能为主的初级阶段,在重大公共事务治理中的主体地位还很有限,对政府和公共政策的影响、监督等倡导作用不显著。

要素二:公民参与

公民社会组织之所以构成公民社会的核心要素,其行动力依赖于两个方面的联结纽带。一方面,公民的参与是公民社会组织持续发展的基础;另一方面,公民社会的各种支持性结构是使单个的公民社会组织形成公民社会宏观图景的能量源泉。公民参与和公民社会支持性结构构成公民社会的两个纽带要素。

公民参与是中国公民社会的一个弱项。我们很多人都有过捐钱捐物于慈善事业或者进行无偿劳动的经历,如单位组织的赈灾、向贫困地区献爱心、节假日的集体义务劳动等,但对于大多数人而言,慈善是一种偶然的和被动的事情,真正的志愿捐赠、志愿参与,相对固定的捐赠渠道和捐赠习惯,通过公民社会组织参与的情况就不多见了。据统计,2006 年,通过民政部门接收的社会捐赠款就达 43 亿元,经过慈善会系统接收的达 40 亿元,二者合计是全国所有基金会收入的 3 倍,相当于全国各级社会组织总支出的近 1/5。可见,公民通过慈善捐助、志愿时间、组织建设等形式对公民社会组织的参与,表现出参与面与参与深度的不一致性,参与的深度要弱于参与的广度。

在公民的政治参与和集体行动方面,近年来,网络签名、社区维权、集体建房运动、参与式公益等行为越来越频繁,不过参与规模并不总能体现公民权利,如在政府单向地向公民征询意见、建议、听证的过程中,公民提议的数量和质量与最后的政策结果未必有所相关,这种参与现象的意义便有局限。CSI 研究中还发现一个有趣的现象,当问及是否参加过给报社写信、在请愿书上签名、参加游行等活动时,不仅大部分人回答没有参加过,而且很多人会非常紧张地解释说自己是一个良民,怎么会干那种事情。换言之,在相当一部分人的潜意识中,对自己利益和诉求的直接表达有着负面的价值评价,这种文化观影响了公民的政治表达和政治参与。

要素三:公民社会支持性结构

所谓公民社会支持性结构,包括公民社会组织的联盟、网络、代言体等联结性结构,资源、法律咨询、专业评估、信息平台等能力支持性结构,媒体等公共空间, 国际联系, 以及企业对公民社会的参与等部门之间的伙伴关系。

其中,组织联盟和网络的存在及其有效性,是公民社会组织生命力的重要体现。与中国公民社会组织自身的发育程度相比,联盟和网络的程度更是远为低弱。联盟、伞状组织、节点组织、网络结构等名词,对于大多数人,包括公民社会组织的成员而言,还是陌生的词汇。缺少网络联盟的纽带,诸多的公民社会组织只能成为散在的"珍珠",而连不成展示宏观社会力量的"项链"。网络与联盟的稀缺,一方面说明了中国公民社会所处的初生阶段,另一方面与现行法规政策对社会组织分支结构的限制有所相关。

要素四:公民社会的环境

公民结社的法律环境是最直接影响公民社会的环境因素。结社的审批制度,社会组织经由业务主管单位和登记管理机关双重管理的体制,对地域分支的限制,对同地区同领域不成立相同相似组织的要求,法律监管的缺失和税收优惠政策的缺失等问题,一直被认为是对公民社会发展的关键挑战。究其根源,法律政策规定只是一个表现形式,如何对待公民权利,其实质在于现有的政治制度框架是否足以容纳公民的自由。如同经济体制改革的深化所遭遇到的制度困境一样，公民社会的发展说到底也面临政治架构的开放度问题。

秩序对自由的宽容性，反映的是文化上对个人的观念认知。经过高度计划经济的历史时期，对同质性的、高度一致的固化一元观的崇尚被强化，多元的个体性的价值成为需要被克服、舍弃以追求整体性宏观效果的途径，如我们常说的"大公无私"、"舍己为人"，表达了"公"、"私"之间对立、取舍的关系；同时，"公"以"官"作为代表和象征，进而形成官、民之间的上、下关系，官大、民小，予公、限私，演化成了官本位的文化。多种研究显示，中国公民对于政府的信任和依赖度普遍偏高，远远高于英美，比世界上大多数国家都高；并且，对于越是远离自己的、越是高层的政府信任度越高，而对于所有与"私"相关的领域信任度都偏低，对于公民自组织的信任几乎为零。一元、集体、官本位的文化观念对多元、个体发展、自主的公民社会的成长构成一种挑战。

新趋势：公民权利的生长点

中国的公民社会生长至今，可以发现，几乎所有的纽带联结处的关键弱项都越来越凸显出来，包括公民参与的纽带、公民社会组织之间的联盟与网络联结、中国公民社会与国际之间的联系、公民社会与企业部门的合作，以及公民社会的支持性平台和法律环境平台等。这与我们能观察到的现象是相符的，即虽然慈善捐赠额、志愿人数不断上升，出现了一定数量并迅速增长的社会组织，但是社会仍然呈现高度政府主导、政府依赖，公民社会的力量及其在社会中的作用并不显在。它显示了公民社会目前在中国的存在状态：散在的、缺乏联结的、非制度化的形式的生长。

值得关注的是，近年来出现了一些公民社会发展的新形式和新趋势，体现了公民权利的生长。

第一，利益引导的公民参与。与较早时期公共话语为导向的参与不同，目前越来越多地看到在切身利益基础上自我组织的参与，例如业主委员会维权、拆迁农民的诉求表达等。2007年环保领域两件重大事件——厦门PX工程和北京海淀六里屯垃圾焚烧厂建设，都引发了广泛利益相关者的社会参与,他们反应迅速,利用现代网络技术、传媒、政协和人大等体制内政治资源,动员能力强大,并最终形成政策影响结果。利益激励是公民参与的深刻基础,利益导向的参与也正是公民社会的推动力,是利益集团政治的组成部分。中国公民参与的社会合法性从完全"为公"的角度向利益导向的"私"域演进,可以视为公民权利的一个生长点。

第二,草根组织的多元发展。不仅在环保、艾滋病防治、扶老助残服务、农村经济组织、社区建设等主要的公共服务领域有越来越多的草根组织发展起来,而且一些非常独特的、微观关注的草根组织不断出现,例如独生子女丧子家庭组成的"星星港","驴友"发起的"多背一公斤"参与式社会公益等,它们不断创新公民自组织的形式,深入到微小的、宏观视野不可能顾及的地方,形成多元化的公民自组织的发展。

第三,企业家和公众人物等强势公益凸显。企业家和公众人物,包括离退休后的政治家,是一个强势群体,拥有或可发动更多的资源,他们进入公益领域,相对于传统的怜悯帮济的弱小慈善形象,将形成强势公益的态势,极大提升社会公益的地位。同时,该群体的人,特别是企业家,具有更多的社会创新理念,社会企业家的兴起,将为公民社会注入新的力量,带来新的契机。

第四,网络联盟逐渐兴起。尽管对于社会组织联盟或网络结构的法律限制并未改变,但是事实上的网络联盟正在以各种不同的形态兴起,代表了公民社会发展到一定阶段的必然需求,具有强烈的内生驱动力。部分政府部门也认可甚至鼓励、帮助草根组织和网络联盟的发展,例如在环保领域、艾滋病防治领域、社区发展领域,政府主动搭建平台,促进社会组织包括草根组织的发展和联合。这充分说明了网络联盟对于社会组织作用发挥的必要性和现实的需求。

第五,各种基金会、公益创投、孵化器、能力中心、信息中心和其他新型的公民社会支持性组织不断涌现,媒体、互联网等也为公民互动提供了公共空间。2004年《基金会管理条例》实施,私募基金会获得了良好的发展机遇,愈渐呈现生长势头;公益创投、孵化器等新概念进入中国公民的视野;媒体基于市场的感知以及互联网络的技术进步,构成公民社会发展的促导动力。各种支持性组织的出现和创新,对于公民社会的发展起到加速器的作用和事半功倍的效果。

第六，国际NGO进入中国和中国的公民社会组织进入国际视野。一方面，包括盖茨基金会等大的基金会，一些国际能力建设组织及各种形式新颖的国际组织，越来越多地期望并已经来到中国；另一方面，中国公民社会组织开始向国际发展，外交部也在协助中国有条件的社会组织向联合国申请加入咨商地位。

如果我们对照前述中国公民社会的关键弱项，就会发现，在公民参与、公民社会组织、联盟和网络、国际联系、部门关系与合作、公民社会支持性平台等每一个纽带的弱节点上，都有新的推进性事件发生。可以认为，中国公民社会的发展正在衍生出其内在的发展逻辑，呈现全面演进的趋势。

相对于公民社会内生的生命力而言，相关的法律制度环境表现出较强的刚性。虽然对社会组织的法律监管、税收优惠规则、行业协会促进意见、社区组织备案、慈善法等问题均在修改或讨论之中，但是结社审批制度、双重管理体制的关键环节尚难以出现制度性改变的契机。推广来看，宪法规定的言论、集会、结社、游行、示威等各种公民权利，都是目前采取审批制度和法律严格限制的领域。可见，当前社会秩序赖以存在的制度架构所能容纳的公民自由度已显示出不足。随着经济发展与社会开放，公民对自由权利的要求越来越高，如果社会秩序不足以包含公民自由的需求，社会不稳定的压力将不断增加。因而，扩大制度对自由的容纳性、拓展公民自由的制度空间已成为下一步制度转型的关键。

实现这种制度递进，一方面，需要转变执政思路，从行政管制到法治权利，通过法治原则的治理扩展社会秩序对公民权利的宽容性，取消对公民权利的行政审批；另一方面，需要逐步增进公民权利，加强政府自身合法性的民主基础，走向公民的治理。制度演进体现在文化观念的转型上，是从"群"本至上到"人"本至上，发扬尊重个体价值，具有人本精神，多元、法治的公共精神，发展公民社会的秩序，自由的秩序。

乡村治理中的"搭便车"问题

贺雪峰

在乡村治理研究中,农民的"搭便车"问题,是最为常见也最令人困惑的一个问题。其令人困惑之处在于,为什么在一些地区,农民能够克服搭便车难题;而在另一些地区,却因为农民搭便车的存在,社区中所有人的利益都受到损害。

从经济学上讲,公共品就是指那些具有消费上非竞争性和非排他性特征的物品。非排他性是说,公共品不能排除其他人的消费。农村社区中存在大量不能排除他人消费的物品,比如农村的水利和道路,社会治安和环境卫生,等等。按经济学的假设,每个人都是经济人,每个人都倾向于让个人利益最大化,收益最大,而代价最小,因此,每个人都会倾向于吃免费午餐,搭他人提供公共品的便车,也因此,公共品供给就离不开超出个人的强制力,尤其是国家力量的支持,其基本形式是通过强制性的税收来克服搭便车行为。而据说国家之所以产生及具有合理性,也正是为了克服公共品供给中不可遏制的搭便车倾向。

如果将公共品供给问题放在村庄社区的语境下面,情况就会较抽象的经济学假设复杂一些,因为在村庄这样一个熟人社会中,村民的行为与经济人有些差异。村民是相互熟悉,对未来有着长远预期,对过去有着相当了解,相互之间讲究面子和人情,并因此具有熟人社会行动逻辑的人们。熟人社会行动逻辑的重要特点是多次反复博弈。人不仅是一个经济人,而且是一个社会人,是一个道德人,是一个希望得到他人的尊敬,生活得有点体面从而需要有其他村民承认的人。以这样的视角来看,即使村民仍然是一个理性算计的人,他们也会在自己的理性算计中容纳经济收益以外的各种社会性的面子上的收益考虑。在村庄这个熟人社会中,村民对各种规矩烂熟于胸,到了

贺雪峰:华中科技大学中国乡村治理研究中心教授。

不假思索的程度,也就是形成了行动的"惯习"。这样的行为,与那种精于计算的理性行为不尽相同。总之,村庄熟人社会中,村民的行为不同于经济学家一般假设经济人的行为特征。

正是村庄中村民行为与经济人行为的差异,成为我们理解村庄公共品供给中一些独特现象的依据。在村庄社会中存在着一些自生自发的秩序,这种自生自发秩序并非基于人们的经济人考虑,而是基于担心被村庄社会抛弃和边缘化的考虑。虽然村庄公共品供给中并无强制手段要求每个人承担责任,却可能少有人搭便车,其中的原因是,搭便车获得的经济好处很快就会被村庄舆论中的不利评价所抵消。在村庄中,一个总是想着搭便车的人被视做不要脸面的人,是村民都不屑于理会的怪物,是村庄中"说不起话、办不成事"的边缘人物。即使有人搭了村庄公共品供给中的便车,他也会付出面子和声誉的代价,一个理性的村民不会为了得到一点经济小利而付出更大的社会代价。因此,村庄中即使有不要脸面的"小人",也就只有这样几个不要脸面的"小人",而不会因为有一个村民搭公共品供给的便车而产生连锁反应,最终使村庄公共品供给解体。

在村庄这样一个熟人社会中,是有可能在离开国家强制力的情况下生产村庄的公共品,从而维系村庄的秩序的。村民在乎经济收益以外的社会评价,社会性收益与经济性收益相互纠缠叠加,就使村庄社会中产生了既不需要国家强制力也不需要村庄内部暴力的自生自发秩序。

在传统的中国农村社会,尤其是重建农村宗法以后的农村社会,村庄通过内部力量,包括士绅、宗族力量和村庄作为熟人社会所容易产生的道德舆论约束力量,可以供给村庄社会相当部分甚至大部分公共品,乡村社会相对脱离了大一统的中央政权,具有自治特征。虽然经过整个 20 世纪的革命运动和市场经济的双重冲击,在地域广大、发展不均衡的中国农村的某些社区,仍然存有强有力的道德舆论评价能力,可以制造出强有力的社会性收益。一个相对脱离国家权力的农村社会,仍然可能自主供给公共品,从而维系农村基层的基本秩序。

正是存在着一些地方农村社会自生秩序的能力,国内学界有人期待通过"国退民进",让国家行政权力退出农村社会,而让农村民间力量发育出来,自主解决农村公共品供给的问题。农村税费改革的政策设计中,有两个重要的、试图在离开国家行政性权力基础上解决农村公共品供给的制度设计:一是"一事一议",就是由村民代表会议或村民大会就村中重要的公共事务进行讨论决策,然后从每个农户筹措劳务和资金进行公共品的建设;另一个制度设计是期待通过成立农户用水用电协会,来自主解决与农民生产生活事务密切相关的公共品的供给难题。这两项制度设计的目标都是要解决税费改革后农村公共品供给的难题,都是期待在无须凭借国家行政强力的基础上,由农村社会自主地生产公共秩序。但在实践中,这两项制度都不大成功,其中成功进行"一事一议"的农村不及全国农村的10%,而农户用水用电协会虽然有中央各个部委的大力推广,也只占整个农村公共品供给极小的比重。这两项制度之所以实践得相当不成功并且(我认为)将来也不会有成功的希望,是因为二者都无法克服公共品供给中的搭便车问题。而之所以这两项制度不能克服搭便车难题,是因为今日中国农村毕竟经历了百年革命运动的洗礼和市场经济的冲击,传统的农村社会已经解体,正在向半熟人社会迈进,有些甚至已经成为了半熟人社会,村庄结构出现了扁平化,村民正在原子化,村庄道德舆论约束能力和村庄社会性收益越来越不重要。同时,村民越来越精于计算经济利益,越来越多地依赖于单纯货币的评价而越来越少地依赖于舆论的评价。因此,如果有一个人搭集体公共品供给中的便车,就会有一群人要搭这个便车,最终将使公共品供给的资金和劳务筹措变得困难起来,最终,与村民生产生活密切相关的公共品不再能自主地供给,村庄秩序不再能够自生自发地维系下来。

或者说,虽然今日的农村中仍然有一些农村社区可以凭借内部力量克服社区内部的搭便车行为,自主解决公共品供给问题,但全国绝大多数农村社区却不再具备这个自主的能力。其实,即使在中国传统的农村社会中,克服村庄内部搭便车行为的力量也不仅仅是不流动、长远预期及熟人社会这样一些软的因素,而是有着强有力得多的硬制度在发挥作用。正是这种硬制度在形成村庄中人们行为乃至思维的"惯习"方面,进而在使村庄中社会性收益被凸显出来方面,具有极其关键的作用。

我们可以举出两项传统社会中的硬制度,一是宗族。宗族不仅是一种意识而且是一种制度和组织,宗族可以通过族规惩罚那些试图搭便车的村民。传统社会中的国家权力是弱的,难以直接渗透进入宗族社会内部,传统国家权力甚至是委托宗族组织来行使的,因此,通过宗族组织达成的公共品供给决策,就具有了对每个人的强制力,这种强制力因为有了国家的授权或国家的不作为而相当得严厉。一个人即使不考虑道德舆论力量的约束,他也不能不考虑宗族的暴力。宗族同时还是一个经济组织,掌握有相当数量的经济资源,这些经济资源不仅可以进一步强化宗族的暴力,而且本身就是村庄公共品供给所需的资源。

传统社会中的第二项硬制度,是村里人们对那些不合作者的强烈负面感情。这种强烈负面感情类似涂尔干所讲的"集体情感",即如果有一个人仅仅因为自己的小利而不合作,从而破坏了大家的好事,则每个村民都会愤怒难当,都要前去吐两口口水,都想上前给几个拳头。村民的这种愤怒情感(野蛮人思维?)而非今天农民的理性态度,使那些试图搭集体便车的村民不只是受到舆论的攻击,而且时刻受到拳脚相加的威胁。

传统社会中这两项硬制度的作用,就使村庄中的搭便车行为即使存在,也不会多,更不会产生连锁反应。传统社会的自生自发秩序与当时的社会发展状况有着选择性的亲和性关系。

国家权力下渗到农村及农民行为的理性化,是现代社会的重要特点。前者使宗族最多只能是一种意识,后者则使农民的强烈感情及由此可能产生的人身攻击不再可能,现代社会使农村扁平化,农民原子化,就使搭便车的经济算计可以凸显出来。

现代农村社会中建构人们行为基础的因素有两个:一是无处不在的市场经济。市场经济的要害在其重构了人与人之间的评价系统。以前评价一个人的价值有多维标准。市场经济条件下,什么东西都可以用金钱购买,一个人占有金钱的多少,就成为评价一个人价值大小的标准,几乎成为评价一个人的价值的唯一媒介。二是国家权力,包括行政和法律方面的权力。但是,在当前农村,国家权力本质上是一种消极的权力,或者说是一种保护个人权利的权力,在保护农民的正当权益方面的作用不足,而众多灰色力量却可能借这种保护而为非作歹。在这种保护性权力的作用下,农民强烈感情性的行为可能是不合法的,而那些明目张胆要搭集体便车的人却得到了某种保护。国家对一般人感性的、合理合情却可能不合法行为的遏制和市场经济培养起来的人们的精细算计能力,就使现代人的行为及心理与"野蛮"的愤怒情感有了极大差异。正是这种差异,使现代人很难再造强有力的舆论。在当前中国的大部分农村,自生自发农村秩序的基础已不复存在,农村公共品供给中的搭便车行为及其连锁反应已经难以遏止。当前对中国农村有较为深入调查和了解的人们都很清楚,通过"国退民进"来重构中国农村的基本秩序是很难成功的。

在国家不可能为农村提供充分的公共品供给,且事实上,国家也很难真正理解农民复杂的公共品需求的偏好,从而很难为农民提供正确的公共品供给的情况下,克服农民内部的搭便车行为,从而使自下而上的农民对公共品需求的偏好有效表达出来,并且有效地生产出公共品,将会极大地改善农民生产生活的条件,提高农民的生活质量,维持农村的基本秩序。

中央在2005年提出了社会主义新农村建设战略。提出新农村建设的背景是,仅仅依靠市场化和城市化,并不能完全解决农村问题,从而不能解决中国现代化的农村基础问题。在将来相当长的一段时期,9亿农民中的大多数将不得不依托村庄社区来生活。新农村建设的核心就是要通过村庄社区建设,为农民提供一个可以(从城市打工后)回得去并值得留下来的家。新农村建设必须要在人财物资源不断流出农村的背景下,通过国家的资源注入,将农村的衰败控制在一定限度内,从而为生活在村庄中的农民提供基本的生活秩序和生产秩序。

在国家不可能包办农村公共品供给,而国家又有能力且有意愿向农村注入资源进行新农村建设的背景下,新农村建设的一个重要方面就是发挥农村社会的自主性力量,并为克服农村中存在的搭便车行为助上一臂之力。如果有办法克服搭便车行为,村庄就不仅有能力自下而上表达出对公共品需求的偏好,而且有能力提供较高水平的公共品供给。

在市场经济条件下,在农民高度流动、外来信息高度渗透的背景下,村庄要努力克服内部搭便车行为,就是要重建人们对社会性收益的敏感性,并重新建立起对集体情感的强烈态度。在没有外部投入的情况下,市场化和城市化意味着农村人财物资源的外流,从而使农村几乎没有内生秩序的可能。但在新农村建设的战略下,国家如果能够合理投入资源到农村进行针对性的建设,则农村中新生的力量就可能生产出来。

在当前的农村,要重建如传统社会中所有人对社会性收益的敏感性已经不大可能,但是,有限的资源投入却可能促使村庄中的一些人重新对社会性收益敏感起来。比如将农村中的弱势群体组织起来,成立各种协会或组织各类活动,使他们感到生活意义与希望,使他们可以获得因为经济上的弱势而难以从经济收益方面获得的社会性收益的好处。尤其是农村弱势群体中一些对社会性收益特别敏感的人有可能因为有了外部资源的注入而成为村庄中的积极分子。有了对社会性收益十分敏感的积极分子以及他们借以发挥作用的各种协会和活动,就会在村庄中重新生产出舆论,管理各种事情。村庄中因为有了积极分子的活动,扁平的内部结构将会改变,村庄社会关联增强了,村庄社会资本增加了,村庄克服搭便车行为的能力也就提高了。

不过,即使通过新农村建设资源的输入,农村中有了各种组织及积极分子,克服村庄中的搭便车行为也是难度很大的,还需要有更为强有力的力量来克服村庄内的搭便车行为。具体有两处可以着手:一是强化村社权力;二是国家对农村社会的权力不能只是消极的,有时需要较为积极的国家权力。

强化村社权力的办法有两个:一是使村社集体掌握一定的集体土地的支配权,从而使村社集体在村庄中大多数村民同意的情况下,具有对少数"不合作"的村民采取措施的权力;二是使村集体占有一些资源。如果村集体没有任何固定的经济收入来源,则可以通过国家财政转移支付,使村庄每年有一笔固定的用于公共品支出的财政收入,从而使村庄大多数人同意的公共品建设项目获得必要的经费来源。同时,这笔村社的财政收入还可以增强村庄内部的凝聚力,从而强化村民集体行动的能力。

在当前中国的绝大部分农村,自生自发秩序的基础已经十分薄弱,而新农村建设向农村输入的资源,则可能为重建村庄社区集体行动能力及克服搭便车行为提供必要的基础。当然,真正落实集体的土地所有权,增加村社对集体土地的支配权力,是一项有助于农村公共品供给的制度措施。

现代社会保障：两个源头和两种模式

唐 钧

近年来，《社会保险法》和《社会救助法》已经摆上国务院和全国人大的议事日程，因此相关的讨论颇多。在这样的关键时刻，也许再回顾一下现代社会保障制度的历史演进是有必要的。

现代社会保障制度发源于欧洲并且形成了两种流传至今的基本模式：一是英国模式（也称盎格鲁—撒克逊模式），二是德国模式（也称欧陆模式）。

英国是工业革命的发源地，因此也是最早遭遇从传统社会走向现代社会过程中产生的诸多社会矛盾的国家。一时间，传统的宗教的或世俗的慈善事业难以应付汹涌而来的社会问题。1601 年英国颁布的《伊丽莎白济贫法》通常被认为是开了国家干预社会（济贫事业）之先河，因此《伊丽莎白济贫法》也被后人追认为是现代社会保障制度的鼻祖。

英国模式强调的是"国家责任"或"政府责任"，基本特点是自上而下的"施与"，是以政府提供社会服务这样的"集体供给"方式实施的，其核心是"需要"。当时，国家对"需要"的界定是很苛刻的，能不饿死人就算是满足需要了。据史学家说：最早的救济标准是在监狱里用犯人做实验得出来的，即将犯人分成若干组，分别给他们吃少得可怜的食物，体重减少得"在可以理解和容许的范围之内"的那一组的食物标准就是救济标准了。同时，在行政程序上，英国人发明了严格的"家庭经济调查"，以此为前提，以确定申请者是否"真的"贫困或有需要。

在社会福利和社会保障理论中，有一种称为"补救型"（一译"剩余型"或"残补型"）的社会福利模式，可以理解为对因市场和家庭作用的缺失而造成社会成员生活困难时进行补救的社会福利和社会保障模式。这可以与以"需要"为核心的英国模式相对应。

唐 钧：中国社会科学院社会政策研究中心研究员。

19 世纪末,德国走上了工业化的道路并开始崛起,但在当时并未形成有效的社会责任机制。容克地主对工人阶级的剥削是十分残酷的,所以劳资矛盾十分尖锐,工人阶级的反抗日趋激烈。于是,工人阶级在马克思主义的指导下,争取权利的斗争风起云涌。最后迫使国家建立现代社会保障制度,通过改善收入分配的不平等状况使劳动阶级与贫苦民众的处境有所改善。所以,欧洲大陆的现代社会保障制度是工人奋起斗争而得来的胜利果实。这种自下而上争取来的社会保障强调的是"个人权利"或"三方机制",是从维护个人权利出发,通过雇主、雇员和政府三方谈判协商的方式来确认的,其核心是"人权"。

社会福利和社会保障理论中的"制度型"社会福利模式,可以理解为以与劳动力市场相关的个人(及其家庭)权利为基础,通过谈判明确国家和雇主责任,从而形成国家制度的社会福利和社会保障模式。这可以与以"人权"为核心的德国模式相对应。

二战中问世的著名的《贝弗里奇报告》,还是秉承了英国社会福利"补救型"的老传统,对"有需要"的人提供福利保障。但是,贝弗里奇本人对保险业务很熟悉,同时又对英国模式中的"家庭经济调查"十分反感。在新的制度设计中,废除了被称为"家庭经济调查"的"羞辱性"的行政程序,于是,给"需要"的扩张准备了条件。战后英国建成"福利国家"后,由于一些政治的或意识形态的原因,加上经济发展正处于"黄金期",政府对"需要"的界定越来越慷慨,形成了对教育、健康、社会服务、社会保障、住房等一系列的"集体供给"。

英国的"补救型"传统也影响到其前殖民地,譬如美国、澳大利亚、新西兰、香港和新加坡,这些国家或地区在摆脱殖民统治后,却不约而同地在社会福利和社会保障方面仍然坚持低标准和有限范围的"有需要","更加强调自给自足、勤劳工作、节俭和家庭"。于是,形成了一些以不同文化传统为底蕴的社会政策"亚模式",如以新教伦理为思想基础的"美国模式"、"澳洲模式",以儒家文化为思想基础的"东亚模式",等等。

从这个意义上再来看 20 世纪 70 年代末英国和美国的社会福利制度改革,撒切尔夫人和里根总统为什么很容易就走到一起,可能就是因为两国社会保障制度的思想底蕴本来就是一脉相承的。

我们可以信奉什么?

耿占春

我宁愿选择孔夫子

越来越多认识的或不认识的人信奉了宗教。许多人在默默地修行,变得宽厚和安静。我唯有敬畏。也有修行变成了杂技或杂耍。一个人说他的道长师傅辟谷修行,可以多日不吃饭,只喝水。有人已经达到 41 天,他的师傅表示他能够达到 81 天,准备上吉尼斯世界纪录。他希望有媒体介入报道这件事。我不知道一个人的宗教修行与吉尼斯世界纪录有什么关系,与大众媒体有何干系。修行成了世俗的竞技,宗教变成了杂耍。我不信任那些在凡人面前表演奇迹的人,哪里有人表演飞上天,哪里就在亵渎神灵(其实,我宁愿说是在亵渎人的心灵的纯洁)。我也不愿意加入到信服者的行列。在这些表演奇迹的人身上,我感到的是信仰的赝品。

修行不可能离开阅读有德行的人的著述,离不开思考或冥想。如果是在寺院内,那就还有寺院制度和它的戒律与仪轨。当然,真实的修行是一种劳作,是身体与内心的各种劳作。修行不是对奇迹和法术的修炼,更不是拿这些法术与奇迹在社会上当众表演。真实的修行是一种在世俗生活中长期内心省思的结果。比之远离人群到山野中的修行,比之进入远离尘世的宗教场所,真实的修行是在日常生活中,在我们的社会生活之中。因为只有这样的尘世生活与人类的事务,其复杂性与琐碎,才是检验一个人的思想与内心力量的真实场所。一个人的爱心与关切,同情与怜悯,对他人痛苦的感同身受的能力,宽让、包容、谅解的力量,克制偏见、狭隘以及摆脱仇恨和嫉妒的自制力,不是在一个真空中实现的,也不会在自然空间中受到挑战,真实的修行不排除那些对修行构成磨难与检验的道德境遇。我把这些视为修行:基本而敏感的道德内省,而且以此来修正自己的行为。

耿占春:海南大学人文传播学院教授。

在我所了解的人类思想的导师中，我宁愿选择温婉宽厚的孔夫子，是他最早把修行、道德的完善过程视为没有终结的自我教育，视为每日每时的自省能力，是他把身心修行变成一个漫长的自我控制的过程，也是他把人的精神价值置于人的社会境遇中的。他的道德理想不是一个虚构的事物，不是一个终结的事物状态或者社会状态，而是一个日常化、社会化的省思与实践过程。他提供了道德和自我完善的

孔子画像

相对化、过程化和境遇化的认识方法，把道德从对他人的判断变成对自我的省视与要求。这个道德修行没有外在的他律形式，没有外部指标，没有什么神灵可以依赖，更没有什么超尘世的奇迹可以发生。他的不言鬼神是多么大的一种尊严，也是一种谦卑。在这样的人看来，如果因为敬畏鬼神人才有道德是可悲的，那样的道德只是恐惧的面具。如果依赖于奇迹的震慑，那样的信仰也是恐惧与无知的伪装。

宗教信仰不是法术奇迹

对信众来说，无论信奉奇迹还是奇迹化身的超人，都是对真实的伦理和道德问题的逃避。在信众看来，信奉高人和奇迹是谦卑，实在是放纵了愚妄。对信众来说，信奉高人、神灵是对道德境界的直接到达，他们希望拥有一切奇迹中最根本的：直接到达信仰的境界，直接进入修行的有效状态。然而，这样的精神生活正在把精神修行变成一种可以操作的物质仪式，取消任何一种真实的内心修行和精神生活的必要过程，取消修行必须置身其中的社会伦理境遇和作为过程所具有的相对性。相信奇迹和高人只是精神生活的懒惰和一劳永逸的奢望，与任何形式的个人教养与道德修行无关。精神生活和德行主要体现在与人打交道的环境与过程中，体现在对环境的良知作用，一

种批评作用或修正作用，哪怕是十分微弱，而不是体现在奇迹异行之中，甚至也不是与神秘的打坐、辟谷或者瑜伽、呼吸的控制有关。后者只能是一种身心的自我调节，而与世界的道德状态并无直接的关系，甚至也与个人的道德修行无关。任何高超的法术也不能取代良知，而只有良知才能有希望影响我们的生存状况。

在普通的信徒那里，这种取消过程、取消境遇、直接取信于神灵的方式有许多，把复杂的内心修养化约为到某个圣地的朝圣，捐香火钱，或化约为点一炷香烟，或者烦琐到外人所不能理解的复杂戒律与神秘仪轨，总的来说，他们都在希望以一套程序取代没有外部律令可以遵循的内心生活过程。但是比起显示奇迹、信奉法术，朝圣活动毕竟保留了一个物质化的过程，保留了远方，有时也使朝圣者进入境遇化的世界。我们的时代是这样缺少耐心，速度的体验、金钱的直接中介作用使我们设想一切都可以以这种方式、这样的速度达到。在物质生活的层面，小资们期望以购买行为实现个性、教养和诗意的生活，它与奇迹法术的信奉者一样，力图把一切属于内心的品质物质化，把属于过程与境遇的事情非时间化，把自觉的精神劳作、良知的形成和对生活的干预能力变成期待宇宙间奇迹的显现。也许，这是我们惯常的做派，我们一会儿高举这种精神，一会儿信奉那种主义，使我们看起来是何等的坚实，至少是具有精神期待的，可我们仍然听任罪错的发生与弥散，也听任获取私人利益的贪欲成为生活目的，被社会的"潜规则"，即那些有损大多数人的利益与生活尊严的暴力与金钱所默许的规则——所支配，可是却没有耐心让真实的道德力量在个人的生活中艰难缓慢地增长，甚至只是扎下一点点看不见的根。

神秘主义与无力之感

许多没有钱的人选择了宗教，他们渴望安慰和天国的补偿；许多只有钱的人也信奉了宗教；一些飞黄腾达的人成为我们这个时代庙宇的最大施主，因为他的飞黄腾达远远超过了自身的梦想。没有人说得清楚，这是一种新的信仰呢，还是伪装成信仰的不满和满意到极致的表达；是祈求神意惩罚这个世界，还是乞求神明保佑现在的生活；或者仅仅是社会阶层的重新组合所带来的宗教化的意识形态幻影。似乎总是最底层的和最上层的人们需要这样的意识形态。对于底层社会群体来说，没有意义的受苦才是真正的不幸。相反，没有合法性的权力令其自身不安，如果没有民意基础的话，对个人来说，神意就会成为唯一的合法性资源。何况，没有来由的境遇，无论是太好还是太坏，都给身临其境的人一种命运感。他的逻辑是通用的：神意既高于民意也高于自身修养，神意既高于法律也高于道德。这就是我们对宗教、对神意和奇迹的可怜的体验。既然没有自我教育的愿望和意志，就把希望寄托于宗教；既然没有真实的宗教体验，就有了杂乱无章的信仰。

人们曾经把精神赋予人格化，使某些人成为精神的化身和道德的榜样。人们使某个人成为圣贤，信奉他和他所说的一切真理。这些精神化身或者是宗教人物或者是世俗权力人物，人们疯狂地信奉他，直至这个被信奉的人变成了神和神话，甚至变成邪恶的神灵和欺骗的神话，这个信奉才绝望地破灭。在某个时期，人们又把精神（正义、真理、道德）赋予某种建制形式，这种建制形式不是人们实践、反思、论证与改造的对象，而是一个偶像化的形式，结果又迅即失望。人们似乎没有耐心在自身寻找没有外部化身的道德意志和精神意向，现在精神的模糊化身似乎已经进入各种各样的神秘现象和神秘人物，进入杂乱无章的神秘小教派。

一方面是尽可能世故地生活，一方面是对神秘事物的想望。现在对神秘事物和奇迹的执迷不是出于对一种希望的期待，而更多的已经是对末世的预感与认可。人们期待生活安宁，又加剧着争斗激情；期望社会繁荣，又制造着社会分裂；批评着缺少民主，又继续崇拜着神圣和世俗的主宰；渴望理性与秩序，又信奉五花八门的神秘主义。这既不是什么辩证法也不是思想悖论，而是杂乱无章和没有建设意义的非理性主义。这些东西合起来等于承认思想的失败。每天清晨，当一个人走进办公室，他的心中意识到他是属于某一个教派的，不再以尘世的方式倚掇利病，他的眼光不再注意他的个人生活方式与这个尘世之间的切点，他的目光显然也认不出这个世界的全部不幸就是从那儿开始的，他也认不出微弱的拯救力量也应该是从那儿到来的。这样的信仰各自的小教派、或者信奉五花八门的神秘主义，只不过在继续助长已经蔓延开来的无能为力感的普遍增长。

人不是无动于衷的物体

为什么我们要把那样多的批评功能、把那样多的不平之鸣献给神灵,或者献给它神秘的中介人,而且把那么多的对世界的灾变预见托付给神灵和宇宙?为什么我们不能以自身之名承认这种预见,并且以自身的自由和责任承担这样的预见后果,不是让这样的预见变成现实,而是通过对灾变的预见去改变灾变的发生,或者推迟或者改变它可怕的程度。我们不需要把这么多的关于社会公正和制度性的问题神学化为天命,不需要把社会伦理和环境问题神秘化为宇宙的支配力量,不能够把褊狭激烈的民族情绪和群体性的茫然助长为威胁人类社会继续和平生存的历史必然性,不能够把自我毁灭行径神秘化为不可抗拒的宇宙大灾难。为什么要把我们自身的臧否裁量伪装成神意?为什么不能将它形成正当的持续的社会批评?没有批评能力的人们可以这样以宗教传统的方式表达社会批评,而知识人的这种神秘激情却无疑意味着"知识分子的背叛"。

只有这样才能设想人的存在意义,以及人与其生存环境的道德联系;只有设想道德法则超越于、独立于和无关乎自然规律、宇宙的神秘力量的情况下,才能构想良知;只有通过把自然法则的形象、人类生存模式归还给人的良知本身,才能考虑道德法则的实际存在与社会伦理作用。那种所谓的宇宙力量、末世论的悲观主义,是由那些高人在冥冥之中向人们所宣喻,他们甚至都没有能力去认识今天这个世界的复杂性,我们为什么要信奉他?信奉他意味着信奉那些剥夺我们的良知的力量,并且再次把我们的自由交付出去。这不是一种自大与自负,而是一种困难的责任,一种难以承当的重负:在任何时候,不站在神意一边,不站在奇迹和高人一边,不站在群体激情的队列里。有一种孤独的位置,有一种与这一切格格不入的位置,没有什么位置留给思考着的人,除了没有浪漫主义趣味可言的独立的个人思想。应该说,个人思想不是什么结论性的东西,而是一种思想方式。

我们的理性可能是极其微弱的,而在世界的各种利益和冲动之中,良知的作用更是微乎其微。如果说理性的某些方面可以被制度化,良知却没有任何制度化形式可言。良知在人类社会中就像个人的思考一样没有位置,因此,良知才找到了一个最不可靠的地方,那就是个人的思考行为,而不是任何成熟的可以放心使用的思想结论。良知,就像认真的修行,是一个过程化、境遇化和相对性的力量。在今天,良知的力量甚至根本不足以影响到行动的世界,至多只能在某些时刻对个人的内心产生某些类似隐痛的影响。但即使如此,我们也只能把希望归还给它。因为,即使在最老的天命思想中,在中国最古老的宿命论思想中,也为良知、为人心、为人的道德的作用留下了位置,即使在天人感应中,人也不完全是无动于衷的物体。

赢得了利益,失去了梦幻

没有独立存在的精神,除了在宗教与神话中,在童话和民间故事里。也从来没有单独存在的道德主体,无论是良知还是行为主体,这些因素总是与我们不完美的处境、不完美的德性甚至与我们混沌的内心状态混合在一起,瑕瑜互见。

> 但是如果精神单独存在,作为赤裸裸的主旨词,光秃秃像一个幽灵,人们真想借给这幽灵一条床单——那么,情况又会怎么样呢?人们可以读诗,研究哲学,买画和在夜晚进行谈话:但这就是人们会从中获得的精神吗?假设人们会获得它,可是人们随后就占有了它吗?这种精神是与它出现时的那个偶然形态紧密相连的!它穿透想吸收它的那个人的人体,只留下少许震动。我们拿所有这些精神怎么办?……它会像一个幻象那样消失?它会化为微粒?它会逃脱尘世的维护法则?在我们心中向下降落并慢慢安定下来的尘埃微粒比消耗掉的多得多。它哪儿去了?它在何处?它是什么?倘若人们多了解一些这方面的情况,那么精神这个主旨词就会显得寂静得令人压抑?!

穆齐尔所描述的这些精神生活形态,我们都经历过:读诗,研究哲学,买画和在夜晚进行谈话。现在,在许多人的心里,这些活动所产生的瞬间震动已经平静下来,甚至不再参与到我们对世界的感受方式,更不用说把这种少许震动传递到我们的行为之中了。精神生活像幻影一样消失了,人们赢得了现实——不,只是赢得了现实利益而失去了梦幻,失去了精神生活方式。那么现在,人们真的能够在匆忙的生活中通过把精神力量托付给高人,托付给某种神灵而重新跻身于那个世界?

理性和理性的社会批评,如同哈贝马斯所强调的,不仅旨在批评生产关系和造成社会灾难的社会驱动力,还包括旨在发现社会交往形式中所蕴涵着的潜能：人类日常交往当中的和解行为、相互承认基础上的主体间性、自律和尊严，以及共同生活中的稍纵即逝的幸福瞬间。启蒙的目的就是要明确这一点，并且反对宿命论。启蒙所要做的正是追问什么东西在过去、现在和将来是可能的，揭示现代社会所需要的文化潜力，并用这种潜力去发展社会的可能性，从而使变化不定的经验世界成为可以批判的问题，而不是受制于各种各样的决定论和宿命论。理性和启蒙的意义在于对"自由王国"的潜力的发掘，而不是对"必然王国"的信奉。

启蒙的"光"是什么样的？

今天，启蒙主义理性遭遇了强大的批评。理论上坚持总体性的理性启蒙，被认为在实践中必然转变为现实的极权主义，转变为敌视民主的权力结构。然而，正如哈贝马斯所说，这样的批判贬低了批判手段自身的价值。这样的批判把理性只是理解为"被夸大为整体的目的理性和顽固捍卫自我的主体性"。对工具理性的批评表明，理性的地位在今天有被"目的合理性"篡夺的危险，会导致极权主义，比如"国家官僚机构错误地认为自己是社会的中枢和顶端"。理性不仅是现代世界政治中的象征概念，同时要求发展新型的行为方式和交往形式。理性也存在于人类的历史当中，存在于社会运动的主要成就之中，比如，存在于民主法制国家的各种制度和原则当中。这样的信念意味着理性是一种责任，而不是别的独立运行的历史原则。不同于把世界历史视为理性自我显露和自我实现过程的黑格尔式的观念。在错综复杂的世界里，理论与实践之间渗透着许多中间环节。哈贝马斯说过：

> 我一直努力让自己摆脱目的论的世界观。要我说，这种目的论的世界观始终隐藏在唯物主义历史哲学的潜在规范假设当中。我信奉的不是生产力理性——所谓生产力理性，说到底就是自然科学和技术的理性；我信奉的是集中表现在社会解放斗争中的交往生产力。交往理性在资产阶级解放运动中为争取人民主权和人权曾发挥过巨大的作用，最终积淀在了民主法制国家的结构和资产阶级公共领域之中。

人的理性的力量是微弱的，人的良知是脆弱的，但如果不信任它，我不知道我们还能信奉什么。即使需要对理性的批评，也应该是建立在更宽容的理性上。当理性充当启蒙者犯下了过错时，需要的是对理性自身的启蒙。德里达的表述是：

> 解构的方案是赞成启蒙运动的。我们一定不能把 18 世纪的启蒙与明天的启蒙弄混了……正确的态度并不接受关于赞成还是反对简单的"启蒙"的争论，而是每一次都要寻求差异，阐述我正在谈论哪一种启蒙，启蒙的"光"是什么样的，我赞成什么启蒙。

理性并不仅仅只有工具理性的内涵，除了规范的意义外，理性力量体现为理解力和建立在理解力之上的想象力，还体现为对群体盲目和毁灭冲动的不信任。而良知则是热情与理性的结合物，是对人类痛苦的想象力和做出补救的愿望。良知是完善意义上的理性，也是难以被完全制度化的理性。无论这个世界已经多么合理化，良知为个人在世界上承担道德责任留下了空间。因此理性不仅意味着现实的制度化形式，还预示着没有终结的道德想象力，意味着精神生活在我们心中所产生的"少许震动"在人类事务中的良知作用的持续存在。启蒙是一个持续的过程，就像道德的完善、就像人的身心的修行是一个过程，还需要一个境遇，并且始终是相对的。如果我们缺少耐心，如果我们放弃了它或者陷于悲观主义，那么我们就只能坐等它的到来。那个时候，就是那些高人更加自大的时刻，也是他的信徒更加迷信的可悲的日子，而灾祸和悲观主义就几乎是人的命运了。没有奇迹，灾祸的发生不是奇迹，修正的希望也不能寄托于神灵或高人的奇迹。

佛教与中国社会

——兼谈人间佛教的世俗化问题

黄夏年

一、从白马东来到人间佛教

东汉永平七年(公元 64 年)的一夜,汉明帝在洛阳宫里守着母亲的灵位,不知不觉地睡着了。他梦到有一位神人,身上有日光,飞到宫殿前面。明帝被梦惊醒,心里涌起异样的欣悦。第二天一早,他召集大臣在殿前开会,询问这位梦中神人是什么神? 大家面面相觑,回答不出来。这时有一位见多识广的傅毅勇敢地站了出来, 他对明帝说:"我听说西方天竺国得道的人叫做'佛'。他能在空中飞行,身有日光。你梦到的神人,恐怕是'佛'吧? "明帝听了大喜,决定派遣使者前往天竺。使者在中天竺大月氏国遇到印度高僧摄摩腾和竺法兰,与他们一起用白马驮着佛经和佛像回到洛阳。明帝以白马为名建造寺院,供养佛像与高僧。佛教传入中国,走的是一条与中国传统与现实社会情况相结合的道路。

佛教初传中国,依附于黄老。当时人们把它看做方术的一种,认为是民间流行的信仰或巫术之一的。汉明帝的异母弟楚王英年轻时好游侠,结交宾客,晚年喜欢黄老,信仰佛教,将佛像与老子像并列供奉,祈求长寿多福。佛教的精深教理在当时也不为人们正确理解, 灵魂不灭和轮回报应的思想是人们所理解的最初的佛教义理。佛教主张的修习禅定的方法,被理解成"息意去欲"四个字: "息"是呼吸,"意"是意念,就是说将控制呼吸与把持意念作为一种修行的方法。广西苍梧太守的牟博写了一本《理惑论》,认为佛就是人人崇仰的中国古代圣人,而且神通广大、变化无穷,与中国传统道教的神仙、真人、神人没有两样。

佛教对中国社会产生全面影响是在魏晋南北朝时期。这时佛教无论在经典教理还是在僧伽组织上都有了相当发展, 所译佛经比以前有了很大的

黄夏年:《世界宗教文化》杂志主编。

增加,大小乘经典相对完备,佛教的义学有了长足的发展,佛学正在开始从依附老庄玄学中独立出来。汉地佛教汉人受戒已经形成制度,佛教僧团北有道安,南有慧远,他们培养了一大批弟子。佛教开始从贵族府第走向社会,在民间流传开来。佛教造像艺术开始形成,佛教徒雕造了不少的佛像。中国佛教形成了南方重义理、北方重实践的特点。

南朝的禅学对后出的天台宗有重要影响。南方的佛教义学注重佛教精神实质,在理论上多有发挥。过去中国没有轮回的思想,佛教将这种思想传入。梁武帝曾经组织人专门讨论这个问题,慧远认为轮回报应的主体——神识虽然无形无迹,但能感应到它的存在,所以轮回是成立的。当时讨论怎样成佛与什么人成佛的佛性思想达 11 家之多。佛教与社会的矛盾主要表现为思想文化的争论。慧远住在风光秀美的庐山东林寺里,他终身不出虎溪一步,但是却受到了权贵的支持。他研讨学问,支持译经。面对有人指责佛教不孝不忠,他糅合中国传统伦理思想,提出出家人虽然不跪拜帝王,不侍奉亲人,但是做的是对整个社会尽孝尽忠的更大责任,所以佛教所行使的是更大的孝、更大的忠。

北朝佛教重视戒律与禅定,推动了佛教界起塔造像的活动,给中国佛教史和中国艺术史上留下了敦煌石窟、大同石窟、龙门石窟等一大批东方艺术瑰宝。在民间下层,观音信仰、弥勒信仰以及净土信仰弥漫各地。北朝严酷的政治暴力形势使北魏太武帝和北周武帝都发动过"灭佛"的活动。

然而,中国佛教最终离不开皇室贵族的庇护和支持,统治者把佛教看做有助统治和帮助社会太平的工具。北魏僧人领袖法果曾将皇帝比做佛陀,认为"现在皇帝即是当今如来",其铸佛造像也有将帝王比同于佛陀的传统。其中高达 16.8 米的主佛代表开国皇帝拓跋,融进了凉州、中原等地的技艺和造型,这是中西佛教艺术熔铸贯通的成就和结果。

早期中外佛教文化交流的特点是"请进来"。译经是中国人接受佛教思想教义的主要方式之一,开始是由私人凭个人兴趣从事译经活动,后来由国家组织译场,进行大规模译事。早期中国人不懂梵文,译经全靠外来的僧人,由印度来的僧人手拿梵文经典口述,再由中国人记载下来,进行润色后抄写出来。中国僧人对佛教的教义理论套用中国传统的思想进行比附,采用儒家和道家或道教的名词,依附于中国传统文化。后来逐步完善了译经的程序,

法门寺内举行的佛指舍利恭送法会庄严而隆重

译出一部佛教需要 11 道程序才能完成。自东汉末起到北宋末,经历了 1000 多年,共译出经卷 6000 卷左右、1500 多种,基本上将印度佛教的经典全部译出。

隋唐时期是中国佛教走向鼎盛的时期。隋朝统一了中国,几位皇帝对佛教非常尊敬,隋炀帝杨广从小在寺院里长大,对佛教的感情很深,他在位时,敕令全国建造佛教塔,珍藏佛舍利。陕西扶风的法门寺塔就是在这时建成的,里面珍藏了世界佛教徒的圣物——佛指舍利。唐代大多数的统治者也出于政治需要而提倡佛教。在他们的护持下,佛教有了一个比较安定的外部环境。唐太宗对佛教理论有兴趣,撰写佛教的序,并下诏要求天下诵读《金刚经》。法门寺的佛舍利每 30 年拿出来一次供人瞻拜,人山人海,场面盛大庄严,成为唐代的盛会。经过两汉魏晋南北朝长达几百年的佛经翻译活动与佛教义学的研习论争,中国佛教僧人对佛教的理论有了更深入的认识,中国佛教的品格最终形成,中国佛教真正走向自立。天台宗是中国第一个民族化的佛教宗派,之后出现了三阶教、法相宗、华严宗、律宗、净土宗、禅宗、密宗等,每个宗派都有自己的一套较完整的学说以及一套修行的实践法门,各派之间相互取长补短。

禅宗是最具有中国佛教民族特色的宗派。六祖慧能是禅宗的实际创立者。禅宗主张一日不作,一日不食,过着自给自足的农禅生活,适应了中国农业社会的环境,有了长久的生命力。心中有佛,佛就在心中求,不向外求,这是禅宗的精髓。

中国佛教也在这时"走出去",大规模地走出国门,流向东亚的朝鲜、日本以及东南亚的越南等属于汉字文化圈的国家,对那里的宗教文化产生了深远影响。

宋代以后,中国佛教渐渐衰微,走上了世俗化的道路,禅宗和净土宗则成为中国佛教的主流。这时,中国的汉地佛教分为两个系统,一个是士大夫佛教,是由知识阶层组成,以谈禅、参禅为其特点。僧人撰写"灯录"和"语录"成风,各种评唱公案的"颂古"、"评唱"、"文字禅"、"话头禅"、"默照禅"也流行一时。由于佛教以玄思为特点,吸引了知识人士,当时流行一种说法,"选官不如选佛"。佛教界内部则融合禅净二宗,"融通宗教"的思想流行,戒净双修的口号风靡。流行在广大信众中间的民众佛教,以念佛为其特点。各种法会不断,佛教的仪式日益丰满。寺院活动更为商业化。

宋代以后,朝廷对佛教进行总体上的控制,出家人要取得政府颁布的戒牒,利用佛教来为国家创收。僧人宣扬佛教服务于王权,认为佛教的道德有助于王化,有助于社会道德的建立。以入世为特征的儒家学说已经成为官方意识形态,佛教和道教两支则以出世的特点起到辅世的功能。明代政府进一步加强国家对宗教的控制与管理,对佛教和道教建立了严格的管理制度,严格限制佛教和道教的势力,整顿教团,建立寺院等级,限定寺院人数,规定出家年龄,实行度牒收费制度等等。明代的宗教管理制度被后来的清朝沿用,一直影响到现在。

由于明清的佛教理论创新乏力,佛教人才不济,整个教团缺少朝气,观念保守,被人们形容成为"死人"服务的宗教和用来驱"鬼"的宗教。政府曾经提出将寺庙改为学堂。面对整个中国佛教萎靡不振的情况,在五四运动和新文化思潮的影响下,中国佛教界的有识之士开始奋起而追,太虚等一代年轻僧人提倡改革,走人生佛教的道路,成立全国性的组织,卫护佛教权威,开展兴办教育与发展文化的活动,佛教复兴活动有声有色。正是因为佛教的整个目的就是改变众生的思想,解决众生的思想问题,众生生活在人间,所以太虚大师提出:"故欲弘扬佛法,应以人类世间为依据而弘扬大乘佛法。又,惟人生最需要大乘佛法,所以应建立人间大乘佛教。"人间佛教的思想,被后来者继承与发扬,现在已经成为中国佛教界的共识。

二、"以佛治心，以道治身，以儒治世"

转眼间佛教已经传入中国 2000 年了。20 世纪 80 年代，中国社会进入了改革开放的市场经济时代。在转型期的社会，中国的佛教也步入了一个历史的新时期。当代中国佛教映入人们眼帘的是一片兴旺繁盛的景象，金碧辉煌的寺院、接连不断的法会、寺院的开光、法师的升座、各地的研讨会、琳琅满目的佛书令人眼花缭乱，佛教已经成为当代部分中国人宗教生活的一个内容。此正如佛教界人士所说，中国佛教进入了一个黄金时代。

太平盛世，给中国的佛教带来了机遇，让佛教有了发展的空间，首先是得益于观念的改变。从民国时代开始，太虚等人一直提倡人生佛教和人间佛教的思想，经过后代佛教徒的不断完善与发展，这个思想已经成为现代中国佛教的旗帜与思想指南。已故的中国佛教领袖赵朴初先生在世时，曾经明确宣称："为社会服务，是我们佛教徒的天职。我们的口号是：庄严国土，利乐有情。我们提倡'人间佛教'。"在人间佛教思想的框架下，中国佛教的三个优良传统——农禅并重的传统、学术研究的传统和国际友好交流的传统，被突显出来。这三个传统是中国佛教徒在两千年来从事佛教事业的活动中，经过长期的探索和实践后而创造和发展的。事实证明："我们正在使'人间佛教'的思想与现代人类文化和文明的新趋势、新水平相结合，力求为自己国家的现代化建设和世界和平事业作出积极的贡献。"应当说，现代中国的佛教不论是寺院经济还是佛教精神的面貌都超过了以往，佛教与现代社会已经结合，发挥了自己应有的作用，为现在中国的宗教发展与经济建设贡献出自己的力量。佛教界的大好形势不容否定，而且已经成为当前中国佛教发展的主流。但是我们也应看到，在佛教的发展进程中，确实也存在一些与佛教宗旨不相适应的内容或表现。特别是伴随着商品经济的发展，在佛教界里，有些人的头脑中产生了拜金主义、享乐主义、极端个人主义，佛教道风建设面临严峻形势：有一些僧人信仰淡化、戒律松弛、道风不正、金钱至上，甚至少数人为了名利地位不惜拉帮结派、结党营私、贪污腐化、行贿受贿。这种不良风气已经严重腐蚀到僧人队伍，败坏了佛教的形象和声誉，如果任其发展下去，势必危及中国佛教的前途与命运。有人把这些现象归结为当前宗教神圣化与世俗化之间的矛盾，认为是佛教世俗化的发展导致这些现象的出现。

关于这个问题，我们应该怎样看？我自己认为，这是一种综合因素的结果,其中既有佛教界内部的道德滑坡等观念性因素,也有外部的制度化等原因,总之,不是一两句话就能概括的。但是分析当前佛教界出现的种种现象,我以为应该取自于什么样的参照系是很重要的。概言之,既然我们讨论的是中国的佛教,那么我们所取的参照系应该是中国的历史与文化,以中国历史与文化的背景来看待现在的佛教,由此而引申出对现在所谓的佛教世俗化现象的讨论。

佛教一直是以出世的面貌存在于世人的心目中。清净的寺院和出家人与世无争的性格历来受到人们的称颂,也因此为人们所接受。但是作为宗教来说,"世俗性"和"神圣性"是每一个宗教的重大的标志,宗教之所以称为"宗教",就是由它的"神圣性"所决定的。由于在中国的宗教中,神权一直臣服于王权,宗教受到朝廷的管制,决定了像佛教这类无为清净的宗教有淡化政治、重视予人解脱、对治人心的传统特点。清代雍正皇帝曾亲口说过:"以佛治心,以道治身,以儒治世。"这表达了世俗之人对佛教的社会功能的看法。就是在这个前提下,传统宗教的"神圣性"表现得非常明显,以出世的活动为主旨,远离社会,远离政治,突显了它的神圣性的一面。在人们的心目中,清净的寺院代表了神的庄严场所,人们愿意到寺院礼佛,主动亲近僧众,就是因为在他们身上所具有的神圣权威性。如果缺少了这个神圣权威性,与普通人一样,那么人们就不会再这样做了。出家人之所以要受到尊敬,居士要礼敬三宝中的僧宝,就是因为出家人为了自己的信仰付出了巨大的代价,他们不结婚,茹素吃斋,而这些对常人来说是根本做不到的,但是他们做到了,这正是宗教神圣性在僧人身上的表现之一。

三、佛在人间

人间佛教强调的是佛在人间的特点,因为佛陀本来就是人。佛在人间,是说要用佛陀的精神来教化人间,因为佛是教徒心中的信仰所在,他是高于人间的,是人间的楷模,起到的是榜样的作用,指引广大佛教徒像佛陀那样广发慈悲,利益众生,以出世的精神做入世的事情,为社会稳定和人类美好做出自己该做的一切。所以,人间佛教绝不是要佛教变得世俗化,因为佛教世俗化也就缺少了神圣性,也就没有了它的教化功能,显示不了佛教的清净特点。从太虚到赵朴初等佛教界人士是反对佛教世俗化的,他们一致认为,佛教在社会的表现功能仍然是用在对治人心的方面，佛教在人间就是要改变人们的心态，让众生的心灵得到一种慰藉，通过佛教清净的一面，影响众生的心灵，让他们按照佛教的教义和思想来指导生活，把神圣性更加普及到人间，最终改变社会的不良风气，利人利己。这就是人间佛教的真正目的。

当然，宗教也不可能没有"世俗性"，因为宗教也是社会中的一分子，它所面对的是成千上万的俗世信众，如果一味神圣清高，则会脱离群众，最终找不到自己的定位。所以，古来的大德们一直在神圣性与世俗性中探寻最适合的切入点，尽量争取在"度"上的把握，而这个"切入点"或"度"的原则就是"不二"法门。"不二"法门是指在不违背佛教的根本精神的前提下，根据不同的情况，作出不同的选择，由此来应机对法，普度众生，将入世与出世给统一起来，这就是佛教所说的"入世与出世不二"的思想。例如天台宗的创始人智者大师就非常注重佛教与社会相结合，强调佛教在人间的重要性。他明确提出："自行之权，即自行之实。如一切世间治生产业，皆与实相不相违背，一色一香，无非中道。"禅宗六祖慧能对中国佛教的人间道路的理解是："佛法在世间，不离世间觉。离世觅菩提，恰如求兔角。"禅宗思想的特点是主张开发自性，以心传心。信徒可以不拘形式，不执著于名词概念，不立文字，只要内心直觉顿悟，即心即佛，即可完成见性成佛的顿悟法门。临济义玄主张："佛法无用功处，只是平常无事，屙屎送尿，着衣吃饭，困来即卧。"所以佛法也是在人世中完成的。佛法的这些特点，决定了历史上的中国佛教始终在走与社会相结合的道路。

现在有些人习惯用西方宗教学理论中的神圣性与世俗性说法来套用中国的佛教，这虽然有助于我们对当代社会中的中国宗教现象进行解构，但是我认为并不能完全说明当代中国宗教在社会中的现象，特别是中国佛教与社会的关系。中国佛教在漫长的历史发展过程中，其理论的特色并不是强调对立，而是提倡融合或圆融。印度佛教经典《妙法莲华经》就主张圆融的思想，提出"开权显实"和"会三归一"的思想，主张佛畅说本怀，开三乘之权教，显一乘之真实，告以诸法实相，为其授记作佛。《华严经》提出"事事无碍"、"十玄无碍"、"六相圆融"的思想，主张"相即"、"相入"，"融通隐隐"、"摄入重重"的法界缘起理论。在中国佛教中，圆融思想一直为中国佛教理论家所阐述。特别是在宋代后，中国思想界一直以三教合一的思潮为其代表，佛教也在这一思潮的影响下，更加自觉地走与三教合一的道路。佛教强调："为学有三要，所谓不知《春秋》不能涉世，不精《老》、《庄》不能忘世，不参禅不能出世。此三者，经世出世之学备矣。"明代以后的佛教界外走三教合流的道路，内则强调禅净结合，指出禅与净土的关系是不二的，"禅净无二，而机自二"，禅净之间"应机不同而功用无别"。所以明代四大高僧之一的憨山就认为："古今开辟，本末贯通，借曰千途异唱，会归同致矣。"可见，中国佛教主张的圆融思想，使中国佛教界能够自觉地寻找一条与不同形态社会相适应的道路。正是在圆融思想的指导下，中国佛教才不断产生影响，不断发展壮大，一步步地走向辉煌。

由上可知，中国佛教的"世俗性"与"神圣性"两者之间，并不是也不应该是处于对立的一对矛盾的关系，相反，它们应该是一种互补的关系，入世的世俗性工作做好了，对出世的神圣性和庄严性也有裨补的作用。例如现在寺庙得到了修整，信众来到这里参加宗教活动有一个舒心的场所，对佛教的亲近感会进一步增加，增长了正信。佛教的寺院经济对佛教在现代社会参与竞争也有着至关重要的意义。竞争并不是坏事，关键是采取什么手段来竞争。依靠自己的努力，发挥本宗的优良传统，以正确的行为影响广大信众，正大光明地参与竞争，这才是符合佛教的精进精神，也与当代社会发展的趋势相契合。当然，中国佛教中间也存在着一些不良的因素，但是这只是佛教界的个别人所为，并不完全代表整个中国佛教界的发展趋势。如果我们将整个中国佛教界放在社会的大背景下来看的话，应该承认，中国佛教界在整个社会中还是表现很好的，佛教予人心解脱的功能仍然是当前中国佛教最显著的表现之一。由于坚持了以往的历史传统，其神圣性并没有被完全降低。如果一味放大当前佛教界出现的某种不良的现象，并且将此作为世俗化的典型表现，我以为这表明我们并不了解中国佛教的特点。其实，在现在的市场经济社会，未来的中国佛教仍然会以圆融的理论来指导走与社会相结合的道路。在社会转型期，寺院建设的成败，关键在于制度化建设，以规章制度作保证，佐以严格的纪律和清规来保持寺院的纯洁性，寺院才能长久不衰，才能聚拢信众，引导他们过宗教生活，践行弘法利生的事业。

基督教会与中国社会

何光沪

提起教会与中国社会的关系，现在官员、学者和教会人士最常用的一个词是"相适应"，意思是宗教（当然包括在中国的基督教会，即天主教或曰"基督公教"以及基督教或曰"基督新教"的教会在内）要与社会（特指中国的"社会主义社会"）相适应。我想，我们更应该说的另外一个词是"作贡献"，意思是宗教（在此特指在中国的基督教会）必然而且已经与社会（在此指中国社会）相适应，并且已经从"相适应"走向了"作贡献"。为什么呢？

因为"相适应"一词侧重于消极的角度——你必须适应环境，否则你就过不好，甚至没法过；而"作贡献"一词侧重于积极的角度——你不但要适应，而且要改造环境，使环境变得更好，结果是不但自己过得好，而且别人也过得好。

一

基督教会与其所传入的任何社会的关系，必然而且已然经历了从"相适应"到"作贡献"的过程。这一点，从以往的大历史和当代的大趋势，都可以看到。

1.基督宗教（后来所说的天主教会）诞生在巴勒斯坦的犹太社会之中，但是很快就向西方传播，进入了希腊罗马社会。一个弱小的边缘宗教置身于一个强势的主流社会之中，当然就面对着"相适应"的问题。于是，圣保罗（宗徒保禄）提出了"向什么人，就做什么人"（"向犹太人，我就做犹太人……向没有律法的人，我就做没有律法的人……向软弱的人，我就做软弱的人……向什么样的人，我就做什么样的人……为要与人同得这福音的好处。"（见《新约·哥林多前书》9∶20-23）的理念。这是一个典型的"相适应"的理念。

何光沪：中国人民大学哲学院教授。

按照恩格斯的说法，基督宗教适应了（希腊化的）罗马社会的需要。恩格斯在谈到基督教作为被压迫者的运动长期遭受迫害的事实后指出，尽管有甚至正是由于有这些迫害，基督教才"胜利地、势不可挡地给自己开辟前进的道路"，很快就与希腊罗马社会很好地"相适应"了——帝国内从穷人到富人、从奴隶到贵妇的日益增多的人信奉了基督教，基督教也大量采纳了从民俗到哲学的希腊罗马文化。但是，罗马皇帝基于意识形态（罗马宗教和帝国主义）和政治考虑（维护帝国和皇帝权威），在最初三百年间不但不接受、不宽容，而且还强力压制基督教，甚至迫害基督教徒，当然也就造成了基督教与罗马社会逐步适应但却与罗马政权不相适应的局面。然而，当那位堪称政治家的罗马皇帝中的佼佼者即君士坦丁大帝接受了基督教之后，基督教与罗马帝国社会的适应，就成为包含政治适应在内的全面适应了。

还在逐步适应的过程中时，基督教就已经在为罗马社会"作贡献"了。教会为广大人民提供的精神安慰，尤其是为下层人民提供的社会救助和社会服务，毫无疑问，大大减缓了当时十分激烈的社会冲突。基督教所倡导的伦理道德，为当时普遍腐化堕落的社会中绝望的人们提供了生存的支持，而其超越的信仰更是提供了新的希望。当然，教会对于统治阶级的政治所作的贡献，是直接的支持（在东罗马帝国最为典型）与并立的制衡（帝国崩溃之后，而且主要在西部地区）兼而有之。历史的情况比较复杂，不能一概而论。但是，基督教对晚期罗马帝国社会作出了独特的、不可替代的贡献（参见王晓朝，《基督教与帝国文化》），则是毫无疑义的。

日耳曼蛮族摧毁了罗马帝国，在古典文明废墟上建立起来的，是发展程度极其低下的各个蛮族社会。于是，在后期古典文明中生长、在古典文明死亡之后仍然不断生长的基督教，当然又面临着新的"相适应"的问题。基督教在同蛮族首领们长期进行的折冲樽俎过程中，又一次与这些新的社会迅速地相互适应，然后对之作出了影响世界历史进程的巨大贡献。一方面，所谓蛮族的所有各族都先后信奉了基督教，而且以之作为自己精神生活的源泉和文化发展的动力；另一方面，基督教自身的教阶体制也适应了欧洲封建化的过程。与此同时，基督教用了短短 500 年时间（大约从公元 5 世纪到 10 世纪），软化了蛮族的野性，使之从野蛮尚武的烧杀掳掠之徒转变为讲究礼貌而尊卑有序的文明民族。再往后也不过短短 500 年时间（大约从公元 10 世纪到 15 世纪）之内，教会用其所保存和传承的古典文化（至少有语法、逻辑、修辞、算术、几何、天文和音乐等所谓"七艺"）以及融入了神学的古典哲学和古典法学、科学等等，帮助创造和发展了中古时期的西方文化，最终使西方社会从一个落后野蛮的社会变成了一个和谐有序、富于活力和创造性的社会，从世界各大文明中的落后者中脱颖而出、后来居上，而引领世界文明的潮流。

2.由文艺复兴、宗教改革、科学革命、启蒙运动和政治革命带来的现代化进程，极大地改变了人类社会。以工业化、城市化、平等化、多元化和全球化等等为标志的现代社会，是一个完全不同于以往的社会。于是，基督教会又再次面临着同这个社会"相适应"的问题。只不过，这一次是要同一个世界性的社会相适应，这个世界社会或国际社会经历了无数的革命和战争、合并和分化，既处于全球化过程之中，又处于多元化过程之中，因此而前所未有地多变、复杂。

尽管经历了十分复杂多变的历程，基督教还是再一次地同这个复杂多样的社会"相适应"了，而且也对之作出了巨大的、不可替代的贡献。

一方面，基督宗教在现代社会中生存下来并继续发展，表明了它与现代社会适应得很好。仅仅就非洲而言，基督徒的人数在 20 世纪之内就增加了 100 倍；基督徒的人数在亚洲各国也有巨大的增长。而且，当代亚洲、非洲和拉丁美洲的基督徒人数早已经远远超过了欧洲、北美和大洋洲的基督徒人数，以至于基督教已经被学者称为"南方的宗教"（参见詹金斯：《下一个基督王国：基督宗教全球化的来临》，台北：立绪文化事业 2003 年版），也就是发展中国家的宗教。至于这种适应的过程，其例证可以说是层出不穷。我们可以提到自然神学和类似的神学如何在理性时代在理论上采纳理性主义（17世纪），卫斯理宗和类似的宗派在工业革命时代如何在实践中走向劳动阶层（18 世纪），基督教各派如何在殖民扩张时代相应地在殖民地进行传教活动（19 世纪），基督新教如何在 20 世纪初期开始"普世运动"（以"世界基督教协进会"为代表），基督公教如何在 20 世纪中期开始开放革新以"赶上时代"（以"梵蒂冈第二次大公会议"为标志），等等。

另一方面，基督教对现代社会的发展同样作出了不可替代又不可估量的贡献。基督新教的"宗教改革"至少是现代社会的助产士之一，并帮助形成了现代社会以自由为核心的精神气质;基督公教的"对立改革"既有与之对抗的一面,又有与之适应的一面(耶稣会的活动是一个很好的例证)。基督宗教对于文艺复兴、科学革命、启蒙运动的正面影响,基督新教对于尼德兰革命、英国革命和美国革命的积极作用,恩格斯也曾经对之作过论述,是这种贡献中之荦荦大者,其意义之巨大和影响之深远,不可估量。另外,所谓新教伦理对于资本主义精神,从而对于市场经济的促进作用,则早已在韦伯的经典名著中得到了论证。

二

　　基督教会与其所传入的中国社会的关系,同样必然且已然经历了一个从"相适应"到"作贡献"的过程。

　　1.同一般中国人的印象相反,基督宗教之传入中国,并不是同"洋枪洋炮"、血雨腥风联系在一起的。且不说景教主教阿罗本来华是和平的,唐太宗欢迎他传教译经是真诚的,也不说天主教修士孟高维诺来华是作为教廷使节,元朝皇帝也十分友好地欢迎他居留传教,在这最初的两个时期,基督教会也同中国社会"适应"得很好并开始作出贡献——前者采用当时中国最流行的佛教语言表达自己的教义,后者则已经开始在华教授希腊语和拉丁语,翻译新约圣经和诗篇圣咏。

　　天主教真正在华扎根并发展的明末清初,传教士进入中国后也完全是以和平的、文化交流的方式。利玛窦等耶稣会士尊重中国礼仪,学习儒家经典,自是为了传播福音而适应中国社会。而他们翻译西方的科学名著,传授先进的科学技术(从天文历算到火炮制造),更是直接为中国社会、为文化交流做出了举世公认的贡献。当然,此间双方都另有一些不和谐音(西方是反对中国教徒祭祖的一批传教士,中方是杨光先等狭隘官僚提出所谓"宁可使中国无好历法,不可使华夏有西洋人"),在后期更因为保守的罗马教廷固执于教义的纯洁性、专制的满清朝廷固执于礼俗的统一性,终于由禁教而使中国丧失了利用并扩大这种贡献,与先进文明同步发展的机会。但是总起来看,这一阶段的基督教会对中国社会无疑也经历了从"相适应"到"作贡献"的明显过程。

　　2.现今的国人最为熟悉的下一个阶段的特征,是随着西方列强侵华而来

利玛窦是首位将近代西方科学与艺术成就介绍到中国的欧洲人。

的基督教会同中国社会的激烈冲突。但这实际上也不是一幅完整的图景。

基督新教之传入中国，同样与"洋枪洋炮"和血雨腥风毫无关系——第一个新教传教士马礼逊来华，是在第一次鸦片战争之前好几十年（1807 年）。他的传教方式也是和平的、正常的文化交流——翻译圣经、创办书院、编撰辞书。他从学习中文开始，很快就对中国文化和中国社会作出了贡献——由于他的劳作，中国有了第一部 6 巨册 4600 页的《英华字典》，第一本定期杂志《察世俗每月统计传》，以及现代的学校、印刷所、中西医结合的诊所。这一切成了后代传教工作的一种典范。

不仅在不平等条约以前来华的传教士（如美国的裨治文和伯驾等）同中国社会的关系，总体而言是以传教为目的，从"适应"走向"贡献"，而且在签署不平等条约包括保护传教条款以后，基督教会同中国社会关系的总走向也是如此（参见何光沪主编：《宗教与当代中国社会》，中国人民大学出版社2006 年版，孙毅撰"基督新教篇"和高师宁、周太良撰"天主教篇"）。

现今较为全面的研究表明，主要围绕天主教产生的所谓"教案"的社会原因之中，十分重要但被忽略的还有这样一类，例如：社会风俗的不同导致的误解和谣传——教会中男女同做宗教礼仪，士绅和民众便误传和夸张为教士"采阴"、混杂淫乱；教会举办中国人前所未闻的孤儿院，外间便谣传为教士煮食儿童、"挖眼剖心"。又如,文化观念的差异掺入了利益集团的自保动机——教会的平等观念同封建的宗法观念不同,教会的新式学校同私塾的传统科目不同,许多地方士绅为了维护自己在社会上的地位、在知识上的权威,甚至子弟的科举前途,便竭力抨击并煽动冲击教会及其教育和慈善设施。作为钦差大臣的大儒曾国藩,在轰动全国的天津教案调查报告中郑重声明:"传言教堂迷拐人口、豢养幼孩、挖眼剖心,实无其事",建议朝廷"明降谕旨,通饬各省,俾知从前口文揭帖所称教堂挖眼剖心、戕害民生之说,多属虚妄,布告天下,咸使闻知,一以雪洋人之冤,一以解士民之惑"(同治朝筹办夷务始末,卷七十三)。

这些重要事实,加上义和团运动,说明基督教会当时要同中国社会"相适应"是何等困难。然而,就在从辛亥革命到新中国成立的短短几十年之间,基督教会居然同中国社会很好地适应了,而且同时已经开始为中国社会作出巨大的贡献——创办了中国最初的现代新闻和出版事业、现代中小学和大学教育事业、现代医疗和公共卫生事业,以及包括养老院和盲人、聋哑学校,包括济贫救灾和反缠足、反纳妾等在内的现代公益和慈善事业,对中国社会的现代化进程产生了不可估量也不可替代的重大影响。

三

从新中国成立初期驱逐传教士,没收教产,倡导"无宗教县",直到"文化大革命"消灭宗教,基督教会同中国社会的关系当然进入了极其特殊的非正常状态,其为中国社会服务的各种设施和事业也都被全部叫停。改革开放恢复宗教信仰自由政策以后,基督宗教恢复和发展得非常迅速,信教人数迅猛上升。这首先表明了中国的宗教,包括中国的基督教会,具有惊人的同社会"相适应"的巨大活力。

1.近年来,基督教会对中国社会"作贡献"的必然趋势也已经显现。除了基督新教创办多年的"爱德基金会"及其大量扶贫、出版和社会服务事业之外,天主教的"进德公益"也逐步发展了多方面的济贫救灾、医疗养老、文字出版和多种社会慈善事业。在国内甚至国际的许多抗灾、救灾或义款募集方面,教会都发挥了很大的力量,征集到了国际社会对中国社会的大量援助。国内各方人士和越来越多的政府官员也都逐步认识到,基督教会对中国社会的社会服务(包括扶贫、救灾、帮助贫困生、建设希望学校、协助农民创业、创办孤儿院、养老院和特殊医院等),对缓解社会矛盾(包括舒缓心理冲突、维系道德伦理、巩固家庭关系、维护邻里和睦等),从而对于社会稳定、社会和谐,都已经、正在并还将发挥巨大的、独特的作用。

2.然而,总起来看,基督教会的这类工作还受到程度不同的多方限制,这导致了基督教会实际发挥的作用,远远小于它们所应该、所能够发挥的作用。这些限制多半来源于有些官员对宗教的社会作用的过时或片面的认识,例如还仅仅从消极的意识形态角度(从片面歪曲的"鸦片"论到不合现实的"洋教"说),或仅仅从单一的政治斗争角度(未考虑到基督宗教的文化功能、道德功能、社会功能等等多层面多维度)去对待教会。许多有关的观念、方针和做法,甚至还违反了基本的历史常识——例如天主教之所以区别于基督新教,恰恰在于它承认罗马教廷的宗教权威,而基督新教之所以区别于天主教,恰恰在于它认为上帝的权威高于任何人间的权威,甚至高于宗教组织的权威。

就本文的主题来说,一个最重要和最需要确立的观念是:基督教会属于社会的"第三部门",属于任何正常的现代社会必不可少的"非政府组织"和"非赢利组织"(NGO&NPO)。如果我们能转变那些过时、片面和妨碍积极因素、不符合实际、不利于社会进步的观念,确立这个最重要的观念,并进行相应的方针修改,基督教会对中国社会肯定会从已经"相适应"的状态,走向大大地"作贡献"的状态,对中国社会的历史进步作出历史性的伟大贡献!

天主教与新教在中国

高师宁

关于中国基督教和天主教的多种文本都记载了两组关于中国基督宗教信徒的数字：1949 年，中华人民共和国成立前夕，天主教徒人数为 320 多万人，中国的新教徒人数为 70 万。也就是说，当时的天主教徒是新教徒的 4.5 倍多。半个世纪之后，中国天主教徒的官方统计数字为 530 万人（参见傅铁山主教在 2004 年中国天主教第七届代表会议上的讲话），各种民间估计大概集中在 2000 万人左右；中国新教徒的官方统计数字为 2000 万人，民间（包括海外）各种估计数字大约集中在 7000 万人左右。换言之，不论哪一种统计，今天中国天主教徒的人数只是新教徒的 1/4 强。

历史的原因在此不再追究。我的兴趣只在，1949 年后，处于同一社会、政治、文化环境中的两大宗教，五十余年的时间在信徒人数上竟有如此之大的落差，其原因究竟是什么呢？

按照美国宗教社会学家斯达克等人的观点，所谓宗教经济，是由一个社会中的所有宗教活动构成，包括一个现在的和潜在的信徒"市场"，一个或多个寻求吸引或维持信徒的组织以及这些组织所提供的宗教文化。既然是一种经济，按照经济规律，必然存在着供应与需求这两个因素。斯达克等人指出，宗教社会学领域的所谓旧范式，强调"需求"是推动宗教变化的主要动力，而新范式则强调宗教变化是"供应"方转变的结果（参见斯达克等：《信仰的法则——解释宗教之人的方面》，杨凤岗译，中国人民大学出版社 2003 年版，第 237 页）。斯达克等人的宗教经济的一个重要前提，是宗教需求具有长期的稳定性。根据这个思路，我们以新教和天主教为例，具体地分析一下中国现有的宗教市场。

1. 需求方：城市与农村的基本信仰状况

高师宁：中国社会科学院世界宗教研究所研究员。

改革开放以来，中国社会发生的巨大变化有目共睹。巨变的一个明显标志是城市化进程的加速。据统计，中国城市人口目前已经占到全国总人口的39%，这个比例还在不断升高。根据建设部的预测：到2020年，中国人口的城市化率将达到55%~60%，城市人口将达到8亿~8.5亿（转引自石恒谭：《城市教会对当代中国社会的意义》）。从世界几大宗教如基督教、伊斯兰教等的发展历史来看，宗教与作为人类政治、经济、文化中心的城市有着密切的关系。古代社会的城市曾经为基督教、犹太教、伊斯兰教等提供了活动的舞台。在现代社会，城市人口的相对集中、现代科技带来的各种便利，也为宗教的发展提供了条件。事实上，基督教在中国城市的发展也是快速的，由社会巨变引起的各种问题促使许多城市居民思考精神方面的需求，有的自然转向宗教。以北京市为例。现在的北京市全市的人口为1382万，其中流动人口在300万左右。据近年来建制教会（指得到政府承认的教会）的统计，目前北京教区的天主教徒约5万，基督教徒也有四五万。这几个数字尽管看起来并不大，但它表明对于基督宗教的需求是存在的。

根据某些估计，城市基督宗教信徒在所有信徒人数中只占15%~20%，也就是说，至少有80%的信徒生活在中国广大农村。就笔者自己的调查而言，如果说城市信徒选择基督宗教信仰的原因主要有家庭影响、生存环境的影响、他人影响、精神追求、知识追求和其他因素影响，那么，农村信徒选择信仰的因素相对简单，生存环境（尤其是恶劣的生存环境）可以说是最主要的因素。近年来，中国城乡差别的鸿沟事实上是在扩大。仅就收入而言，城镇居民实际收入大约平均为农民实际收入的六倍，但是，多年来农民缴纳的税额却是城镇居民的四倍。尽管中国农村已不乏致富村、人均年收入万元村，但是，许许多多的农村，仍然是城市人想象不到的贫穷，想象不到的苦难，想象不到的无奈。没有温饱、缺医少药、交通不便、封闭落后、无知保守至今仍然是许多农村人生存状态的主要特点。对他们而言，信仰不仅成了解释其艰难贫困的唯一依据，也是他们祈求平安、祈求衣食、消灾祛病的唯一方式，更是改善其自身处境的唯一希望：希望通过信教来求得温饱与平安，希望信仰出现奇迹。这样的生存境况决定了宗教需求的长期存在。有苦难的地方就有宗教，在今天的中国仍然如此。

此外，从一些统计数字来看，无论城市还是农村，需求都是稳定的：天主教平均每年约有 9 万人领洗入教（引自傅铁山主教在 2004 年中国天主教第七届代表会议上的讲话）。基督教的情况比较分散，根据孙立在《从青年基督徒看中国基督教现状》一文中的研究，北京近五年来，约有 8000 人受洗入教；上海国际礼拜堂 20 世纪 80 年代平均每年受洗人数为 200 多人，1990 年至 1996 年这 6 年中，平均每年有 300 多人受洗。农村基督教的发展在 90 年代后已经趋于平稳，90 年代的某些研究仍然认为，基督徒的人数在"近几年内仍将平均按照农村总人口的 1.7% 以上递增"。

2. 供应方：新教与天主教在增员方面的基本状况

宗教经济理论给我们的提示之一是，当宗教需求方长期稳定之时，宗教的发展动力在供应方。那么作为中国宗教市场中的两个主要供应方，中国天主教与基督教的表现有何主要不同呢？众所周知，信徒是一个宗教组织生存与发展的首要条件。如何能够成功地招募到信徒，每个宗教组织的做法不尽相同，结果当然也不同。然而，事实上每个宗教组织都意识到，信徒是其生命线。我们在此不是要表述天主教与新教的区别，也不是否认其教义的吸引力，而仅从事实出发，来考察这两大组织在增员方面的实际差异。

天主教是一个具有两千多年强大传统的组织。由于其严格的教阶段制，近两千年来，它事实上是一个"金字塔"式的教会，讲道、传道的重任只能由作为上帝与信众之间中介的神职人员肩负。因此，梵蒂冈第二次大公会议之前，所有的信众都只是教会的听众，不能参与教会的工作。在这种传统之下，中国天主教成员的主要来源，是家庭信仰的传承。

当然，从天主教在中国的实际情况来看，我们不能否认教会做的许多实际工作对于信徒的增长发挥了重要的作用。在城市中，天主教堂周日的弥撒、各种节日的活动吸引了除天主教徒之外的许多人。例如，北京宣武门南堂每周的拉丁语、英语弥撒就吸引了许多年轻人。此外，教堂举办的多种语言教学班收费较低、服务好、教学认真，也有许多教外人参加。有些人也就因为这种参与而逐步对天主教产生兴趣，最后成为慕道友进而成为信徒。

在城乡结合的地区，天主教的发展相对较慢，而且其成员主要是来自天主教家庭，年长者和妇女相对较多。近年来，到城里来打工求生的农村人口大量增加，他们大多居住在城郊，因此，城乡结合地区的教堂是外来信徒们周日参加弥撒的场合。这些场合的活动相对单一，有些外来人员因为"没有地方可去"，也随同伴参与教会崇拜。但是这种增员的进度非常缓慢。

至于广大农村，由于各个地区的情况差别较大，因此其发展也各有千秋。在许多地方，天主教的发展靠的只是人口自然的增加。由于历史的原因，许多地区的天主教与家族的关系相当紧密。许多乡村同属于一个宗室或一个家族，由于祖宗的信仰，整个村子完全归信了天主教。因此，在今天的广大农村仍然存在着许多所谓"天主教村"，即传统的天主教徒集中地(例如山西的洪桐县和太原附近，陕西的关中地区，福建东部的长乐、福鼎，河北的献县以及浙江、湖北等地，都有许多这样的村庄)。然而，这些"天主教村"的一大特点，是它们本身属于同一宗族，自成一体，在以教会为核心的村落中，各个信众家族相互通婚，形成一种封闭的婚姻链，与外界有一个明显的界线，其成员增长依赖于人口的自然增长。这种情形客观上阻碍了天主教信徒的增员。

综上所述，我们看到，天主教会传统的传教方式直接影响了其增员。当然，我们也必须看到，梵二会议之后，这一问题已经有了一些改观。梵二会议文献《教友传教法令》强调，"教友从事传教事业，源出教友使命的本身，在教会里无时可缺"，"没有教友的工作，教会几乎难以存在和工作"。

尽管由于长时间的封闭，中国天主教会对于梵二会议精神的理解大大迟于其他国家的天主教，但是，梵二会议带来的改革之风仍然吹拂了各个教区。强调"发扬民主办教精神，增强教友对教会事务的参与意识"、"教友参与传福"等号召，在基层教会引起了反应。例如，河北信德社为此组织了基层神职人员进行座谈，并在《信德报》上开辟专栏讨论"福传"工作；一些教区的神父走出教堂，开始了传教工作；有些地方举办各种培训班，例如沧州教区从1996年始共办了十几期培训班，培训会长、骨干和传道员，总人数达2000人。这样的一些做法，使一些教区(例如河北省的一些教区)在最近几年内有了相当大的发展。

然而，相对来说，改革进程仍然非常缓慢，各种要求在落实到具体做法时都有巨大的困难。许多教徒仍然习惯于聆听，认为传教只是神职人员的事，与己无关，传教意识非常淡薄。

在我采访的20位天主教徒中，有明确传教意识的只有一位。而且这位信徒清楚地意识到，天主教在信徒人数上落后于基督教，"最主要原因就是没有人将福传视为己任"。一位从基督教徒改宗为天主教徒的受访者论证了这一点,她说,我之所以信天主教,就是因为天主教简单,没有那么多事——见证、分享、传教,不用操心、劳神!

新教的情况则完全不同,信徒参与意识很强,传教热情高。在对北京基督徒的调查中,我提出了"关于对传教的看法"这一问题。认为传教是"非常重要,因此总是积极参与"的信徒超过接受调查人数(543人)的一半,占55.8%;有40.7%的信徒认为传教"非常重要,但是否参与要视情况而定";3.3%的人认为传教对于自己是"可有可无的事,因而视情况参与",换言之,在方便的时候,自己会传教;只有一个信徒认为传教"与己无关,从来不参与"。在回答"因为您的信仰,您的家庭成员或社会关系中成为基督徒的还有(可选多项)……"这一问题时,在有效的560份问卷中,选朋友或同事的为273份,选父亲或母亲的为170份,选子女的为158份,选兄弟姐妹的为149份,选其他亲戚的为143份,选配偶的为117份,选其他人的为110份,选祖父或祖母的为40份。这样的传教成果,在天主教中是罕见的。

强烈意识到以传福音为基督徒重任和主动积极参与的现象,在农村更为普遍。有的信徒为了传教,舍弃了农活,历尽千辛万苦,走遍中国大地;有的信徒全家一起传教,贡献出自己的住所、财产,自动承担起自己所在地区的传教工作。正是由于这些普通信徒的共同努力,新教的发展令人瞩目。

3. 宗教市场竞争中的关键因素

如果说供求关系是市场经济不可或缺的两个因素,那么,供应各方的竞争则是市场经济的鲜明特征。当多种宗教并存于一个社会中时,吸引信徒事实上形成了竞争。目前的宗教研究领域中,解释宗教现象的"需求论"、"匮乏论"等主要理论关注的市场中的需求方,在某种程度上确实也解释了人们为什么信仰的问题,但是却不能解释人们为什么选择甲宗教而非乙宗教的问题。那么,一个能够较快地发展信徒的关键因素是什么呢?

美国宗教社会学家对新兴宗教的大量实证研究说明,一个宗教组织的增员效果,主要来源于人际关系网络。这不是说各宗教的教义、活动等不重要,而是强调,除了这些条件之外,还有一个非常重要的条件,它是一个未被研究者重视的条件,即人际关系。这些研究表明,增员经常是通过原有的社会关系网络进行的。此外,各种研究也证明,人际关系纽带在传统宗教组织的增员中发挥着至关重要的作用(可参见斯达克等人:《宗教的未来》,第14章)。

我们从上述新教传教活动的调查中可以看出,新教徒充分地利用了人际关系纽带,他们的人际网络来自四面八方:朋友、同事是与成年信徒接触时间最多的人,因而成为提供宗教文化的首选对象;其次是家庭与家庭延伸的人际关系。这与天主教在发展成员时主要是自上而下的、从前辈到后辈的有限人际关系有质的区别。此外,人际关系网络也可以解释为什么农村基督徒发展相对城市要更快一些。现代化城市的人际关系相对薄弱,社会整合程度相对低;而广大农村的人际关系较强,关系网络更密切,因此存在着一人信教带动全家、全族、全村乃至整个地区的人都信教的现象。

在《宗教的未来》一书第16章中,斯达克等人运用了数学方法来推算通过人际关系网络进行增员的效果。他们指出,一个初创时为20人的组织,如果平均每个成员发展4个新成员,20年后,这个组织的人数将大于2800万人(斯达克等人的计算有误,没有加上原本人数,事实上,如果每一个成员吸引4个新成员,20年后的数字要大得多)。每个成员每年发展4个新成员的可能性是存在的,因此,20年后的这个数字尽管令人震惊,却有可能变为事实。

用这个方法反推天主教与新教50年来利用人际网络发展成员的状况(不考虑"文化大革命"等特殊事件),可以这样推算:天主教50年来每年平均入教人数为(530–320)万/50=4.2万,如果以1949年的320万人为基本人数,每人平均每年带入的新成员仅为0.013人。新教50年来每年平均入教人数为(2000–70)万/50=38.6万,同样,我们也只以1949年的人数为基数,每个信徒平均每年带入的新成员为0.551人。此数是天主教的42.38倍。

当然,每个宗教成员的增长有多种因素,就中国天主教与新教而言,二者也有许多来自外部的和内部的不同因素。在此只是提供另外一个角度,它使我们意识到,两种不同的增员方式可以带来不同的结果。而且通过以上分析和推算,至少我们可以从这个角度对中国天主教与新教50年来成员增长的巨大落差作一个社会学的解释。

儒教复兴，谁来埋单？

李向平

中国人信从的是王，还是圣？

中国人有没有自己的宗教，中国人的信仰和信仰的对象究竟是什么？

这些问题，古往今来，人们都难有明确的回答；为王、成神或者是做圣人，一直就是中国人的最高理想，同时也是中国人内在的紧张，始终难有一个完美的结局。

当代中国讨论儒教复兴，方兴未艾，公说婆说，说好说坏；但公婆之间，谁能决定好坏？汗牛充栋，文字官司，似乎总少一些真实的体验。

2006 年 5 月底去山东大学参加一个关于中国基督教伦理的研讨会，使我有了一次前往曲阜孔庙"朝圣"的机会，使实地体验儒教发展现状的念头得以成行。于是，满腹疑问，一头庄严，便来到了心仪已久的中国文化圣地，前往孔孟故里、前往曲阜孔庙，"朝拜"孔孟圣人，实有一番思古省时之幽情。

打从这些年头孔子公祭之后，儒教复兴的议论日盛一日。然而，来到孔孟故里之后，处处映入眼帘的，似乎不是儒教复兴的迹象，反而是复兴儒教的孔子经济，一派市井兴旺之感。

中国当代宗教曾经有一个潜在的发展逻辑，那就是"宗教搭台，经济唱戏"。它的最大的好处，就是在此基础上逐渐取代了以功能主义为核心概念的"鸦片论"，进而衍生出宗教文化或宗教的文化，以"适应"中国特色社会主义现代化的发展。孔庙故里的祭孔活动，我也曾见过类似的报道，以为公祭孔子具有招商引资的意义，所谓"孔子搭台，经济唱戏"者也。因为曲阜是中国文化的圣地，所以孔子搭台取代了宗教搭台，但主角依然是经济唱戏。孔府、孔庙、孔林，作为联合国文化遗产、著名的文化旅游胜地，自然蕴涵着无限的商机。经济发展，政府重视。所以，人们每每能够在隆重的公祭活动之

李向平：华东师范大学宗教与社会研究中心教授。

社会学家茶座

聚　焦

隆重的孔林祭孔仪式
吸引了大批游客

后,见诸于报刊报道,此次祭孔活动招商引资多少万元的巨大效益。

那么,这些活动与中国当代儒教之复兴,是否具有某种内在的逻辑关系呢?

作为一个中国人,无法不知道孔圣人,无法不知道"三孔"之作为中国文化之圣地。即使是没有读过四书五经者,或许也能通过几十年前曾经发生过的"批林批孔"运动,知晓"孔老二"其人其事。于今,孔子一旦公祭,前往圣地拜孔者、旅游观光者接踵而至。或者是因为信仰危机,个人要在这里一寻精神出路;读书高考,做爹妈的、做学生的,也忘不了中国读书人的鼻祖,前来这里求求圣人保佑。所以,孔庙大成殿前面摆放着各式各样、价格不菲的高香:求富贵的、求高考中"状元"、金榜题名、升官发财的……

在我驻留在大成殿的那么一点时间里,的确有不少游人甚至是香客在烧香拜孔。一旁的工作人员有的在卖高香,有的则在为客人——祭拜者高唱祷词:一拜圣人,得富贵;二拜圣人,得健康;三拜圣人,保平安……我忍不住问工作人员:"前来这里的游客大多会烧香拜孔吗?"他们回答说:"大多数人都会。"临了,他们还会加上这么一句,好比是到其他旅游点烧香拜佛一样,孔圣人也能保佑人的啊。不信,你也买香拜拜。

一位孔家后人对我说,拜祭圣人,要比拜求其他神灵管用,而且,求圣人

曲阜孔子庙大成殿

获得的富贵,不用像求其他神灵、菩萨那样,许愿还要回来还愿。因为孔子是人,不是神。他老人家最能保佑中国人了。这不,国家一旦公祭孔子,中国人不就都来了吗?

当今曲阜,有十来万孔子后裔。他们与全国人民一样,在市场经济之中发家致富,但也贫富不均。信孔信佛,财神观音,各有所求。用孔家后裔的话来说,当今世界,圣人也管不了那么多。圣人之下,各色人等,无不有之。他们说,孔家的后代人多,有穷有富,信神信菩萨,很正常。孔圣人对于他们来说,实际上就是祖宗爷嘛,祭孔就是祭祖。虽然他们也多少沾染了一些圣人的道德理想,有点近水楼台之嫌,但圣人也无法解决他们的许多实际问题。

比如,圣人无法送子,孔子后裔只好信奉送子观音;圣人无法解决温饱,孔子后裔就信奉财神;孔子无法解决死后问题,即使是孔林——这个天下第一的宗族墓地,也还有"五孔不入"(即妇女、夭折、出家为僧、违背法律、反对国家者,死后不得葬入孔林)的族规。所以,信仰总归是信仰,如同圣人不是凡人。凡人就是天生具有烦恼的人,必有所求,才有回报。

就好像圣人与凡人有分别一样,与曲阜三孔构成巨大反差的是真正的孔子故里,颜母庄、夫子洞、宋家山头村,距离曲阜孔庙西南仅40华里,却与旅游胜地无缘,常常无人问津。尼山孔庙,门可罗雀。当地村民虽然也是孔子后裔,却非孔门嫡系,难以直接沾染圣人的恩泽。

孔子诞生时,有一些传说故事,如龙生、虎养、鹰打伞,甚是神奇。不过,这些故事也并非人人皆知。即使是当地人对于这些故事也不甚了了,让人感慨万千。在朋友驾车的帮助之下,费了很大的劲,最后才找到与这些故事对上号的扳到井、夫子洞。

问问村里的孔家后人,你们是孔子的后代吗?你们还祭孔吗?答案都是肯定的,容不得半点怀疑。但接着再往下问,问他们是否也参加外面的公祭活动,是否也自己组织孔氏家族的祭祖活动,他们的回答就不是那么不容置疑了。没有经济效应,没有政府关心,孔子的家乡人迹寥寥,几乎无人光顾,被人遗忘在热闹的三孔之外。孔子搭的台,世世常在;但经济唱的戏,

夫子洞

却并非天天有导演,处处能出台。至于那些关乎祭祖拜宗的传统仪式、孔家后人安心立命的圣德关怀当然还在,依然还是他们个人的事情,留待他们自己去处理。因为无人去组织他们,把他们纳入一个既存的制度。

作为宗教研究者的个人偏好,我突发奇想,如果说儒教为宗教,其信仰活动的担当者是血缘为基础的宗族和家庭,那么,孔家一族及其活动规范,俨然就是一个庞大的宗教组织。国家祭孔,孔氏拜祖,国家一体,儒教之为宗教,才是可能?

可是,孔子故里——颜母庄和宋家山头村的孔家后人——总是这样对我说:外面祭孔跟他们没有任何关系,那是政府的事情。我们要祭,就在村里的家庙祭;后来家庙不去了,村长也不叫我们去了,我们就在家里自己祭。孔子是我们的祖宗嘛。由此可以看出,孔氏后裔们的祭祀活动,自发自生,无人组织,传统习俗而已;三孔祭祀,却是官方公祭,组织严密,设置周到,意义深远。尽管都是祭孔,其间却有区别。一个公祭,一个私祀,公私之间,意义就大不一样了。

至于孔子故里的家庙,应当是全世界最权威的孔庙或祖庙。但是,它早已被一把锈死的铁锁把持。不大的门楣,毫无装饰。墙头上已是杂草丛生,墙上也被小偷打了一个洞,家庙里的祭器都给偷走了。我从墙洞爬了进去,但见里面荒乱不堪,天井里杂草丛生,门窗也七倒八斜,屋里则蛛网纵横。

家庙前有一片杨树林,杨树丛中的土坎边上立着一块石碑,上刻写有文字云云:此地为颜母祠用地,不得随意取土。颜母是孔子的生母。此碑此字,说明这里曾有孔母之祠堂。也许是因为无人会来祭祀孔子之母,祠堂公祭,当然

颜母祠

不会产生什么社会、经济效益，所以当地政府不会马上来打理这件事情。立此存照，也就不错了。

此景此状，使我心中油然生出一种莫名的怅然。面对着眼前这真正的孔子故里、孔子家庙，脑海里总是映现出曲阜"三孔"那熙熙攘攘、络绎不绝的旅游人群，以及声称与此无缘的孔家后裔。他们真诚朴实、无悔无怨，却没有作为圣人之后的自豪与光荣。一切似与他们无关。

曲阜孔庙与故里孔庙，仅仅是 40 华里之差，却存在着无法弥补的历史与现实之间的巨大分别。一是朝廷官府朝朝加封，一是民间村落自然生活；一是可以被讨论、追封的儒教，一是民间习俗自然崇拜的祖宗先人；一是层层嵌入的权力关系，一是简简单单、清清白白的私人信仰。它们的优劣好坏，有谁能决定呢？孔子家庙和曲阜孔庙，正好说明了中国人的宗教和信仰之间，曾经是渗透着这样深刻厚重的权力关系，承受着如此重大的权力期待。

纪晓岚给孔府门上写有一副对联，很巧很妙。其文曰：同天并老，文章道德圣人家；与国咸休，安富尊荣公府第。其中，文章的"章"字，下面的一竖，直接往上通天；富贵的"富"字，少去一点，叫做富贵无头。

尼山孔子庙

其意是，文章通天，富贵无头。通天者，上达天子为国师；无头者，因贵而富无尽头。文章通天，富贵无头啊。其中自有天机和神秘，作为制度宗教的神秘，作为个人信仰的天机。这个通天，就是当今人说的"通天"吗？一本奏折、一本书或者是一篇文章，倘若是能够得到御批，一句钦此，即可富贵无头——永无尽头。

这是当地人的解释，与我的无故猜想距离太大。我曾私下里猜，这无头者，就是永无出头之日啊！因为，历史上孔家与帝皇的关系太近，伴君如伴虎，说不好，哪天就无头啦。当然，现在前来拜孔、旅游者怎么也不会朝这个方面去想的。不过，有人却会有这样想法。先游三孔，再观孟庙、孟府，他们在比较孔庙与孟庙在规模和排场上的差异时，常常会油然慨叹：做人要做老大啊。与老大（孔子）相比，老二（孟子）就差远了。同样是圣人，也有至圣和亚圣之分别。

这使我想起一位著名的儒教复兴倡导者讲过的，在民主社会里，因为孔子之道德境界高人一头，即使孔子在民主社会参加民主选举，他也应当一票抵一万票。因为伦理并不是平等的东西。于是，我不得不觉得，马克斯·韦伯所说的儒教伦理是一种"身份伦理"，实在是慧眼独具，无法不深以为然。当然，韦伯还讲过，文人、学院派甚至是咖啡屋里的知识分子之宗教倡导，从来就不会促使一个宗教的兴起；没有一个新的宗教是来自知识分子的精神需求，或者是来自他们的喋喋不休。它们仅仅是一种流行的时尚、及时转移的话题与新闻评论的课题。

比较而言，还是孔家的后人来得实在一些，全然没有什么虚话。他们说，拜孔是文化底蕴，拜财神是经济效应。圣人无法带来财神，唯有文化。所以圣人要读书，书中自有黄金屋。什么国家儒教？什么民间儒教？求富求贵求平安，不就是要求社会和谐嘛，何必有那么多的争论？不是圣人，却要做出圣人的成绩，这就要遇到麻烦了。

这些朴实的孔家后人，他们无法决定儒教复兴的好坏，如同孔子不语怪力乱神一样，存而不语。宋家山头村、颜母庄的人，无法认定其中的好处，他们只能继续他们的传说，满足自己的传统和认同。外面的世界，孔子搭台唱出来经济大戏，也与他们无关。孔子公祭带来的经济效应或者是道德整饬的功能，似乎都不是这些孔家人的事情，好像也不是信奉儒家信条的中国人自己的事情。从历史的角度来看，如果没有历代皇权对于孔子之认可与封圣，孔子就只能是尼山孔家祠堂里的祖宗神,因此,儒教也许就不存在了,或者就是另外一副情形了,是一种其他什么教了。难怪现在儒教的倡导者信誓旦旦,要耐心地等待"汉武帝再世"。于此观之,奇而不怪,何怪之有?!

其圣从官,何"公"之有!惟天聪明,惟圣时宪,惟臣钦若,惟民从义。关键是谁来认定?所谓的"德侔天地者为王,道冠古今者为师",所谓的文人祖,帝王师。

所以,儒教的复兴,何人能够决定其好坏,实在是一个大问题,凡夫俗子难以定夺。余英时先生曾经讲,明朝以来,中国儒教就分别出"上行"和"下行"的两种路径。上行者,国家埋单;下行者,老百姓埋单。

其中,就会冒出一个谁埋单、谁的效果最好的问题,公祭还是家祭、公共宗教还是私人信仰的问题,即等同于文化正当性的冲突了。实际上,这大抵也是儒教形成的场域和惯例。人们不难从中有所体会,信仰等同于道德,权力也与道德等同,所以信仰与权力也直接整合。而当信仰构成权力秩序的时候,中国人的宗教形式也就得以制度化,得以最后建构出来了。这就是中国人的宗教。至于信仰,就如同孔子故里的村民,悄悄地自己待在远处,不说话,自生自灭。

然而,今日要提倡"公民儒教"者,倘若只有国家和老百姓,没有"公民"的话,何处跑来公民儒教?仅存儒教,还分所谓的"上行"和"下行",一个所谓的"公民"能够把它们之间的距离给填补上吗!?如果有一天,权力-信仰-道德之间的这些关系及其张力不复存在了,儒教当然就不是儒教了,可能摇身一变而为其他一种什么教了。至于中国社会的世俗权力、表达方式,中国人的信仰方式,也会随之发生必然的变迁。到此,21世纪中国社会的变迁与改革,也就能够告一段落了。

这个难题,任何时代、任何中国人都绕不过去。放在当今中国来说,这就是中国人的信仰危机,儒教能否复兴、谁来进行价值判断的问题。

所以,儒教复兴,谁能埋单的问题,说的就是这样一个道理,或是这样一种现象:好像是信仰,好像是宗教,但更像是一种道德、一种权力,一种不得不服从的道德—权力。与此相应,中国人究竟有没有自己的宗教-信仰?究竟是服从帝王的旨意,还是信奉圣人的说教?其中包含着中国信仰和宗教的特殊构成,中国人在世俗权力与精神权利层面的复杂关系。

"知人者智，自知者明"

——韦伯的社会经济学

苏国勋

　　熟悉社会学思想史的人都知道，德国著名社会学家韦伯早年毕业于柏林大学法律系并获得法学博士学位；但终其一生，他都以经济学家的身份在弗莱堡、海德堡和慕尼黑等几所著名大学里先后被聘任为经济学教授；而学术界又都公认他是著名的社会学家，其学术著作，无论是从文化论上着眼的《新教伦理与资本主义精神》和题为"世界诸宗教的经济伦理"的一系列（包括中国宗教、印度宗教和古代犹太教）比较文化史研究，抑或是从制度论视角立论的洋洋数百万言的鸿篇巨制《经济与社会》，都被评价为社会学这门学科的理论奠基之作。韦伯25岁获得博士学位并在大学任教，56岁英年早逝，再除去第一次世界大战中的兵役—军旅生活和后因精神疾患而修养的时间，真正从事学术活动只有20年左右。但他在暂短的生命中徜徉于社会科学几个主要领域，留下了丰厚的学术遗产，成为社会科学界泰斗，实属德国学术界的一个异数。无怪乎雅斯贝尔斯在韦伯逝世当年（1920年）发表的一篇纪念演说中就曾表示，把韦伯定位为某一特定专业或学科是不恰当的，韦伯是"我们时代中精神上的伟人"，"人文学科的伽利略"（《论韦伯》）。

韦伯与社会经济学

　　近读由何蓉翻译的瑞典学者斯威德伯格的著作——《马克斯·韦伯与经济社会学思想》，感触颇深。该书全面而系统地论述了韦伯关于"经济社会学（economic sociology）"这一概念的界定、设想及其主要研究内容，以及在韦伯社会学思想中的地位、沿革，目的在于揭示韦伯"理解的社会学（understanding sociology）"的真谛是将社会行动背后的利益驱动与结构制约二者结合起来，这是认识由各种社会行动构成的社会现象背后所遮蔽的主观意义之"理

苏国勋：中国社会科学院社会学研究所研究员。

解(verstehen)"进路的关键,阐明了为什么说韦伯是社会学史上第一个将"利益—动机—制度分析"与"社会类型—文化—结构分析"做出整合的尝试者。不仅如此,本书介绍了韦伯心目中的全新的经济学概念——"社会经济学(social economics,韦伯使用的是 Sozialökonomik)"的设想,阐明社会经济学作为一门内容广泛的科学,何以应该包括经济理论、经济史和经济社会学三个部分。韦伯认为上述三者对于理解任何一种经济现象都是不可或缺的,其中经济理论的作用尤为重要,因为正是在经济理论中利益驱动的类型才得到精确的阐释,这说明韦伯不仅高度重视经济理论,而且也表明他要把社会学进路带入经济学研究,并试图用"社会经济学"概念取代当时德国学术界流行的"政治经济学"的设想。该书资料翔实,对许多概念、范畴的阐释旁征博引,且出处、沿革、细微含义的差别都交代得十分清楚;所论述的问题,凡出自韦伯的见解都在正文中讨论,其他人的观点则放入注释中详细列出,条理清晰,一目了然;对问题的分析深入浅出,把韦伯著作中晦涩艰深的理论概念阐释得明白晓畅,实属不易。这部著作对于我们全面地理解韦伯的社会学思想,矫正一段时间以来在理解韦伯上过于倚重文化论视角的 "路径依赖"是大有裨益的。本书与此前出版的这位瑞典学者的另一部著作《经济学与社会学》(商务印书馆 2003 年版)一起,为我们进一步开展经济社会学研究、正确处理社会学与经济学的关系提供了不可多得的参考和借鉴。

　　20 世纪 80 年代前后,当社会学界引入韦伯思想之际,正值国际学术界关注东亚经济腾飞与传统儒家文化之间相互关系的时刻。在此期间,20 世纪60 年代,美国汉学家曾就"儒家传统与现代化"的关系先后在日本和韩国召开了两次国际学术研讨会,80 年代初,香港也举行了"中国文化与现代化"的国际学术会议。其中心议题就是探讨儒家伦理与东亚经济起飞的关系,许多人试图用韦伯的宗教观念影响经济行为的思想去解读东亚经济崛起和现代化问题;其中有将"宗教伦理"视为"文化价值"者;也有将"儒家文化"当做"新教伦理"替代物者,在解释东亚经济崛起和现代化时把儒家传统对"四小龙"的关系比附为基督教对欧美、佛教对东亚的关系;还有人将韦伯论述的肇源于西欧启蒙运动的理性主义精神推展至西方以外,譬如日本,等等。所有这一切,无论赞成者抑或反对者,都使传统上受儒家文化影响的地区围绕东亚经济腾飞而展开的文化讨论,与韦伯关于现代资本主义起源和中国文化的论述发生了密切关系。处于这样的情境和氛围之下，加之当时国内推行改革开放政策伊始，由于较长时间的唯物主义传统教育而避谈精神、观念因素对社会行为的影响作用，而一旦开放并开始接触外界事物，致使人们更多地关注韦伯的《新教伦理与资本主义精神》以及总题为"世界诸宗教的经济伦理"的一系列比较文化史研究，尤其重视与中国文化相关的《中国的宗教：儒教与道教》一书，顺理成章地就把韦伯诠释成了一位文化论者。相对而言，那时较少关注制约人们社会行动背后的经济—制度因素的决定作用，因而对以《经济与社会》这部论述其经济社会学主张的晚期（1910 年以后）著作（包括《经济通史》以及为其比较宗教学所写的《〈世界诸宗教的经济伦理〉导论》等）在韦伯社会学思想成长中至关重要的整合作用认识不足，总认为与物质利益相关的经济制度方面的问题属于经济学范畴，并非社会学的论域。只是随着中国经济增长规模的不断壮大，物质利益因素在社会生活中所扮演的角色愈益显现，人们对韦伯经济社会学思想的兴趣也日益增长，加之随着新制度经济学的引入，人们开始更多地从利益分析角度看待其社会学主张，与此相联系，对韦伯的研究也就自然地开始转向从制度论面向加以解读了。从目前国内学术界有关"经济学帝国主义"的讨论中不难看出，主流经济学家大多从利益驱动的角度解读社会生活，而社会学家则更看重社会结构

的作用，这也符合 20 世纪国际学术界的一般趋势。在社会学内部，具体到对韦伯思想的认识上，也存在着文化论视角与制度论观点的分野，其间的一个分歧表现在，文化论者更重视《新教伦理与资本主义精神》以及一系列比较宗教研究在其思想中的地位，而制度论者则推崇两卷本的鸿篇巨制《经济与社会》以及《经济通史》等晚期著作的重要性。

　　研读斯威德伯格的这部著作，对我们化解上述分歧大有帮助。尽管本书是以《经济与社会》和《经济通史》

韦伯

为主要线索来论述韦伯的经济社会学思想，但主旨却在于阐明韦伯的进路是将利益动机分析与社会结构—类型分析整合起来，凸显制度论与文化论的联手互补，而不像国内一些"经济学帝国主义"论者那样，各逞其能式地、一厢情愿地越俎代庖。作者用了三章的篇幅对"经济与政治"、"经济与法律"、"经济与宗教"的相互关系做了分门别类的论述，不仅把马克思主义关于基础与上层建筑之间作用和反作用的基本原理具体化，而且对于二者之间辩证关系的诠释也有许多发人深省之处。譬如，在斯威德伯格看来，所谓制度，并非就是规则的构成，而是可以"靠社会关系观念化为不同形式中的利益"。而每当提到"利益"，人们不仅首先想到的是物质取向的关切，即"物质利益"，并且立即会把它归入经济基础范畴。可是在韦伯那里，利益却被区分为物质利益和精神利益两种，并认为两种利益都能成为诱发社会行动的动机；而精神利益又被解释为身份、声望、爱国心一类的民族感情，以及渴望获得拯救和对来世有更好地位的企盼，即所谓"宗教财(religious benefits)"等等。在经济学取向的"理性人"假设中，物质利益毫无疑问是诱发个人行动动机中的决定因素或唯一因素。然而，当两种利益相互抵触而精神利益又比较强大，成为能抑制物质利益的因素时，那些追求精神利益的人不是不顾、而是如何兼顾物质利益而做出其社会行动的呢？韦伯在其《新教伦理与资本主义精神》和题为"世界诸宗教的经济伦理"的一系列比较文化研究中，从历史角度对此作了深入的探讨。而且不止于此，韦伯与现代经济学家的不同之处还在于，他论证了能诱发个人行动动机的不仅仅是物质利益，还包括传统和情感等属于观念形态的精神旨趣。换言之，一般意义上的观念—物质之间那种非此即彼、对决、排他性关系，在韦伯的方法论看来纯属社会科学的"理想类型"，只有在理论思维的抽象中，它们才会以纯粹的形式存在，在现实生活中，它们从来就是一种"你中有我，我中有你"的彼此包容的、即所谓的"嵌入(embeddedness)"关系。这样一种看待利益的观点，无疑在原有的经济学意义上增添了社会学意涵，其立论的基础已然超越了"经济人"的预设，还包含了"社会人(Homo Sociologicus)"的内容。

斯威德伯格在概括自己的这部著作时曾写道："韦伯在许多方面都不同于今天的经济社会学家，这不仅表现在他在经济史和法学等方面的博学，最重要的区别点还在于，韦伯坚持认为，人类行为由两个因素组成：利益和社会关系"，"两者常常是纠结在一切，不可分开，譬如，制度就不能视为是规则的组成，它们可以更好地概念化为靠社会关系锁定在不同形式中的利益"（《经济学与社会学》中文版序言）。这一结论性的意见不仅使我们看到，无论文化论抑或制度论，在认识韦伯思想的局部时都有一定的合理性，但在整体上又都有以偏概全的弊端；而且对于正确认识社会学与经济学的关系，剔除社会科学知识体系中各种"××学帝国主义"的僭越，都将获益良多。

社会思想的经济之维

熟悉社会学思想史的人也都知道，在社会学的创立阶段，孔德曾把这一学科设想成一门系统地表述社会重组（秩序）及其历史发展（进步）普遍规律性的社会科学，其中对社会学的"普遍性"和"总体性"提法包含了许多不切实际的、包罗万象的甚至一厢情愿的解释，唯独没有提到社会学研究中的经济内容，适足表现出他的唯理智论（intellectualism）倾向。在古典社会思想家中，强调经济维度重要性最有力的当属马克思，其次就是韦伯，前者以倡导唯物主义历史观驰名，而后者则以"社会经济学"取代德国学界的"政治经济学"而著称。韦伯晚年曾组织编纂一部卷帙浩繁的《社会经济学大纲》以取代当时德国流行的《政治经济学手册》，为此他广邀德语世界的著名经济学家参与撰稿。尽管由于第一次世界大战的爆发而中断出版，但从 1914 年~1930 年的《社会经济学大纲》就已累计出版十余部著作，有 50 余位知名经济学家参与，其中比较著名的有熊彼特的《经济分析史》、冯·维塞的《社会经济理论》以及韦伯本人为大纲所撰写的《经济与社会》。前两书早已成为经济学的名著，后一书则被视为社会学的经典。

在 19 世纪的德国经济思想史中，社会经济学与经济社会学代表着经济学的两种不同的研究方式。原则上，社会经济学与政治经济学近义，都表示经济具有社会性质，在表意上社会经济学可能更为恰当贴切，而政治经济学与国民经济学在词义上更为接近，都与德意志民族国家的发展相关。从 1914 年出版的韦伯为《社会经济学大纲》撰写的《总序》中可以看出，在韦伯心目中，"社会经济学"是经济科学最现代和"最适合"的名称，其内容涵盖的领域相当广泛，包括经济与社会的关系，以及经济与自然、技术、人口、种族的关系。按照这种看法，经济科学不仅包括经济，而且还包括经济对社会、社会对

经济的影响,这是韦伯早在写作《社会科学和社会政策的"客观性"》(1904
年)时就已阐述过的观点。据此,对经济现象的研究,要涉及不同门类的学
科,他提到的有"经济理论"、"经济史"和"经济社会学"。而这三门学科都属
于韦伯所说的"文化科学",这意味着对"经济的社会行动"的研究,除了与利
益驱动相关的因果说明外,还必须有意义的理解。换言之,经济社会学与经
济理论、经济史在一个广义的经济学即"社会经济学"的框架下共同合作,这
才是韦伯心目中能胜任研究经济的社会行动的经济科学。那么,社会经济学
具有哪些结构和内容呢? 从韦伯1914年出版的为《社会经济学大纲》撰写的
《总序》中可以看到,社会经济学主要研究三方面的问题:如何分析经济现
象,现代资本主义的本质以及现代资本主义经济的不同分支。以该大纲名义
出版的有关第一个题目的著作题名为《经济的基础》,共分为三个内容:"经
济与经济科学"、"经济与自然、技术的关系"以及"经济与社会"。其他两个方
面由几位经济学家执笔,韦伯把第三个内容留给了自己并为之撰写出了《经
济与社会》的同名著作。书中第二章标题为"经济行动的社会学范畴",集中
阐述了相对于广义的社会经济学而言的、狭义的经济社会学主张,其主旨内
容是专门对经济制度和经济行动的社会学研究。他的《古代文明的农业社会
学》、《经济通史》属于经济史研究。韦伯生前并未写出经济理论著作。

斯威德伯格通过对韦伯后期著作的考察,将其经济社会学建树概括为
两点不同于一般经济学家的进路:一、经济的社会行动可以概括为由利益驱
动的、指向他人行为的行动。它包含以下几层意思:透过个人赋予行为以主
观意义,使基于刺激—反应模式的自发行为(behaviour)成为具有意向性的
自觉行动(act);透着这一意义,行动也指向他人行为,使行动成为(社会性
的)互动,从而使以个人为起点的方法论上的个体主义(methodologically in-
dividualism)的社会研究进路(亦即以社会行动作为分析的基本单位)成为可
能。不过,这种个人主义只是方法论上的,其实质仍是社会性的互动,而非经
济学假设的鲁滨逊式的原子论个人。卡尔·波普在《历史主义的贫困》中从哲
学上对方法论上的个人主义做出了细致的分析,而帕森斯的《社会行动的结
构》则在社会理论上以"意志论的行动理论(voluntary theory of action)"之名
延续了这一进路。

二、所有行动者(actor)假定都以"理性(reason)"的方式行动。所谓理性

的行动(rational action），大致可界定为以实现某种利益为目的的有意识的行动,其中的利益既可以是物质的,也可以是精神的。物质利益通常是指行动达到的某种客观结果,这是一种工具合理性(instrumental rationality）;精神利益是指一些主观偏好、倾向,如政治的、审美的、宗教的、伦理的旨趣或观念,这是一种价值合理性(value rationality)。因此,理性行动既是工具合理性的,也是价值合理性的。正如斯威德伯格所概括的:"(社会)经济现象必须以行动者本人所秉持的意义来理解;所有用来分析(社会)经济的概念必然伴随着分析性的抽象,无论它们来自哪一种社会科学。"（第264页）这样一来,本来属于形而上领域的、观念形态的、亘古不变的"理性",就在经验层面亦即社会行动上被分解成工具合理性与价值合理性两部分。与这两部分内容有关的还有以计算为核心的形式合理性(formal rationality）和与绝对价值相关的实质合理性(substantive rationality），从这一对相反相成的概念之间张力关系中, 人们可以得出非常不同于当前主流经济学家的角度去趋近经济与伦理的关系问题。换言之,在韦伯眼中,理性早已失去了形而上假设的超验本质, 变成了社会学探索的启发性工具; 与其说理性是一种无法验证的假设,毋宁说它是一个描述行动动机性质的变量,其合理性内容和程度取决于社会和历史,而绝非超历史的。这是韦伯在社会科学方法论上所主张的要区分事实与价值的本意,它是一种"分析性的抽象",而与政治哲学家列奥·施特劳斯(Leo Strauss）后来从启示神学的绝对主义立场批判韦伯的事实/价值二分法造成现代社会中相对主义盛行、虚无主义泛滥的说法所指涉的并非同一层面上的问题。这里存在着超验与经验两个截然不同领域的分野。显然,施特劳斯是从宗教神学上以神谕方式揭示隐蔽之真理为绝对价值,把它与经验科学中表征驱使人们行动的观念、精神旨趣即属人的相对价值观念混为一谈,其实二者根本不是一码事,甚至可以说是偷换概念。

破解"经济学帝国主义"的神话

斯威德伯格把韦伯的经济社会学思想概括为——从受利益驱动的个体行动出发,在经济分析中引入"社会结构",是十分准确而有见地的,突出韦伯探讨经济的社会行动(economic social action）时力主将因果分析与意义理解两种进路结合起来的一贯思想。韦伯的主张在当时的德国确实是独特的,既不同于那个时代的经济学家，也不同于当代的主流经济学家。他反对当时德国经济学中以施穆勒为首的历史学派混淆事实与价值、将经济学伦理学化的企图，力主用分析性的理性行动概念即工具合理性行动和价值合理性行动去分析经济取向的行为；他还把利益区分为物质利益和精神利益以区别于马克思的历史唯物主义；但他也不同于今天一些主流经济学譬如新古典经济学关于经济行动者是超然于社会联系之外、彼此孤立地做出决定的"原子化"假设，强调经济分析中引入社会结构、制度分析的必要性。韦伯的经济社会学思想在 20 世纪 70 年代出现的"新制度经济学"和"新经济社会学"中得到了响应，以诺斯和威廉姆斯为代表的经济学家从利益驱动入手，试图发展出一套将社会性行为考虑在内的方法，格拉诺维特和怀特等社会学家则反过来，想了解经济行动和利益是如何"嵌入"社会结构的，他们延续的都是整合利益驱动和制度制约的进路。当代社会科学实践已表明，单单依靠经济学根本无力胜任这一任务，这也从侧面驳斥了下列网络上常见的"经济学帝国主义"的"迷思（myth）"：

> "经济学帝国主义"本质上是"科学帝国主义"的表现。当今时代是"科学帝国主义"的时代，经济学在这个时代如鱼得水。
>
> 事实上，从新古典主义经济学之后，经济学已经分化为理论经济学和各种应用经济学。理论经济学正在变为一种通用的人文基础学科，而诸如政治学、社会学和法理学等都将是应用性学科。这种学科分野目前还不是现实，但我相信它总会实现。
>
> 科学的本性之一是概括。经济学的两条最基本的假设（指关于经济人和资源稀缺的假定——引者注），本身也是一种概括；在此前提下依靠逻辑推出结论来，还是概括。其他学科若反对这种方法，便没有了概括，也便没有了科学性；但若接受这种方法，便等于向经济学投降。

这里为经济学之外的其他各门社会科学勾勒出的是一幅"进亦忧退亦忧"的惨淡前景——不同于经济学方法即反科学，同意这一方法则意味着屈辱和没有尊严。唯有这种经济学人，"众人皆浊我独清"，像尼采《查拉斯图拉如是说》中所说的"发现了幸福"的"最后之人（the last man）"，眼中闪烁着狡黠的目光，脸上流露出浅薄的洋洋自得。此时此刻不禁使人想起韦伯一席话：

　　有人总以一种天真的乐观主义态度崇信科学，认为以科学为依据支配生命的技术是通往幸福之途。在尼采对那些"发现了幸福"的"最后之人"所作的毁灭性批判之后，我可以不费唇舌了。除了在大学教席上执教的那些天真的老儿童外，还有谁会相信这一套！

韦伯当时对这些人的挖苦可谓入木三分。不过，今天醉心于"经济学帝国主义"的人往往也喜欢拿科学和理性说事儿，岂不知全部科学史早已表明，作为科学根基的理性，不仅是人认识世界的一种能力，而且还是对人的认识能力的校正、对理性自身批判的一种能力。从这种科学的开放精神看问题，包括经济学在内任何一种学科，需要明确意识到自身起作用的范围和力所不逮之处，这就是科学的自我克制精神。倘若借用老子的话来说，那就是"知人者智，自知者明"；如果用韦伯的话来说，那就是要做到"科学上的禁欲（inner-scientifically asceticism）"。换言之，科学就意味着确定，确定就是限定。科学发展恰恰就是从包揽一切事物的总体科学，向着日益明确其研究对象、确定其起作用范围的具体科学的演进过程。一门学科，只有既无限定的对象范围，又无确定的边界，才不会局限于哪一领域。如是，"经济学帝国主义"的提法不仅不是科学的进步，恰好是科学退步的表现。活像初民社会的蛮族，跑马占圈式地疯狂地扩展自己的领地，打着的却是"科学—理性"的旗号。

告别"经济学帝国主义"

秋 风

　　这几年来，笔者一而再、再而三地看到了十分奇怪的事情：至少两种最时髦的自由市场经济学理论到了中国，都被其最狂热的迷信者用来证明中国现在的市场已经是超级自由了。这些迷信者连起码的社会见识都没有了，但对经济学逻辑的迷信却让他们安心地说出种种反常识的话，并因此而表现出众人皆醉我独醒的自豪。

　　我说的是两种经济学：第一种是新制度经济学或者交易费用经济学。在内地，这一理论因为张五常教授的人格魅力而获得一批拥趸，他们甚至连自己的文风都亦步亦趋地模仿张教授。第二种经济学的代表性论证就是弗里德曼的两本政治经济学著作。这两种经济学的核心政策意见倒是大体相同的，主张自由市场，反对凯恩斯主义，反对社会福利，反对工会垄断，反对政府管制。

　　光看这些语词，没有错。是的，科斯或弗里德曼等大师基本上是没有错的。但是，同样的话语，一旦出自这些大师在中国的信徒之口，却有了完全不同的含义。姑且引用我的朋友、最近相当活跃的铅笔经济研究社成员加西亚的一段话，作为一个标本：

　　　　中国目前的状况当然不是尽善尽美的，缺的就是法治，企业所实质享有的自由感觉不太稳，像是建立在沙滩上，而且国有企业仍然尾大不掉，宏观调控经常跳出来捣乱，政府还经常出台一些异想天开的政策来干预经济，福利主义也在推行，因此，说是"人类历史上最好的制度"，的确让人难以接受。不过，如果在中国目前的经济自由度上（实质上的）再加上法治，的确可以说比美国更自由。如果将国有企业卖掉，取消垄断行业的准入限制，加上法治宪政，中国的体制的确可以说接近完美。

秋　风：独立学者，媒体策划人，《21世纪经济报道》专栏作家。

美国在经过凯恩斯主义的肆虐之后，自由度已经打了很大的折扣了，尽管里根主义之后的 20 年自由化有了长足进步，但很多社会主义、福利主义的因素已经尾大不掉，无力回天了。相比美国来说，中国的经济体制如同一张白纸，还未被福利主义毒化，如果趁此良机，将这种自由用宪政固化下来，将无疑是中华民族的福音。

反对凯恩斯主义，反对福利政策，反对工会垄断，反对政府对私人企业的干预：这些就是米尔顿·弗里德曼《选择自由》及《资本主义与自由》的核心论旨。在大师们看来，这些东西损害了市场的自由。哈耶克甚至更进一步说，现代民主制度内在地具有一种以社会公正为名义进行再分配的倾向，倾向于把本来应由正当行为规则构成的法律，变成基于权宜考虑的政策。因此，他老人家专门设计了一种宪政新模式，试图让一个立法性议会利用理性的力量来限制普通议会对民意的滥用。

盛世的想象

用大师们的批评性话语来比照中国的现实，张五常教授及一班自由市场的信徒们异常兴奋：这里没有系统的凯恩斯主义宏观经济管理体系，也没有根深蒂固的福利体系，政府对私人企业也是放任不管，至于民主，当然更是阙如。

于是，张五常教授对米尔顿·弗里德曼汇报说：中国的市场比美国的还要自由。然后，在其 70 岁生日的寿诞会上，他更自信地断言：我自己是一个研究制度的专家，这几年我看得很准。中国现在浮现的制度，开始稳定下来的制度，开始明确起来的制度，拨开那些沙石，拨开那些不清楚的东西，我看到的是一个我相当欣赏的制度。我认为现在中国正在浮现的制度，是人类历史上我知道的最好的制度。

这话算是为复旦大学教授谢百三的"盛世论"作了一个最精彩的注脚。当然，由此，我也联想到了林毅夫教授与杨小凯先生当年围绕中国渐进转轨模式与前苏联东欧休克疗法之得失利弊而展开的争论。林教授当时就已相信，中国模式是转轨的最优模式，他甚至相信仅仅依据这种经验就能搞出一套中国的经济学体系了。

我还联想到李稻葵教授在考察印度之后得出的高论：印度以世界上最

大的民主国家自居。但是在经济水平非常低的情况下，它的民主并没有带来自由，反而带来了很多约束。因此，在经济发展的初期，民主制度应该缓行，过早引入西方的民主制度只会带来不自由。第二，法制不能神化。在发展中国家，法制不可能像在发达国家那样有效。利用法制系统来约束政府的做法，在经济发展的初期恐怕是很难形成的。而张五常教授对于印度的嘲讽更是世人皆知的。而在所有这些议论背后，都包含着中国当下的制度对企业更自由、更有利于经济增长，因而比较好、甚至更好这样的判断。

被誉为 20 世纪经济学
第一人的弗里德曼

　　于是，笔者看到了一个最奇怪的现象：信奉自由市场、以弗里德曼信徒自居的经济学人，在不经意间，与狂热的民族主义者成了同路人。确实，他们是最激烈的反民族主义者，他们痛恨任何形式的贸易保护主义；但是，他们确实在为民族主义提供情绪发酵剂。民族主义者只是肤浅地看到了中国物质性力量的增强，这些经济学人却在旁边提醒他们，其实，我们的强大不仅表现在物质，更表现在制度上。相比于印度，甚至相比于美国，更不要说俄罗斯、拉美，我们当下所享有的这个制度，已经是人类所知道的最先进的了。既然如此，民族主义者有什么理由不自大呢？其实，这些经济学人自己就已经再三地对俄罗斯、对拉美、对印度，甚至对美国的制度嗤之以鼻了。

历史主义的陷阱

　　当然，加西亚也补充说，假如在此之外再加上一点点法治，加上一点点宪政，那中国的制度就完美得无以复加了——这是我读过的本年度最为黑色幽默的一句话。而正是这句话，也露出了自命的制度经济学家的严重跛脚。

　　20 世纪 80 年代以来，全球主张自由市场的知识界的共识是：优良的制度，比如法治，法治之下确获保障的私人产权，有限政府框架下的政府较少管制，如此等等，可以带来较快的经济增长。这个结论完全正确，不管是从规范分析的角度,还是从较长期统计的角度看,都没有错。《华尔街日报》与传统基金会等机构进行的跨国比较研究,也证明了这一公理。

前面提到的那群经济学人则把这个结论颠倒过来:较快增长必然意味着该经济体有一套优良的制度。如此颠倒之后还能否成立,值得怀疑。张三是个好人当然可以成立,但好人就是张三则不成立。计划经济在其建立之初实现了短期内的经济快速增长,但计划经济显然不是优良的体制,至少自由市场经济学家有如是共识。因此,中国目前的制度是否十分完美,十分自由,需要对制度本身进行缜密的分析。

但是,这群经济学人没有这样做。张五常教授口口声声说自己是研究制度的,那些宣称中国企业家已经享有比美国更多自由的经济学人们也自称十分重视制度。但是,他们并没有因此而去仔细地分析制度本身;相反,他们的注意力基本上被耀眼的增长绩效所吸引。过去若干年,中国的经济增长十分强劲,增长速度既超过俄罗斯、东欧,也超过印度,更超过日本、美国,几乎是天下无敌。他们根据上面那个被不假思索地颠倒过来的命题做出结论:既然中国的经济增长绩效天下第一,那么,中国当下的制度就是最优秀的——逻辑看似简单直截,但这个结论连执政党听了都会脸红。

当然,有些好学的制度学人也进行了一些分析。但是,新制度主义的思路让他们误入歧途。说来也许有点奇怪,新制度学派的研究方法带有强烈的历史研究色彩。不仅诺斯反复地研究英国、欧洲、美国的自由市场起源问题,甚至连科斯也更像是一位历史学家。他所从事的工作,在我看来,大体上是对普通法法官解决产权问题的思路进行分析,从而阐述了隐含在普通法中的法律准则。总之,新制度学派试图解释过去的成功者为什么会获得成功。

这种历史主义的经验分析方法内在地隐含着一个危险的陷阱。历史是高度复杂的,在某一时间上必然存在着多个现象,人们注意到在此后一个时间点上有了另一个现象,即学者所要分析的演进结果,那么,回头来看,上一时间点上的每个现象,尤其是那些最显著的现象,都有助于后面那个结果之形成吗?有一位演化经济学家埃里克·S. 赖特纳就将资本主义在英格兰的兴起归功于重商主义(《国家在经济增长中的作用》,载杰弗里·霍奇逊主编:《制度与演化经济学现代文选:关键性概念》,高等教育出版社 2005 年版),因为,很显然,在那个时代确实存在着严重的重商主义,于是,重商主义就成了自由市场的催生婆。

我们那群经济学人中之好学者似乎也是依据类似的逻辑进行推论的。在过去一二十年中,他们看到的显著现象是,威权主义对民主的排斥,福利体系的瓦解,劳工权利的匮乏,以及大多数私人企业家被放任不管,有些跨国公司或权贵企业甚至享有特权。他们在印度则看到了强大的工会、讨价还价的民主,在美国看到了福利制度和工会,而它们的经济表现均不如中国。于是,他们就得出结论:没有民主、没有福利、没有权利、没有任何监管,这些,就是中国经济奇迹的成因。

物质主义综合征

更进一步,他们说,经济增长奇迹就证明了这是一套最好的制度。

此时,他们的意思不仅仅是说这套体制是一套优良的增长体制,而是说它是一种优良的宪制,涵盖社会方方面面的体制。他们也许只是无意识地把增长体制转换成了宪制,因为他们是经济学家。理发师的眼里只有头发,经济学家的眼里当然只有经济增长绩效,其他东西都是无关紧要的。他们是不可救药的物质主义者,评价宪制良窳的唯一标准就是增长绩效。

这种物质主义在经济学知识传统中已经根深蒂固。经济学之诞生,就是自然秩序物质化的产物。近代哲学颠覆了古典及中世纪的世界,至少从霍布斯起,人就从一种趋向于某个外在永恒目的——自然或者上帝的存在,化约为一种激情、欲望的载体。休谟、斯密道德哲学的预设就是,人乃是被自利激情所支配的动物。斯密的经济学反复论证,个人自利的动机完全可以利他。斯密把这种真理变成了应然:社会应当允许个人自由地追求自己的利益,这样的社会是文明的,政治道德制度也应当服务于这一目标。一个好社会,就是一个工商文明社会,就是一个人人自由地追求自身利益的社会。而这种利益,至少从培根那里开始,就已经完全是满足肉体欲望的物质性利益。

现代民族国家本身也是物质主义精神的产物,并强化了国家的物质面相。古典及中世纪的国家尽管也汲取财政收入,但国家哲学反复强调,君主或共和国的正当责任是供应与分配正义。现代民族国家则颠覆了这种国家哲学,处于丛林状态的个人关注的是如何保障自己的财产与生命,处于国家间丛林状态中的民族国家最关注的是国家的生存,因而,国家的物质力量具有至高无上的重要性。"经济"成为一个需要大臣、学者讨论的最重要的公共事务。国家积极投入到财富的创造中,介入贸易、工业,重商主义伴随着现代民族国家的形成,这不是偶然的。这种物质主义精神一直发展到 20 世纪,则演化出国家对资源和经济活动的全面控制。由此,哈耶克所说的作为一个组织的"经济"横空出世,并曾经替代了市场的耦合秩序。促成这种经济生成的那种德国哲学,已经再三宣称自己是以斯密为思想的最重要源头。

诞生于这种精神气氛中,经济学家自一出现就关注着物质,GDP 被发明出来,整个世界也已经习惯于用物质性的经济增长来衡量一个国家的表现。在缺乏超验精神背景,尤其是缺乏建制化教会之教化的东亚国家,物质主义倾向尤其明显,这也是形成发展型国家的精神基础。国民同意国家集中力量发展经济,为此愿意接受任何形式的威权统治。

正是经济学传统中这种根深蒂固的物质主义,让我前面提到的那群经济学人本能地排斥法治、民主、工会结社、劳工维权等事务在一个健全的、正常的社会秩序中所具有的独立价值。在他们看来,所有这些事务毫无意义,甚至是应当予以反对的东西,假如它们妨碍了经济增长。

于是,在这些经济学人眼里,可以使用逆推法,增长体制自然地就是自由体制。主流经济学人在过去一两年的改革反思中反复告诉公众的就是这么一种看法:现有体制既然已经实现了增长,那么,任何人就没有理由再去批评这个体制,尤其是批评能够导致增长——不管因此而让某些民众付出了多大权利与利益上的代价——的那部分机制。他们最初可能只是相信,增长体制可以导向自由体制,为自由体制之发育创造某种条件。不过,通过长期的自我暗示,他们的信念似乎已变成:增长体制=自由体制。任何对于这种增长体制的批评,都被他们视为对改革的否定。他们甚至比官方的改革视野更为狭隘,在他们眼里,经济改革就是改革的全部,除此之外不应进行任何改革,因为,比如说,推进政治民主、增进劳工权利,很可能妨碍他们所中意的增长体制。政府唯一的缺点是,仍在不明智地用垄断、管制妨碍增长。他们认为,这仅仅是个审慎的问题,而与更大范围内的体制问题无关。因此,在若干知名的经济学家那里,反垄断、反管制就成为他们所理解的改革的全部内容。加西亚延续着他们的想法,并且坦率地表达出了他们自己没有意识到的另一部分立场:法治、宪政反倒是一种可有可无的附庸性物品。

回到中国语境

我实在不忍心说经济学是一门肤浅的学问，因为，不管是在斯密、米塞斯，还是在哈耶克、弗里德曼那里，经济学都是高度复杂的，他们的视野也是多向度的。但是，这些受过经济学训练的自由市场信徒，却的确让经济学显得十分肤浅，并且因为肤浅而犯下了十分严重的"错置具体性的谬误"，所谓"暖风熏得游人醉，直把杭州作汴州"。

在科斯或弗里德曼等大师那里，经济学的逻辑是简单的，结论也是简明易懂的，但是，这仅仅是一种思考的俭省策略而已。在简单的背后，总是有一个复杂的背景，或者说前提、预设。生活于他们自己的制度与观念环境中，他们不需要再去讨论那些前提、预设——不过，哈耶克却在中年之后深刻地认识到，要解决那些看似简单的问题，必须回到基本的前提和预设，因而，他从专业经济学进入法学领域，最后从事宪政设计。与这种知识探索精神相比，我不能不说，弗里德曼或者科斯也不过只是技术经济学家而已。

到了大师们在中国的信徒那里，经济学曾经的帝国主义赋予他们以知识上的傲慢，他们把经济学中的"制度"理解为政治法律意义上的宪制，把基于单纯经济学逻辑的政策主张当成了制度转轨的全部内容。

在我看来，生活于不具备这种制度与观念前提、预设之社会中的学者，更需要关注大师们隐而未谈之前提、预设；在引用他们的结论的时候，应当注意大师们的语境，除了看到他们在批评什么之外，更应分析他们赞成什么。

大师们反对福利国家，但他们永远不会反对政府向不能维持自己生活的人提供某种基本福利；在中国，现在的问题恰恰是，连温饱都不能解决的人享受不到任何福利，一旦进行福利改革，首先失去福利的正是最贫困的人口。可是，那群经济学人却在担心福利损害效率。

大师们也反对工会垄断，但他们永远不会反对工人自由组织工会的努力本身；在中国，现在的问题恰恰是，工人缺乏这种基本的结社自由，一旦他们试图自由结社，就会遭到重重的限制。可是，那群经济学家已经在恐惧根本就不存在的工会了，他们也把一切呼吁保护劳工基本人身、结社、言论自由的行为，视同反对自由市场。

大师们反对不受节制的民主对于自由的负面影响，但他们永远不会反对民主制度本身；在中国，现在的问题恰恰是，我们连一个基本的民主架构都没有。可是,那群经济学人却已经事先担心起民主的弊病了。而且,他们不是考虑用宪政的手段矫正民主可能的弊病,而是干脆拒绝民主,轻易地断言无民主是一个美好社会的前提。

大师们也反对政府对私人企业的干预,但他们永远不会反对法律保障私人产权;在中国,问题恰恰在于,私人企业得不到这样的法律保障。可是,那群经济学人却把政府恩典下的放任甚至放纵当成了自由,而全然不考虑政治气候变化时产权能否免于政府的侵害。他们甚至以为政府提供基本的法治保障也是不正当的干预。

容我大胆地说一句,这群号称研究制度的经济学人是一群教条主义者,他们既没有分析大师们的语境,也没有思考如何在中国语境中运用大师的思想。他们没有分析大师所处的社会与当下中国社会根本性的制度差异。他们不大明白中国当下的制度是什么,也不清楚中国应当有一个什么样的制度。正是他们和一些同样固执的、以经济学为业、甚至以经济学自傲的人,严重地损害了、并且正在损害自由市场在中国的声誉。因为他们以为市场就是一切,试图用市场化替代政治民主、法治、个人的表达与结社自由进程;因为他们错误地把种种反自由的制度,如工会、产权的法律保护及政治民主之匮乏,当成了自由市场的构成性要素或前提性条件。

回到中国语境,就是要弄清我们所面临的问题究竟是什么。而种种事实已经表明,认知这一问题,显然超出了经济学的能力。从根本上说,经济学是一种技术层面上的治国术,它的视野是有限的,它思考的对象仅仅是社会的一个方面;它甚至是保守的——这就是主流经济学家在今天的态度。而对于中国来说,根本的问题是探究这个"国"的基本框架,是构建社会的基本架构及其规则。也就是说,需要探究宪制问题,需要追求那个比单纯的增长更高一个层面的价值:自由。

这不是说不需要经济学,但明白知识的限度乃是一种美德。经济学中的"制度"概念远不足以涵盖宪制性制度的丰富内容。假如谈论宪制问题,那就暂时忘掉经济学吧。今天的经济学人错把增长体制当成了宪制,从而说出种种非常异义可怪之论。这揭示了经济学自其诞生起就内在固有的局限性:物质主义的心灵是无力思考宪制问题的。

合成谬误的威力和经济学帝国主义的边界

王建军

经济学武库中的双刃剑

萨缪尔森在其《经济学》巨著的开篇就亮明身份："经济学被称为社会科学之王——是最古老的艺术、最新颖的科学。"的确,经济学自魁奈、斯密以来的二三百年间东征西讨、拓土开疆,其辖域已扩大到人文、社科领域的大部分重要学科,大有"席卷天下,包举宇内"之势。但在其"囊括四海,并吞八荒"的轻、重武库中有一件极具"溢出效应"的、跨学科威力的理论武器却不大为人所看重,那就是"合成推理谬误",简称"合成谬误",或称"局(部)整(体)悖论"。它的大意是说:有些个别、局部现象如果被不加约束地线性外推,最终会走向自己的反面。经济学家举的例子是:部分农户大丰收是好事,但如果整体都丰收,"谷贱伤农",反倒成了坏事;再有,部分企业外贸盈余是好事,但如果大部分企业都顺差,就会引起本币升值,抑制出口,中国目前就在吃这个苦头。

这一现象在经济学以外的领域也普遍存在,生物学领域的旅鼠(Lemmings)和加拿大山猫,它们数量少时会大量繁殖,增到一定程度就开始缩量,直到濒于灭绝(R.道金斯),以及很多地方为遏止一种生物的危害而引入它的"天敌",这本是件好事,但一段时间后,这"天敌"的扩张反倒成灾了。前段时间市场上最畅销的《狼图腾》通篇阐述的道理之一就是借蒙族老人毕利格之口说出的:"我也打狼,可不能多打,要是把狼打绝了,草原就活不成了。草原死了,人畜还能活吗?"因为,没有狼的制约,黄羊、旱獭、草原鼠很快就会把草原祸害光。伦理学领域也一样:朋友告诉我,他们村少数人得艾滋病时备受歧视,到大家都因卖血染上艾滋病时,就没有歧视了。同样,个人的自利被认为是恶德,节俭则是美德,但如果扩大到整体就不同了,亚当·斯密和凯恩斯

王建军:工作于中国自然辩证法研究会。

令人印象最深的论述之一就是充分论证了人类整体的利己和奢侈,甚至像"蜜蜂的寓言"里那样的挥霍无度倒是使经济繁荣、社会进步的好事。在理论界是如此,现实生活中也一样。以"南街村"和以色列的"基布兹"公社为例,在农村、低水平和小范围内推行"一大二公"和非商品化,还可以在市场经济的汪洋大海里形成几个繁荣的"自觉力量的小岛"(科斯),但如果把它线性外推到整个社会,则会使物产丰富的海洋变成贫瘠荒芜的大陆,后果不必多说。

保罗·萨缪尔森

政治经济学家们曾经认为社会化大生产的企业内部可以是有计划、按比例地生产和分配,把这种有计划的生产方式外推或扩展到整个社会,不就可以克服市场经济的所有弊端和无计划波动带来的巨大损失了吗？这在很长一段时间内曾经是"智者"们的理性选择,直到科斯揭示出"企业的性质"与市场的本质区别之后,经济学家才看清了问题的复杂性。

其实,合成谬误并不是什么高深、新颖的道理,它不过是中国古代儒家所说的"物极必反"、"剥穷上反下"、"遁极反壮"、"进极至伤",或道家所说的"反者道之动"、"正言若反"一类辩证思想的现代版,只不过这种思想很难被纳入主流的、静态的、二值的、机械的形式逻辑范式之内,并被科学主义思维过滤掉,使得经济学家们很难理解在整体上"逻辑曲线"内卷以及内卷或"背离"后产生的现象。

经济学帝国中虽然有这样不常展示的锐利武器,但仍不能保证她包打天下,因为经济领域中有很多问题"简单到欺骗程度"(凯恩斯),使经济学家们屡遭戏弄。例如,市场上的一般均衡问题被上至富商巨贾、下至贩夫走卒在日常交易中"日用而不知"地实践了数千年,这种看似简单到不能再简单的经济行为,直到一百年前才被出身于经济学世家的法国经济学家瓦尔拉斯"以水晶般明澈的思路"给出证明(熊彼特),但即使这样,经济学界也迟迟不予承认。数十年后,当他被主流经济学界接纳时,他的联立方程的局限性也显露出来,于是,50多年前,一些超一流的经济学家又用拓扑的凸集理论

或更精深的数学工具来修正他的结果。至今这问题也没被彻底解决，就别说更复杂点的经济现象了。（裴小革）

"按下葫芦浮起瓢"的经济学

"经济学帝国主义"这一概念，是 1992 年诺贝尔经济学奖获得者贝克尔于 1976 年最先提出的，20 世纪 90 年代中后期又被高小勇等中国经济学家们炒热，但远在这之前，经济学帝国对世界的征服就已三分天下有其一了，只是流派有别，学科无异，且处境同样尴尬。

那时的经济学家曾极力追求"市场繁荣，物价稳定"，但他们却不知道物价在低水平上的稳定同市场繁荣恰是两个背道而驰的目标；不知道对物价的管制会使物价脱离供求均衡下的"影子价格"，形成巨大的"制度价差"，造成实际的市场紧缺和隐性通胀，使人们在他们的指导下生活在贫困和匮乏之中；他们还曾追求"既无内债，又无外债"，而不知道现代经济本质上是"负债经济"（黄仁宇）或"信用经济"；他们

贝克尔

甚至曾追求对整个经济实行计划管理，而不知道人类理性和计算的边界在哪里，后来，布莱曼发现人类对数据处理的极限是 1093 比特，超过这一界限就被认为是"超计算问题（trans-computation problem）"，而"布莱曼极限（Bremermann's limit）"对于复杂经济现象和人类社会的多样化需求来说并不是一个很大的空间，要充分满足一个生产队人口的全部效用函数和生产函数的计算就已远远超出了这一极限（见组合数学的"旅行售货员问题"或"货郎担问题"，当 $n \geq 40$ 时，即大于此极限）。所以，计划经济学家们实际上面临着两种选择：或者放弃对整个经济的计划企图；或者是把人们的需求压缩到尽可能简单的范围内：戏最好不超过八个，衣食住行也尽可能简单划一。

更可悲的是，经济学家们不知道经济的周期性波动是市场正常的自我调节过程，更不知道这种周期性波动是宇宙存在的基本方式，不知道中国儒家的"阖辟消息观"和道家的"天地之间，其犹橐龠（风箱）"的中国古代大智

慧和与其相通的现代系统性、复杂性科学所揭示的无穷嵌套中随机涨落的宇宙大道理。他们眼中看到的只是经济周期中把牛奶倒入海里、把小麦烧掉的特定时段的可怖场景，所以，他们一直想通过理性计划和管控顽强地做着消灭经济周期(危机)、拉平经济心电图的工作。结果是一方面控制住了，另一方面振荡却更大；经济领域控制住了，政治领域摆幅却更大。真是"按下葫芦浮起瓢"，最后只好忍痛放弃。

　　搞计划经济的如此，搞市场经济的经济学家是否更高明点呢? 情况也不尽然。曾经掀起经济学革命的凯恩斯，虽然没有消灭经济周期的雄心，却想通过他的宏观调控和需求管理尽量"熨平"经济周期。他形成这套理论，实现其思想突破和范式转换实在是煞费苦心，"是个长时期的挣扎"过程。为了避免其颠覆性学说受到当时主流经济界的炮轰或冷遇，他也保护性地拉来一批跟他有近似见解的被打压、被停课甚至著作被查禁的边缘经济学家来壮大自己的声势，可惜他不知道他这套想法和经济对策的雏形早在两千年前中国汉代的盐铁之争和"平准法"中对局部的特定商品，一千年前宋代范仲淹(范家骧、厉以宁等)，三五百年前晋商的反危机对策中早已实行了，区别在于"知者不言，言者不知"(老子)。他当时如果知道这些案例，一定会对自己这套尚未被主流接受的颠覆性理论信心倍增。

　　理性预期学派的代表性人物认为景气循环周期问题是经济学研究的中心问题，而凯恩斯革命的"反周期"效果显然是被夸大了。凯恩斯这套方法的财政政策对于经济走出低谷显然有效，他的财政政策和货币政策对于调控三年左右的短周期——基钦周期——也有一定的效果，但对于像 20 年左右的库兹涅茨—贝纳周期，30~34 年的司马迁—艾略特周期，即亚洲金融危机和中国目前正在运行及"赶顶"的长周期，或更长的、被搞"世界体系"的学者和革命家普列汉诺夫极为看重的 55 年左右的康德拉季耶夫周期来说，凯恩斯的这套宏观调控方法几乎毫无用处。所以，从长期来看，用凯恩斯这套宏观调控方法要想操控、约束经济运行，无异于小人国里捆绑在格列弗身上的绳索，像蛛丝一样绵软无力。认识到凯恩斯主义的局限和边界后，经济理性才主张放弃"宏观调控"、"相机抉择"的"追涨杀跌"，回归到"任自然"、"为无为"的"不变的货币数量增长率"和"单一规则"上来(弗里德曼)，这不能不说是经济思想上的一大进步。

未来预测：经济学帝国的局促

大部分经济学家都认为经济学的首要任务之一就是解决稀缺资源的合理配置问题，在这个问题上，影响深远的经济学家是马克思在《资本论》中反复点名批判的马尔萨斯。马尔萨斯对粮食问题的担忧是形成他的著名人口论的关键因素，但他的核心创意的来源却是中国先秦思想家韩非子，而韩非子和马尔萨斯的核心思想又直接影响了达尔文进化论思想的形成，并直接影响了20世纪70年代推出震惊世界的《增长的极限》一书的罗马俱乐部派，以至于他们在该书第一章第一句就直接引用韩非子《五蠹》里的那段名言，并直接激荡和推进了后几十年波澜壮阔的全球化生态运动。但现在来看，他们的五大模型预测除了人口增长的预测还略靠谱，其他资源、环境的预测都相差甚远，尤其是他们没能充分估计科技进步和制度变革释放出的巨大能量和中国改革开放、迅速崛起及加入WTO以后经济高速发展给世界增长模型带来的影响。可见，经济资源和前景的预测是充满风险的。如果2500年前的韩非子、200年前的马尔萨斯对粮食资源的担忧和40年前罗马俱乐部对地球资源、环境的警告都已成杞人之忧，那么，面对加速发展的全球经济对地球有限资源的高速吞噬，人类末日的时钟应该拨到几点呢？对这一问题的思考，悲观主义的敌托邦（dystopia）一派有无数理由认为人类将面临稀缺资源枯竭的灭顶之灾。而乐观主义的乌托邦一派则有同样多的理由认为人类前景仍然光明，如：核聚变可以最终解决能源问题，并通过耗能的海水淡化解决水源问题；循环经济和"宇宙飞船经济"可解决资源有效利用问题；知识经济和意义经济可以使建基于比特之上的资源无限递增；荒漠（荒原）空间、地下空间、海洋空间和几乎是无限的天空以及无限的虚拟空间可以解决人类的生存空间问题，而远不必为了"生存空间"的争夺诉诸核武器……

所以，我们对未来的历史可以不那么悲观，但对未来历史的预测却很悲观，因为：（1）由于人类知识（信息）的不确定、不充分，受到"粗粒化（coarse graining）"的限制（盖尔曼，1994）；（2）由于只能事后才知道的推理前提（或理论）错误或不完备（马后炮之类）；（3）由于有合成谬误和逻辑曲线内卷；（4）由于系统性突现（涌现）的不可预测；（5）由于"自组织临界"突变时的分叉；（6）对历史进程有重大影响的意外（如行星撞击地球之类）或突发事件的出现；(7)一次性不可逆事件(如具体的历史、人生、命运等)的不可知性……使对未来的具体预测几乎不可能。

以上对立两派对未来的预测都是理性预测，但未来发展的开放性和复杂性已超出了理性认识的边界，刻意模仿自然科学之王——物理学的现代经济学的边界自然要更小于理性的边界，而理性的边界要远小于语言的边界，维特根斯坦划定语言的边界就是思想的边界，但波兰尼的"默会知识"已大大突破了语言的边界，而和中国先秦哲学家庄子的"以无厚入有间"及魏晋思想家"言不尽意"的深刻命题遥相呼应。由此观之，经济学帝国的疆域相对来说就显得相当局促了。

哈耶克与老子

哈耶克曾引用沃齐默尔和格鲁伯的观点一再证明达尔文的思想在1838年来源于对亚当·斯密《国富论》的阅读，这显然有一定的道理，因为达尔文主义的规则和自由主义的市场规则是深层同构的。但哈耶克似乎不知道亚当·斯密的核心思想同当时被称为"西方孔子"的重农派经济学家魁奈思想的渊源，他更不知道后来被一些经济学家揭示出的魁奈思想同中国老子思想的内在联系，老子思想明确地影响了魁奈的"自然秩序"思想（盛洪，1993)，而魁奈的"自然秩序"和哈耶克的"自发秩序"虽只有一字之差，但其核心思想和价值取向又是何其相似啊。杨小凯认为哈耶克堪称"西方经济学的孔子"，但就哈耶克晚年的思想而言，他倒更接近于中国的老子，他在《致命的自负》的《补论》中干脆直接论述和老子的核心概念相同的"自然"与"人为"，他如果更多地研究老庄的话，本可以使他后期的论述更明快，而不是显得那么沉重。和哈耶克类似，老子力倡"自然"(自发)，反对"人为"(理性建构)，并认为倡"人为"必有"大伪"，必须警

自由主义大师——哈耶克

惕"智者"的蛊惑。中国古代认为:"取百虫入瓮中,经年开之,必有一虫尽食诸虫,即此名为蛊。"思想界或经济界之"蛊"流行成"惑",本不过像其他时尚一样,很快即会"随风而逝",危害并不大,但它一旦和权力结合并付诸实践,就可能贻害社会,这也就是为什么老子对"智者"和"贞人集团"深恶痛绝的原因。

当我们指出西方现代思想同中国古代思想有某些相关性时,我们并不会愚蠢到认为西方的现代成果都是直接来自于中国的古代思想,我们也不会轻易接受证据不足的"西学中源说"或"中学西源说",我们所想做的:一是揭示基本事实,二是说明人类文明发展的整体性和思想之间交互影响的微妙的复杂性。真正深刻的思想都不是凭空产生的,从表层观之,"每天的太阳都是新的";从深层观之,太阳底下也的确没什么新东西。哈耶克晚年最强调的思想之一,也是新制度经济学最重要的成就和后现代思想家最有价值的思想之一,就是重新认识传统的价值和对传统资源的尊重,这一点和"现代性"一度追求的彻底批判、否定传统,"和传统实行最彻底的决裂"大相径庭。很多人对传统的看法至今还囿于"现代性"狭隘的流行偏见之中,他们的作为就像树叶要和树根决裂一样,不但可笑,而且危险。

我们在充分肯定和惊叹经济学和人类理性的强大威力及取得的辉煌成就的同时,也应该清醒地认识到它们的局限性和边界约束,这样才可以克制"改天换地"的狂妄,避免"致命的自负"。与无限深邃的"天"比起来,人的那点算计再精明,也终归"不如天算"。按中国先哲的智慧:微观可以重"人为",宏观只能"任自然"。即便是作为"社会科学之王"的经济学也罢,一旦忘乎所以,"天"也要在一旁发笑了。

傲慢与偏见

——"经济学帝国主义"批判

刘易平

一、"经济学帝国主义"的由来

　　所谓"经济学帝国主义",就是宣称仅仅凭借经济学这一学科便能够解释一切。国内有一家以《经济学帝国主义》为名号的杂志称:"经济学帝国主义指的当然是经济学在侵略其他社会科学学科的传统领地,而且,这种侵略不是异想天开地瞎胡闹,而是真正能够分析出一些原来人们没有分析出来的东西,给人们以新的启示,使学科有了新的发展。"(见该杂志第 3 卷)因此,经济学帝国主义宣称:第一,人永远是自私的;第二,资源永远稀缺。于是,为了争夺稀缺的资源,经济人即自私的人总是要精心地算计以追求自己的利润最大化。

　　"经济学帝国主义"自称亚当·斯密是它的鼻祖。不错,亚当·斯密在其《国民财富的性质和原因的研究》中确实曾经提出了一个"利益最大化"原理:趋利而避害的理性人即"经济人"会最优化地配置资源,从而使社会受益最大化。斯密认为市场中的每个人都是从自我的利益最大化出发,但是,却受一只"看不见的手"——市场指导着,从而达到他所未曾预期也出乎本意的结果,这就是社会的利益。但是笔者以为,把斯密理解为市场经济理论的奠基人是恰当的,但是,把他奉为"经济学帝国主义"的鼻祖却是有失偏颇的。第一,即使斯密本人,在《论市场范围对分工的限制》一章也指出:"由于交换的力量而引起了分工,所以分工的范围必然总是受到交换能力范围的影响,换言之,受到市场范围的限制。"必须承认,有许多行为不在市场中,有许多行为也不可市场化。第二,斯密还有另外一本书——《道德情操论》,却从人的"同情心"出发,论述了利他主义的伦理观。也就是说,在斯密那里,还有一个"道德人"的预设。

刘易平:中国社会科学院社会学所博士研究生。

其实，真要认祖归宗，与其去扭曲斯密的思想，还莫如把贝克尔视为经济学帝国主义的集大成者。1950年，贝克尔完成了他的博士论文《种族的经济分析》。此后他一发不可收，又依据经济学思维研究家庭、生育、犯罪、离婚等市场之外的现象，而这些现象以前属于社会学的研究领域。张五常指出，萨缪尔森说过：经济学知识是公设。所谓公设者，不证自明之理也。其中，以

亚当·斯密

经济学之公设即"经济人"再加上逻辑，这就是经济学，而把这样的思路推广到经济学之外的非市场领域中，就是"经济学帝国主义"。把经济学思维无限制地推广到原有的经济学研究领域之外，也就把经济学提升到了"社会科学之王"的吓人地位。

"经济学帝国主义"自产生之日起，就不断地向政治学、社会学、法学等领域扩展。这股浪潮也波及中国。对此，国内学界或讴歌之，或谴责之：前者如由高小勇主编的《经济学帝国主义》杂志，后者如朱富强在《经济学帝国主义的神话》一文中对之的批判。这里只试图从社会学的视角分析经济行动者的行为动机，以及经济与其他社会因素的关联关系，从而分析经济行为到底是怎么一回事，经济学思维是否可以解决一切社会科学的问题。

二、经济的关联因素

长久以来，神学或哲学（科学哲学除外）都在不断地进行着追求第一因的尝试，因为生存需要一个支点，最终地解释一切存在物需要一个第一因。在人类生活中，这种努力虽然不是一般意义上的科学，但自有其价值。因为正是对第一因的不断追寻支撑着人类精神的发展，尽管这种尝试一再遭遇挫折。中世纪之后，宗教不再统摄整个社会，尤其是近代以来，哲学也不再是"一切科学的科学"。在人们看来，社会科学是对现实社会生活的具体的研究，而现实的社会生活是各种相互关联着的矛盾的综合物，因此，那种盲目

追寻第一因的做法就被视为一种不当的选择。社会生活本身的多维性决定了研究的多维性,在大哲学解体之后而不断涌现出许多分化了的社会科学。当然,从根本上说,这是现代以来社会生活本身分化的结果。各门社会科学都是对立体的社会生活在不同的层面作解释的尝试。并且,即使在一门学科之中的不同视角或观点都是知识的社会存在本身使然。当然,这并不必然意味着各门社会科学就各行其是地"井水不犯河水",恰恰相反,知识永远表现为无休止的纷争:其一是知识系统内部的纷争,其二是知识与现实的不断对话。正是这种纷争或对话才推动知识本身的发展,也为现实社会生活提供了观照、解释和指导。然而,纷争或对话并不是哪门学科出来雄霸天下的正当理由。即使是对于经济学,同样也不例外。那么,社会生活中的经济因素的作用及其价值到底如何呢?

经济活动当然是社会生活一个不可或缺的维度,并且,无论在微观的经济行动者的行为动机上,还是在宏观的社会系统中,经济都与其他因素紧密地关联在一起。下面,笔者分别从经济行动者的行为动机和社会系统中的经济两个层面展开论说,以期说明经济与其他因素相互关联,从而驳斥那种认为经济决定一切,或者经济思维就可以解释一切的谬说。

三、经济行动者的行为动机

社会行动者分析是社会研究的微观且主观视角的径路。在韦伯那里,社会行动指的是具有主观动机并且指向他人的行为。正如他在《经济与社会》中所指出的:"社会行为(包括不为或容忍)可能是以其他人过去的、当前的或未来的期待的举止为取向。"行动者的动机是行为分析不可或缺的分析因素,对于经济行动者的分析亦然。这里试以新教伦理与资本主义精神之间的亲和关系的论述为据,以说明经济行动与非经济因素的关联性。

新教改革是一场把教会摒除而把上帝纳入每个人的内心的企图。路德抛出的《九十五条论纲》直接指出了教会是一个不必要的中介物,因为人人都能够直接与上帝沟通,人人都可以"因信称义"。从此救赎无须再以教会作为中介机构,解救之境也不在彼岸,只要在此世间履行自己的"天职(call-ing)"就行了。所谓"天职",是改革者路德自己的思想,指的是上帝安排的任务,而完成这种天职不再以禁欲修行为手段,而在于履行尘世的职责。于是,出世禁欲就转化为入世禁欲,信念伦理就转化为责任伦理,结果就抛弃了天主教的那种抛弃尘世的空洞的劝诫和训令,而把在尘世中完成上帝所赋予的任务作为最高职责。

当然,目前路德意义上的"天职观"尚未与资本主义精神接轨,而只不过在客观上说明了世俗活动具有道德价值。最终完成这一步,也即新教伦理转化为资本主义精神的是加尔文教的"命定说"。所谓"命定说",就是说一个人生前已经由上帝宣判了来世的命运,而尘世的人也无从知晓上帝的判决,任何世俗的手段(修善积德、内心的虔诚的体验、通过教会圣事等等)也都无法窥知天意。"总之……拯救的任何可能性都被完全排除。"结果,人与上帝、尘世与天国就存在着不可逾越的鸿沟。对此,教徒感到极其焦虑。韦伯指出,这种教义的含义在于:"宗教发展的这一伟大历史过程——把魔力(magic)从世界中排除出去。"这就是所谓的世界的"除魅",世界的理性化。无法知晓自己命运的教徒可以通过今世之职业的成就来确定上帝对自己的恩惠并且以此作为上帝存在的证明。这样做的结果就是"天命观"笼罩之下的教徒精心从事天职,以期表明上帝的恩惠与存在,在今世救赎的过程中改变了世俗生活。这种对生活的改变过程也就是理性化过程。世俗生活理性化的最直接的表达就是韦伯引述的本杰明·富兰克林的那些话。"善付钱者是别人钱袋的主人……影响信用的时期……行为谨慎……节俭诚实的人……时间。"(以上引文,均见《新教伦理与资本主义精神》)古恩伯格把美国佬的这种精神概括为:"从牛身上刮油,从人身上刮钱。"而这就是一种存在于新教徒身上的普遍的观念:认为个人有增加资本的责任,而增加资本本身就是目的。这就是资本主义精神。于是,本来宗教救赎的宗教动机最终转化为资本主义精神,最终成为现代意义上的资本主义产生的不可或缺的因素。由此可以看出,新教徒本来只是为求救赎而最终却无意间引发出资本主义精神,而宗教救赎的内部动机是典型的非理性因素,而不是来自"经济学帝国主义"者们所大言不惭宣称的"经济人"的假设。

那么,在宏观层面上,我们能否认为就是经济决定一切呢?是否经济思维就足以解释一切呢?

四、经济与其他变量之间的关联关系

帕森斯的社会体系,以各种不同的行动者为始,而终于社会体系的宏大框架。前者见于他的 1937 年出版的《社会行动的结构》,后者见于他的 1951 年出版的《社会系统》,以及 1956 年和斯梅尔瑟合著的《经济与社会》。乔纳森·特纳曾在《社会理论的结构》中指出:"当各种不同取向的行动者(根据他们的行动的取向和价值的配置)互动时,便逐渐地产生了约定,并维持互动模式,这就是制度化。以帕森斯的观点来看,这些制度化模式就是社会体系。"于是行动体系就被概念化为四种生存的必要条件,从而微观的一般的行动者层面的分析就转化为宏观的社会体系的分析。

即使在微观的一般行动者的分析层面而言,一般行动理论中以行动者、目标、手段、情境、规范定向、行动决定等要素的组合关系分析为基础的分析框架,实际上也指出了分析行动过程中的多种社会和心理的因素。在宏观的社会系统中,经济与社会之间存在着错综复杂的关联。系统的存在必须要满足以下的功能条件,也就是帕森斯创造的 AGIL 模式,这个模式分析了经济和非经济因素之间的关联。对于行动体系的维系必须满足适应、目标实现、整合和模式维持四个功能必要条件。社会系统是行动系统之一。故而,AGIL模式也适合对社会系统的分析。在社会系统中必须存在着相应的、具体的代理机构来执行这四项功能,这就是社会的子系统。

帕森斯认为,社会系统的适应功能(Adapttaion)由经济子系统来执行,就是说,系统必须和环境发生一定的关系,为了能够存在下去,系统必须有从外界环境中获取资源的手段,或者系统必须通过某些手段来操纵环境。目标实现功能(Goal attainment)由政治子系统来执行,系统都有目标导向,系统有能力确定自己的目标层次并且调动系统内部能量来实现系统的目标。整合功能(Integration)由社区子系统来执行,功

帕森斯

能在于将系统的各个部分紧密地联系在一起,致使系统协调一致地活动而不至于中断。例如,宗教活动就可以使社会成员按照一定的规范行事从而避免相互冲突,于是就解决了社会凝聚力和团结问题。最后,模式维持(Latency pattern maintenance)通过文化子系统来实现,功能在于将系统的运行模式保存下去。例如,通过教育来保证系统内存在一种占主导地位的价值,并且主要依靠社会化过程来培养符合社会规范所期望的各种社会角色。帕森斯认为,在以上的四个功能项之间存在着投入和产出的相互交换关系,具体言之,经济产生财富,政体产生权力,社区共同体产生团结,价值体系产生威望。并且,每个系统的产出都会通过界限交换而流入其他三个系统中去。换言之,一个系统要想实现运行稳定,不仅需要具备满足一般功能的子系统,还需要子系统之间的跨越边界的对流交换关系。正是由于这种界限交换的运行机制的作用,才可以保证社会系统的稳定、均衡和协调发展。由此我们可以看出,帕森斯的 AGIL 模式提供了研究经济和非经济因素之间关系的分析框架。其中,四个子项目各自发挥自己的功能,并且各功能之间还相互调试,不断地进行着信息和能量的交换,从而得以维系整个体系的平衡运转,而绝非是经济子系统决定整个社会系统。

对于经济和其他因素之间的关联关系,其他社会思想家也有许多的论说。例如,涂尔干在其《社会分工论》中就探讨了现代工业社会中的经济和社会的协调关系,主要讨论了经济功能产生的社会后果以及经济与社会如何整合的问题,从而解决如何维系社会团结的问题。

五、经济在文化系统中的地位及其限制

我们还可以把经济置于整个大文化体系中来考察其地位与作用。联合国教科文组织国际专家小组在题为"多种文化的星球"的报告中说:"文化是人类为了不断满足他们的需要而创造出来的所有的社会的和精神的、物质的和技术的价值的精华。"这一文化的定义是从价值的角度进行的,文化就是价值体系。其中,根据价值和社会生活运行的联系程度不同,从而把价值分为如下的等级:最普遍的价值是那些能够体现整个全体认同的价值,而那些相对较低的价值是从较高的价值派生出来的。价值观体系由最高层次的理念价值、中间层次的规范价值和最低层次上的器物的实用价值组成。此三

者分别对应于道德理想、典章制度和器物行为。三者之间具有隶属的关系：上层统领并支配下层，下层归属服从上层；中间层次是中介；上层发布信息和指令，下层提供能量和资源。最上层与形而上学环境相联系，而下层则和自然环境相联系；三种价值之间相互依存而互动，既相互适应，同时也存在一定的张力。三者之间的关系过于紧张就会引发冲突，导致社会的混乱。其实，以上所说的最低层次的满足器物实用的层面，就是由经济体系来完成的。从这里可以看到，经济的功能并不是决定性的，而是受制于上层提供的信息的影响。

对于文化系统中的各个组成部分之间的变化状况而言，奥格本在《社会变迁》一书中也有论述。奥格本认为："文化并不是像人那样可以死去，它永远是向前走的。文化的固滞现象，有时候令人感觉到文化是拒绝变迁的。文化的确有一种固滞的形象。"文化变迁过程中的固滞现象，具体而言，就是器物文化变迁比规范制度层面的文化变迁要快，而规范文化又比心态价值文化变迁快。此三者之间如果差距过大，就会产生文化堕距，从而最终引发社会的混乱。

美国社会学家亚历山大在其《社会学理论的逻辑》中则认为，理论的逻辑是在形而上学环境和经验环境之间的往复运动。其实，理论的逻辑正是来源于存在自身。而无视这一点的人只会在两个极端追寻理论的建构。理论具有不可避免的片面性，正是这种片面性决定了理论解释的片面性，因此，仅从片面立足的理论，根本没有理由宣称自己是放之四海而皆准的真理，而将其他解释当成是科学的剩余物。明智的学者都知道自身学科的地位与限制所在，而无视这一点，那就是"经济学帝国主义"的狂妄了。但是，这里批评"经济学帝国主义"，并不是要以另一种"××学帝国主义"取而代之。说明经济与其他的因素相互关联，并不表明经济理性没有价值，相反，经济理性对于解释社会行为的经济方面有其不可或缺的地位与价值。身为社会学家的乔治·瑞泽尔在《现代社会学理论》中曾指出："对于现代社会学理论的形成而言，横扫西方社会的 19 世纪末 20 世纪初的工业革命至少和政治一样重要。"对于现代社会的产生和维系而言，没有经济的推动将是无法想象的。

但是，经济思维或者经济的扩张给现代社会带来的困境也是有目共睹的。对此，涂尔干在《社会分工论》的第二版《序言》中说到："人类的私欲只能在他们所遵从的道德面前才有所收敛,假如这一权威不存在的话,便要靠强权法则来统治,而明争暗斗的状况必然是长期的……经济职能在以往只起着次要的作用,而今却跃居前位。在经济职能面前,人们觉察到军事、政治、宗教的职能日渐衰退……在全部社会生活中,即使不引起最大的骚乱,显然也不能停留在如此无节制的状态。这明显是道德全面败坏的根源。"

韦伯曾经悲哀地预言道:"寻求上帝的天国的狂热开始逐渐转变为冷静的经济和德性;宗教的根子慢慢地死去,让位于世俗的功利主义。"于是,人变成了"单向度的人"。"财富的追求已被剥除了其原有的宗教和伦理含义,而趋于和纯粹的世俗的情欲相联系……""没有人知道将来会是谁在这铁笼里生活;没有人知道……这个文化发展的最后阶段:'专家没有灵魂,纵欲者没有心肝';这个废物幻想着它自己已达到了前所未有的文明程度。"

当然,无论韦伯还是涂尔干的忧虑并不是表明了他们对一般的经济或者经济理性的反对,而是在担忧经济或经济理性的扩张,而这,正是现代社会的主要症候之一。本来经济理性只具有工具合理性,它无法替代价值合理性及其对于社会的作用。两者之间保持着适当张力与平衡,才是和谐的社会。无论是以价值理性来取代工具理性,或者以工具理性来代替价值理性,都会给社会带来灾难。"经济学帝国主义者"的浅薄,即在于无视这一点。从理论上说,经济理性之外还存在着许多非经济理性;实践上,单单依凭"看不见的手",也从来没有带来过优良的社会秩序。相反,非经济理性却一直存在,并且在制约着经济理性的过度扩张。

时尚消费的辩证冲击力

许斗斗

　　无论我们当下的社会是否进入波德里亚意义上的消费社会,应该说,时尚消费已经成为现代人消费的主流意识。这种主流意识成为一种凸显的社会现象,促逼着社会学的思想,抓住社会学界的视野。对于社会学学科而言,考虑时尚、消费及其相互关系,以及两者的社会支持系统,抛开人们观念中根深蒂固的对时尚、消费解释的经济学视角,展示社会学的特殊说明,是社会学获得自身"合法性"的契机。具体说来,除了说明什么是社会学意义上的时尚、消费等问题外,更主要的是阐述在时尚消费的主流意识中,它所蕴涵的社会意义,所预示或表征的社会转型以及社会思潮的嬗变。

一、时尚与时间

　　时尚是在时间意义上的一种社会现象。时尚的"时"就是时间的意思,"尚"是"崇尚"、"风尚"的含义,因此,时尚就是在某一时间段的某一群体所崇尚的某一种社会行动或思潮。这样,时尚既具有时间性,又具有空间性,其时间和空间主要是指社会时间和社会空间。时尚的社会时间是指某一社会现象或物品等在社会上流行时间的长短,犹如王宁教授提到的商品的"社会寿命"、"产品的市场生命周期"。时下手机款式的流行时间越来越短,一种新产品、新款式在几个月之后就被降价销售,直至被淘汰。它是被社会所淘汰,被时尚所淘汰。其实,就功能和效用而言(即自然寿命),该手机依然有它的使用价值。在时尚的意义上,产品的社会寿命比其自然寿命要短得多。时尚的社会空间是指某一社会现象或物品等在社会上流行空间的大小和范围。这种流行的空间可大可小,可能在这个区域流行的空间大,在另一区域流行的空间小,在这一社会群体中流行的多,在另一社会群体流行的少,等等。时

许斗斗:福州大学人文社会科学学院教授,哲学博士。

尚的社会时间性表明时尚的变动性,时尚"这种变动赋予今天的时尚一种区别于昨天、明天的时尚的个性化标记"(齐美尔:《时尚的哲学》,费勇等译,文化艺术出版社 2001 年版,第 72 页)。

在后现代主义学者波德里亚的眼里,时尚是在现代性意义上才有的。他认为,在现代性的视野中,时间被设置成"线性时间"和"循环时间","前者即技术进步、生产和历史的时间,后者即时尚的时间"。(波德里亚:《象征交换与死亡》,车槿山译,译林出版社 2006 年版,第 129 页)这里,波德里亚把时尚的时间性归属于"循环时间",这是有一定道理的,因为时尚在形式上具有循环性,今天流行的时尚也许明天就过时了,但在一段时间后,又会以一定的形式重新流行起来。从裤子近 20 年的流行时尚来看,从上个世纪七八十年代开始的喇叭裤,到八九十年代的直筒裤和萝卜裤,预计不久的将来流行的是喇叭裤的新变种;人的时尚发型也将循环式地流行和变化。但笔者认为,波德里亚把时尚的时间性归属于循环时间,这仅仅是时尚的形式方面,其实,"线性时间"也应该是时尚的方面,但是在时尚的内容方面,它表明,技术进步、生产是推动和体现时尚内容的变革方面。因为随着现代技术的发展,时尚产品趋向简单、快捷、方便,也就是我们常说的"傻瓜"。"傻瓜"时尚产品的出现,意味着在技术的发展中时尚的"去技术化"趋势。在一定意义上说,技术本身的发展就是迎合人类追求简捷、方便的惰性。技术从简单到复杂的发展,目的是回到简单上来,这是技术发展的最终目的和旨趣。在当代大学生的主要时尚消费"三大件"(即电脑、MP3、手机)中,他们追求时尚的产品趋势就是既要体现多功能(有技术含量),又要体现方便和简捷("去技术化")。时尚的发展趋势就是在时尚内容上以技术来消解技术,因此,时尚是"傻瓜"的"游戏"活动,无理由可言。

当然,在时尚消费的形式和内容这两者之间,现代人更注重感官的刺激和享受,即人们更多是青睐于时尚的形式。但是,时尚的形式更多地受到时间的影响,更具有时间性,正如时尚更多的是指服装的款式。

二、消费社会的时尚

追求时尚是人的特性,将时尚消费作为问题来研究的应该是近代工业社会,而将时尚消费作为象征符号来研究的应该是消费社会。何谓消费社会?按照郑也夫教授的看法,"就是消费成为其最主要活动的那个社会。……冠名为消费社会,是因为消费成了该社会的主要特征,消费对该社会发生了支配性影响"(郑也夫:《后物欲时代的来临》,上海人民出版社 2007 年版,第 19 页)。其中的"支配性影响"主要指的是在行为方式和思维方式上,消费成为人们最主要的活动。笔者以为,郑教授对消费社会的这种界定说明了消费社会的特征,但应该不是最根本的特征。

按"消费社会"最著名的倡导者波德里亚的说法,消费社会的根本特征是消费对象的含义发生了变化,或者说,是消费活动的意义发生了质变,即"消费的对象,并非物质性的物品和产品:它们只是需要和满足的对象","消费并不是一种物质性的实践,也不是'丰产'的现象学",消费是"一种符号的系统化操作活动"。(波德里亚:《物体系》,林志明译,上海人民出版社 2001 年版,第 222~223 页)这说明,消费社会体现的由原来的对物质性的物品和产品的消费变成对物品所代表的符号系统的消费。在波德里亚看来,对物质性的物品的消费不是消费,那只是需要和满足的对象(具有本能的性质),消费不是对物品的需要和满足,消费是对物品的符号的操作活动,这种操作活动就是通过它"或让你加入视为理想的团体,或参考一个地位更高的团体来摆脱本团体"(波德里亚:《消费社会》,刘成富等译,南京大学出版社 2000 年版,第 48 页)。因此,消费社会的消费活动是一种符号消费,是一种象征活动,通过消费,似乎预示着消费者进入了某个理想团体或阶层,实现身份转换。因此,人们的消费不是对物品本身的消费,或不再仅仅是对物品本身之功能的消费,人们力图通过消费活动去显示或炫耀自己已经是或者试图成为某一团体(或阶层)的成员。这就是消费社会的消费特征,它注重符号象征,是社会分类和社会区分的过程和活动。这就是消费活动之意义的质变,它超越了经济学意义,进入了社会学的领地。

例如,现代中国人对汽车的消费日趋高涨,有一些人对汽车的消费是将其作为代步工具,但更多的人是将它作为一种象征符号,因为自行车也是代步工具,但现代人更希望拥有自己的小轿车,以体现自己是"有车族"。而同样是小轿车,一部分人又会力图通过购买宝马、奥迪、劳斯莱斯、奔驰等名贵汽车来炫耀自己的"有钱"地位。布迪厄认为,现代社会对人的评价体系有经济资本、文化资本和社会资本三个体系(相当于有钱、有文凭、有权力这三个评价体系），但这三个评价体系往往不一致、不统一，有经济资本的人不一定有社会资本或文化资本，有文化资本的也不一定就有经济资本和社会资本。但这三者的不统一，可以通过消费来获得一定的弥补，如有钱人会想方设法去"买"文凭，也会去买官，或者在自己的"豪宅"中挂上几幅字画，以摆脱自己在世人眼里"暴发户"、"土财主"的"污名"。购买名贵汽车也是体现自己社会地位

波德里亚

的炫耀方式之一，因为名牌汽车是一种符号象征。

消费的符号性（即波德里亚的"符号消费"）使得现代社会的时尚消费更加明显。应该说，消费的符号性是时尚消费的根源，时尚消费就是追求一种符号消费，因为追求时尚的消费活动本质上就是在追求物品的象征意义，而不是注重物品本身的物理功能。消费的符号性古已有之，换言之，时尚消费是人的消费的重要特性，但在消费社会之前，消费的符号性没有凸显为社会大众追求的主流，而消费社会之时尚消费成为主流的表现是：消费成为一种神话，成为当代社会关于自身的一种言说，是我们社会进行自我表达的方式。"正如中世纪社会通过上帝和魔鬼来建立平衡一样，我们的社会是通过消费及对其揭示来建立平衡的。"（波德里亚：《消费社会》，第231页）在现代社会中，消费扮演着"上帝"的角色，平衡着社会关系，而且构建社会关系，这既是消费社会之时尚消费的重要作用，也显示了时尚消费的社会构造力。

三、时尚消费的冲击力

时尚，顾名思义，是在某一时间段的某一群体所崇尚的某种社会行动或思潮，或者有如郑也夫教授所言的，是一个时代或一个时期中，人们崇尚和追求的东西。因此，时尚是一个时代的"晴雨表"，它预示着社会的转型，是社会发展方向的某种征兆。时尚作为一种社会象征，它也象征着社会。

社会学家茶座 聚 焦

消费是时尚的体现者,因为时尚主要在消费活动中实现或体现。消费活动促进了时尚的完成和成型,因而在一定程度上也就促进了社会的转型,也预示着社会的转型。由此,时尚与消费经常连接成为"时尚消费"。

当然,时尚消费的社会学意义不仅仅在于"预示"、"体现"等被动性上,更应该在"促进"、"构造"等主动性上。这是时尚的流动性,犹如水之川流不息和善利万物的性质。其中,主动的"促进"、"构造"就表现出时尚消费的辩证冲击力,我们可以从以下几个方面看到:

特殊性的死亡与再生。时尚消费产生的心理基础是人的好奇心,这种好奇心虽然产生于个体心理,但必须形成社会规模和效应才能成为时尚,因此又是依赖于群体心理。同时,这种好奇心不是对善的和美的东西的好奇,而是对少的东西、一些人有而另一些人没有的东西的好奇,因此,时尚消费是对物的特殊性的追求,是追求人无我有的新奇物品。可是,正如齐美尔在《时尚的哲学》中所说的:"一旦一种时尚被广泛接受,我们就不再把它叫做时尚了……时尚的发展壮大导致的是它自己的死亡,因为它的发展壮大即它的广泛流行抵消了它的独特性。"由于时尚具有独特性的特点,又由于群体具有追求这种独特性的心理倾向,因此,时尚的产生就意味着它的死亡,而且越时尚,死亡的速度就越快。有如郑也夫教授所言,时尚产生的速度加快也就决定了破灭的速度也加快了,以至于齐美尔是这样定义时尚的:"如果我们觉得一种现象消失得像它出现时那样迅速,那么,我们就把它叫做时尚。"但时尚的死亡预示着新时尚的产生,为新时尚的产生创造了空间。时尚的运行规律真可谓"长江后浪推前浪,前浪死在沙滩上"。时尚的这一辩证性冲击着一切永恒的特殊性,将特殊性不断地变成普遍性,又不断地创造出新的特殊性。

理性的消解与重构。时尚的更迭似乎是一场肤浅的"傻瓜"游戏,似乎毫无依据可循,毫无理由可言。但是,黑格尔说,凡是现实的都是合理的。社会是不会被"忽悠",也不容许被"忽悠"。时尚的产生与流行应该"被当成最深刻的社会形式"(波德里亚)来看待,即应该被看成社会转型的动力和表现,它是对社会原有理性和秩序的消解和破坏,预示着某种新意义的产生、新观念的形成。例如,上个世纪 80 年代初中期,国内男青年时兴留长发,这在现代人看来似乎仅仅是一个喜欢什么发型的问题,而在当时人们眼里,似乎也只是时髦不时髦的问题,但是,我们认真思索就可以感觉到,它代表着社会观念的变革。因为在我们原有的观念中,发型是男女两性区别的重要外在特征,男性"应该"留短发,正如女性"应该"留长发,它们的具体变化只能是在短发或长发的总体"规定"中。然而,现在男性留长发就消解了原来的"应该"和"规定",说明男女只能以其生理特征来区别,任何外在的社会"规定"都是可以被重构的。由于80年代的观念变革,我们看到当代社会中,不仅男女发型丰富多样,短发女性成为当今的时尚之一,而且男女烫发染发也成为时尚。因此,波德里亚认为:"时尚迫使我们接受一种想象秩序的深层断裂:即各种形式的参照理性的断裂。"(波德里亚:《象征交换与死亡》,第126页)在时尚的冲击下,原有的理性崩溃了,意义消解了,但它又在广泛流行中重构新理性,规定新意义。因此,在某种意义上说,时尚的辩证冲击力在于使理性(秩序)成为非理性,又使非理性成为理性;使意义变成无意义,又使无意义产生意义;使主流成为非主流,又使非主流形成主流。

　　阶层的分野与重塑。时尚是一种符号,具有强烈的社会地位、社会阶层等象征意义,而时尚消费能够使由时尚所构建起的社会阶层和地位发生变化,而且是这种变化的重要动因之一。同时,时尚消费又具有明显的模仿性,在消费者相互模仿中,某种东西才成为时尚,模仿促使时尚的流动和发展。正如齐美尔所说的:"社会较高阶层的时尚把他们自己和较低阶层区分开来,而当较低阶层开始模仿较高阶层的时尚时,较高阶层就会抛弃这种时尚,重新制造另外的时尚。"因此,时尚成为高阶层与低阶层相互分化的标志。目前汽车消费、住房消费成为一种时尚消费,成为社会地位评价的一个标准,于是,买汽车、住别墅似乎就成为社会阶层分野的标志之一,成为一种身份和地位的象征;而在"有车族"中,开宝马、奥迪等名贵车的人就力图显示自己的另一番身份和地位。

　　时尚的模仿性会使那些低阶层的人通过消费努力成为高阶层的人,这种努力会造成许多人去提前消费、高消费或过度消费,而这种努力也会使原来的阶层分化发生变化,那些追求时尚消费的低阶层者可能通过种种炫耀消费"成为"高阶层者,于是阶层分野不再明显,或者趋向模糊化,或者进行重塑。因此,时尚消费既促使阶层的分野,又在塑造新的社会阶层。当然,我们应该注意,时尚消费仅仅是阶层分化和重塑的一个重要因素,而不是根本因素,真正的因素是经济社会的发展,它使时尚消费成为大众的可能,这也就是郑也夫说的,时尚在现代社会的充分发育,原因是垄断的打破和工业生产的发展等。因为经济社会的发展,新贵不断出现,人的经济地位在不断变动,其阶层关系就不断分化和重塑。应该说,《后物欲时代的来临》所谈论的消费、时尚、休闲、游戏等等"后物欲"现象,正是在当今我们经济社会发展的前提下才可能"来临",也才可能成为"问题"而被"谈论"。

每个人都是追求时尚和喜欢时尚的,只要条件允许。人们追求时尚的动机不仅仅是好奇心,更大的原因是追求时尚背后所体现的社会地位和象征,换句话说,追求时尚不仅仅是心理学问题,更是一个社会学问题。"后物欲时代"向我们展示了某一层面意义的新时代,它是对物欲时代的超越,如果按照丹尼尔·贝尔等人对"后"的"过渡性"解释,我们似乎进入了不再把消费仅仅作为满足(本性)需要,而是作为对符号象征消费的"后物欲时代",于是,我们似乎正迈向消费社会了。

欲望的起飞与节俭主义

——社会双轨化中的欲望与消费

王　宁

　　"双轨制"曾经是一个我们十分熟悉的用语,例如"价格双轨制",20 世纪 90 年代末国企改革的 "抓大放小"(所有制的双轨制),1998 年房改中的"老人老办法,新人新办法"等。可以说,"双轨制"是中国由计划经济体制向市场经济体制转型的一种伴生现象。不过,在这里,我的用意不在于讨论"双轨制"本身,而在于从中引申开去,探讨一种更为一般的"双轨化"现象。如果说,特定领域的"双轨制"只是暂时现象(如价格双轨制),最终要消失,那么,"双轨化"现象似乎有着很强的路径依赖,至少在短期内看不到消失的迹象。我在这里所要探讨的基本命题是,我们的社会正在日益走向"双轨化"。

　　在这里使用"双轨化"一词,主要缘于消费社会学的一个问题:究竟中国是否进入了消费者社会? 在此问题上,正反双方都可以举出足够的例子来证明中国"已经是"或者"还不是"消费者社会。但不论是正方还是反方,都犯了一个错误,即把一个事实上为二元(甚至多元)的社会看做是一元的社会。在这里,"二元社会"指的是由制度歧视所割裂开的城市社会和农村社会。于是,为了避免这种把二元社会一元化而导致学术研究结论过度普遍化的弊端,学者们往往把自己的研究问题或者限于农村,或者限于城市。但城市或乡村社会内部同样也有社会分化的问题,而且这种分化是十分严重的,借用孙立平教授的话说,不但在城乡之间发生了"断裂",而且在城市内部或乡村社会内部也发生了"断裂"。如果继续使用"二元"来描述城市社会的"断裂"(或分化)或乡村社会的"断裂",显然就存在把"二元"概念加以滥用之嫌。因此,笔者继续用"二元"概念来表示城乡社会之间的制度性分化,而用其他词语来表示其他社会分化现象。由此我想到了"双轨化"。

　　所谓"双轨化",指的是与各种制度弊端相连的"路径依赖"所导致的社

王　宁:中山大学政务学院社会学与社会工作系教授,英国谢菲尔德大学哲学博士。

会各群体或阶层间的生活运行轨道的两轨分叉。如果我们可以用"一个国家，两个社会"（陆学艺语）来描述城乡社会之间的差别（即"二元社会"），那么，我们也可以用"一个社会，两条轨道"来形容两大不同群体或阶层的生活轨道或逻辑（即"社会双轨化"）。

就城市社会来说，最能鲜明体现"社会双轨化"的，乃是"消费者社会"与"生产者社会"的并行不悖。从西方历史来看，"消费者社会"和"生产者社会"分别代表了两个不同的历史发展阶段或发展水平，由生产者社会进入消费者社会，意味着社会发展进入了一个更高的水平。当然，这并不是说生产者社会中的人们就不要消费了，而是说，在这个发展阶段，生产能力不足，经济处于短缺阶段，绝大部分人口的消费仅仅处于维持基本生存的水平，人们往往是以"生产者角色"而不是"消费者角色"来展现自身的身份认同的。同样道理，消费者社会并不意味着不要生产或生产变得不重要了，而是说，由于生产能力的过剩，经济进入了买方市场，消费在经济系统乃至社会系统中所起的作用变得举足轻重了；伴随着产品的极大丰富和人们的收入水平的不断提高，人们的消费能力和消费选择自由大大增加了，消费也因此成为人们建构身份认同和获取享乐体验的重要途径之一。在消费者社会，"生产者角色"依然重要，但除此之外，"消费者角色"在界定和建构身份认同上的作用越来越重要。

说到这里，我们可以回到刚才那个问题：中国是否进入了"消费者社会"？我的回答是亦"是"亦"否"。一方面，中国的确进入了"消费者社会"，因为中国产生了一批人数甚众的富裕阶层和中产阶层；另一方面，中国又不能算是充分的消费者社会，因为还存在大量贫困农村和人数众多的城市贫困阶层。你说中国不是消费者社会，很多人不会相信，因为单就中国奢侈品市场的迅猛发展这一点，就足以否定这一观点。但你说中国是一个消费者社会，也同样有很多人不相信，因为中国城乡所存在的贫困或低收入状况，实在难于同消费者社会挂上钩。所以，与其问中国是否进入消费者社会，不如问中国是如何在一个单一的"生产者社会"基础上同步发生"消费者社会"和"生产者社会"的分化（即"双轨化"）的。

当然，我说消费者社会和生产者社会之间的分化（双轨化），是有特定含义的。我不是说前者和后者之间在功能上完全隔离、互不相干，而是说，作为消费者社会的主体（富裕阶层与中产阶层）与作为生产者社会的主体（中下阶层与底层阶层），在消费生活上走上了不同的轨道，遵循了不同的逻辑。尽管二者都存在于今天，但他们之间宛如生活在两个不同的时代，至少是生活在两个不同的世界，在生活方式或消费行为模式之间呈现出巨大的鸿沟。

那么，消费者社会的主体和生产者社会的主体主要有哪些人呢？前者至少包括私营企业主、国企和私企管理层、白领阶层、党政领导干部与其他公务员、律师、会计师、工程师、教授、演艺人员等专业技术人员，等等；后者包括农民工、下岗或失业职工以及其他低收入群体。有关这一方面，无须我在此赘述，因为社会学界已经作了大量的社会调查，发表了大量的有关中国社会分层的研究成果。例如，中国社会科学院社会学研究所的李春玲所作的大样本问卷调查，就证实了消费分层的存在。我想要说的是，消费者社会与生产者社会在消费行为模式上出现了双轨化现象。它表现为二者之间遵循了完全不同的消费伦理和规则：就消费者社会来说，主要是消费主义；就生产者社会来说，主要是节俭主义。由于这两种不同的消费伦理和规则，尽管消费者社会与生产者社会之间在功能上相互依赖，二者之间却在"生活圈"上相互隔离、互不往来（如果不能完全否认二者之间的交往接触，那么，二者之间的接触基本上属于功能性和事务性的，而甚少情感性的）。

我们先来分析生产者社会的消费伦理和规则。对生产者社会的成员来说，消费的伦理和规则是如何使有限的收入用于应付各种日益增多的支出压力。生存是他们的第一要义，而节俭是唯一可以在收入约束较大的情况下维持收支平衡的手段。因此，他们所奉行的消费伦理和规则是节俭主义。

这种节俭主义有很深的历史渊源，是几千年农业社会沿袭下来的传统。而二元社会所造成的农村社会的贫困，使得这种传统不但得到继承，而且还得到强化。所以，当大量的农民涌入城市成为新产业工人的时候，这种节俭主义的传统的确是一种习惯。但习惯也是可能改变的。当他们面对城市的消费者社会的消费示范的时候，就已经埋下了由可能到现实的种子。然而，在事实上，他们却依然隔离于城市消费者社会的生活方式之外。难道他们面对城市消费文化的诱惑能不动心吗？不论他们是否动心，他们无力模仿城市消费者社会的生活方式，却是确凿无疑的事实，主要原因在于低收入使他们失去了这种模仿的可能性。任何一个群体面对一种参照群体的生活方式的示范而决定是否采纳或模仿时，首先他们会考虑这种参照群体是否具有"相关性"。就农民工来说，消费者社会成员的许多消费行为对他们而言太过"奢侈"，因而不具有"相关性"和"现实的可采纳性"。他们的经济地位和制度性地位决定了消费者社会的消费生活方式与他们无缘，他们必须而且只能采纳节俭主义的消费生活方式。这种节俭主义便具有几分"强制"的意味。

为什么这么说呢？假如他们面对消费者社会的生活方式的示范而有所"心动"，但事实上却不得不强制驱除由这种"心动"导致的欲望，那么，他们的内心一定是处于一种欲望与现实的冲突之中。因此，基于收入约束而产生的对欲望的自我强制性约束，就具有不同于"传统节俭主义"的特点，它可以叫做"新节俭主义"。它不同于传统节俭主义的地方主要在于，传统节俭主义的实行者很少受到消费者社会的生活方式的诱惑，他们的节俭与内心冲突无关，而是出于习惯；而新节俭主义的实行者则频繁地处于消费者社会的生活方式的诱惑之中，并不得不因收入约束而与"欲望"作战，抑制不切实际的欲望，维持节俭的消费行为模式。为了减少这种欲望与现实之间的冲突感，他们只有"自外于"消费者社会的生活圈，并在主观上将消费者社会的生活方式看做是与他们"不相干"的。他们成为城市社会中与消费者社会隔离开的一族，在生活方式的运行轨道上与消费者社会分道扬镳。

这种新节俭主义的实行者并不仅仅限于城市中的农民工阶层，而且也包括城市新贫民。城市新贫民包括两类：一类是绝对贫困居民，主要是由于结构转型（如20世纪90年代的国企改革）而产生的下岗职工（尤其是夫妻双双下岗的职工）。由于城市"高"生活成本与"低"失业救济之间的结构性矛盾，他们陷入了绝对贫困而不得不奉行节俭主义的生活方式。另一类是相对贫困居民。他们并未失业，但由于90年代后期所实行的社会保障体制和福利体系的自由主义式的改革，城市生活的成本（如住房、医疗、教育的成本）急剧上升，而他们本来就低的工资收入却未同步、同速率上升，因此他们陷入了相对贫困，不得不借助节俭主义的生活方式，以应对城市生活成本上升与可支配收入不足之间的矛盾。

与农民工相比，城市新贫民所面对的消费者社会的生活方式的诱惑更为频繁、更为强烈，因此，他们与由此诱惑而导致的"不切实际"的欲望的"作战"，往往导致更强的心理折损。他们与欲望的"作战"无疑能够取得"胜利"，但他们也为此付出了昂贵的"心理成本"。其中之一,就是社交回避与自卑,因为他们常常羞于与消费者社会的成员交往。消费不但不能成为他们显示自我的手段,而且反而可能成为彰显"污名"的方式,因此,消费者角色对于他们的自我认同的界定并无太多积极的意义。在此意义上,他们依然属于"生产者社会",还没有进入"消费者社会"。在消费生活的运行轨道上,他们也与消费者社会分道扬镳了。

按阶段来划分,中国城镇居民在计划经济体制时期所奉行的节俭主义,属于传统节俭主义;而他们在市场化转型、尤其是 20 世纪 90 年代后期所奉行的节俭主义,则属于新节俭主义。传统节俭主义是与新中国成立初期国家实行抑制消费的政策相联系的。由于国家实行优先发展重工业的战略,城镇居民的消费水平不得不受到一定的抑制(如"高积累、低消费"政策,低工资政策和基本消费生活资料凭票证限量供应政策),以便腾出资源用于实现工业化的目标。在这种抑制消费的政策下,居民不得不省吃俭用、精打细算,奉行节俭主义的消费伦理。传统节俭主义与国家消费政策的联系表现出两个特点:第一,国家政策对居民消费的抑制采取了直接的形式(如基本消费品凭票证供应);第二,国家政策所抑制的对象是全体居民的消费,而不是部分居民的消费,尽管各个阶层受抑制的程度有一定差异。

新节俭主义是与市场化改革进程中的阶层分化相联系的。随着市场化改革的推进,平均主义被瓦解,社会阶层开始急剧分化。正如众多学者所指出的,20 世纪 80 年代的经济改革带来全体居民福祉的增加,90 年代以后的改革所带来的收益则开始急剧分化,部分居民未能同步享受改革所带来的收益,而陷入了相对贫困。与此相联系,他们在消费生活上不得不奉行新节俭主义。这种新节俭主义与国家政策的联系也表现出两个特点:第一,国家政策对居民消费的抑制采取了间接的形式。例如,通过对再分配系统(社会保障和福利制度,如医疗、住房、教育等)的自由主义式改革,城市生活成本增大,间接地使得中低收入阶层(他们的收入增长缓慢)陷入了贫困,其消费被抑制。第二,由于国家在 90 年代以来的改革中实行"效率优先、兼顾公平"的指导方针,改革的收益以极为不均衡的方式在不同阶层中进行分配,从而导致贫富分化加剧,因此,国家政策所抑制的对象不再是全民的消费,而是部分阶层的消费。所以,尽管从 1998 年以来,国家推行了扩大内需、启动消费的一系列经济政策,但效果并不理想,原因之一在于国家的部分政策(如社会政策)以间接的方式对广大的中低阶层的消费产生了抑制效应。

我们再来看看消费者社会的情况。与生产者社会不同,消费者社会奉行了一种完全不同的消费伦理和规则,即消费主义。它有三个维度:物质主义、享乐主义和个体主义。物质主义指人们不断占有物质产品和财产的欲望。用美国犹他大学教授贝尔克的话说,在物质主义文化中,占有物成为人们的"自我"的延长。享乐主义指人们通过不断追求更新、更好的产品(包括服务产品),以不断获得新鲜的享乐体验。坎贝尔认为,这种享乐主义(不同于感官纵欲主义)构成现代消费主义的实质,并促使市场不断推出创新产品。个体主义则是指消费单位的个体化和家庭化,与之相对,集体消费的重要性程度相对下降了。例如,私人轿车的家庭占有率不断扩大,导致地方公共交通服务受到负面影响。

就其实质来说,消费主义乃是一种现代欲望形态,其特点包括:第一,消费欲望的形成不再单纯地由生物因素或经济因素所决定,而是涉及社会、文化等复杂因素(如身份认同、地位、炫耀等);第二,欲望具有不断增长与膨胀的特点;第三,消费涉及对快乐体验和享乐价值的追求,这种快乐具有短暂性和易变性,并因此而表现为人们对新奇产品和时尚体验的无尽追求。如果说,传统的欲望形态表现为欲望的相对稳定和固定,并体现为"量入为出"的预算策略,那么,在现代欲望形态(即消费主义)中,人们的欲望处于动态的、不断的膨胀之中,并常常借助现代借贷消费制度而采取"寅吃卯粮"的预算策略。

改革开放以来中国的一个重要变化,就是消费者社会的兴起。与生产者社会奉行新节俭主义不同,消费者社会奉行的是消费主义。正如上面所说,消费主义体现为消费者追求对不断膨胀和更新的欲望的满足,因此我们可以说,改革开放以来,伴随着中国的"经济起飞",中国也在经历着"欲望起飞"。当然,欲望起飞的主体不是来自生产者社会的成员,而主要是来自消费者社会的成员。他们的欲望形态之所以发生这种改变,或者是因为他们在经济改革过程中跻身于上流社会或中产阶层,或者是因为他们认为上流社会的生活方式与他们具有"相关性",是他们"理应"具有的生活方式。

"欲望起飞"是如何形成的呢?毋庸置疑,可支配收入的提高以及消费品供给的极大丰富是构成欲望起飞的经济基础。与此同时,伴随着市场化改革而来的阶层分化与重组和富裕阶层、中产阶层的兴起,构成了欲望起飞的社会基础。阶层的重组过程,不但是一个经济地位重新建构的过程,而且也是认同体系、社会声望和社会评价标准的重新洗牌。如果说,在计划经济时代,权力和政治地位是对一个人进行社会声望评价的最重要的标准,那么,随着市场化改革的推进,金钱成为新的、最重要的社会声望的评价标准,或至少是最重要的标准之一。与此同时,权力作为一种声望评价标准,越来越离不开它与金钱的联系(即必须具有转化为金钱的能力)。正是由于金钱成为自我认同和社会分类的最重要的一个标准,因此,消费在某种意义上似乎是在重演凡勃仑所讽刺的金钱竞赛博弈。

在阶层地位重组的过程中,传统的普遍价值逐渐式微,而新的普遍价值尚未确立,社会陷入了"失范"危机。可见,社会的转型期同时也是价值的模糊期。在一个社会失范和价值模糊的时代,人们之间的社会竞争便陷入了"不问过程、只问结果"甚至"不择手段"的境地。结果的评价取代了过程的评价,也取代了与该过程相关的社会规范、普遍准则的评价。而最能体现社会竞争结果的体现之一,就是金钱。即便是有权力或有着很高声望的专业技术职务,也必须具有转化为金钱的能力,否则依然可能被人瞧不起(如 80 年代的知识分子)。因此,有钱没钱,有多少钱,便成为一个人是否"成功"的显示,也成为对一个人进行地位评价的重要依据。

但一个人有钱还是没钱,必须通过消费来证明。因此,对于消费者社会的成员来说,消费不但是花钱享受生活,而且是花钱证明自己的社会地位和身份。钱不但要给自己带来享受,而且还要花在别人最容易看见或最为佩服的地方,比如住房、室内装修、汽车、名牌服装、国际旅游、出国留学、打高尔夫球等。金钱的竞赛游戏变得简单也更为激烈了,因为人们的金钱的多寡是不断变化的,后来居上者一定会通过更昂贵、更名牌的商品消费来把其他人"比下去"。这又迫使其他人想方设法去赚更多的钱,并在消费上发动新一轮的追赶。如此不断循环,人们的欲望便不断膨胀,永不休止。很显然,斯戈所描述的在美国所发生的"新消费主义",同样也在中国上演着,并添加了自己的中国特色。

孙隆基说过,中国人的自我边界是模糊的,是要由集体来界定的。自我边界的模糊性在中国社会转型期尤其明显。在价值混乱的时代,金钱与消费便成为集体界定个人的自我的最主要依据之一。因此,占有和使用消费品,便成为许多人建构自我的一种途径或方式。即使是权力的炫耀,也要通过公款消费能力来显示。于是,权力也与消费主义结成了联姻关系。

综上所述,企图用一种一元模式来概括中国社会是困难的。不但农村社会和城市社会处于两个不同的发展时代,而且即便是在城市社会内部也发生了时代的落差:一边是消费者社会,另外一边是生产者社会。二者奉行了不同的消费伦理和规则,在消费领域步入了不同的轨道,因此,它们之间产生了"双轨化"。尽管在功能上二者相互依赖,但在生活圈的界面上,它们分属于两个世界。当然,介于二者之间还存在一个模糊的社会,一个介于消费者社会和生产者社会之间的群体,一个以"两栖"消费(参见王宁:《"两栖"消费行为的社会学分析》,《中山大学学报》2005年第4期)为特征的阶层。由于篇幅所限,就不在这里展开了。

消费社会理论的外围问题

张　柠

一

对于"消费"这个词我们大概不太陌生,但"消费社会"这个词我们就不太熟悉了。是不是有这样一个社会:那里的人专门消费,而不生产?假设这个社会确实存在的话,我们只能说它就是天堂。天堂是一个梦想,是乌托邦,而不是现实,从理论上说它不可能实现。但一些手长、腿快、眼睛亮的人总是希望捷足先登。因此实际情况是,在无边的"地狱"包围的现实中经常会出现"局部天堂"。历史经验告诉我们,无论什么时代和什么地方,都会有一些地区或一些人提前实现梦想而进入"天堂"。也就是说,某些地区和某些群体构成一个"无须劳作的消费社会",而多数人则处于"生产社会"这样一种状况的确是存在的。因此,研究"消费社会"很有必要。同时必须清楚,"消费社会"是建立在一个更为广泛的"无消费"或者"低消费"社会基础上的,我们不可能把它孤立出来。

从时间上看,传统社会是"生产型社会",现代社会是"消费型社会",人们根据对历史进步的信念来批判传统社会、表扬现代社会;从空间上看,乡村是处于边缘地带的"生产型社会",城市是处于中心地带的"消费型社会",人们从"快乐"原则的角度拒绝乡村,投奔城市。还有一种时间和空间合一的现代消费社会,那就是以"发达"和"进步"为依据的现代西方消费型社会。西方社会既是对应于传统社会时间上的现代化标本, 又是对应于东方社会空间上的社会结构中心。今天全世界都在拒绝"东方",投奔"西方"。乡村的城市化本质上就是西方化。在世界体系结构中,东方社会是边缘的、依附的,西方社会是中心的、主导的;在国家体系结构中,乡村是边缘的、依附的,城市是中心的、主导的;在人的社会关系结构中,农民是依附的、边缘的,市民是

张　柠:北京师范大学文学院教授。

主导的、中心的。东方社会是西方社会的"殖民地"（由传统的政治军事殖民转化为现代的文化殖民）；乡村社会是城市社会的"殖民地"；农民是生产者，市民是食利者。我们讨论消费社会，实际上就是在讨论西方社会、城市社会、市民社会，及其形成的历史线索和现实矛盾。当然，传统的乡土社会并不是一个只生产不"消费"的社会，现代社会也不是一个只消费不生产的社会。我们之所以说那个是"生产型社会"，这个是"消费型社会"，是根据某一种社会的支配性的价值观念而言的。

传统乡村社会是为了生产而"消费"（生产谷子和孩子），或者说是为了需求、为了生产力的再生产而"消费"，其"消费"是"生产"的一部分，其"需求"建立在身体能量与自然能量交换的动态平衡基础上。只有在特殊的时候（节日和仪式），他们才会出现反生产价值的"消费"，也就是"浪费"或"耗费"。这是一种"献祭"和"死亡"的替代形式。农民看上去似乎很在乎积攒，实际上他们的积攒是有限的，因为他们储藏实物的能力基本上是以"年"为单位，每到年关，他们就会通过节日和仪式的方式将积攒的东西耗费殆尽。今天，这样一个农民社会已经不存在了，他们都成了低级消费社会的一员。

现代市民社会是为了消费而"生产"，或者说为了欲望的满足而生产，"欲望"是一个无底的黑洞，难以填平。市民消费看上去是非理性——超前过度消费、身份确认的消费、摆脱孤独的消费、荣誉性面子消费等，但大前提却是理性的——通过积攒货币（地租、期货、股票、信息费、智商差、借贷）而不是生产来支持"消费"。这样的"消费社会"正方兴未艾，成为主导价值观念的基本模式。

二

据说，西方现代消费社会诞生的基本前提是物质的丰盛，丰盛到了用不完、花不完，快要把人掩埋起来了，由此带来了一系列的现代病和烦恼。鲍德里亚（也译做波德里亚）认为，现代西方消费社会内部的最大矛盾，不是人与人之间的矛盾，而是人与物之间的矛盾；物，再也不像从前那样孤零零的了，而是拉帮结伙形成了一个"物体系"，合伙来对付人。面对丰盛的物的世界，人们产生了过多的依赖，以至于人没有独立的价值，其价值变成了物质的依附。我非常同情西方人为物质丰盛所困扰而产生的焦虑，或者被"物质"所控制的悲惨处境。但我也有很多疑问,他们怎么就那么丰盛呢? 原因当然是多方面的,既有资本原始积累初期掠夺的原因,也有作为生产力发达标志的科技进步和理性能力提高的原因。

五年前,联合国粮食及农业组织在意大利罗马召开了为期四天的会议,与会者主要是贫穷国家的首脑,发达国家只有部长级官员出席。会议主题是,如何在 2015 年以前,将全球受饥饿威胁的人数减少一半。当时我在网上看到一组由会议发布的数据:第一,全球约有 8.25 亿人挨饿和营养不良,而另外 3 亿多人却受肥胖症的困扰,需要减肥甚至就医。第二,在发展中国家,每 5 个人中就有一个长期营养不良,总数达 7.77 亿人(有人估计,每 4 秒钟就有一个人直接或间接死于营养不良),还有约 11 亿人(约占全球人口的1/6)得不到清洁的食用水。第三,每年 1200 万死亡的儿童之中,有 55%的死因与营养不良有关。第四,99 个发展中国家,只有 32 个在过去十年减少了处于半饥饿状态的人数。

我注意到第一个数据,地球上出现了 8.25 亿面黄肌瘦的人,同时出现了 3 亿多个大胖子。更有意思的是,那 8 亿人所渴望的,正是这 3 亿人所烦恼的,想瘦的人瘦不了,想胖的人胖不成。遗憾的是,8 亿瘦子与 3 亿胖子并不相识,甚至天各一方,他们之间缺乏信息沟通,不能互通有无,因此,3 亿大胖子无法将自己多余的脂肪转送给 8 亿渴望脂肪的"芦柴棒"。瘦子正在为温饱问题苦苦挣扎,并渴望富裕国家的援助;而另外 3 亿人吃饱了撑的,患上了肥胖症,有的还伴随着一系列并发症:糖尿病、心脏病、动脉硬化等等。一边是饥肠辘辘的肠胃正在急速地蠕动,另一边是被大堆大堆的脂肪累得大汗淋漓。在这紧要关头,负责在各国之间进行调解和信息沟通的"粮食、农业组织"官员,还在那里慢慢地开会,慢慢地讨论数据。为什么不赶紧将这几亿胖子和瘦子调到一起来生活呢?

8 亿瘦子主要当然是分布在落后贫困的国家(津巴布韦、安哥拉、莫桑比克、卢旺达、乌干达等),他们除了期待人道主义援助之外,一点办法也没有(相比之下,法国农民就很厉害,会议期间他们在斯特拉斯堡举行了聚会游行)。"人道主义"到底是什么意思呢? 是不是先变成强悍有力的兽,掠夺和占有大量的资源,然后再变回人,给饥饿者以人道主义援助? 有时候,那些饥肠辘辘的人实在无法等待了,他们就试图偷渡到发达资本主义国家,去帮助那些肥胖症患者共同对付"丰盛而可恶的物质体系",但边防线的关卡太严了,不容易成功。

3亿多主要分布在发达国家的大胖子似乎不着急。尽管消费社会一直在欺负他们,让他们长脂肪、患糖尿病,但他们有很好的医疗设施、很好的减肥药品。他们还有充裕的休闲时间,很多人有自己的健身房、游泳池,还经常可以去打高尔夫球。胖子们不会亏待自己的肠胃,一边满足口福之乐,一边开展减肥运动。他们原以为摄取的卡路里能通过运动从汗水里排泄出来,但他们过于乐观了,其实体内总会残留很多垃圾的,就像电脑垃圾一样,不可能完全清除,除非将硬盘格式化。大胖子的身体当然无法格式化,久而久之,垃圾越积越多,人也越来越肥。最后,3亿大胖子与8亿饥饿的瘦子一起,成了联合国粮食峰会上的热门话题,瘦子和胖子都是问题人物。

"全球化"、"地球村"是福音吗?消费社会来临是"天堂"吗?它不过是一个"虚构的故事"。今天的资源配置如此不合理,国与国之间、城市与乡村之间、人与人之间的差别越来越大。"朱门酒肉臭,路有冻死骨";撑死了嘴巴大的(主要是发达国家或者都市居民),饿死了嘴巴小的(主要是落后国家和农民)。据说这种差别的产生是进步的标志之一。与此同时,资源越来越短缺,环境越来越恶化,耕地越来越少,原创性劳动越来越没有价值,大家都在耍嘴皮子(信息时代的特点)。这种全球性的社会问题,恐怕仅仅靠联合国"粮食和农业组织"是不灵的。问题的确很复杂。当然,8亿瘦子(特别是乌干达、卢旺达难民营的儿童)饥饿的肠胃,还有3亿大胖子身上的肥肉,是眼下要解决的首要问题。

三

发达国家如此,欠发达国家内部的情形如何呢?我们在前面已经提到,世界体系的结构性矛盾与某一国家内部的结构性矛盾在逻辑上是同一的。比如我们这里,也有非常典型的消费型社会,那就是北京、上海、广州等中心城市。以北京为例,韦伯就认为它是一个典型的消费型城市。韦伯将城市分为三类:一类是商人城市,消费者的购买力主要来自国内和海外商品贸易所获得的差价,这是一种近代类型的城市;一类是生产型城市,这类城市的消费能力取决于当地的工厂、制造业和家庭工厂的发达程度,是比较典型的城市经济(一种介于自然经济和国民经济之间的近代经济类型);还有一类称之为消费城市(不分古今),城市居民的生存主要依赖大消费者的购买力。

大消费者的类型不同,消费城市的特点也不同。如果城市居民直接或者间接依赖宫廷及其附属机构的购买力为生,就属于官僚城市。其消费者首先是官员和卫戍部队的家属,在城里消费俸禄和各类非法所得。其次是地主、乡绅和间接获得权力的人,在城里消费地租和各类政治财源。韦伯认为北京还有 1861 年之前的莫斯科就是这一类城市的典型。如果"大消费者"在城里消费的是垄断市区"黄金地段"的土地而得的地租,它就可能属于"商人城市或工业生产城市",比如欧洲上古和中世纪城市。除此之外,还有一种大消费者(食利者),主要是消费企业收入,例如证券、专利权、股息收入等,其消费能力主要是基于货币经济收入。(马克斯·韦伯:《非正当性支配——城市的类型学》,康乐、简惠美译,广西师范大学出版社 2005 年版,第 5~7 页)表面上看,有一些消费城市中的消费主导者并非纯粹意义上的"食利者",但它与官僚城市之间有一种深刻的历史关联,因为垄断市区黄金地段的人往往就是拥有政治权力的人及其依附者,或者那些拥有地租的人本身就是官僚的另一种身份。

按照这种标准,古老的北京从建城以来(中都、大都、北京、北平至今),或者说中国自古以来的皇城就是典型的消费型城市。那里集中了大量的官僚及其军队和家属,他们在耗费俸禄和各类非法所得。这一类城市中的普通居民也是消费者。从审美趣味上看,老北京的市民就是农民,与江南人相比,他们没有形式感,日子过得比较粗糙。但从社会类型上看,他们就是推崇消费的市民。历史上的北京人基本上是不支持"劳动"价值的,基本上全是"有闲阶级"。凡勃伦《有闲阶级论》中的许多观点都适用于对北京市民的分析。清代统治者不鼓励八旗子弟及其家属从事非荣誉性的劳动,也就是不主张他们为养家糊口而劳作,即使在朝廷财政遇到困难的时候,也不鼓励他们参与生产劳动,而是分一些土地给他们,让他们出租,变成"食利者"。但他们的荣誉性工作还在那里,那就是时不时地列队接受检阅,到远郊(木兰围场)去打猎,以保持血性。任何试图通过农民式的劳动价值在这里立足的做法都注定会失败,甚至酿成悲剧,骆驼祥子就是一个例证。

北京的老市民尽管不从事生产劳动,但他们依然有精力、有财力、有能力遛鸟，养狗，在路边大声聊天，因为他们有很多非生产性的收入，足以供给他们去奢侈，去消费。他们的消费就是为宫廷从事"替代性消费"，他们的休闲就是为宫廷从事"替代性休闲"，他们满面红光就是为朝廷从事"替代性的满面红光"。老北京城居民的收入来源主要是：第一，施舍（也就是外地进贡来的财物的零头和边角料，前提是要学会帮忙和帮闲）；第二，中介费，也就是信息费（根据掌握宫廷内部信息的程度不同而获得不同的信息费）；当然还有一些比较低级的财路，那就是带路费。外地人进京办事先住进城南的会馆，不知深浅，不识道路，摸不着门儿，需要出一些带路费，直接带到上书房，或者带到亲戚家拐个弯儿。所以，北京是一个非常典型的消费型城市，中介费、信息费这"后现代色彩"的消费也古已有之。

为什么呢？因为它是权力中心，它是各种资源的中心，更是话语权力（评判什么东西合理合法的权力，将不合法的解释为合法的权力）的中心。这就好比"西方中心"一样，所有的规则、话语、理论、逻辑都是他们发明的。至于那些现代小商人，利用"广告叙事"来建构商品形象，挑逗人们的欲望、刺激消费冲动，以达到赢利目的的做法，在上述中国化古老城市的消费社会里，不过是一些江湖小把戏，就好比宫廷后门的小骗子一样，老市民对他们睁一只眼闭一只眼，该收拾的时候还是要收拾的。

用西方理论对中国式的"消费社会"的研究，说得轻一点是在"猜谜"，说得重一点是在将"骗术理论化"，因为它缺乏中国经验研究的前提。至此，消费社会作为一个纯理论话题已经变得很无聊了。不正视与"消费社会"理论游离的外围问题，而是钻进市场中去调查消费数据和消费模式演变，钻进"消费社会"理论的内部逻辑，我们就无法知道我们身边这个所谓"消费社会"究竟是一个什么怪物。但不管怎么说，大致情形我们还是应该把握的，在一个"消费的大黑砖窑"里，凑近看：年长的和女性农民正在一边打麻将，一边等待邮差送来打工孩子的汇款，然后去购买饲料猪肉（环保猪肉进城了）；农民工在修度假村、修高尔夫球场、修路、挖煤、收垃圾、卖肉包子、贴小广告；市民在炒股、炒房、炒基金、遛狗；官员在开会、在道歉、在洗钱。远距离看：水由黑色（污水）变成了蓝色（蓝藻），天由灰色（工业烟雾）变成了黄色（沙尘）。

消费空间的重构

——读郑也夫先生的《后物欲时代的来临》

佘碧平

郑也夫先生的文章我很爱读。原先以为他只是善于"小中见大",从日常生活中发现"百姓日用而不知"的"道",如今读过他出版的《后物欲时代的来临》,方知也夫先生亦擅长理论营构,而且以往的许多作品早已作了铺垫,这本书算是水到渠成之作。跟鲍德里亚(也译做波德里亚)、卢瑞和马尔库塞等思想家不同,也夫先生不仅阐释了西方 20 世纪 60 年代末出现并正在今日中国生成着的消费社会的内在机制,而且着力勾勒了"现今社会中已经和即将出现的趋势",即后消费时代的生活特征。

就前者而言,也夫先生的理论阐释印证了西方社会自 60 年代末以来的集体记忆。众所周知,西方社会在二战之后经过"三十年的辉煌"(1945~1975),率先步入"消费社会",那种盛世景况至今仍让西方人追忆不已。记得 14 年前我还在比利时鲁汶大学读书时,就听我的老师们念叨过。据说在 70 年代初,在鲁汶的餐馆里,人们奉行的是"一次性消费",用完餐后,刀叉、盘碟与桌布一起被卷成一包,直接扔进垃圾袋;更不可思议的是,许多出身富裕家庭的大学生并非为贫困所迫,竟在超市与商店里行窃,或在公共场所胡乱涂鸦,给停在路边的名贵轿车划上几道"伤痕"。此外,由于失业现象严重,学校里出现许多"老学生",他们要么延迟毕业时间,赖在学校七八年也不毕业,要么是失业后,又领着社会救济金回到学校,有时还打打"黑工"。这些大学生还会因为各种教育或社会问题(如学生参与学校管理、失业、同性恋和堕胎等)聚众闹事,弄得鲁汶大学当局一度不敢盖超过千人的礼堂,而且在学校附近专门设置了一个防暴警察局,一旦有事,警察们很快就能赶到校区。正如也夫先生所概括的,在这个完全解决温饱问题的"福利社会"里,"舒适、牛逼和刺激"成了人们追求快乐的目标。

佘碧平:复旦大学哲学系教授。

不过,由于第一、第二次石油危机,西方人无限消费物质商品的希望落空,加剧了以物质商品为中心的消费社会的危机,并开启了向象征性物品(或虚拟物品)为中心的消费时代的转型。这也部分印证了也夫先生在第七章《非物质化与虚拟空间》中的说法。应该说,这一章是全书最出彩的地方,不过,也是最有争议的论题。

后物欲时代
的来临

郑也夫先生著作
《后物欲时代的来临》

首先,让我们来看也夫先生的论点。大致说来,也夫先生的推理如下:

(1)在温饱已经解决的社会中,以货币衡量的消费的增长,只能在非物质领域中展开。

(2)生产问题解决了,工作将不是未来生活中的最主要内容。失业与半失业将成为未来社会中多数人的常态。

(3)近现代教育是服务于生产,教人们如何工作的;而古典教育是服务于贵族,教他们过艺术化的生活。因为全民即将如古代贵族一般解决温饱,因为工作的重要性丧失,未来的教育显然要融合生产本领和生活艺术。

(4)温饱解决后,物质不再是满足炫耀与刺激的有力手段,游戏才是人类的归宿。

具体说来,在后物欲时代里,物质需求已经解决,物质炫耀日益被人们视为荒诞,而虚拟性的活动成为生活中最重要的组成部分,如影视、药品、游戏、戏剧、迪斯尼等等。

不难发现,也夫先生立论的出发点是消费品的物质层面与虚拟(或象征)层面的划分。当然,这一划分早已有之。毛斯在《论礼物》一文中就曾提出过物品在使用价值与交换价值之外,还有更为重要的象征价值,它体现了个人或社会对非物质性的荣誉(为他者所承认、羡慕)的追求,即使以牺牲口腹之物欲为代价,也在所不惜。可以说,它构成了个人荣誉和社会意识形态(价值体系)的基础。从大处讲,比如在美苏争霸时期,军备竞赛很少是出于什么经济考虑,而是追求一个国家、一种制度或一个社会的荣誉与优越性。当然,

它产生出许多民用物品,如因特网、手机等,但是,这些最初都是军用物品,谁会想到今日已经走入千家万户,成为商家逐利的利器呢?从小处讲,即使处于社会最底层的劳苦大众也会追求这类象征价值。比如在《白毛女》中,到处躲避逼债的杨白劳在新年到来之际,也会给女儿喜儿买根红头绳。由此观之,对非物欲的象征价值的追求与是否解决了温饱没有必然关系,换言之,对非物欲的象征价值的追求并非有钱人的专利,因为任何物品或人的行为都包含使用与交换价值和象征(虚拟)价值,只是在不同的时代有不同的表现而已。即使是在今日大行其道的"象征产品"(如电影、小说或游戏等)也具有"两面性":既是经济商品,又是有文化意味的;换言之,它既有物欲价值,又有象征价值。因此,很难想象会存在什么绝对的"后物欲的虚拟时代"。但是,在当今社会中,由于温饱问题的解决,消费生活中物欲的成分在不断减少,虚拟的要素在不断增多,也是不争的事实。但是,它是否会让人类历史焕然一新,转向也夫先生所说的"后物欲时代",尚待历史的验证。不过,在理论上,我们还可以进行一番探讨:问题是如何界定未来的消费生活?是"非物质化的后物欲时代",还是消费空间的重组(即物欲关系与象征关系的重组)?

在这一方面,也夫先生的观点较接近鲍德里亚的看法,都属文化保守主义,即把人类社会的历史分成前现代社会(以象征产品的交换为中心,也夫先生称为"古代贵族社会")、现代社会(以生产活动为中心)和后现代社会(以狄奥尼索斯式的节日狂欢与游戏为中心,也夫先生称为"后物欲的虚拟时代"),而且这三个阶段之间是断裂的,比如后现代社会就是完全走出了以生产与物欲为中心的现代社会。

我以为这种断裂论是非常值得讨论的。其实,温饱问题不完全与生产力的充分发展有关,而且更是一个制度问题和品位问题。阿马蒂亚·森对"饥荒"的研究就说明了温饱是一个制度问题(森称之为"社会选择"问题),而布迪厄则把它与社会不同阶层的品味联系起来。以布迪厄为例。他指责鲍德里亚在反对马克思主义的经济决定论的同时,却把物质化的经济(物欲)与文化品位(象征价值)割裂开来,认为后者可以脱离前者而自成一体,独自存在。实际上,在社会空间中,经济关系与文化关系有着内在的联系,决定个人社会地位的不仅有经济关系,还有文化与社会资本。这一点是相当深刻的。比如,我们可以通过人们对"资本"的占有方式来进行社会分层。布迪厄认为，资本主要分为经济资本、文化资本与社会资本。首先，经济资本指的是从他人那里继承或自己获得的物质财富；其次，文化资本包括以文凭与学时为主要内容的"学历资本（le capital scolaire）"和家庭传承的文化资本；最后，社会资本是指以社会关系和家庭出身为主要内容的资本。根据对这三种资本的占有方式，社会大致分为统治阶层、中等阶层与大众阶层。不过，在社会分层中，这三种资本的分布是不均匀的。

在统治阶层与中等阶层中，经济资本、社会资本与文化资本的分配是倒置的。像工商业巨头们，他们一般都拥有大量的经济资本和社会资本（出身高贵、拥有各种社会关系），但是文化资本则相对欠缺。像大学教授，他们则占有较多的文化资本，而经济资本则相对较少，而且大多出身于中产阶层或大众阶层。同样，"新型的小资产阶级"（如工商业的中层干部、秘书与文化经纪人）一般占有较多的文化资本，而小企业主与经理等中产阶层则拥有较多的经济资本。与统治阶层、中等阶层相比，大众阶层拥有最少的经济资本、文化资本和社会资本，所以处于社会的最底层。

为此，布迪厄还在《论区分》中对象征产品的消费分层情况进行了探讨。他发现，在 20 世纪 60 年代末以来的消费社会中，消费仍然存在着社会分层的现象，全民并没有像古代贵族那样过着"艺术化的生活"，而只有上流社会才有实力这么做。一般而言，上流社会都喜欢高贵的艺术，如绘画、戏剧、古典音乐和雕塑。当然，各人的爱好也不尽相同：经济资本较多的人喜欢旅行、拥有艺术品或豪华轿车；文化资本较多的人则喜欢阅读、欣赏古典音乐或观赏先锋戏剧。

相比较而言，中等阶层虽然无法像上流社会那样过着"艺术化的生活"，但是他们向往它，承认它的合法性，并且渴望得到它。所以他们常常热衷于各种小型的文化活动，如电影文

布迪厄的研究发现，在 20 世纪 60 年代末以来的消费社会中，消费仍然存在着社会分层的现象。

化、爵士音乐、科幻小说与摄影等。此外,他们还尽量把自己与大众阶层区别开来,或表现出坚守传统,或拒绝大众品位,表现得很时髦和前卫。

而大众阶层在任何时代都是处于社会的底层,由于占有的各种资本很少,所以生活中一切都需"量入为出",以节约为主,因此在文化品位方面不会"为了艺术而艺术",艺术活动也不可能是无价的。比如在购买衣物时,他们会选择价廉物美的物品,因为它们穿起来简洁、耐用,而且还流行。又因为大众阶层中的许多人都从事与体力有关的工作,所以他们喜欢肉食,参加足球、橄榄球与拳击运动。不过,大众阶层并不是不喜欢高档消费,而是可望而不可即。所以用不上奢侈品,他们就用替代品,玩不了高尔夫球,就去看足球。这一切反映了大众阶层有意或无意中接受了社会中的主流价值取向。

由此可见,物欲(经济关系)与品位(文化关系)是相互交错的,在不同社会阶层那里有着不同的表现,共同构成了一个开放的和动态的消费空间。而消费心态及其空间转型,难已用因果关系来解释,并非由于温饱问题(鲍德里亚称为生产问题)解决了,人类社会就会进入一个与近现代生产时代相断裂的"后物欲时代"。相反,未来社会的消费结构只能是消费空间中经济关系(物欲)与文化关系(如品位)的重组,是一次"连贯的变形"。它犹如中国园林艺术中的"移步换景",一旦变换了观看的角度与方向,景象的意义也随之改变。同样,消费空间中物欲与品位的关系是交错与开放的,一旦发生一次变动(如温饱问题解决了),就会产生出"移步换景"的味道来。

我个人认为,20世纪70年代的石油危机让西方人产生了严重的危机意识,引发了他们消费心态的转变,开始追求环保的和弱物质化的消费时尚。时至今日,全球变暖现象更是严峻,必将促使人类改变传统的生产与消费方式。幸运的是,在二战之后出现的第二次工业革命为这种转变提供了可能性。大致说来,第二次工业革命包括核能、自动化、空间科学、基因工程、信息科学和新农业革命(见斯塔夫里阿诺斯:《全球通史》,影印本,北京大学出版社2004年版,第636页)。其中,信息科学尤为重要,成为第二次工业革命的引擎和内在催化剂。可以说,信息化已经成为人类生产方式变革的必然趋势。

首先,信息科学为人类营造了一个"虚拟空间"或"第二种生活",但是它绝非"非物质化"的,相反,它促使物品的生产与消费的方式被优化重组,更能提升人类的生活品质。在这一过程中,物品的消费并没有减少,工作的机会也没有减少;相反,物品中设计、技术与环保的含量增大了,有着高附加值性,属于生产与消费链中的高端,这是当今各国追求的目标。为此,在这方面的工作机会则大大增加了,如设计业、服务业和高科技、环保业等。

因此,第二次工业革命带来的不是"后物欲时代",而是社会空间和物欲结构的重构。从社会空间来看,社会阶层的结构发生了重构,从事新产业的人成为主流;而从物欲结构来看,新技术、新设计与更环保的物品成了人们追逐的对象。

其次,虚拟空间虽然构成了"第二种生活",许多人沉溺其中,认为它比真实世界更加真实,甚至可以出入其中(如电影"黑客帝国"之类的想象),但是它毕竟不是人实际生活的真实世界,它只有通过实际的物品才能体现出来。换言之,它只是重组人类生活世界的一种手段和方式。比如,虚拟空间可以是实现生产与消费活动中各要素最佳配置、产生最大效益并给人带来最大快乐的手段与方式。它并未从根本上改变物质炫耀,倒是更加强化了它。近几十年来,发达国家对全球资源的耗费一点也未减速,倒是加剧了全球变暖。教育也没有大的改观,像古代贵族式的游戏教育更是难以见到。在欧美各大学中,要实现小班教育都已经困难重重,传统师徒式的传承更难觅见。虚拟空间只是改变了教育资源的配置,并未改变近代以来大规模的职业化教育。

此外,虽然虚拟空间让人与人之间的交往比以往任何时代都更加便捷,公民参与政治、表达自由心声的机会更是多元化,但是,网络空间仍然受到资本的控制,而且被资本所有者操控的可能性日益增大。比如,最近CNN就与新兴的Youtube网站举办了一场美国民主党总统候选人与网民们互动的辩论会,虽然网民们提问踊跃,但是有报道指出,所有的问题事先都已经过主办方(主要是资本所有者)的筛选和过滤。因此,虚拟时代的政治自由仍然是有限度的。

忧伤的瓦斯

朱大可

近代照明体系出现于没有火炕的区域。当北方还沉浸于通古斯人的简陋发明时，1865 年的寒冬，也即同治皇帝登基的第四年，太平天国覆灭后的第二年，上海外滩诞生了最早的瓦斯灯［同治元年正月二十八日（1862 年 2 月 26 日），上海英文报纸《航运商业日报》刊出筹建瓦斯公司的发起书，向社会公开集资。上海第一家瓦斯厂于同治四年八月十一日（9 月）在泥城浜（今苏州河南岸，西藏中路西侧）建成。同年九月十三（11 月 1 日）开始供气。十一月初一（12 月 18 日），上海街头亮起了瓦斯灯。当时称瓦斯为"自来火"，瓦斯公司称为"自来火房"。这年是太平天国覆灭的第二年。就在当年，林肯遇刺，美国结束内战，孟德尔奠定了生物遗传学的基本理论，20 个欧洲国家的代表在巴黎签订《国际电报公约》，李鸿章奏请设立江南制造总局于上海］。在昏暗的路灯下，马车缓慢地驶过碎石路面。瓦斯灯火投射在江面上，跟铁壳货船的桅灯遥相呼应。一种难以言喻的苦闷从这景色里流淌出来。刚从小刀会叛乱和太平军进攻的惊惧中平息下来的市民，开始凝望这半明半昧的光线。这个月亮的代用品，改变了眼睛的属性。

瓦斯灯，或者叫做煤气灯，是近代工业革命不成熟的果子。它带来了压抑、痛苦、恐惧和暧昧的视觉记忆。在风中摇摇欲坠的早期灯火，比黑暗本身更加黑暗，因为它照亮了黑暗的忧伤本质。幽蓝色的火焰制造出有限的弧形空间，犹如一个脆弱的光线气泡。它要为希望划定边界，却又总是破裂在希望诞生的中心。瓦斯灯及其昏暗光谱，正是波特莱尔忧郁的源泉，他借此看见了自己废墟化的命运（参见本雅明：《发达资本主义的抒情诗人》，张旭东、魏文生译，三联书店 1989 年版，第 68、69、142 页）。

瓦斯开始随着铁质管道的敷设而四处蔓延。它最初是外滩洋行的最新

朱大可：上海同济大学文化批评研究所教授。

莎翁故乡的新型瓦斯灯:瓦斯灯及其昏暗光谱,正是波特莱尔忧郁的源泉,他借此看见了自己废墟化的命运。

装备,随后成为富有市民照明、炊事和取暖的能源。在 19 世纪末和 20 世纪初叶,拥有瓦斯竟然成为身份的标记。尽管这种标记随后就被电能所代替,但直到 1949 年后,上海也仅有 17000 个民用瓦斯客户,主要分布在上海西区原法租界区域。他们是殖民地现代技术的残余用户,顽强地保持着一种比较优越的生活方式(20 世纪 20 年代,沪东"公共租界"路灯就用"瓦斯灯","自来火厂"每天按时派工人点火亮灯。有一时期,街上的路灯出现过瓦斯灯、电灯并存的局面。到 30 年代初期,上海才全部改为电灯照明,"瓦斯灯"下野。瓦斯公司的业务被迫转向单一的炊事,但此举反而成全了瓦斯的发展。1949 年解放军占领上海时,瓦斯日输气量已达 9.3 万立方米,瓦斯管线总长度达 414 公里,家庭用户为 1.74 万户,民用瓦斯普及率为 2.1%。这局面此后没有太大改变,一直维持到 20 世纪 90 年代)。

在那些幽雅的西班牙式洋房里,民国年代的中产阶级和新中国的革命干部共享着资本主义的技术成果。他们住进了瓦斯环抱的地带,与煤球炉阶层发生了看不见的断裂。他们借此超越了无产阶级的命运。就是在"文化大革命"最凶猛的日子里,瓦斯厂的工人也没有终止供气,因为其中的一些管道直接通向造反领袖们所占领的高级住宅。他们狂热地接管了奢靡的资产阶级生活。

在 1966 年,瓦斯是资产阶级豪华生活的象征。鹤立鸡群的瓦斯消费,点燃了煤球炉市民的怒火,并成为革命暴力的部分动因。瓦斯供应区域,就是"大抄家"的主要范围。这两种空间的重合,描述了政治审判地图的微妙边界。瓦斯管道是隐形的路标,为底层造反者提供阶级斗争索引。它们在地下蜿蜒爬行,把灾难引向每一个家庭终端。从那些用生铁浇铸的瓦斯灶上,蓝色火焰发出微弱的嘶叫,仿佛是一种不祥的警告。

瓦斯的另一个奇妙功能被解放了,那就是它的致死性。在没有燃烧的情况下，溢出的一氧化碳浓度达到 0.04%~0.06% 时，就会引发中毒和死亡。跟奥斯威辛集中营截然不同，上海瓦斯不是种族大屠杀的工具，而是一种政治避祸的个人技术。面对严酷的政治迫害，用瓦斯自杀，一度成为上海西区最大的黑色时尚。对暴力和羞辱的恐惧超越了死亡，从而令死亡本身散发出令人喜悦的气息。

据某份在互联网上广泛传播的不完全名单，以瓦斯自杀的知识分子，包括历史学家李平心、诗人闻捷父女、女钢琴家顾圣婴全家三口、上海音乐学院指挥系主任杨嘉仁夫妇、上海音乐学院钢琴系主任李翠贞等。此外，许多前资本家、前资方代理人、前高级职员和所谓"四类分子"，也在瓦斯中展开大逃亡运动，以死亡的姿态嘲笑着暴戾的威权。

毫无疑问，只有少数中产阶级才能享用这种相对平静的死亡。自杀者在打开瓦斯灶之前，通常会把门窗的缝隙用报纸和糨糊仔细封好，为减弱临终的痛苦，有的还会服用镇静剂。死者大多表情祥和，周身呈现粉红色泽，仿佛是一次婴儿式的奇异诞生。越过对极权主义的恐惧，瓦斯为逃遁者提供了一条美丽的道路。在经过自我整容之后，他们乘坐瓦斯气球，升上了无所畏惧的天堂。

而在绝大多数无瓦斯地区，由于购买安眠药必须持有单位证明，人们被迫选择那些更为惨烈的方式死亡——自缢、跳楼和溺水。为此，1967 年新成立的权力机构［1967 年 8 月，上海市军事管制委员会（简称"上海军管会"）和公安局曾经发布联合通告，严禁药店向没有军管会介绍信的顾客出售安眠药物，以阻止大规模的安眠药自杀运动］下令，在外滩黄浦江沿岸和高楼窗口修建栅栏，以阻止溺水和跳楼自杀的汹涌潮流。但瓦斯自杀者未受这些法令和栅栏的困扰，他们宣判了自己的不在场。在狂乱的年代，这种身体的缺席，就是至高无上的反抗。

瓦斯的两重性触发了我们的文化好奇。它一方面制造出新的光源和希望，一方面却带来永久的绝望和死亡，一方面终结着人的生命，一方面又赞助了人的逃亡。它的本性破裂在极端年代的严酷现场。这正是存在困境的一种复杂喻示，它要在温度和光明的面前赞美死亡，并且带着这种破裂去面对历史的苦难。瓦斯就这样进入了人本主义的谱系，成为我们所要痛切关注的事物。

流年已似手中蓍

蒋　蓝

应该说，我对蓍草并不陌生。在大量的汉文阅读里，蓍草频频现身，它一再从那些谶语般的诗歌景观里摇曳而起，将沉淀在诗歌余绪里的恍惚感，悄然带往某个空白处。这种感受类似于国画里那些刻意的留白布局，而一只鸟，正从空白的天空悠然掠过。蓍草宛如一枚书签，让我们对古典的缅怀停驻于此，成为情怀贴地低飞的驿站。然而，我在生活里却与蓍草处于"失名"状态。童年时代成天在川南的田埂、山野疯跑，造型特异的锯齿草偶尔吸引住我的目光，但我迅速就迈步而过，任它从我的裤裆下逶迤而盘旋。后来在《本草纲目》里见识了它的尊容——这就是蓍草，就不由得产生歉疚。闻香识美人，但不闻香就斥之为无盐，生活里的俗人大多持这等眼界。

2006 年 10 月中旬，我到河南周口市参加"全国晚报看周口"的活动，在淮阳万亩水面的龙湖一侧是太昊伏羲陵，终于见识了远离尘嚣的蓍草。《淮阳县志》记载："太昊陵后有蓍草园，墙高九尺，方广八十步。"现在季节已经入秋，错过了 8 月的花期，约百十平方米的蓍草园内，一米多高的蓍草已显干枯，顶部还有少量舌状花，白或粉红，谷粒般大小的草果一触即散，宛如已然脱壳而遁的蜕。其百足蜈蚣般的草叶并不暗示它具有类似天赋，蓍草并不游走，连气味也是强烈的辛味，不显飘逸，蚊子等很不喜欢蓍草的味道，所以，在蓍草周围，总是一派静穆。草叶很像蕨类，粉色与白色的花成束地长在它有棱有角的茎上。它也被叫做"多叶锯草"，显然是由羽状叶的外观而得名。

很显然，古人所云"百年一本生百茎"（《尚书大传》）未必确实。汉字老祖许慎的故乡漯河距此甚近，想来他也是蓍草的知己，但从他在《说文解字》里说蓍"生千岁三百茎"，就觉得老先生的崇古情结已经"浓得化不开"，蓍草已

蒋　蓝：作家、文化学者，现供职于成都一媒体。

经不是长在土地里，而是一根仙草，只需吸纳文化的香火，就足以长生万世。

《易·系辞》上说："是故蓍之德圆而神，卦之德方以知。"意思是：蓍占的所得在于效法天圆故能神妙，易卦的所得在于效法地方故能隐藏智慧。据资料上记载，蓍草只在文化重镇显形，比如曲阜孔庙、山西晋祠、太昊伏羲陵等等，其实，在现实里蓍草既不仄身而踞，也未做高蹈凌云状，它倒是平凡而繁多，而且别称广泛，一支蒿、蜈蚣草、蜈蚣蒿、蚰蜒草、飞天蜈蚣、锯草等等已经耳熟能详。董桥在《蓍草等等》里讲到西方人对蓍草的体认，指的是高山蓍草或西南蓍草，其实说的是一回事。但我以为，单一个"蓍"字，就已经足够了。

《平顶山晚报》的一个朋友告诉我，他幼年在河边经常玩蓍草。他们叫"算命草"。男女小孩看日后是否可以成为夫妻，就折一根蓍草，掰开断口，各执一边，如果能够完整的撕开，就说明有戏了，青梅竹马的时光没有白过。反之，就属阴阳不合。这种类似"过家家"的游戏，与君子们沐浴焚香而揲蓍，作用一样。用一根草来决定未来、摆渡人生，影响可谓深远。

《太平御览》第四百八十七卷的"人事部一百二十八"里，收录了历史上著名的"哭"典故，其中引《韩诗外传》：臣闻达之所服，贵有或遗；穷之所接，贱而必寻。是以江汉之君，悲其坠屦；少原之妇，哭其亡簪。言人居穷则志笃，处达则恩轻。是以楚君施蹻，激三军之浇俗；少原流恸，诮轻薄之颓风。善曰：贾子曰：楚昭王与吴人战，军败走，昭王亡其踦屦，已行三十步，后还取之。左右曰：大王何惜于此？昭王曰：楚国虽贫，岂无此一踦屦哉？吾悲与之偕出而不与之偕反。于是楚俗无相弃者。韩诗外传曰：孔子出游少原之野，有妇人中泽而哭，甚哀。孔子怪之，使弟子问焉。妇人对曰：向者刈蓍薪而亡吾簪，是以哀。孔子曰：刈蓍薪而亡蓍簪，有何悲也？妇人曰：非伤亡簪，吾所以悲者，不忘故也。

"吾所以悲者"，并不是蓍草本身，而是"不忘故也"。想不到，蓍草在女界还担当了情感的寄托功能。可见，每当我们见到古事里的"蓍簪"，别以为就不堪回首，说不定在下面就埋伏着西施的容颜。一般来说，大凡具有神秘意味的植物，其散发出来的影响力总是辐射万端的。在蓍草启动思念的时候，蛰伏其中的毒性正在悄然发作。多年前，父亲单位一个工人，酒瘾发作了，在床底下翻出一瓶药酒，一口气就喝了半瓶，一会儿就不行了，不到一个钟头即死。他喝下的竟然是一支蒿药酒。死状是，头钻进了自己的裤裆。人们说，这是一支蒿巨大的"扯力"把他"扯"死了。所谓相思有毒,也算一证。

自然了,蓍草的伟力还在于正道,那就是占卦。我估计,根据淮阳的田野现状,古人最早是用点燃蓍草,根据其在龟甲上的烧灼痕迹来洞悉天机的。三棱形的蓍草之茎,并不以脆弱的燃烧而实现这一目的,而是用"慢火"一般纸捻之功,来使命运显形。所以,凡与时间、命运有关的事物,大概总是慢的。

作为时间的度量计,在西洋,蓍草也和算命连在一起。苏格兰人用它做护身符或幸运符。人们认为它有驱逐邪灵的威力,教会也借重它来与恶魔对抗。希腊神话中提到,阿基利斯在特洛伊战事期间,以蓍草为士兵疗伤。所以,蓍草以"军队的药草"更为人所熟知。年轻的少女,会满怀希望地把草藏于枕下,梦想由它的魔力召来真爱。这与《韩诗外传》中提到的著名哭泣惊人地近似,再一次证明了魔草旁逸斜出投身于感情世界的威力。

记得看过一个野史笔记,说有几十根共生在一起、高近一丈的蓍草。蓍草共根已属异象,蓍草满百共根,下面必有神龟守护,上有青云覆盖。只有天下和平,明主得道,蓍茎才长一丈,丛生百茎共根。用此草卜卦合乎古法,必然准确。这就意味着,自然之草在文化的装点下,逐渐被文化妖冶化,步步生姿,成为文化的植物。对时光、命运之问,人们已经到了"奉若蓍蔡"的程度,难怪明人张潮在《幽梦影》里说:"愿作木而为樗;愿在草而为蓍;愿在鸟而为鸥;愿在兽而为鹿;愿在虫而为蝶。"命贱如草之文人,纵然做不了凤凰,但也可以笔走偏锋,渴望在尘世草莽中成为草中嘉瑞。

白居易《放言五首》之三:"赠君一法决狐疑,不用钻龟与祝蓍。试玉须烧三日满,辨材更待七年期。周公恐惧流言日,王莽谦恭下士时。若使当时便身死,一生真伪有谁知?"这已经触及了问题的实质,就是说,是好是坏让时间去得出结论,但是,谁来为时间作证呢?诗人用反问代替了自问,就显得中气不足了。宋代诗人王禹偁有诗《太昊遗墟》云:"兹焉拜古陵,聊以酬素志。愿求五十蓍,决彼天下事。"豪气固然干云,可是天下事又岂能是被蓍草所圈定的。我觉得,还是苏轼更得事物的中元,他在《次韵曹九章见赠》里说:"蘧瑗知非我所师,流年已似手中蓍。"在那三棱形的草茎上,时光如抽穗之苗,又让我们的欲望越发难以兑现。想到此,看看深秋的窗外,夜空的流水正源源不断淌过我的额头……

生命的尴尬和动力

邓晓芒

近些年来，常有一些亲朋好友劝我，说你已经"功成名就"了，不用那么累死累活地干了，该放松放松、享受享受了。这都是些好心人的善意的劝说，他们希望我健康，活得长久一点，我真的很领情。但平心而论，我自己觉得我从来没有为了"功名"而累死累活过，如果是那样，就算是"功成名就"，也是一场黯淡无光的人生，顶没意思了。只不过我们这一代人，从小就被教导"劳动光荣"，人总应该积极努力向上，人生就应该做点事情。几十年来，小时候的教育几乎都被我"呕吐"光了，唯有这一点朴素的思想，仍然根深蒂固地驻扎在心底，成为我一直不能放弃、甚至不能摆脱的生活模式。

记得前年到重庆去讲学，本来带了笔记本电脑，想趁休息时间干一点"私活"，校改一下学生的翻译作业什么的。晚饭后刚刚打开电脑，两位重庆的朋友来了，生拉硬拽地拖我出去"洗脚"，说一定要让我"放松"一下。我从来没有进过这种休闲场所，也实在没有兴趣，只是却不过情面，只好跟着他们去了。在洗脚城，我们三个躺在那里，都不说话，由三个年轻漂亮的姑娘捶这里捶那里，捶完了就开始洗脚，洗完了就开始按摩足底的穴位，按得我痛彻骨髓，感觉好像要把脚板里面的骨头都剔出来一样。但我又不好意思喊痛，一是怕一个大男人被年轻妹子瞧不起，二是觉得也应该尊重人家的劳动，就只好忍着。偷眼看旁边的朋友，他们倒是都在闭着眼睛享受，看样子惬意得很。我顿时有些自嘲，觉得自己恐怕已经被"异化"成了某种不食人间烟火的怪物。整整鼓捣了两个小时以后，程序总算结束，由朋友付的账，多少钱不知道。出来后，我心里十分懊悔，觉得这两个多小时完全在那里活受罪，不但身体上受罪，而且精神上也受罪，无聊得很，也紧张得很，谈不上"放松"。身体上受的罪让我的脚跛了三天，精神上的无聊则让我回想起当年在水电

邓晓芒：武汉大学哲学系教授。

安装公司当搬运工时的一种感觉。

那是 1976 年秋天，我正在西区劳动服务大队当临时工，挖土修马路。我的一个朋友小姜在水电安装公司当汽车司机，有一天他告诉我，他们公司现在当搬运工的青年闹情绪，要求调换工种，说自己 28 岁了，谈了几个朋友都不成，不换工种别想找到对象，所以单位急于从外面招收一名搬运工来顶替他。我打听了一下，工作其实很轻松，主要是工作时间短，平均每天大约三个小时的搬运，干完了就可以休息。我觉得这正合我意，我缺的就是看书的时间，于是请小姜去帮我联系。不几天，他就陪公司的卢主任来我家了解情况，一见我刚刚下工，浑身晒得油黑发亮，肌肉鼓鼓，立马就谈妥了。他唯一担心的是我那年也正好 28 岁，还没有谈女朋友，是不是也会闹情绪？我向他保证绝无问题，恰好相反，我希望公司今后能够让我保持这个工种的专利。就这样，我成了一名月薪 35 元的正式工人。

那时，省图书馆的不少禁书都开放了，有小说，有文艺理论，也有哲学书。我办了一个借书证，疯狂地读书。我每天的行头是一辆自行车，一个黄书包，里面放一本书。我对工作极端卖力，一是因为得到一个正式工作不容易，我十分珍惜；再就是我对于体力活有一种迷恋，有节奏的劳动使我身心愉快；最后当然也是想尽量快点做完就可以去洗澡，然后坐下来看书了。那几年我读了不少书，罗素的《西方哲学史》，马克思的《博士论文》，黑格尔的《美学》、《历史哲学》，赖那克的《阿波罗艺术史》，前苏联的一本《马克思主义美学原理》，康德的《实践理性批判》，《新建设》编辑部编的《美学问题讨论集》（六卷），朱光潜的《西方美学史》等等，大都做了详细的笔记。看书的地方，有时在会议室里，有时在仓库里，有时在搬运工和司机的休息室里，人家都在聊天或打牌，我就在旁边看书。公司领导看我每天勤勤恳恳，安心工作，又好学习，对我十分满意。

可是有一天，我不知为什么，上班忘记带书了。那天恰好没有搬运任务，整个公司大楼里上上下下没有一个人，但是按规定没到下班时间又不能回家，必须等待随时可能下达的任务。我端条凳子坐在公司门口，看了一会儿大街上来来往往的行人，不耐烦了，就去爬楼梯。上了五楼，看会儿风景，再下来，然后又上去，再下来，这样几趟。然后又到公司门口右边一个街口的燎原电影院去看海报，希望碰到一个熟人，聊聊天也是好的，可是没有碰到。又到左边的一个文具店里逛逛，到街对面的小百货店里瞧瞧，心想附近要是有个书店就好了。但我不敢走远，怕突然碰见领导，也怕管事的叫搬运工时我不在，挨批评，于是又折回来坐在公司门口，百无聊赖。一直等到过了10点半，估计真的不会有什么搬运任务了，才跨上自行车，一溜烟朝家里骑去。我一边骑车一边想，今天这可是个深刻的教训，以后再也不敢忘记带书上班了，我一刻也不能没有书。从此我真的十分小心，每次上班前第一件事就是记得把书带上，因为那次的印象太深刻了，那简直就像把五脏六腑都掏空了一样难受。

1979年，我考上了武汉大学的研究生，毕业后留校任教，从此脱离了体力劳动，进入了另外一种劳动方式，就是把阅读、写作和讲课当做自己生活的主要内容以及职业。在这几样工作中，我把教书视为"体力劳动"，因为我必须做这个工作才对得起这份工资；而把阅读和写作当成纯粹的智力劳动。和以前不同的是，这两种劳动之间有了密切的联系，我在课堂上讲的要么是我读到的、要么是我自己写的文章或书。我每天沉浸在对新的发现和开拓的渴望和喜悦中，那是我保持生气勃勃的生活兴趣的原动力。类似水电安装公司那次的尴尬已很少发生，除非偶尔陷入到一个明知毫无意义却不得不数着时间过去的境地，像在重庆的那一次。后来我写过一篇文章，专门谈到对于生命的看法，认为一个人在生活不能得到最低保障的时候，当然首要的任务是活下去，努力做到能够养活自己和养家糊口，他必须发挥他的脑力和体力来为这个目标奋斗，他的精神生活只能是物质生活的附庸；但是这一点一经达到，"温饱"已不成问题，他就应该考虑把他的生命结构"颠倒"过来，使他的物质生活为他的精神生活服务。这其实就是我自己的生活模式，我至少主观上尽量做到对物质生活的追求只以精神生活的需要为限。所以，我把阅读和写作视为自己真正的生命，其他的都是为此而做的铺垫，所准备的物质条件。而这种生活模式至少是从水电安装公司的时候就已经形成了。我现在明白，当时的那种尴尬其实就是生命的尴尬，是生命之火被封闭在一个不透风的容器内快要因缺氧而窒息的那种难受。因为那时我已经把我的本职工作当成了维持我的精神生活的原料，而把精神生活视为我的真正的生命本身了。

"北京人"的文化生态

穆光宗

写下这个题目,并不是要从考古学视角重新理解 50 万年前出土于周口店的"北京人",而是试图诠释一个非常有趣也关涉我们自己的北京现代性问题。北京,一个日趋开放的城市,在她日新月异的发展中,越来越多的居民却遭遇到一个"市民身份"问题——同在一片蓝天下,在自己是不是北京人这个问题上却有不同的认识。譬如,一些人在北京居住、工作多年,却困惑自己到底是不是北京人,典型如外来民工,著名如"北漂"一族;一些人并没有在北京出生,却也敢自称是北京人,只因祖上是北京的,寻根问祖认清血亲之源素来是国人的传统;也有一些只是出生在北京却长久居住工作在异乡者痛快地承认自己是北京人的。举一个相反相成的例子,我,一个来自杏花烟雨江南的学人,本身就是有典型性的个案。蓦然回首,从 1981 年北上求学、工作、生活至今,我在北京已度过 1/4 个世纪。然而,当别人问起我是哪里人时,却总是情不自禁地脱口而出:浙江人;详细点,宁波人;一竿子插到底,天厚东南、地利象山的宁波象山人。其实,我在北京的时间早已超过在故乡成长的时间,有北京市正式居民户口也有 21 年,不是地地道道也是实实在在一个北京人。但为什么总是问者清答者明,一如既往地将自己看做是北京的"异乡人"? 为什么有北京户口、又在北京工作生活多年的人们有挥之不去的出生地情结? 对一个无论居住多少年,却无一纸户口的真正的外乡人来说,很难相信他或她会自认为是北京人。如此这般的多状态"北京人"该如何解读?

这是"北京人"的文化身份之谜,折射着"北京人"的文化生态。以血脉说渊源? 以出生定乾坤? 抑或以户籍辨真伪? 急剧的社会转型、迅速的人口增长伴随着城市的文化扩张。昔日君临天下、皇威自重的"皇都文化"正在现代

穆光宗:北京大学人口研究所教授。

性因素的涤荡之下转变为海纳百川、丰富多彩的"市民文化",带着不同口音、不同梦想的"中国人"变成了区域意义的"北京人",多元文化交汇因此成就了北京之大。

追根究底,"北京人"的文化生态是血亲文化、出生地文化和移民文化潜移默化、多重影响、交叉营造的结果。在文化生态意义上,来自五湖四海的"北京人"一开始就获得了双重的国民身份,既是当地人,也是异乡人。

"北京人",是一个社会历史范畴,也是一个有弹性和张力的概念。如果祖上是皇城根儿下的,那么自己也沾了血亲之光,自可称"北京人"。到了今天,一些地方在寻根问祖方面做得丝毫不比古人差。一些名人不一定出生在当地,但因为是名人有贵气,所以就千方百计在其祖上做文章。如果祖上曾经是当地人,那么说"名人"也是当地人似乎也为国人所认同。

人是文化的生物,负载着文化的使命,承接着文化的基因。在人口流动一潭静水的过往,说起"北京人",那是有明确含义的,就是在北京出生的人。生命的诞生亦复生命的起点与开始,是无法抹杀的人生标记,它反映了中国人叶落归根的乡土情结。

谁是真正的"北京人"? 自然,世居之家是最具典范意义的北京人了,纯正出生加一口京腔足以成为划分"地道北京人"和"外乡北京人"的文化标记,北京人从来就被这两支人脉所裹挟和左右。我们都是北京人,然而追根溯源,我们都是异乡人。

移民城市,这是现代北京的别称。北京人的文化生态与北京的城市定位构成了同一个问题的两个方面。事实胜于雄辩。按城市日平均流动人口计算,北京从 1983 年的 50 万~60 万增加到 1988 年的 131 万。进入新世纪,流动人口总量从 2000 年的 308 万达到现在的超过 400 万,北京也因此成为外来人口最多的特大城市之一。根据 2000 年"五普"数据,北京已经成为继广东省、上海市的全国第三大流动人口聚集地,吸纳了全国 5% 的流动人口,其来源地覆盖了全国所有的省、市、自治区。2004 年,外来常住人口(居住半年以上)的人口规模是 329.8 万,占到北京市常住人口总规模的 22.1%。

"北京人"来源多样的文化生态是一个重要提示,北京之气度、北京之精神、北京之格局尽在这幅巨大无形的文化图景中了。无论制度化的安排、居住地的定位还是文化血脉的找寻,"北京人"不呼自出,就在市民身份的社会认同、文化认同和自我认同之中。如果说一纸户口是社会认同,那么血浓于水是文化认同,人生起点是自我认同。

"北京人"的文化生态在地理、人文和人口三大因素之间架起了认识的桥梁,展示了人口的流动和交融对一个城市文明、城市未来的深远影响。众所周知,众多"北京人"的外乡人身份自然而然地将多元的文化种子带到了首善之区;因此,对多数北京人来说,北京就在朝九晚五的生活中,而故乡却在午夜梦回的遥念里。双重的国民身份意味着故乡是怀想,北京是作为。随着人口的交流而来的文化的多样性有着多重的意蕴,差异表征着丰富,也潜伏着冲突。

今天,改革开放的古都北京迎来了一个快速发展的历史时期,"人文奥运"给了北京前所未有的发展机遇和展示机会。北京不再是贵族世袭之地,"平民北京"已经拉开帷幕,低端流动人口在挑战都市文化品位。抽象意义的"北京精神"似乎难以找寻,但我们相信有"北京文化"。如果说一定有北京精神,那也是北京人人文关怀的照耀,北京文化高贵气质的体现。说得直率一点,在这个人欲横流的社会,北京有文化并不等于北京人也有文化。其实,很多新老北京人的追求还停留在初级的生存层面,缺乏文化人格上的自我塑造。今日之"我"固非昨日之"我",但今日之"我"可胜昨日之"我"?打造大北京、新北京需要呼唤的是"北京人的人文精神"。北京人的文化生态决决其大,别有风致。在首善之区的道德旗帜下,新老北京人当为国民道德表率。在和谐中营造都市社会"各美其美,美人之美;美美与共,天下大同"(费孝通语)的市民文化生态,仁德自强、天人和谐的人文精神终将大放异彩。

食之美

唐　逸

　　"文革"前不久,我偶尔到宣武门内的烤肉宛吃饭,坐在大厅里,离大门不远。厅内靠北墙有一个颇大的白案子,一位师傅正在烙烧饼。他用擀面杖在案子上敲打的鼓点,引起我的注意。那韵律清脆,嗒——嗒,嗒——嗒,嗒嗒,嗒嗒——! 同时,他的脑袋轻轻颠动,两脚也轻轻舞动,那种悠然自得、轻松愉快的劲头儿,着实令人心情一爽。我心里不由升起一种敬意。在我面前的,不仅仅是一个厨师的工作,那是真正的"艺"! 我能感受到,那是一种生活态度,是在日常生活中常常发现美,把工作不仅当做谋生手段,而且视为美和愉悦的源泉的那种人生观和生活方式。我相信,他的学艺,绝不仅仅是烹调学校之类的技术教育,而是一种文化传统的传承。

　　文化传统并不仅仅是在书本中便可以代代相传的,因为文化是一种生活方式。即使诸如对于食物的美感这样仿佛颇细小的生活琐事,也需要在一种未经诋毁和摧毁的文化传统里,在生活经验的传递之中,代代相传。什么食物是美的? 我们是怎么养成品尝的直觉的? 其实就是在不知不觉间,自幼在妈妈的怀抱中,父兄师长的耳提面命中,在家人、朋友、同事和日常社交的饮食酬酢中,在田间劳作中,在花前月下的低回吟咏中,不知不觉地陶冶而来。一旦毁坏了一种文化环境,那象征一种文化传统对于饮食之美的直觉便会退化为原始的食欲,或饕餮的嗜欲。

　　在"吃"的一面是如此,在"做"或"卖"的一面亦是如此。勿论专业的厨师,抑或业余的烹调者,以及自愿的或勉为其难的家庭主妇或家庭副男,他们的手艺的根基,也同样只能是文化传统所陶养出来的直觉。如果砍掉这种直觉的根基,而单单靠"训练"(无论是"烹调学校"的"集训"还是电视上循循善诱的猿猴式模仿),即使出版几百种装帧华丽而且经过文人"考据"的复杂

唐　逸:中国社会科学院世界宗教研究所研究员。

的地方系菜谱，打造穷奢极侈的星级宇级的宾馆餐馆，在电视上制造由"名人"主尝的狂欢大赛，炒作所获得的结果，也无非是满足饕餮嗜欲的"食文化"。文化传统的根一旦断掉，那体现一种文化的食之美也就不存在了。

上面提到的那位师傅，他烙的烧饼，如流水线般源源不断地流向大厅内的餐桌，速度之快是惊人的，而烧饼的品质堪称一流：大小薄厚一如传统，形状圆满，芝麻烤得恰恰香脆，无过与不及，内层极薄，重重叠叠，咬之有麻酱、盐和花椒的融合香味，可谓美矣。如今，早已吃不到这样的烧饼了。现在豪华餐厅多得是了，然而传统饭馆里那种普通水平的菜肴再也吃不到了。

经过长期的意识形态的磨难，在"文革"中达到暴力破坏文化的顶峰。不久，权患未除而钱患已至，遍地是"新时代"的"狂欢""疯乐"，然而那种将人压扁了再吹胀了，再镀上彩色所塑造出来的一代一代的"新人"，却难以领会由文化传承而来的食之美。即使在吃的领域，我们面对的实际上也是一个文化的荒原。如何重建文化的家园，大概只能是徐缓的历史过程吧。

快乐三题

陈嘉映

快乐好不好？

据亚里士多德，第一个把快乐和善好等同起来的哲学家是尤多克索斯（Eudoxos）。这一类哲学家被称做"快乐主义者"。柏拉图的《斐莱布篇》里的斐莱布就是个快乐主义者，虽然那多半是个虚构的人物，但快乐主义那时一定相当流行，柏拉图因此才花大篇幅加以讨论。近世则有功效主义或曰功利主义把善好和快乐等同起来。当然，这里所说的"快乐主义"是一种哲学主张，并不是街上不问哲学一心吃喝玩乐的那种实践快乐主义。亚里士多德告诉我们，尤多克索斯生性节制，不溺于享乐。最出名的快乐主义者是伊壁鸠鲁，他说："我们说快乐是主要的善，并不指肉体享受的快乐……使生活愉快的乃是清醒的静观。"（《古希腊罗马哲学》，商务印书馆 1982 年版，第 368~369 页）这难免让人怀疑，哲学家所说的快乐和我们平常所说的快乐能不能同时都叫做"快乐"。

快乐主义有两个主要论据：第一，所有人甚至所有动物都追求快乐；第二，快乐不是作为手段而是为其自身被追求的，"一个人在享乐的时候没有人问他为什么享乐"（1172b24。所引亚里士多德均出于《尼各马科伦理学》，以下只在正文括号中标出 The Loeb Classical Library 版本制定的边码。也可参见苗力田等人的译文，《亚里士多德全集》，第八卷）。柏拉图在《斐莱布篇》里评论说，这最多说明快乐是诸善之一，不能说明善就是快乐（最多证明了这个。实际上苏格拉底强调指出快乐有很多种，其中很多种快乐是不好的）。快乐是不是好的，是一个问法；快乐是否等于善好，是另一个问题。除了快乐，还有智慧，而智慧比快乐更值得追求。当然，智慧和快乐和合是最好的，那就是至善了。亚里士多德引用了柏拉图的评论，并大致表示同意。

陈嘉映：华东师范大学哲学系教授。

快乐似乎的确是我们所追求的。荀子在他讨论音乐的一篇开首就说：
"夫乐'音乐之乐'者，乐也，人情之所必不免也。"(《荀子·乐论》)这一点似乎
可从"乐"这个字上看出来。乐的一个主要意思就是喜欢、愿意去做、乐意，例
如安居乐业里的"乐业"：有人乐于他的事业，乃至乐此不疲。结晶在词义里
的道理是些很基本的道理，不过，要正确领会、正确表述这些道理并不容易；
尤其当我们要构建自己心爱的理论，更可能有意无意间乐于被字词释义误
导。从乐业、乐此不疲这类说法也许引不出我们追求快乐，它们简简单单就
是说快乐地追求要做的事情。果若如此，重心就落在了所追求的事情上，快
乐不快乐只是附从的。

这大致是亚里士多德的看法，他说，快乐是不是好的，完全取决于与该
快乐联系在一起的活动：高尚活动带来的快乐是好的，可鄙活动带来的快乐
是坏的。亚里士多德在他的《伦理学》里一开始似乎接受了快乐至少是一种
善好的说法，但在后面的论述中，他也多处谈到"可鄙的快乐"。孔子也区分
了不同的快乐，说乐礼乐是有益之乐，乐宴乐是有损之乐，这也是从所乐的
活动着眼的。

有人也许会觉得应当把可鄙的活动和它带来的快乐分开来，可鄙的活
动当然是不好的，但它们带来的快乐并不因此改变性质。贪污当然是不好
的，但贪污到手里的钱币值不变。我相信，这条思路包含一个不大容易看到
但事关紧要的错误。这一点且不去深谈，这里只想说，我们有个直觉：强奸和
虐杀是恶行，谁若竟因此快乐，很难再说那快乐本身是好的。一般说来，我们
不愿这样说，自有不愿这样说的道理。

功效主义者也许会争辩说，虐杀这样的事情本来不会让人快乐，只会让
人不快乐。边沁、密尔都是高尚君子，他们似乎不能设想作奸犯科也能让人
快乐，但作奸犯科而仍然高高兴兴的人也不在少数。就算讲到正派君子，上
述争辩似乎也倒果为因：大概是由于有了这样的风俗、习惯、法律，他们才会
因为作奸犯科抵触了这些而不快乐，却不是因为要防止我们不快乐，人类才
制定出法律等来禁止这些活动。如果这些活动天然就让所有人都不快乐，恐
怕就不必制定法律来加以禁止了。当然，若人人都是边沁、密尔那样的高尚
君子，不会因粗鄙恶劣的活动快乐，那么剩下的只有高尚的快乐，快乐也一
定是好的了。

亚里士多德同样着眼于与快乐联系在一起的是何种活动,来区分快乐之为善好的品级,理知活动高于视听,视听高于吃喝,据此,视听的快乐高于味觉触觉的快乐,理知活动的快乐高于视听的快乐(1175b25及以下)。今天也许有很多人不肯认为理知高于吃喝,不过这并不影响快乐的好坏和等级取决于因之快乐的活动这一基本论题。

这样一来,我们就只能问这种快乐好不好,不能泛泛地问快乐好不好了。的确,我们会问骄傲这种性情好不好,却不会泛泛问性情好不好;会问埋头读书这种做法好不好,却不会问"行为好不好"。然而,这个类比不尽恰当。行为和性情更多是描述性语词的范畴,快乐与此并不同类,而是含有很强的评价意味。作为评价,快乐的确和善好是同一方向的,同样是正面的。因此,"虐杀的快乐"不仅是可鄙的,这话听起来都别扭,不像有朋自远方来之乐来得顺耳。而且,人们说到很高的境界,最高的境界,倾向于说它快乐,人们说"孔颜之乐",不说"孔颜之苦"。庄子那般的高人,本来是"哀乐不能入"的,乃至于说:"悲乐者,德之邪也。"不过,我们也读到,超然于悲乐之外,融身于未始有极的万化,毕竟是乐,且其乐不可胜计。这种乐,谓之天乐、至乐。至乐不同于为轩冕而乐的得志小人之乐,自不待言,不过还是乐,不是苦。

高尚的活动本身就快乐呢,抑或高尚的活动另外还需要附加快乐?亚里士多德多次说道:快乐使行为变得完满。没有活动,快乐就不能生成,但唯有快乐才能使每一种活动变得完满。这似乎可以理解为,人们在追求优秀的同时也追求快乐。不过,亚里士多德更多的时候看来是主张高尚的活动本身就快乐。"至于我们到底是由于快乐而选择某种生活,还是为了某种生活去选择快乐,目前且不去管它。两者是紧密相连的,看来谁也不能把它们分开。"(1175a18~20)

柏拉图和亚里士多德强调德性和智慧,但也不排斥快乐。亚里士多德之后,希腊的社会情况有巨大变化,希腊人的精神气质也变化很大。斯多葛派的兴盛是突出的一例。他们只求德性,不求快乐。快乐主义者等同快乐和善好,斯多葛哲学家马可·奥勒留皇帝则认定,快乐和痛苦无关道德,因为善人和恶人都会有快乐,也都会有痛苦。斯多葛哲学家分析说:并非因为德性带来快乐,我们把德性叫做善好;而是因为我们把德性叫做善好的,所以德性也带来快乐。这话的后一半似乎是说,我们说德性生活是快乐的,这差不多是个比喻,德性之为有德者之所求,可类比于快乐之为俗人之所求。

至基督教兴起,尘世快乐不仅不与善好合一,倒多半含有罪孽的意思。不过,快乐是好的这种想法很难根除,《新约》里还是保留了不少表示快乐的希腊词,用来表示敬神的愉悦和欢乐。在我们中国的毛主席时代,享乐也同样成为罪恶,很多正面的语词停用,美感、爱情、人情、善良之类都不大听到,但快乐、幸福却仍常用:见到毛主席,无比快乐;共产党领导下,幸福万年长。

快乐究竟是好是坏,这个争论一直延续到现代。英国功效主义者把快乐等同于善好,尼采嗤之以鼻:追求快乐并不是人的天性,那只是英国人的天性。他认为快乐和痛苦没有道德意义,以快乐和痛苦来评定事物价值的学说是幼稚可笑的。尼采是庄子一路的高人,一路贬低快乐,像超出善恶一样超出悲乐。但在他那里也像在庄子那里一样,这份超然也是乐,至乐:人谁不求快乐——"痛苦深深;快乐,呃,更深于刺心的悲痛。痛苦说:走开!快乐,一切快乐,却意愿永恒,深深的、深深的永恒!"(尼采:《查拉图斯特拉如是说》,尹溟译,文化艺术出版社 2003 年版,第 367 页。)

于是我们有了三个论点:快乐是好的,快乐是坏的,快乐无所谓好坏。哪种论点最有道理,留待读者明判。

快乐能否比较?

功效主义把快乐当做生活的目的。要比较一种行为是否善好,就要看它产生不产生快乐,产生的快乐有多少。这样一来,我们似乎就必须能够从量上对快乐加以比较。这个论题最容易被人挑出毛病来,很多批评功效主义的论者都会对此发出质疑。

同类的快乐已很难比较。你我都好喝酒,今晚各饮五粮液一瓶,谁更快乐?

快乐可能有很多维度,边沁列举了强度、持久度、明确度、远近、后续(后续的是苦还是乐)、纯度、广度(涉及的人数多少),我们还可以加上丰富度等等。我们也许可以在同一维度上比较两个快乐,但维度之间怎样折算,例如长远的强烈快乐是否等值于眼前较弱的快乐?

快乐还有种类的区别,美食和美色,哪样给人带来更大的快乐?逗小女儿玩的快乐与引刀成一快的快乐,更想象不出怎么来比较。

快乐之间很难比较，何况还要比较快乐和痛苦。我的快乐引起你的痛苦，怎样衡量我的快乐大呢还是你的痛苦大？我以苦为乐，或者干脆是个受虐狂，如何计算其中苦多还是乐多？

一般说来，哲学从不关心纯粹量上的计量和比较。除了功效主义理论在逻辑上要求信从者比较快乐的量，其他所有理论，若说到快乐的比较，都是指种类上的比较，不是量上的多少；而种类上的比较，则是为了定出品级高低。最常见的分类是分出肉体快乐和心灵快乐。在一代代儒师眼里，心灵快乐高于肉体快乐，孔颜之乐高于白痴之乐，是显而易见的，虽然今人眼俗，乐得其道和乐得其欲哪个更高，时不时还有点含糊。

一旦量化，比较起来就容易了——量化本来就是为了比较。但不同种类之间的快乐如何比较高低，的确有点难度。或曰，这要两种快乐都经历过的人才能判定。曾经沧海难为水，这话虽不无道理，但孔颜又似乎很难经历白痴之乐。

庄子的小知之乐和大知之乐也可以归于这一类。井蛙在干泥塘跳跳蹦蹦，吾乐与！这种小知之乐，东海之鳖当然看不上眼。但又何妨？常听人说边远山区的山农虽一贫如洗，但他们比饫甘食肥的城里人快活。

这差不多等于说，快乐是纯然主观的东西，我觉得快乐就是快乐。人不堪其忧，颜回兀自快乐他的。纯然主观的东西当然无法比较。

所有这些，用理论家的话来概括，就是快乐（以及痛苦）不可公度。上述种种方面的不可公度，都甚显眼，然而，人们似乎仍然忍不住想要比较快乐。我们刚才提到，亚里士多德在考虑快乐的时候，主要着眼于我们因之快乐的活动，而不是快乐本身。也许我们通常不是在比较快乐的性质和品级，而是在比较行为活动的性质和品级，或至少是着眼于活动来进行比较。一般说来，快乐不是一种可以从因之快乐的活动分离开来测量的心理量。

活动不仅有种类的不同，更有善恶之分。美食美色的快乐，种类不同，很难公度，但它们都是些无害的快乐。虐杀强奸的快乐，似乎更无法与无害的或者健康的快乐通约。若要像功效主义那样计算快乐总量，我们要不要计入这些"邪恶的快乐"（尽管要减去受害人的痛苦）？强奸的受害者是否可能经历身体上的快感？若有，是否也要计算在人类的快乐总量之内？在虐杀、强奸这类事情上，计算快乐的总量听起来真有点恶劣。我绝不是在暗示功效主义伦理学家是邪恶的。这一学派的学者,至少早期那些学者,如边沁、密尔,多数是可敬之士。咱们对事不对人。

快乐是目的吗?

　　传统上关于快乐的讨论引发了很多困难,产生了不少无稽之谈。这些困难和荒唐林林总总,却有个根子,这个根子就是把快乐当成了行为的结果,再进一步当成了生活的目的。哲学上的快乐主义如此主张,功效主义也如此主张。弗洛伊德在心理学里也如此主张,他以"快乐原则"名之:"看来我们的整个心灵活动都决意要求取快乐而避免痛苦,自动地受到快乐原则的规制。"(弗洛伊德:《精神分析引论》,高觉敷译,商务印书馆1984年版,第285页)

　　说我们做这做那是为了追求快乐,把快乐当做行动的目的,甚至当做生活的总体目的,不仅是职业哲学家的主张,这些说法首先来自我们每个人身上的哲学;也正因此,澄清这类说法才重要,才有意思。单属于哪个哲学家的错误,我们不感兴趣。

　　吃喝常被引做求快乐的活动。然而,平常吃饭喝水无所谓快乐不快乐,说为了快乐而吃饭喝水更不着调。且不说吃饭喝水不一定快乐,即使进行以及完成一种活动会带来快乐,仍不等于我为快乐去做这件事情。打球、读书、吃饭、睡觉、帮助别人、吸烟,哪种活动我们会说我是为了快乐做这个的? 那么多理论家把快乐视做行为的目的(动机),乃至一切行为的目的,实在可惊。受虐快感还谈得上是快感,但一个人在万般苦痛中求生,却不是出于快感,也没有获得快感,他简简单单就是在求生。为了营救含冤入狱的儿子,荡尽家产,毁了身体,也不是为了儿子一旦出狱时的那份快乐。

　　有些哲学家觉察到了这一点,他们较为谨慎地申言,人生的目的不是为了追求快乐,而是为了避免痛苦,或者说,所谓快乐,无非是避免痛苦。饿了不得吃、渴了不得喝,会难受、痛苦,解除这些难受是快乐。暑天跋涉,到一泓清泉畅饮,的确爽快。然而,把这番畅饮说成是为了消除痛苦,或为了消除痛苦从而获得快乐,就像把平时吃饭喝水说成是为了快乐一样不得要领。渴极了喝水和平常喝水一样,是为了解渴,不是为了快乐,尽管前者更感快意。

　　一个让你愉快的人和一个让你讨厌的人同天下午约你。你去见前一个人，你是为了愉快去见他吗？结果你决定去见后一个人，他虽然令人讨厌，却有重要的消息要告诉你。这时候你说，我是为了那个消息去见他的。回过来对照，你见前一个人，并不为了什么，但你也许会从句法上对照说，我是为了愉快去见前一个人的。

这一点，斯多葛学派已经明见，詹姆士也注意到了，他区分"快乐的行为"和"追求快乐的行为"。我们的活动得以实现，由此会产生快乐，这种快乐本身有时会变成被追求的目的，但不能由此推论出我们随时随地都是在追求快乐。

快乐和欲望有紧密联系，这种联系在 lust 这类概念中可以看得更清楚。欲望从后面推动，而不是在前面引领。欲望不是目的。张三问："你干吗到处找饭馆？"李四答："因为我饿了。"请注意，因为和为了有明显的区别，我因为饥饿吃饭，但我不是为了饥饿吃饭。

好，欲望不是目的，然而，满足欲望难道不是行动的目的吗？我们吃饭，是为了消除饥饿。尽管"满足欲望"在这个时代已经成了理论家的陈词滥调，然而，我们平常谁会说"我为了消除饥饿吃饭？"饥饿推动我吃饭，这就够了，我不为了什么吃饭。我倒是会说，我吃饭是为了恢复体力。我什么时候能这样说？我没有食欲，却坚持吃饭，就是说，我吃饭是由目的引导的，不是由欲望推动的。欲望满足了，于是消失了，这不是我们行为的目的。克制欲望倒可以是目的。

我们有时被欲望推着走，偶尔也会被目的领着走；大多数时候，我们既不是被目标领着走，也不是被欲望推着走，我们就这么走着。我到你家做客，在椅子上坐下来。我被什么欲望驱使？被什么目的引导？我百般无聊，打开电视，随便一个什么烂电视剧我就看下去。你若问，这么个烂电视剧，你看它干吗？我只好回答，因为无聊。无聊不是一种目的，也不是一种欲望。

职业理论家，以及我们自己身上的理论家，总想用一种东西，目的，或欲望，或什么别的，来解释人的一切活动。人家踏春嬉游，你苦背英语单词，他就说你是放弃眼前快乐追求长远快乐；人家吃喝玩乐，你去救助灾后伤员，他说是因为你觉给这些伤员倒屎倒尿比吃喝玩乐更快乐。要是信服了这样的理论，倒屎倒尿就变得比吃喝玩乐更快乐，我觉得倒不妨相信这样的理论。

少儿不宜百姓不宜官员更不宜

郭于华

由电影分级制度想到的

一个以宪政民主为政体形式的开放社会里，需要就文学艺术、报纸杂志、大众传媒的表现内容、形式和程度做出相应的制度安排，以确定在保证个人自由和社会多元的同时维护道德水准和行为规范，特别是保护青少年健康成长的权益。在这方面，人们接触最多和有相当共识的大概就是电影分级制度。

以美国MPAA(The Motion Picture Association of America，即美国电影协会)制定的影视作品分级制度为例，不难看到其详细的条文规定及其背后的文化观念：

G级(GENERAL AUDIENCES)：大众级，适合所有年龄段的人观看——该级别的电影内容可以被父母接受，影片没有裸体、性爱场面，吸毒和暴力场面非常少。对话也是日常生活中可以经常接触到的。

PG级(PARENTAL GUIDANCE SUGGESTED)：普通级，建议在父母的陪伴下观看，一些内容可能不适合儿童观看——该级别的电影基本没有性爱、吸毒和裸体场面，即使有，时间也很短。此外，恐怖和暴力场面不会超出适度的范围。

PG-13级(PARENTS STRONGLY CAUTIONED Under 13)：特别辅导级，13岁以下的儿童尤其要由父母陪同观看，一些内容对儿童很不适宜——该级别的电影没有粗野的持续暴力镜头，一般没有裸体镜头，有时会有吸毒镜头和脏话。

R级(RESTRICTED Under 17)：限制级，17岁以下的观众必须由父母或监护者陪伴才能观看——该级别的影片包含成人内容，里面有较多的性爱、

郭于华：清华大学社会学系教授。

暴力、吸毒等场面和脏话。

NC–17 级（NO ONE 17 AND UNDER ADMITTED）：禁止级，17 岁以下观众禁止观看——该级别的影片被定为成人影片，未成年人坚决被禁止观看。影片中有清楚的性爱场面、大量的吸毒或暴力镜头以及脏话等。

不独美国，许多发达国家和发展中国家都有自己或繁或简的同类分级制度，体现了各自社会对身心发育尚未完成的青少年的保护和关爱。值得注意的是，这类分级制度对"不宜"内容都是按照年龄段划分的，而非根据权力、地位、财富、声望等社会分层标准来划分的。

视民如子与"爱民如子"

中国的社会治理和道德约束对普通民众尤其是处于社会底层的民众复制了如电影、书籍分级制度的"少儿不宜"原则，可约略表述为"百姓不宜"。例如，夫妻不宜在家中看黄碟，农民工不宜观看色情表演，网民不宜浏览内容不健康的情色网站，公众不宜接触政治上或道德上不良的信息……凡此种种都基于一种管理思路：不让你们接触"反动的"和"不健康"的内容是为你们好，如同老子管教儿子。

刘小超　绘

　　将老百姓当做自己儿子、孙子一般来代表、来管束是中国政治文化的传统。古时圣人即有言：民可使由之，不可使知之。民众历来被统治者视为心智不健全、道德不完善、人格有缺陷的未成人，没有统治者和教化者的规训与监督，他们会信仰怪力乱神（淫祀），他们会追求低级趣味，他们会把大量的人、财、物"浪费"于祖先崇拜、封建迷信甚至犯上作乱。而只有在圣人和长官的牧养、驯服、教化之下，他们才能成为良民。教化既有诉诸道德的说教，也有诉诸暴力的惩罚。有时即使惩罚的过了头甚至打错了，百姓也不能有所抱怨，因为父母打孩子也有打错的时候。正是在此意义上，治理一方的好官好吏自称为"父母官"，老百姓当然是他们的子民。而这样一种吏治理念直到今天仍不时有所表现。

　　百姓不宜而官员宜，基于这样一种逻辑：位于权力阶梯上层的长官自然地占据道德制高点，他们对于不健康、不正确、不良好的影响具有天生的判断力、免疫力和批判能力；而位于下层的百姓当然不具备这些能力，他们会因接触不良信息而身心受损，给社会管理和国家治理造成麻烦，一如家庭中的子女或社会上的少年儿童。

个人隐私与公众监督

　　"只许州官放火，不许百姓点灯"的事情在中国历史上并不少见。那皇帝老儿让老百姓都得忠厚老实、淳朴高尚，不得作奸犯科，自己却享用着三宫六院七十二妃嫔，过着酒池肉林、骄奢淫逸的生活。太平天国时的"天王"洪秀全定下"男女分营"居住的"天条"，即便是夫妻，如"私犯天条，男女皆斩"，而他自己却合法地霸占妻妾 88 人（一说 108 人）和后宫一千多宫女，荒淫无度。在我们还记忆犹新的"文革"时期，老百姓在银幕上只能看到八个样板戏和"中国的新闻简报，越南的飞机大炮，朝鲜的哭哭笑笑，阿尔巴尼亚的搂搂抱抱"，而一定级别以上的高干则可观看各种来自境外的"内部影片"（以供批判的名义）……但凡独裁、专制、极权的统治者都会制定类似的宜与不宜的条例并用以整饬民众，治理社会。中国的历史虽已翻过那荒谬的一页，进入一个开放的、现代的、努力与世界文明接轨的新时代，但上述逻辑或者称治理的"惯习"却仍未全然成为过去。按照如此逻辑，便会出现种种弊端。

　　在百姓的私人空间因种种"不宜"的规定而受到侵犯的同时，官员（当然是极少数的)独能享受私生活的特权(包括物质的特权、性的特权),虽然这既违法又违纪,但却屡禁不止。这难道不是不受制约的权力和与之相应的特权观念在作祟吗? 更何况,作为公众人物,特别是有权有势的公众人物,必须接受公众的监督、批评,在做了"不宜"之事后会被媒体曝光,要接受惩罚,这是掌握权力的代价, 是在享有权力带来的好处的同时承担起责任和道德义务。君不见,在一些民主国家,公众有权关注和指责政客或公众人物的种种个人行为——从政治丑闻到生活绯闻,甚至言谈举止、穿着打扮方面的不宜。而在我们这里,这样的环境和机制还远远没有形成。

李银河曾因主张宽容不同倾向、不同方式的性活动而被误解、曲解甚至遭到谩骂,直至声明"尽可能少发表与性有关的言论"。实际上,她是在"为普通公民的性权利辩护",特别是为少数人的权利辩护——人们有对自己身体的合法权利。她所强调的其实不是性,而是人的权利。在中国的政治传统和文化传统中,"我们有权利做的事一向太少太窄, 而我们没权利做的事一向太多太宽"。当然这里的"我们"不包括某些权势者。

因此,应该说:少儿不宜、百姓不宜的东西,官员更不宜。

"要怎么收获,先那么栽"(外一篇)

邵 建

当年,办《观察》杂志的储安平向胡适先生求字,胡适给他写了这样一个条屏:"要怎么收获,先那么栽"。这是胡适年轻时就表达过的意思,也就是种瓜得瓜,种豆得豆。虽然说的不是教育,但对"百年树人"的教育来说,无疑也是格言。

据河南《大河报》等媒体报道,郑州市某民办小学这样向记者展示自己的办学特色:上下课时小学生唱着《儿童团之歌》,手握红缨枪站岗值勤;学生偷拿家中的钱去网吧,学校开批判大会;老师和学生都拿起当年的《毛主席语录》,苦学"老三篇";故意让学生抢苹果,体验弱肉强食的激烈竞争。面对一片欷歔声,该校校长称这是红色教育,要坚持下去。

身为教师,我实在难以认同这样的教育,它和时代脱节不说,关键在于你的教育理念是什么,你要把孩子培养成一个什么样的人。对于一个文明社会而言,学校教育除了给孩子必需的科学文化知识外,育人之"育",无疑应该是那些属于人类普世价值的内容,比如人道、人性、爱、互助、理性等。尤其应当注意的是,执掌教育的人不宜把自己的某些价值偏好、甚至是某种特殊颜色的思想观念强行灌输给学生。学生尚小,特别是小学生,年幼乏知,同时缺乏选择和分辨的能力,给他吃什么奶,他就长什么肉。像现在这所学校,耳边是"儿童团",手中是"红缨枪",它所营造的是战争年代和阶级斗争的氛围。那个时代强调的是对敌斗争,红缨枪的指向是敌人,儿童团斗争的也是敌人。难道我们今天还要把敌人以及与敌人并生的仇恨灌输给孩子?《红灯记》里面的唱词"仇恨的种子要发芽",难道我们希望这些孩子长大后住在一个你死我活的社会里? 尤为不忍的是,学生偷家中钱上网,学校居然组织批斗大会。这是把学生当敌人,或者人为地制造敌人。当他们还没学会爱的时

邵　建:南京晓庄学院中文系副教授。

耳边是"儿童团",手中是"红缨枪",所营造的是战争年代和阶级斗争的氛围。

（刘小超 绘）

候,却学会了斗争,而且是用这种侮辱人格的方式。这里,受害的学生应该是双方,被批斗的学生,他的成长心理所受到的损伤不言而喻。那些被组织的学生,心理同样扭曲得如同非人。可以想象,儿童的心目中如果充斥着敌人、仇恨、斗争,那么,他长大后会成为一个什么样的人?

人是教育的产物。这位小学校长就是那个时代的活生生的产物。现在他却通过自己手中的权力试图恢复那个时代的教育,并振振有词地声称:人们通常把教书育人的老师喻为灵魂的工程师,其实做得好了就是工程师,做得不好,无形中就成了屠夫,因为他毁的毕竟是一代人啊!"教师是人类灵魂工程师"本身就是一个不伦的说法,姑且不论。这里说的"屠夫",倒不失为反讽。什么是屠夫教育,法西斯教育就是屠夫教育的一种。什么是法西斯教育,如果时光回到20世纪的一二十年代,墨索里尼在意大利上台后,按照他的理念积极推行教育改革,声称:"一个理想的法西斯主义者,是左手一支短枪,右手一部书,二者缺一,便是本党的病态,不健全的象征。"为了让学生受到法西斯的训练,法律规定,一个孩子,6岁至8岁时参加法西斯的"狼子团",8岁至12岁加入法西斯少年的"巴利拉",12岁至18岁则参加法西斯的"先锋队"。于是,6岁至8岁的初小学生,按狼子团的组织进行象征性的训练,手中拿的是"狼子棍",耳边听的是法西斯歌曲,着装也要求统一。这种教育有意营造战争气氛,让学生经常沉浸在厮杀的心理状态中,用以养成好勇斗狠的潜意识。

虽然,这样的学校目前只看到这一家,但它带出了教育产业化中的一个重要问题:是不是什么人都能办教育,只要有钱。抑或,只要有资格办教育,就可以按照自己的意志和偏好想怎么办就怎么办?这位校长声称:"走自己的路,让别人说去吧。"他有权力把属于历史倒退的内容重新搬上教育讲台吗?这不是什么走自己的路,而是强制性地要学生也走他自己的路。我不知道学生的家长是否同意,他们是有反对的权利的。教育不是私产,它属于公共领域。即使民办教育,也需接受来自社会的公共规范和制约。这所学校如此乖张,我实在看不出它的教育方式有什么理由存在下去。

雇凶杀人中的贫与富

穷有穷的问题,富有富的问题。报载,被誉为"温州第一经济强市"的乐清,2003年全市生产总值就达217.1亿元。然而,如此巨富之地却频频出现雇凶杀人事件。该市检察院向媒体提供了一份令人瞠目结舌的材料。该材料披露,2000年以来,当地因争权夺利引发的雇凶案件,经该院批捕的就有47起,且呈逐年上升趋势。该检察院特意说明,雇凶杀人的雇主大多数是私企老板和富人村官。

这是一个富出来的社会问题,问题之严重有点让人始料不及。本来"仓廪实而知礼节",这是古人的话,有它相当的道理。何况长期以来,我们把很多社会问题也归咎于贫穷,认为只要脱贫,一切都会好起来的,什么路不拾遗,夜不闭户,家家笙乐,户户歌舞。多么乌托邦!现在看来不是,非但不是,而且还杀人,而且还雇凶杀人。谁也料不到,电影中的黑社会惊现于现实。

看来,"仓廪实而知礼节",这个"而"不是一种必然,其间也未必存在因果。经济上富了,很可能其他方面还没脱贫,比如文化,它不妨包括人的法律意识、伦理意识、人道意识等。我不敢唐突,乐清那地面是不是富得只剩下了钱而又一概只为钱?

当然也要注意到事情的另一面,另一面是缺钱。那些雇主很可能是富人,而被雇的呢,却是穷人。该检察院这样分析,被雇行凶者普遍文化程度较低,法律意识淡薄,且长期处于社会底层,生活一般比较困难,个别人还有仇视社会的心理,因而容易受金钱引诱,有的人甚至还以此为生。他们主要来自江西、湖北等地。这是社会的另一面相,因为穷而铤而走险,不惜以生命作赌，同时也夹杂了自己的仇富心理。

也是管子的话，是接着"仓廪"那一句而来："衣食足而知荣辱。"确实，一个人如果连生存都顾不上，是很难顾及其余的。但这也不能绝对，因为管子是在对国家统治者说话：你必须先让老百姓不缺衣少食，才能谈到荣辱及其他。今天的"治者"当然需要三复斯言，因为地区的不平衡，我们至今依然没有摆脱掉贫穷。但，管子的话一旦不是对"治者"，而是针对每个人，如果这个人是有文化的话，我想，他是不会用它作为自己不讲荣辱的借口的。

上述富人和穷人，雇主和雇凶，说到底，都有一个"利"的驱动在支配。穷人"喻于利"，所以甘为凶手，富人为富不仁，出钱雇凶不也是为了更大的利。唯利是图，不免触法。从法的角度，乐清的事也干脆，按律而判。可法能解决全部问题吗？如果这样的事不发生或少发生，就一个经济富庶地而言，它的文化富庶就可能更重要。一段时间以来，"国学"呼声日渐高涨，而国学中的传统文化委实给我们留下了很丰富的精神遗产。比如谈到贫富，孔子和他的门徒子贡就有过极富启示的对话：子贡曰："贫而无谄，富而无骄，何如？"子曰："可也，未若贫而乐，富而好礼者也。"时子贡富，志有所怠惰，故发其问，意为不骄就是美德。孔子虽然认可子贡的话，但指出了更高的境界：贫而乐，富而好礼。

孔子确实比子贡高明，尽管做到像子贡这样也已经很不错了。安贫乐道不容易，这需要文化支撑；可富了之后，不但不骄而且好礼，同样需要文化。可见，不是仓廪实就自然知礼节，这礼节还得你自己主动去"好"。同样，未必衣食足才能知荣辱，不足未必就不知。这个"知"、这个"好"，悉在文化。我声明，我不是文化决定论，文化解决不了一切问题，更不能立竿见影。但，在一个富得流油的地方，却高频出现雇凶杀人，除了匪夷所思，也令人不得不惊疑：这个地方的文化怎么了？殊不知，文化是反映一个地方的民风的，也是能逐渐透入人的本性的。

天下熙熙，皆为利来，天下攘攘，皆为利往。人类无论穷富，皆绕不过一个"利"。说利是人的最大的私欲，也未必不可。关键是，在人与利之间，是人控制利，还是让利控制人。前者，人是主体，利是属人的；后者，利是主体，人成了利的工具。就后者言，当一个人不论穷富而又唯利是图时，请当心，那"利"字右边的"刀"，已经对准自己了。

打捞失落了的古代共和传统

薛 涌

评价文明的成败，必须以世界史的框架为依据，以长时段来比较各文明的兴衰。我从这种宏观比较中得出的基本结论是：文明的动力归根结底来自社会基层。当一个文明给你提供了稳定的制度框架，让你能够通过和邻居们合作，以自治的精神来管理社区的事务、增加社区的利益时，这个文明就生机勃勃。当一个文明把这种基层权力转交给高高在上的政府，让那些对地方社会既不了解、也没有利益承担的官僚来代老百姓作出决定时，这个文明不管开始时多么强大，也会逐渐失去动力。任何在现代社会中成功的文明，都含有强大的基层社会共同体的基因。在现代社会失败的文明中，这种基因则非常脆弱。从这个面向看，孔子的努力是力图保持我们文化中的这种基层共同体的基因。他的失败，则意味着我们的文明丧失了这种基因，最后逐渐成为一个现代病夫。

国家理性与共同体自治

Avner Greif 在其近著《制度与通往现代经济之路》中讨论了西方文明成功的原因，提出了一个基本的制度因子：建立在共同利益之上的而非纯粹血缘关系之上的自我治理的组织。这种组织瓦解或弱化了家族、部落甚至国家权力在塑造社会中的作用，使得有共同信仰和利益的个人能够自我组织起来，有效解决本社区的问题，应付共同面临的挑战。这种组织，就是我在本书中反复强调的基层社会的"共同体"。当这种"共同体"过早地被国家权力所整合，丧失了自己的自治权后，社会的基本动力就消解了。当这种"共同体"能够在现代国家的结构中保存自己的自立性和创造性时，就能促进社会的繁荣和国家的兴盛。

薛　涌：美国萨福克大学历史系副教授。本文为薛涌新著《学而时习之——〈论语〉研究》自序的一部分。

美国老一代中世纪史学家 Joseph R. Strayer 曾特别强调国家对人类生活的贡献。他曾强有力地论证说,在 1100~1600 年期间欧洲产生的国家,为现代国家提供了基本模型,彻底转化了人类社会的结构。乃至一个现代人可以没有家庭、宗教甚至固定的居住地,但就是不能没有国家。他对中世纪欧洲现代性的了解,主要是着眼于在其间展开的国家建设过程,对美国中世纪和近代早期国家形成的研究影响甚大。

Joseph R. Strayer 所论并非全无道理。但是,他本身作为一个"新政"知识分子,特别相信国家权力,认为那些雇用了最杰出的人士的政府(他自己就曾一边当教授一边为中央情报局工作),可以有效地转化社会、增进人类的幸福。这一意识形态洋溢于他的著作中,使他过分突显了国家的主题。年青一代学者,已经开始全面挑战他的学说。比如,Hendrik Spruyt 就指出,中世纪的欧洲有封建秩序、帝国秩序、城市国家、城市联盟,也萌芽了后来占主流的主权国家,当时的主权国家,未必是一个最有效率的体制。相反,经济发达地区最初并非出现在主权国家的统治范围内。意大利独立城市所创造的国际贸易体系,西北欧汉撒联盟所塑造的政府的财政责任,都是基于地方共同体利益生长出来的制度创新,后来成为主权国家成功的基础。

现代西方起源于罗马帝国崩溃后的欧洲中世纪。在 14 世纪时,欧洲还有 1000 个左右的政治体。虽然 15 世纪时民族国家就已经诞生,但到 16 世纪时,欧洲仍有 500 个左右的独立政治体。这些政治体,大多是以社会基层的共同体组合而成的。直到 1900 年,才形成了 25 个欧洲国家。如果我们考察 Joseph R. Strayer 所侧重的 1100~1600 年的 500 年就会发现,即使在这一时期国家形成的过程中,小政治体仍然在欧洲占主流。

事实上,一直到 13 世纪,复活罗马帝国仍然是欧洲政治生活中的重要理想。但是,因为社会中大大小小的共同体惧怕外在的帝国权力强加于己,它们时而与教廷联手,时而自己组成政治联盟,以抵抗帝国的扩展,维持自身的政治与经济的独立,最终在腓特烈二世之后使神圣罗马帝国成为一个空壳。从某意义上说,在 1100~1600 年这 500 年左右的时间里,民族国家的产生实际上是统一的中央集权秩序和地方共同体的自治秩序的妥协。即使是已经达到相当集权的英王室,也必须和以贵族为代表的社会利益妥协,并受后者的限制。比较成功的主权国家,都在相当程度上保持了基层社会共同体的完整性,使后者能够积极介入政治过程。

进入现代社会后也不例外。美国建国时,其建国之父们面临的一个最大的问题,就是如何调和政府和基层共同体之间的权力关系。他们意识到,在美国建国之前,任何共和政体都无法维持一个庞大的规模,而美国不可避免地要成为一个庞大的国家。为了制约可能形成的庞大国家机器对社会共同体的侵犯,他们设计了一个以州权为中心、严格限制联邦权力的体制,乃至在20世纪初美国还有句玩笑:联邦政府要是关门,人们半年后才会觉察到。即使在"新政"之后联邦政府急剧扩大,如今美国政治的一句至理名言还是"一切政治都是地方政治"。美国政治的中心,还是在基层几万人小镇的镇公所议事厅里。这不仅在于这些小镇的人有充分的权利处理自己的事务,而且他们的政治倾向决定性地影响到国家政治。要选总统,候选人先要跑到衣阿华、新罕布什尔这些小州,如同选村长那样走家串户,进行"政治零售"。而在这一过程中的表现,对候选人的政治命运具有决定性的意义。

总而言之,现代西方虽然都以强大的民族国家而自立,但这种民族国家的形成,是和基层社会共同体讨价还价的结果,最后大都给共同体的自治留下了充分的空间,是共同体在国家建设中扮演关键性的角色。日本之所以成为在西方之外唯一一个达到西方发达水平的国家,很大程度上也是源于类似的历史动力。日本自中世纪以来,就形成了以惣村为代表的基层自治的社会结构。即使德川幕府建立了强大的中央秩序,也非常尊重村一级的共同体的自治。赋税以共同体为单位来承担,生产由共同体自行组织,社会秩序由共同体来维持,甚至武士阶层不经过特别容许不准进入乡村。这样,在日本乡村形成了强有力的行政自治系统。当德川幕府无力应付内忧外患之时,社会的各个阶层自己迅速动员、组织起来,井然有序地完成了政治转型。在这个意义上,日本村落的自治,为明治时期的国家建设打下了坚实的基础。

中国则走了完全不同的道路。从春秋战国开始,中央集权的国家建设过程就已经开始。到秦始皇统一中国后,以皇权为核心的官僚政治就成为政治主流。国家权力也逐渐收回夺走了基层社会共同体的自治权力,通过"编户齐民"的方式,把老百姓登记在册,在理论上皇权对每一个臣民有着一竿子捅到底的直接统治关系。这一套,被钱穆称之为"民众与国家接近","优秀平民"得以被选拔进入政府,使中华文明迥异于罗马文明,历久而不衰。

这种"民众与国家接近"的本质是什么？那就是用国家的权力统摄人的一举一动，使社会没有自我组织的空间。在《韩非子》的《和氏》中，韩非利用和氏忠心耿耿地向楚王敬献璞玉却两次被判为欺上而被砍掉了两脚的故事来教育君主，那些为君主所急需的、身怀治国法术的贤士，可能会遭到同样的命运："主用术，则大臣不得擅断，近习不敢卖重。官行法，则浮萌趋于耕农，而游士危于战陈。则法术者，乃群臣士民之所祸也。人主非能倍大臣之议，越民萌之诽，独周乎道言也？则法术之士，虽至死亡，道不论矣。"他意思是说：君主如果用法术，则大臣不敢擅用权力，亲信不敢卖弄自己的价值。政府严明法律，则流民都回家老老实实地耕种土地，周游的士人也都为了君主在战场上出生入死。掌握法术的人（因为能使人们在国家权力的监督之下不敢有半点松懈），被群臣士民视为祸害。一个君主如果不能力排群臣之议，顶着老百姓的诽谤独倾心于法术（道言），那么掌握法术的人到死也不敢贡献自己的智慧。

韩非在此非常明晰地阐述了后来皇权政治的逻辑。君主的统治是建筑在法术之上的。法术的功用是把所有其他人都变成君主权力的工具，所以，君主所统治的"群臣士民"当然把法术视为祸害。但在韩非看来，法术代表着国家理性，必须被君主完全掌握，不管"群臣士民"是多么不愿意。君主的统治不能也不应该建立在被统治者同意的基础上。因此，任用法术之士，不给"群臣士民"留一点追逐自己利益的机会，让他们永远生活在君主权力的威慑之下，就成了君主专制之必需。不管后来中国的专制皇权如何用儒家学说来装点，其核心的逻辑已经被韩非说得清清楚楚：统治者和被统治者势同水火，前者必须通过赤裸裸的权力游戏对后者进行控制。后来儒家的功用，不过是把这一血腥的权力逻辑软化为：国家理性比个人意志更能促进全社会的福利。特别是当国家被贤能之士所统治时，国家就更有能力代每一个个人追求他的利益。韩非所谓的法术之士就成了钱穆所谓的"优秀平民"。于是，国家权力不断地代替了基层社会共同体的自治机能。大一统的政治秩序，也就成了中华文明的根基。

什么是孔子理想中的政治秩序？

是保证共同体的自治功能，还是以国家权力替换共同体的自治功能？面对这两种截然不同的历史发展途径,孔子的学说又代表了什么? 这是我们理解孔子的关键。我的解说是:孔子所反对的,正是后来韩非所描述的那种国家理性。孔子所提倡的周礼的秩序,正是用来抵抗当时在诸侯中出现的以专权为核心的官僚政治和国家建设过程。他的理想,是"兴灭国,继绝世,举逸民",让上千个小国,也就是基层社会共同体在周礼的秩序下自立。

长期以来,人们习惯于把孔子当做大一统的政治秩序的支持者。这当然和他的学说后来被大一统的皇权意识形态所利用有关。这实在是今人对孔子最大的误解之一。孔子确实崇尚周公、崇尚周礼,但是,周礼所代表的统一秩序,主要是一种文化秩序,而非以日常政府行为为内容的政治秩序。孔子支持的是"道之以德,齐之以礼",对"道之以政,齐之以刑"表现了相当的蔑视。他明确反对政治权力(或者说政府权力)在社会中扮演过重的角色。周天子或者周代的礼制,提供的是一个文化上的统一,并不是政治上的集权。

读《论语》就知道,除了在《尧曰》等复述古书的篇章中,孔子很少具体谈天子的统治。孔子治国理论的重点,是放在诸侯一级的君主之上。那么,以诸侯君主为核心的政治秩序是什么样子的呢? 根据《战国策》、《后汉书》等古籍记载,古有万国,后来国数日减,殷初有三千多,周初有一千七百多,春秋时也曾有一千二百多,只是到了春秋末年才降到十几个。孔子所赞许的"兴灭国、继绝世"之理想,至少也要把国数恢复到一千多的水平吧。一千多个国,大体都集中于狭小的中原地区,每国的人口平均也就是几千人,甚至仅在千人上下。如果每国平均万人,一千多个国的总人口就达一千多万。当时的农业生产水平落后,许多荒野没有开发,即使开发的耕地恐怕也要不断休耕恢复地力,这在上古文献中的证据也随处可见。中原那么小的土地,根本没有维持千万人口之可能。所以,我们大致可以说,孔子心目中理想的政治,是一千左右到几千人小社区的自治。用我们的话说,基层社会的这种小共同体,是政治秩序的基础。

几千人或者千人的小国,是一个面对面的小社区。在那里,大家彼此相识,像一个大家庭。这些人家庭关系好,父义、母慈、兄友、弟恭、子孝,社会当然就比较和谐。君主和其臣民,就不会像韩非所描绘的那样水火不容,而是"君使臣以礼,臣事君以忠",彼此互相尊重。这里的君,也受着礼的约束。君的统治,要靠"群臣士民"的信服来维持。普通百姓也遵循礼的原则,建立彼此的信赖和责任。从我们今天的角度看,小社区的好处是,社区的老百姓了解当地情况,自己治理自己家乡的事务,拒绝外来的权力强加于己。同时,人们共处之时,彼此知根知底;你的个人行为,在共同体的集体记忆里被保存起来,形成你的"信誉历史(credit history)",人们据此和你打交道。这样,一个人很难以权术操纵别人,美德则会不断得到邻居的赞誉,社会道德水平也会比较高。

但是,当国之范围扩张甚至侵吞了别国时,社会就变成了一个背对背的社会,君主的个人贪欲就会膨胀,甚至引进外面的奸猾阴险之士(如《左传》中所记的"外嬖")来玩弄权术,僭越传统礼法的束缚,侵夺他人的权利,确立自己的绝对权力。韩非所描写的法术,也在这一过程中诞生。这种扩大了的国,自然会遵循弱肉强食的原则互相竞争,最终以暴力确立大一统的政治秩序。在这种秩序中,国家权力代替了社会共同体自治;共同体之间、人与人之间的信赖、责任和感情都变得无关紧要,所有人只对上面的绝对权威负责,被自己看不见的力量所操纵。换句话说,对最大的暴力效忠,代替了人与人之间的纽带。当人变成权力机器的奴仆后,就丧失了基本的廉耻,最终导致一个像我们现在这样麻木、冷漠、无耻的看客社会。从我们两千多年后的人的角度看,在这方面,孔子可以说是最早看到专制将腐蚀社会的基本道德规范的先知。

儒学与宪政

孔子最大的悲剧,不仅在于他的学说是春秋战国时代政治上的输家,更在于他所开创的儒学,后来被用来装点韩非所描述的那套血淋淋的国家理性。自此以后,儒家学说基本上是在君主专制的大一统政治格局中展开。乃至到了 20 世纪,连钱穆这种以儒学思想为最后归宿的历史学家,居然也在《国史大纲》中歌颂大一统的政治秩序,哀叹民国以来向西方学习民主宪政的努力只是带来了腐败。难道儒家中就没有宪政精神吗?一个无耻之徒背叛儒家是不值得大惊小怪的,最可哀的,乃是钱穆这样一个有人格、有学养、值得尊重并自以为是儒家文化传承者的历史学家,在最根本的问题上背叛了孔子。儒家精神的堕落,实在已经到了无以复加的地步。

这就给我们提出了一个问题:孔子和宪政的关系是什么?

这表面上是个西方中心主义的问题。比如照钱穆看来，"民国以来，所谓民选代议之新制度，终不切国情，一时未能切实推行。而历古相传'考试'与'铨选'之制度，为维持政府纪纲之两大骨干者，乃亦随专制黑暗之恶名而俱灭。于是一切官场之腐败混乱，胥乘而起，至今为厉"。照他说来，西方自有西方的宪政，中国自有中国的科举。学了宪政废了科举，一切腐败就应运而生。当然更不用说，以宪政来考察儒学，实乃荒唐之极，完全脱离了中国文化的脉络。

这是钱穆背叛儒家的一个活生生的例子。我这里无意把早期的儒学打扮成一个宪政之学，我只是提醒读者注意，钱穆的话至少揭示了一个事实：先秦儒家比我们离宪政更近。从世界史的角度看，西方的宪政，也非自古就有。欧洲中世纪的政治神学，并不是宪政学说，但是，这种神学中的一些观念，比如"国王的二体性"，对于西方走向宪政，有着相当大的助益。这一观念源于基督教的传统：耶稣有两个身体，一个是世俗的肉身，被钉死在十字架上；另一个是和上帝合一的永恒之躯，是不会死的、无所不在的。后来这一观念在英格兰演化为"国王的二体"：一个是世俗的，会死，会犯错误的；另一个则是不死的，不会犯错误的，是国体和人民的化身。在宪政的框架下，后一体在关键时刻往往由国会来代表，以约束国王的世俗之躯的行为。类似的观念，站在中国文化的立场上看似乎很怪异，但在孔子时代也并非完全缺乏。比如在《左传》中，晏子就提出了君主的双重性的理念：一重是作为一己之私的君主，一重是代表着社稷的君主。晏子作为社稷之臣，只忠于后者，对前者则没有义务。孔子在《先进》中也讲得很清楚："所谓大臣者，以道事君，不可则止。"言下之意，大臣即使是对君主，也是"道不同不相为谋"，断无做其工具之理。后来孟子再进一步，提出"民为贵，社稷次之，君为轻"的主张，实际上对君权的几个层次作了分别。儒家的这种精神，其实和宪政已经相当接近。但是，为什么欧洲的"国王二体论"发展成了君主立宪的理论，晏子的双重君主论则没有结出类似的果实？

要完满地回答这个问题是不可能的。英格兰宪政的发展非常曲折复杂，有诸多的历史机缘，无法仅仅从观念上寻求答案。在21世纪这个起点上，宪政发展也并非一定要借助于基督教的传统，更没有必要和"国王二体论"有什么关联。毕竟我们有了现成的宪政体制可以模仿，也有现成的理论可以借鉴。但是，宪政从无到有的发展，就不这么轻松，其创造者们必有一系列的运气,外加上一系列有利的意识形态和文化传统的滋养。我这里的解释是尝试性的:在中世纪欧洲特别是英格兰复杂的政治现实中,"国王二体论"的政治神学,给当时的人们提供了一个观念结构。这个来自基督教传统的观念结构,把最高权力的持有者进行了俗圣二分。这种划分,比较接近理性的政治现实,任何最高权力都有双重性:一重是用来满足个人的野心和欲望;一重则是公共权力,服务于公共利益。当这样的观念结构深入人心后,用国王的公共义务来约束国王个人行为的早期宪政意识,就比较容易被接受。

中国自殷周革命以来,"上帝"的观念逐渐衰微。在《尚书》中,"上帝"随处可见,在《左传》、《国语》中也频繁出现,但在《论语》中就基本消失了。这就是余英时先生所谓的"内在超越"的确立。这使得中国传统政治哲学的主流中只有人文主义或者合理主义这一个面向。这种单一的观念结构,也开启了一个危险的倾向,即不是把君主这一最高权力的人格一分为二,照顾到他的世俗欲求和公共责任两个面向,而是把他的人格单一化,使他的特殊品格成为秉承天命的理由。比如在中国的传统史学中,恶君如桀纣者,其人格全被个人贪欲所填满;贤君如周文王周武王,则完全是公共品格,没有私人欲念可言。这样把恶君妖魔化,把贤君神圣化,就消解了欧洲"国王二体论"所描述的复杂的权力人格,进而用两个人格分别代表权力的私与公这两极。比如在王朝交替中,不是一君二体,而是二君二体,人们要在两个竞争的"人主"中进行选择,以革命的过程代替宪政的过程。在和平时期,则是一君一体。虽然士大夫都知道皇帝有私欲、应该被贤臣所影响和控制,但社会不具备英格兰宪政主义那种"国王二体论"的观念结构,使人无法明确要求国王的俗体服从被国家利益所界定的圣体。总之,在中国,皇帝要么不能反,要么一反到底,把他和其家族全部斩尽杀绝,取而代之。

孔子不追求像基督教那样在人间秩序之外创造一个神圣的秩序,因而就不得不面对他的学说中的根本性障碍:他的人文理想的实现,是以统治者完美的或近乎完美的政治人格为先决条件的。可惜,在现实中,君主的人格永远像"国王二体论"所描述的那样,是个人私欲和公共责任的混合。在这个意义上,"国王二体论"的优点在于其政治哲学的基本预设比较接近政治现实。但孔子的学说,其实走的是"一君一体"之路,指望有一个周公这样的完美人物出来拯救世界,政治秩序的关键是私人品德,是"修身"。当一个入世的政治哲学建筑在最不切实际的预设之上时,其失败也就是命中注定的了。

儒家的另一政治理想,本来也具有宪政的潜力,但由于缺乏"国王二体论"的观念结构,也在后来的历史中走歪。《尚书·君奭》中,周公发展了贤哲政治的理念。他不仅把"天视自我民视,天听自我民听"的观念演绎到"天不可信"的地步,把政治的合法性完全置于治理人间事务的基础上,同时更进一步指出:君主得到天命,不仅在于其本身的品德,更在于他有贤臣辅佐。天命要视君主身边的贤臣而定,自商以来无不如此。没有贤臣,即使是德如文王者,也无法得到天命。武王死后,成王年幼,周公基于这样的哲学出来摄政。等他还政于成王后,依然不退,和召公一起出来辅佐,所依据的就是这套天命有赖于贤臣而非君主一人的政治哲学。

如果我们把《君奭》中的理论放在当时的政治现实中复原的话,就能看出其与宪政有多么接近。周公和召公是当时两个最大的贵族,有着非常大的封地和政治军事实力,并且帮助成王平定了武王留在商地的另外三个兄弟(也是成王的叔父、周公和召公的兄弟),管叔鲜、蔡叔度、霍叔处和商王武庚联合而起反叛,成王的地位相对而言十分脆弱。周公利用这样的局面,试图联合召公,提出成王必须咨政于他们的主张。这实际上等于是贵族对天子权力的约束。看看英格兰的宪政历史,《大宪章》的签署,也是贵族乘君之危、逼宫于伦敦的结果。后来贵族们成立了各种咨政会,要求王室按时召集贵族就大政进行协商。也正是从这些咨政会中发展出了议会,宪政体制由此上路。

英格兰的宪政之路,是各派政治力量较量的结果,其间多有些可遇而不可求的历史运气,并且当事者未必充分认识到自己行为的后果。用哈耶克的语言,这种自然秩序,是人的行为的结果,而非人为设计的结果。不过,在这一系列权力较量的曲折过程中,"国王二体论"的观念结构始终帮助各派力量把王室的权力在观念上二分化,进而探索出以国王之一体制约其另一体的政治神学。与此相对,没有这样的观念结构的支持,或者说放弃了这样的观念结构,使孔子不能对现实政治权力人格进行分殊,在一君一体的道路上期待一个周公那样的完美政治人格,天真地希望通过修身来转化世界。周公那种君必须听命于臣的贤哲政治,没有发展出对君主进行制约的宪政精神,最后反而发展成了钱穆所谓选拔"优秀平民"进入政府的科举制度,使天下士子成了君权的工具。

威权与民主

——两种政治社会体制的选择

魏光奇

问题的提出

中国的知识分子以天下为己任,"无恒产而有恒心",许多人一生孜孜以求的就是"医国"(语出龚自珍"何敢自矜医国手"的诗句)。然而"医国"谈何容易?"诊断"难,"处方"更难,稍有失误,非但枉做无用之功,误国、祸国也是常有的事。在 20 世纪以来的"医国"之旅上,人们常常面临一种困惑,这便是如何在"威权"与"民主"之间作出选择。

19 世纪末,西方民主政治理念传入中国,很快为开明士人和新知识分子所接受。他们从这种理念出发进行现实与历史的反思,结论便是指中国的传统制度为专制、君主专制、封建专制。"专制"一语,这时已经不是一种中性的事实描述,而是一种价值判断,它意味着一种坏的、反国民的、不合时宜的政治制度。至 20 世纪人们发现,即使有些现代国家也实行强势行政制度而对社会和公民进行较严厉的限制,人们称之为"威权"体制。于是,"专制"被中性的"威权"概念所涵盖。

自辛亥革命成功而将共和制度写入《临时约法》,民主就在中国取得了正统地位,即使是袁世凯复辟帝制时重定的《约法》,也没有将关于国民民主权利的内容删除。然而,中国社会政治体制的现代化,却绝非仅靠"民主"就能实现;在"民主"成为正统政治观念的同时,"威权"的幽灵也始终在"医国"探索的领域徘徊。"医国手"们面对复杂的国情,常常会在民主与威权这两种价值之间进退失据,不知取舍。笔者感觉,摆脱这种困惑的关键,在于增加视角,将对中国政治社会体制问题的思考从平面转为立体。

魏光奇:首都师范大学历史系教授。

社会学家茶座 社会思想

中国历史上的"威权"体制

中国的商、周，并非"威权"体制。如果引用"国家与社会"的理论范式来阐释，可以说当时的社会政治体制是"社会主导型"。当时在宗法制、分封制下，天子虽为一国元首，但可供其直接驱使者，只是一个很小的中央政府；王畿地区之外，几乎非其治权可及。当时国家的各种权力和资源，主要操控于"社会"（由诸侯、卿、大夫组成的贵族社会）。秦灭六国，废分封而行郡县，社会政治体制从此转为"国家主导型"，即所谓君主专制、国家专制。在这种体制下，君主依靠中央和各级地方的官僚组织来统治社会，而后者自身也在运作中成为一个利益集团。君主和官吏人数虽然不多，但却构成了整个国家的重心，垄断着国家的权力和资源。

秦制的确立，从一开始就以打散、削弱社会（商周宗法社会）为鹄的，具有一种不断吞噬自身之外其他社会机体的本能。在历史发展中，它首先吞噬的是各种血缘性的社会机体，如西汉时期的六国贵族、东汉时期的豪强地主、魏晋直至隋唐时期的门阀世族等等。至隋唐之际，则进一步废除了具有古典"民主"色彩的乡官制度。"乡官"以本乡人管理本乡事务，其任用程序包括自下而上的推举环节。隋统一后，统治者认为以乡官"理民间词讼"，判断"闾里亲戚"事务，往往"党与爱憎，公行财货贿"，因此予以废止。除士族、乡官外，其他一切有可能对国家构成威胁的社会机体也全在吞噬之列。总之，秦汉至明清的君主专制体制，崇官抑民、强国家而弱社会，即如梁启超所说，"愚其民、柔其民、涣其民"；（对于民）"挫其气，窒其智，消其力，散其群，制其动"，使之不能形成丝毫冒犯官威、与国家相抗衡的能力。这，便是中国传统的"威权"型政治社会体制。

近代"兴民权"的弊端

秦以来的威权体制不容许在国家体制之外存在任何成熟有序的社会力量和组织，遂造成传统中国社会和政治的诸多弊病，包括：政治腐败无从制约，无产贫民无从消化，政权更迭不能和平进行而只能通过周期性的天下大乱，等等。这一问题，自宋代就开始引起人们的注意，一些有识之士纷纷提出改革意见。如顾炎武提出"复氏族"，黄宗羲提出"重学校"，龚自珍提出"复宗法"，都是试图在国家体制之外建设有序社会。但由于时代的局限，这些"医国手"全都开不出新药方,他们提出上述主张,都是"药方只贩古时丹"(龚自珍语),试图通过恢复"三代"的某些旧制来矫正秦制君主专制、国家专制的弊病。

19世纪末20世纪初,西方政治理念传入中国,为人们医治中国君主专制、国家专制的"国病"提供了新思路,"医国手"们于是纷纷开出了新处方。这些新处方的核心,其实就是一点——"兴民权"。众所周知,在清末和民国时期,"民权""民主"并没有能够使得中国走上平稳健康发展的道路;而究其原因,既有所谓"时弊",也有所谓"法弊"。观察这一问题,避开上层政治而将目光投向地方社会、乡村社会,可以看得更清楚。

在清末、北洋政府时期和国民政府时期,地方社会、乡村社会"兴民权"的具体制度体现的是实行地方自治。相关的历史研究已经表明,当时地方自治制度实行的结果不是"民权"的振兴,而是"绅权"的劣化和恶性膨胀。在清末至北洋政府时期的地方自治中,各地新旧"绅董"往往勾结官府,把持地方机构,强征滥派苛捐杂税,贪污中饱、勒索敲诈,私设公堂、非刑考讯,这些现象在当时十分普遍。国民政府时期的地方自治,同样被地方豪劣、党棍团棍等新"精英"们搞得乌烟瘴气。1939年实行"新县制"后,乡镇民代表、乡镇长和县参议员由选举产生。在此过程中,新"精英"们明争暗斗、互相倾轧,拉帮结派、吃喝送礼、贿选买票者比比皆是,聚众械斗、大打出手者也并非鲜见;更极端者,甚至勾结匪徒乃至警察、保安队等地方武力,真枪真炮武装火并。这种"地方自治"造成了20世纪40年代乡村社会的极度混乱,构成了国民政府统治瓦解的一个重要原因。

政治社会体制问题探索的两种误区

在中共取得全国政权后,清末以来在"兴民权"旗帜下活跃于地方社会的豪劣被彻底涤荡,城市社会中的各种国家体制外势力和组织也不复存在,一种非常彻底的威权体制建立了起来。至此,清末以来中国人在探讨建立既现代化又适合国情的政治社会体制方面几乎是走了一个圆圈。至20世纪80年代实行改革开放,中国的知识精英们又针对改革威权体制弊病、建立良好政治社会体制的问题提出了各种改革建议。据笔者之见,在这种探索中,持自由主义主张的人们和他们的批评者,或许分别陷入了两个认识上的误区。

自由主义的批评者们，往往批评西式民主不符合国情，主张借鉴一些国家(如新加坡等)的经验，在中国建立某种威权体制。他们的这种主张或许不无道理，但有一个重要问题却无疑遭到了忽视，这就是：世界历史上存在着两种不同的"威权体制"：一种是"技术"性的威权体制，另一种是"社会"性的威权体制(借用王亚南判别官僚制度的概念)。所谓"技术"性的威权体制是一种工作体制，它的威权性质表现在以强势行政管理社会，对于西方民主主义和自由主义所绝对肯定的某些社会权力和公民权利进行限制。但必须注意到，这种体制有另外两个根本性特点：其一，它被绝对地置于法律之下，必须依法运作，而不能以政府、政党、首长等任何形式凌驾于法律之上。其二，它的人员是一群个人、一群工作人员、一群仅以法定薪资为工作报酬的国家雇员，而并不构成一个具有特权和既得利益的集团或"阶级"；换言之，他们同蓝领、白领的雇佣劳动者一样，靠让度劳动力来取得薪酬，而不是通过权力行使和权势影响来获取经济利益。而"社会"性的威权体制则完全与此相反。这样，当我们主张在中国建立"威权"体制时，就必须首先考虑：我们想要建立的、中国国情允许我们能够建立的"威权"体制，到底是哪一种？是"技术"性的，还是"社会"性的？对于这一问题如果不进行考察，甚至根本不曾意识到它的存在，那肯定就是在治国大计上陷入了认识误区。

自由主义者们也有他们的误区。自由主义者们对于在中国实行民主政治的主张，不仅符合现代化潮流，而且也切中秦以来中国传统政治的痼疾。因此如果仅仅因为他们主张学习西方民主，就指责他们不懂得中国国情，是不公正的。自由主义者们的真正失误在于，他们仅仅看到中国传统政治国家专制的弊病，却忽略了作为这种国家专制对象的中国"社会"所存在的毛病。这些毛病主要是：

第一，宗法色彩较强。在古代中国，文明的诞生没有伴随血缘氏族组织的彻底瓦解，而是形成了商周那种地域国家与血缘宗法相为表里的社会结构。战国、秦汉以后，"天下"一体的系统化宗法制度虽然瓦解，但整个社会仍为宗法原则所主导。在这种社会中，充斥着各种宗法性私人势力，诸如宗族、士绅、土劣、会党以及可以由贪官、奸商、文痞、暴民等组成的各种帮派。中国历史上的各类人群和组织，往往为这些宗法性私人势力所主导，就连近代的政党、政府、社团、公司企业等往往也不能例外。这种势力，以人身依附、结党营私、党同伐异为其原则，一方面对外危害国家和社会利益；另一方面在自己控制的人群和组织之内横行不法，欺善凌弱，使良善懦弱者深陷痛苦、屈辱的境地而无力反抗。

第二，中国的国民精神中存在自私、散漫、侥幸等劣根性，根深蒂固。这种劣根性的形成主要有以下几个原因：在宗法性社会结构中，国民不论是在权利还是在义务方面全都群己界限不清，人我界限不清；根植于农业文明的实用主义排斥超越性的宗教信仰；秦以来的专制政权出于维护自身统治的一己之私而实行愚民、弱民、散民甚至嬉民、堕民的政策。由于自私，进一步导致散漫，不能合群致力于公共事务，而往往以参与政治和公益事务作为谋求私利的途径和手段。此外，战国秦汉以后世袭身份制废除，社会日趋均平化，"朝为田舍郎，暮登天子堂"，王侯将相"无种"，则助长了人们的侥幸、投机、奔竞心理和习气。

如果没有注意到中国"社会"存在上述两种毛病，没有注意到这两种毛病需要政府的强势行政来加以矫治，那肯定也是在治国大计上陷入了认识误区。

"两管"：中国社会政治体制的良性模式

在中国，建立什么样的政治社会体制才算是既符合国情又适应现代化潮流？对此笔者有一个主张，那就是"两管"：政府"管"社会，人民"管"政府。所谓政府"管"社会，意味着强势行政；而人民"管"政府，则意味着民主。

西方人有一句著名的政治格言："管理最少的政府是最好的政府。"这句自由主义的格言对中国来说不适用。上文所述中国"社会"的毛病，其根本的消除之道固然在于逐步培育积极健康的社会组织机体，逐步提高社会的自组织能力，逐步提高国民的伦理和政治素质。然而，这却绝非短时期内可以完成。因此，矫正中国"社会"弊病的责任，在相当长的一段时期内还要靠带有（"技术"性）威权色彩的政府强势行政。具体言之，对于各种宗法性社会势力，政府要负治理、打击之责；对于国民膨胀个人和小群体、小团体私利而危害公众和社会的政治、经济、社会行为，政府要负遏止、取缔之责；对于各种关系国计民生的事业，政府要负管理之责；对于社会各阶层、集团、群体的利益关系，政府要负调节、均平之责。只有这样，才能维护社会的公正和有序，维护国家和国民的利益。

在这一问题上，有两种倾向已被实践证明极为不妥。其一，政府在没有积极社会力量和机制接手的情况下盲目地"简政放权"，将应该管理的阵地拱手让给（政治的、商业的、社会的）私人势力；二是盲目崇拜市场，片面强调以市场配置资源。中国的自由主义者们对马克思主义的许多观点提出批评，但却同后者一样怀有"经济决定政治"的深层信仰。他们往往将市场看成是先天完美无瑕的仙女，而不懂得任何市场都不是抽象体，都不能脱离社会环境而独立运行。他们往往将市场机制看成是"专制君主"，认为它可以一头独大，能够"决定"一切而不会被任何其他社会机制所制约、所扭曲；他们往往认为只要市场机制充分发育，就可以消除一切社会弊端，解决一切社会政治问题。这种想法，其实也是一种乌托邦。在这里我们想要表达的观点是：单纯靠市场机制，不可能支撑、维系一个多维的立体社会。

剩下的问题是：当政府带上（"技术"性）威权色彩、推行强势行政、在一定范围内配置资源时，如何才能防止它利用权力"寻租"？如何才能防止它将自身变成一个特权利益群体？答案是：人民"管"政府。这里讲这句十分普通的话是要强调，政府权力的滥用和腐败问题并不能靠"简政放权"得到解决，而只能靠民主来解决。

在处理政府、社会与人民三者之间关系的问题上，存在着四种体制模式：其一，政府"管"社会，人民"管"不了政府，如前苏联。其二，政府"不管"（"少管"）社会，人民"管"政府，如欧美。其三是"两管"，即本文所谓政府"管"社会，人民"管"政府；对于中国来说，这是既能适应现代化要求而又最符合国情的模式。其四是"两不管"，政府不"管"社会，人民也"管"不了政府；对于中国来说，这是一种最坏的模式。这种模式一方面将某些重要的政治、经济和社会调控权拱手让给劣化私人势力，另一方面又拒斥民主改革的实行，其结果只能导致社会的无序和政治的腐败。

成王败寇的终结

陈心想

何谓"成王败寇"呢？也即"成者为王，败者为寇"是什么意思呢？我想大家对这个概念都有着自己的理解，大概也是基本一致。维基网上的释义是：旧指在争夺政权的斗争中，成功了的就是合法的，称帝称王；失败了的就是非法的，被称为寇贼。含有成功者权势在手，无人敢责难，失败者却有口难辩的意思。历史是成功者写的，拥有了话语权，美化了自己的一切言行，成为"正统"和"正确"的掌权者，也就是"王"；失败的一方就是"寇"。在古典政治学的意义上，也就是皇权的争夺战里，这是不折不扣的"1 和 0"的博弈：要么全有，"普天之下，莫非王土；率土之滨，莫非王臣"；要么全无，九族被诛，身不能存，连"寇"也做不成。这是原来的意思，也是极端的情况。非极端的情况是，"王"和"寇"并存，在朝的是"王"，在野的为"寇"。"寇"或者苟且，或者寻找夺取"王位"的机会；"王"则或者要"剿匪"，或者剿不下而寻求"招安"。一旦"寇"夺取了"王位"，就变成了"王"，而"王"则变成了"寇"。"王"的"卫冕"与"寇"的"夺冕"成了政治史上的幕幕大戏。那么，摆脱日常的表面理解，就古典政治史的意义上而言，"成王败寇"的内在逻辑蕴涵是什么呢？它在现代社会的意义又是什么呢？

"坐寇"成"王"

当"暴力企业家"发现抢夺比生产更有利的时候，匪寇诞生了。"寇"有流动的，今天这里明天那里，叫"流寇"；还有盘踞的，驻扎在一定的地盘里，叫"坐寇"。政治经济学家曼瑟·奥尔森在《权力与繁荣》里，就使用了"流寇"和"坐寇"的"罪犯比喻"来解释权力和经济繁荣的关系。奥尔森用中国军阀冯玉祥率领 20 万北洋大军围剿白狼，受到百姓拥戴的故事，来揭示国家的起

陈心想：美国密西西比州立大学国家战略规划与分析研究中心助理研究员。

源问题,也就是国家的合法性来源问题,即"坐寇"何以会成"王"。民国初年,军阀割据,土匪丛生。白狼是当时的一支农民起义领袖,尽管其势力遍及河南、陕西、甘肃,但是属于"流寇"。"流寇"偶尔来抢劫,得手了就走。因为"流寇"是哪里有可抢的就去哪里,一次性的,往往是"竭泽而渔"。而冯玉祥则是统治西北的军阀,盘踞一方的"坐寇"。坐寇是反复掠夺同样的人,不是抢一次换一个地方。这样,必须保证每次都有东西可掠夺,所以往往不会"竭泽而渔",而是要保持一定的生产能力,并且不准其他"匪寇"染指。从事生产和贸易要有和平和秩序才行,于是"坐寇"就发挥了这一功能。它使个人财产有保障,人民愿意为积累财富而积极从事生产活动。掠夺也变相地成了收取"保护费"。而流寇横行的地方,人民的资源被掠夺,无力也没有积极性从事生产活动,甚至装穷不敢从事生产经营活动。于是,人民欢迎坐寇,坐寇获得了统治的合法性,首领戴上王冠,成为"王"。也就是奥尔森所说的:理性的、自利的流寇头子就在一只看不见的手的引导下变成了坐寇,戴上皇冠,自封为君主、国王、天子或者皇帝。于是政权建立,演变成现在的国家,"保护费"变成税收。

为什么"成王败寇"?一般而言,流寇都想有自己的地盘,成为坐寇,也就是成"王"。小的绑匪要么坐大,成坐寇,要么被大的吃掉。但是条件不够的话,只能流动,当流寇。而大的坐寇一有能力就搞兼并,吞吃掉小的坐寇。那些小的坐寇一旦败了,要么被收编,要么成为流寇。而流寇的掠夺策略是不会受到人民欢迎的,永远无法合法性地存在,只能是"贼寇"。而达到一定程度的坐寇有了提供和平和秩序的公共物品的能力,并且也确实执行了这一功能,就得到了人民的信赖。他们的功绩使得他们真正地不同于"寇",而成了"王"。"吾皇万岁、万万岁"的口号,也可以看做臣民们求稳定怕战乱的心理折射。"太平盛世"也就是说,只有在"太平"的前提下才会实现"盛世"。正如奥尔森所说:"直到相当近代的人类历史,述说的都是同样一个故事:人类文明在坐寇的统治下逐渐进步,其过程偶尔由于流寇的出现而被打断。"

"有恒产者有恒心。"稳定和长期的收益对人类的发展至关重要。坐寇是这样成"王"的。推广一些看,蛮族入侵,也曾经造成了社会的很大震荡和破坏,像元朝和清朝的入主中原、罗马帝国的覆灭等等,就是蛮族入侵文明的例子。但是,正如赖特在《非零和年代:人类命运的逻辑》一书中所说的,蛮族刚来时做的是破坏的事,烧杀抢掠;待停留下来后就开始做好事了。他们吸取文明社会的先进文化和技术,为了他们的利益而发展生产,组建政权,从而文明战胜了野蛮。从近现代的西欧掀起的殖民化给各地带来的后果中,也可以看到这种具有长期利益的"坐寇"对发展的积极影响。阿斯莫格鲁、约翰逊和罗宾逊在 2001 年的《美国经济学评论》上发表的一篇经验研究的文章,分析了欧洲殖民者到达非洲的时候,白人死亡率是如何影响到他们对各国的制度建设,从而影响到 100 多年后各国的经济发展的。他们发现,不论是因为战争还是环境适应造成的白人死亡率,都直接影响到他们对被殖民国的制度建设。那些难以生存下来的地方,就建立了较差的制度,把资源和财富攫取走了事;而在适宜生存的地方就建立了权力制衡的现代国家制度,像美国和澳大利亚等国家。而这些制度的差异导致了当今后殖民地国家的经济发展水平有着天壤之别。

"替天行道"

当"王"成了少数特权群体获得利益工具的时候,实际上,"坐寇"在做"流寇"的行径:不顾百姓死活地搜刮和掠夺。这时候,"王"的合法性就不存在了。于是新一轮的较量开始了。他们往往打出的旗号是"替天行道"。何谓天道?《老子》第七十七章说:"天之道,损有余而补不足。人之道,则不然,损不足而奉有余。"即是说,自然的法则是,从富裕的人那里拿出来点给贫穷的人;而人类社会的法则却是,从穷人那里攫取财富来给富人。也就是说,上天的自然法则是大家均贫富;而人类社会的法则,却造成了富者愈富,贫者更贫。按照奥尔森的说法,当"坐寇"成"王"的时候,代表的是"广泛性利益"。而在统治过程中,社会结构在经过战乱后重构,一经稳定下来,特殊利益群体会逐渐形成,结果是"王"政权代表的不再是"广泛性利益",而是"狭隘性利益"。这样就造成了社会的不平等加剧,贫富悬殊。加上奥尔森所说的集体行动的困境,特殊利益群体很难做到像"坐寇"那样保护可持续掠夺的资源,而是个体理性造成了集体非理性,做着"流寇"的掠夺行径。中国的改朝换代史就是在这个怪圈里打转。天道被违背,人民怨声载道。

皇帝作为所谓的"天子",以"奉天承运"来代表上天治理人间,那么就要顺应天道。可是利益集团的形成往往又不是他们的意志所能轻易改变的,而皇权本身就成了利益集团攫取自己利益的工具。越是形势不妙，越是各自打自己的小算盘。瞧瞧晚清末年皇室贵族各自的积蓄那么多，可就是不肯掏出来维护一下摇摇欲坠的大清国，政权的风雨飘摇反倒更加重了他们趁着最后机会再捞一把的心理。结果只能是树倒猢狲散，从好处说是"飞鸟各投林"，从坏处说是"倾巢之下，岂有完卵"！于是风水轮流转。觊觎皇权的各种可能的势力，在任何政治行为违背了天道的时候，都会打出类似"均贫富，等贵贱"的口号，扛起"替天行道"的大旗。梁山上的那帮名义上是"好汉"、实质行为是"盗匪"的家伙，不也是打出"替天行道"的大旗吗？这种替天行道，即使不仅仅是借口，也很难超越历史的局限性，而只是重复流寇和坐寇的逻辑而改朝换代。关键在于那是以暴力夺取来的权力，因而无法实现妥协，共享权力，共治国家。这一局限使他们不可能超越出江山轮流坐的循环理论和实践。但是，其中获得政权合法性的"天道"可真是"天不变，道亦不变"。即便在现代社会，也无法逾越这一"共同富裕"的"天道"，它考量着执政者的合法性基础。

超越"王""寇"

"彼可取而代之"，暴力夺取政权是人类历史的主流。正是皇权的争夺战，才更凸显了"成王败寇"的政治哲学。在这一争夺战中，群雄逐鹿的结果是，成者当上皇帝，败者身败名裂，诛灭九族。这是极端的境况。在一般意义上，也就是把皇权的争夺战变成了日常名利的争夺，似乎也践行着"成王败寇"的哲学。

朋友晋君在国家与社会的关系研究中发现"告官如打虎"这个现象。如果民告官，就需要彻底地打垮他，才算做成功了；否则，"老虎"反过来"会咬死人的"。就像起义领袖，要么当上皇帝，彻底成功；要么身败名裂，一无所有。可以把这一现象看做是"成王败寇"在非极端情况下、非皇权争夺条件下的另一种体现。它的内在逻辑，就是非妥协的政治。在现代政治理论中，可以称做"零和博弈"。

根据赖特在《非零和年代：人类命运的逻辑》里的论述，人类社会文明的发展是"非零和"活动的扩展，在这种意义上，流寇成坐寇，建立政权，开疆扩土，就是为了便于"非零和博弈"的扩展，也就是利于剔除各自为政带来的信息交流共享和贸易互通有无的障碍。人类文明发展的总趋势是非零和活动的全球化。在这样的形势下,"成王败寇"的零和博弈必然要被超越。

国家在经济发展上不断清除贸易障碍,政治上民主协商的政治体制诞生。"王"和"寇"都将不复在人类社会的政治活动舞台上大展拳脚。共和民主体制终结了"王"的"家天下"政治,垄断了使用暴力机器的现代国家,终结了"寇"的存在环境。在现代社会,福利国家的制度,就是在解决老子所说的"人之道,损不足而奉有余"的问题。这成为现代国家政权合法性的重要来源之一。

现代国家,在实现经济发展上,执政者仍然要完成"坐寇"的使命。就像奥尔森所说,我们会发现,即便是在最穷的国家,也会轻易地发现大量商贩、店铺或集市。因此,能否繁荣兴盛的关键并不在于是否存在市场,而在于是什么东西使市场在不同国家产生了如此巨大的差异,在于"究竟需要什么样的政策或制度才能够使小商贩和集市贸易式的市场经济变成能够创造丰裕财富的市场经济"? 解体后的俄罗斯的市场不是大街小巷都伸展到了吗,为什么经济却倒退得厉害? 奥尔森告诉我们,他们缺乏一个有能力提供和平和秩序的"坐寇"。实现这个繁荣经济的秩序,国家必须做到两点:清晰界定产权和契约权,同时不能有任何形式的掠夺。税收作为原始形式的"有限掠夺"代替"保护费",以维持政府的存在和功能的实现。如果政府成为流寇一样的掠夺者,经济繁荣将永远不可能实现。

根据奥尔森在《国家的兴衰》中的论断,民主体制能有效地限制统治者对民众的贪婪无度的掠夺,在实施保障个人权利的法规的同时,也保障人民财产和合同的有效性,促进"产权密集型"的投资活动,推动社会的长期发展。但是同时也不可掉以轻心,一旦利益集团形成,也会成为狭隘利益的代表,从而支配经济政策的制定,造成经济发展的停滞。也就是特殊利益集团以"流寇"的行为,在民主体制下轮流坐庄、轮番掠夺,造成社会的动荡不安。

因此,虽然"成王败寇"的古典政治实践为现代国家体制所终结,不再是传统意义上的"坐寇"和"流寇",但是其中他们对推动经济发展和社会进步的命题逻辑并没有终结。在新的全球化形势下,以大众福利的"广泛性利益"为追求的国家会成"王",实现国泰民安的和谐社会;而以利益集团的"狭隘性利益"为驱动的国家政权,其"流寇"的本质则会导致自取灭亡。这就是"成者为王,败者为寇"在现代国家的政治经济含义:那些实践"王道"的成为"成功者",而那些实践"寇道"的则成为"失败者"。

社会何以可能?

——再思斯密的市场观念

赵 峰

文艺复兴和启蒙运动摧毁了中世纪的精神大厦,人性的解放、理性的回归推动着科学的进步。"抛弃了建立在神法之上的社会秩序,社会作为社会整体的形象本身也逐渐变得支离破碎了。"(罗桑瓦隆:《乌托邦资本主义——市场观念史》,中文版前言)认识自身是人类获得解放的前提。从哥白尼、伽利略到牛顿,科学的发展表明自然的运动依存于自然本身的规律而不是上帝的意志。这给 17 世纪到 18 世纪的社会科学—道德哲学提出一个尖锐的问题——

社会何以产生,社会何以运行?

没有上帝的指引,孤立的个人何以结成为社会? 走出蒙昧,人类需要对自己的存在有一个清晰的解说。对于斯密时代的道德哲学而言,在自然哲学尤其是牛顿哲学的影响下,寻找社会产生的理由并探索社会运行的秩序,成为其参与社会实践的必然使命。从霍布斯到洛克,"社会契约论"为社会的产生提供了一个有力的解释。

在霍布斯看来,在孤立的个人以原子的方式构成的自然状态中,自然权力是一种无限的权力。由于人天生的自利,由于资源和财富供给的有限性以及资源在满足人类无限需要方面的稀缺性,结果是普遍的利益冲突,所有人成为所有人的敌人,弱肉强食成为自然状态的通行法则。无休止的争斗威胁着人类的存在和发展。于是,人们决定让渡自然权力于第三者——具有无上权威的利维坦——以结成社会。通过契约而建立社会,以社会的内部和平取代战争,人类得以生存和发展。在霍布斯的观念里,人们让渡自然权力而建立社会的原因在于人类对战争的恐惧。但是,自利及其他原因导致的利益冲

赵 峰:华中师范大学经济学院副教授。

突会使契约的签订及实施面临机会主义的挑战,因此,利维坦必须成为一个权威,一个强大的控制者。专制和集权成为霍布斯的选择。

在洛克看来,一切权力来自所有权。受托马斯·阿奎那的影响,洛克将所有权的基础归结为劳动。洛克的观念是清晰的——既然人生而平等,而财富是劳动的产物,因此,所有权的差别在于劳动本身。但是,在自然状态下,决定所有权实现的并不仅仅是劳动。人的天赋的诸多差别及人天然的占有倾向会使基于劳动的所有权的实施面临困境。于是,自然状态下面临普遍的冲突和冲突的仲裁问题。"非生产性"的纠纷和仲裁成为人类进步的一个障碍。人们必须通过让渡仲裁权而结成一个有机的社会。同霍布斯不同,自然状态给人类存在带来的不是危险,而是不便——效率进入了人类构建社会时的思维空间。"以牙还牙"式的相互报复的实施毕竟不是解决问题的有效途径,有效的选择只能是,将仲裁权交由公正的第三方实施。于是,有了社会的形成。值得注意的是,尽管都是基于自然状态构建社会,洛克和霍布斯仍然有着实质性的区别。在霍布斯那里,恐惧成为征服恐惧的力量,于是,专制的利维坦成为自然的选择。但是,在洛克那里,自然状态的弊端仅仅是由于纠纷及仲裁带来的不便。因此,公民让渡的不是自然权力的全部,而仅仅是其中的仲裁权。经由契约建立政府,实际上仅仅是在公民和作为第三方的政府之间建立一种委托代理关系。人民始终没有放弃最终委托权。因此,不同于霍布斯的政府的无限权威,洛克的政府是有限的。

霍布斯和洛克的"社会契约论"为摆脱上帝构造世界的理念,为人类自主和自由地建立自己的社会提供了一个有力的解说。在启蒙的背景下,社会契约论将人类的思维从上帝的束缚中解放出来——社会是自主的人类的自由的选择——即使没有上帝,出于人类自身的理性选择,建立社会是人类得以生存和发展的前提。但是,霍布斯和洛克的探讨就此止步——颠覆并不是创造。一个基于契约的社会何以运转?如果说自然界有其和谐、完美的秩序,那么社会的秩序在哪里?如何建立?社会契约论解决了社会何以必要的问题,但是,一个必要的社会又何以可能?

历史的使命天然地落到了斯密身上。在格拉斯哥大学任教期间,斯密就将解释社会的产生、揭示社会的秩序确定为自己的学术使命。在《道德情操论》中,利用同情理论,斯密建立了道德世界的和谐秩序。在斯密看来,由于同情心的存在,在追求快乐及回避痛苦的过程中,受"公正的旁观者"的约束,自利的人们的行为结果往往是社会利益的实现。这就是"一只看不见的手"在起作用。道德世界的和谐秩序因此得以建立。但是,一个现实的世俗经济世界的秩序如何建立,仍然是一个没有解决的问题。尽管有哈奇森、休谟的理论支持,斯密仍然不满足于舍弃人的经济本性的哲学或伦理学解释。于是,作为哲学家或道德哲学家的斯密走向了经济学。为了走出霍布斯和洛克的关于社会运行的困境,斯密需要利用经济学的工具。他知道,回答了经济活动的组织及相互冲突的经济利益的协调问题,经济组织和协调机制的产生问题及制度基础问题也就走出了霍布斯和洛克的困境。

市场怎样使人及社会得到解放?

在构建道德世界的和谐秩序时,斯密将人理解为理性的自我控制和自我依赖的人。当把这一伦理观念应用于对人类经济行为的理解时,斯密认识到,同样具有自我控制和自我依赖的理性的个人在追求个人利益的时候,在"一只看不见的手"的引导下,推动了社会利益的实现。"他通常并不打算促进公共的利益……他追求自己的利益,往往使他能比在真正出于本意的情况下更有效地促进社会的利益。"[斯密:《国民财富的性质和原因的研究》(下),郭大力等译,商务印书馆1972年版,第27页。以下援引此书只注页码]这样,在市场机制作用之下,一个自主的社会得以和谐地运转。在这样一个通过市场而得以组织和协调的社会里,个人不再是孤立的原子式的存在,分工和交易将分散的个体结合成一个有机的整体。斯密通过市场构建社会和社会秩序的意义在于,他完成了在上帝的秩序消失后道德哲学探索消除个人冲突和建立社会和谐的学术使命。实际上,当斯密用市场来构建社会秩序时,"市场"概念被革命性地拓展了。斯密的市场不再仅仅是一个简单的交换场所,也不仅仅是利用价格机制配置资源的经济运行模式,而是一种社会组织和经济协调机制。

从市场来理解社会的存在和运行,个人是分散的而非孤立的,经济活动是复杂的且有机的。认识市场的关键在于理解分工,正是分工和协作借助于市场的实现,才造成了经济运行和谐的秩序。市场的秩序内在于分工和协作之中。斯密市场理论革命性的创见,建立在颠覆传统的市场与分工关系理论的基础上。

　　分工产生市场还是市场产生分工似乎是一个"鸡生蛋还是蛋生鸡"的问题。斯密之前,从柏拉图、西塞罗、孟德维尔到哈奇森,交换或市场产生于分工成为一个定论。出于提高劳动生产率的需要而产生分工,分工导致的个人技能及其产品的单一性与需求的多样性的矛盾决定了交换的产生和市场的形成。传统的关于分工和市场关系的理念来自柏拉图。柏拉图是从理解正义的内涵及国家的产生的高度来认识分工的。在柏拉图看来,人们生而具有不同的天赋,而不同天赋的人应该在社会中承担不同的职能,分工由此而产生。人们各依天赋分工从事自己的天职,这就是正义的要求。由于分工而导致交换的产生,为了使交易更有效率,人们聚居而形成城邦或者国家。也正是分工的扩展,决定了城邦或国家的扩张。柏拉图的分工与市场关系理论包含两个相互紧密联系的方面:一是市场产生于分工,二是分工取决于天赋。对于后者,虽然柏拉图为职业的代际流动留下了解释空间,但天赋是决定分工的关键,这也是他的"正义"的核心要求。文艺复兴以来的思想家对分工产生的天赋观念进行了质疑和批判,但市场产生于分工的观念被接受下来。对崇尚独立和自由的斯密来讲,这样的观念是无法接受的。如果同意市场产生于分工,意味着接受分工或职业格局的命定论。实际上,柏拉图基于分工的"正义"观念,就强调了人的天赋或职业是上天决定的。这样,人们的社会地位、社会角色在进入社会之前已经决定了,社会分工不过是将人们禁锢在一个僵化的社会格局中。在这样一个劳动分工的社会格局中,职业失去了流动性,个体失去了自主性,个体价值的实现只能依存于社会价值。在这样的基础上,是无法建立斯密向往的自主和自由的社会的。

　　斯密并不反对分工对市场的促进作用,他所怀疑的是:如果分工以及借助于分工的交换是传统社会脱离传统而进入现代的关键,那么,分工何以产生?在一个稳定的传统社会中,作为一种解构力量,分工的推动力何在?分工可能产生于传统社会的自发力量吗?斯密认为:"引起上述许多利益的分工,原不是人类智慧的结果,尽管人类智慧预见到分工会产生普遍富裕并想利用它来实现普遍富裕。它是不以这广大效用为目标的一种人类倾向所缓慢而逐渐造成的结果,这种倾向就是互通有无,物物交换,互相交易。"(上,第10~11页)分工不是人类理性设计的结果,分工产生于人类的交换本能,而且这种交换本能是随着人类社会交往的扩大及人类对世界的认知能力的提高而逐渐形成的。将分工的产生从人类理性设计中排斥出去,对斯密构建自由市场秩序有着重要的意义。既然推动分工产生的交换源自人的本能,那么,社会经济秩序的构建也同样可以诉诸人的本能。这样,人及其社会的自由、自主和自治就成为可能。斯密并不否认人们天赋差异的存在及其对分工的影响,他所强调的是,人们的职业技能是分工条件下社会选择的结果,因此其最终原因是交换而不是天赋。正是有了交换,职业分工才成为必要;也正是在交换条件下的职业分工,才强化了人们之间的技能差别;正是将分工的产生归结为交换而不是天赋,人类社会的运行才可能摆脱对上帝的依赖,一个以市场组织和协调的自治的社会才得以发展。在这个意义上,市场成为一种新的信仰——它使人及其社会得到真正的解放。

经济空间的扩展

社会契约论解决了社会的产生即国内和平的实现问题。但是,对于国家与国家之间能否实现和平以及如何实现的问题,斯密之前的思想家并没有做出明确的回答。霍布斯就认为,即使社会契约建立了国内和平,它无论如何也不能预示国家之间的和平,解决国内和平的思维方式在国际关系中不具有适应性。曼德维尔则强调,即使通过社会契约建立起一个负责任的政府,能够维持社会内部的正义和安宁,但也不能永远保证外部和平。17 世纪到 18 世纪的思想家倾向于认为,国家之间的关系进而国际和平,似乎只能通过国家之间的普遍协议来构建,而这本身就是不可靠的。政治领域的思考对构建国际和平没有能够提供令人信服的解说,思想家谋求通过经济思维找到答案。

进入 18 世纪,逐步摆脱国家干预及重商主义意识的思想家们开始重新思考国家之间经济关系的性质。孟德斯鸠认为,由于面临一个共同的有限的生存空间,民族国家之间的冲突在所难免,但是,国际贸易可以柔化国际关系,贸易的自然结果是带来和平。国家在意识形态领域的冲突是很难调和的,因为意识形态涉及政权或社会存在的合法性。通过国际贸易,国家之间的冲突具有可度量性和可交易性,于是,利益冲突可以得到调节。因此,人类世界的真正变化是伴随市场社会的产生而出现的。孟德斯鸠乐观地认为,随着国际贸易的自由发展,列强对抗的时代将消失,而让位于国家之间贸易合作的时代。在同重商主义斗争的过程中,休谟阐述了他的世界主义理念。在休谟看来,国际贸易中一国利益的增长并不必然以另一国利益的减少为代价。国家之间的关系可以类比于社区成员之间的关系。个人和国家都没有必要恐惧其邻居的繁荣。"社区中其他若干成员的富有有助于增长我自身的财富,无论我从事什么职业。他们消费我所在行业的产品,作为回报,又向我提供他们行业之所产。任何国家也无须恐惧其邻国会在各个行业和手艺上提高到如此程度以致不再需要他们的产品。"(亨利·威廉·斯皮格尔:《经济思想的成长》,曼智杰译,中国社会科学出版社 1999 年版,第 197 页)休谟的思想显然对斯密产生了直接的影响。但是,截至休谟,思想家们仅仅阐述了贸易条件下国家关系的性质及国际经济合作导致国际和平的前景。斯密所需要完成的使命是,为国际和平的建立即国际秩序的协调机制提供解释。

斯密是从市场及市场机制的发展以及国内经济空间的扩展来提供解释的。而这一解释又建立在其市场和分工关系理论的基础上。斯密将政治经济学的任务规定为"富国裕民"。而实现富国裕民的关键又在于提高劳动生产率和增加生产性劳动的比重。由于工场手工业条件下的分工对劳动生产率的提高所具有的特殊意义,因此,影响分工发展的因素成为制约财富增长的关键。在斯密看来,分工的深度取决于市场的广度。"分工起因于交换能力,分工的程度,因此总要受到交换能力大小的限制,换言之,要受市场广狭的限制。市场要是过小,那就不能鼓励人们终生专务一业。"(上,第15页)分工固然有利于提高劳动生产率,但是,分工是否发生以及分工深度的确定却取决于市场规模。于是,市场的扩展被斯密提高到"富国裕民"的高度。

在斯密的观念里,市场概念被进一步深化了。由于市场是一个自主、自由和自治的社会得以存在、组织和协调的基础,斯密于是将社会理解为市场。没有市场,社会的运转将不可能。而且,由于市场的本质或功能是交换,所以,市场范围不是用地理边界来定义的,而是由交换活动来定义。作为社会组织和社会协调的机制,市场成为一个网络而不是一个地点。既然国民财富的增长取决于劳动生产率,劳动生产率取决于分工,分工深度又受市场范围的制约,因此,财富的关键不是领土的大小而是市场的广狭。在这一认识基础上,斯密断言,若不能够带来市场的扩大,殖民地是没有任何意义的。由于分工所具有的内在动力,市场自身具有不断扩张的趋势。交换的扩展,要求不断突破各种人为的限制,于是,经济意义上的领土在市场力量作用下趋于消失。这就是"经济的非疆域化"。在斯密看来,根据资源禀赋差异,当分工由国内发展到国际,参与国际分工和国际贸易的国家可以从中受益。一个国家可以从市场扩展中得到利益,但是,只有当一切交易壁垒消失后,其经济利益才能达到最大。因此,斯密反对一切形式的贸易壁垒。"亚当·斯密能够接受的唯一帝国是由一个世界经济市场构成的帝国,它可以为各国人民提供一种超越所有领土分割的共同身份。他梦想的一个世界似乎由消除了边界的生机勃勃的劳动分工重新组成。……亚当·斯密把经济的非疆域化看做政治体现,再次为西方世界打开门户,宣告了一个尽管困难重重,但慢慢消除民族国家过渡形式的进程。"(罗桑瓦隆:《乌托邦资本主义——市场观念史》,杨齐等译,社会科学文献出版社2004年版,第85页)这样,通过市场及市场机制的自发扩展,斯密将自由放任理念由国内延伸到国际,通过市场组织和协调国内经济关系及实现国内和平的观念也延伸到了国际关系协调及国际和平的实现上。通过经济思维,国家关系得到一个全新的解说。

建立和谐的自由社会的密码

在斯密的观念里,社会的组织和协调被归结为市场机制的自发作用,将国民福利的增进理解为市场自发扩展的必然结果,"自由放任"成为基本的政策取向。但是,经济自由主义不可能存在于"单纯而容易的天然自由体系"之中,自由竞争只有在进入一个真正的市场社会时才有意义。市场社会必须先于市场经济,只有建立了市场社会,市场经济才有可能。也就是说,市场机制的作用、市场经济的发展需要一个市场社会的制度基础,比如,产权制度的建立、合同法的制定和实施、基础性公共产品的政府提供等。试想,如果缺乏基本的市场制度基础,人类必然处于洛克认为的纠纷不断、仲裁困难的无效率的"自然状态",市场机制既无从产生也无从发挥作用。在这个意义上,斯密认为,为了构建市场社会,国家并不是无所作为的,相反,国家应该发挥其必要的职能。国家的首要职能是建立和维护市场。具体来说,斯密规定了政府的三项职能:"第一,保护社会,使不受其他独立社会的侵犯。第二,尽可能保护社会上各个人使之不受社会上任何其他人的侵害或压迫,这就是说要建立严正的司法机关。第三，建设并维持某些公共事业及某些公共设施（其建设与维持绝不是为着任何个人或任何少数人的利益）。"（斯皮格尔，前揭书，第81页）第一项职能反映了稳定的社会环境对自由市场运行的重要性；第三项职能明确界定了政府行使具体经济职能的范围：兴建便利市场运作的基础设施及发展教育。对市场经济的运转而言，第二项职能具有决定性的重要意义。斯密希望建立的是一个自主、自由和自治的市场社会。自由只能是在法律规范下的自由。将经济自由主义与法律治理相结合，斯密找到了建立和谐的自由社会的密码。

斯密肯定积极的政府职能，还与他所观察到的自由市场经济可能产生的弊端有关。斯密虽然相信"一只看不见的手"的自发调节的整体作用，但是，他也相信基于人的自利本性可能带来的个人利益和社会利益的某些冲突和失衡，如"同业中人甚至为了娱乐或消遣也很少聚集在一起，但他们谈话的结果，往往不是阴谋对付公众便是筹划抬高价格"（上，第122页）。商人的牟利活动在缺乏规范和制约的情况下，甚至会以牺牲公众的利益为代价，"不论在哪一种商业或制造业上，商人的利益在若干方面往往和公众利益不同，有时甚或相反。……一般地说，他们的利益，在于欺骗公众，甚至在于压迫公众。事实上，公众亦常为他们所欺骗所压迫"（下，第243~244页）。在斯密看来，市场自发运动中所产生的最严重的缺陷是"垄断"。垄断的危害不仅在于其阻碍了市场的自发运转，阻碍和扭曲了资源的优化配置，关键在于，垄断破坏了社会平等的基础。受洛克影响，斯密是从劳动所有权来理解产权的，由此，斯密对行会对于劳动市场的垄断和操纵进行了尖锐的批判。"劳动所有权是一切其他所有权的主要基础，所以，这种所有权是最神圣不可侵犯的。一个穷人所有的世袭财产，就是他的体力与技巧。不让他以他认为正当的方式，在不侵害他邻人的条件下，使用他们的体力与技巧，那明显的是侵犯这最神圣的财产。显然，那不但侵害这劳动者的正当自由，而且还侵害劳动雇用者的正当自由。妨害一个人，使不能在自己认为适当的用途上劳动，也就妨害另一个人，使不能雇用自己认为适当的人。"（上，第115页）

针对"市场失败"，政府应当出现并有所作为，这是市场经济条件下政府产生的并行使其职能的基本理由。但是，政府决策可能面临比市场更严重的信息不充分的困境，而且，政府行为更有可能偏离公共利益的轨道。在市场和政府之间,斯密表现了对政府的更大的不信任。在评述政府对私人消费的干预时,斯密辛辣地指出,政府"倡言要监督私人经济,节制铺张浪费,实是最放肆、最专横的行为。他们不知道,他们自己始终无例外是社会上最浪费的阶级。"(上,第319~320页)既然政府是必需的,同时又很难取得公众的信任,斯密主张只能存在一个小的、权能有限的政府。

斯密有限政府主张的深刻理论根源在于他对生产性和非生产性活动的区分。在斯密看来,在社会总劳动一定的情况下,由于财富来自生产性劳动的使用,因此,增加社会财富要求提高生产性劳动的比重。家仆的劳动被看成是只消费财富而不生产财富,因而是一种非生产性的劳动。在斯密的观念里,政府官员的行为同家仆一样具有非生产性,"有些社会上等阶级人士的劳动,同家仆的劳动一样……例如君主以及他的官吏和海陆军,都是不生产的劳动者"(上,第305页)。既然政府官员的行为具有非生产性,因而,政府只能保持一个有限的规模。同时,市场的自发作用需要限制政府的职能范围,也决定了政府的有限性。

作为"现代经济学之父",亚当·斯密的学术使命是为社会经济构建"牛顿式"的和谐秩序。在一定意义上,斯密经济学就是市场经济学。"市场观念"是斯密建立经济秩序的灵魂和构建经济学理论体系的核心。从经济思想发展的角度看,经济学是在斯密"市场观念"的引导下发展的。但是,新古典以来经济学的形式化的发展,"市场"作为一个外生变量被排除在经济学研究的主流之外,斯密以来的古典经济学的传统被抛弃,其结果是经济学自身的解释能力受到了损害。是否回归古典依然是一个问题,但是,从社会理论的角度理解斯密,理解古典经济学,理解经济学的演进,却是学术进一步发展的要求。这需要我们具备更加广阔的研究视野。

文化冲突及其后果

（全球化背景下的文化冲突与共生之七）

苏国勋

一、全球化对文化多元化的冲击

尽管民族和民族国家自产生以来曾受到过各种思潮（如无政府主义、世界主义以及国际主义等）的质疑和反对，但在有效的文化力量对比中，重心迄今依然保持在民族文化和民族国家这一边。可是我们也应看到，当代一系列技术革命和制度变迁已经大大地改变了过去那种力量对比关系，使民族文化和民族认同在未来的竞争中确实增加了脆弱性和易变性。高新传播技术尤其是国际传媒大亨的出现，已经使全球文化交流成为一体，致使当今的文化交流，无论从范围、强度、速度，还是从多样性来说，都远远超过了以前的规模，是过去时代所无法比拟的。相比之下，民族文化和民族认同及其制度方面的重要性无疑会大打折扣。加之在全球化过程中，发达国家总是利用既有的科技优势，凭借因特网、大众传媒和各种舆论工具，不遗余力地宣扬西方主流文化实践和价值观，以单一的视角告诉人们应该如何生活，强调西方主流文化的一元性，预言未来全球文化的同质化，与此同时又以贬损和牺牲其他多元文化视角为代价，严重地损害了其他非西方的区域性文化传统和价值观。

这种做法带有很强的文化上的"我族中心主义（ethnocentrism）"味道，坚持"西方文化中心论"立场的人经常以文化统一性为名，把自己的生活方式和行为方式、规范和信仰、价值观念当成唯一合理而正当的形式，并以此为判准去衡量他人的作为和文化，搞以我画线，压制文化多元主义的发展。在国际传播领域，发达/发展中国家信息流量的不均衡造成的传播媒介不平等是多年来存在的老问题了，它反映了两种不同类型国家在文化竞争中的权力不平等地位，实际上是由当代国际政治—经济不平等态势决定的。发达国

苏国勋：中国社会科学院社会学所研究员。

社会学家茶座
社会思想

家利用其经济和科技优势排斥文化多元化的发展，这一做法既不符合当代世界文化多元化发展的客观现实，也会从理论上为丰富多彩的、多元并存的全球文化的动态发展过程增添障碍。

人们的社会行动都发生在一定的文化环境中，而不同文化背景对人的形塑和规定可能是很不一样的，相应地，不同文化条件下成长起来的人对人生意义的理解可能也不相同，正是在这种复杂的互动关系中，人通过行动创造着历史并再造着文化及其周边环境。这至少意味着任何一种文化都具有自己存在的相对独立性和本土性，它也是民族文化差异性的存在理据。事实上，我们在社会生活中经常会看到，一个社会中可以同时有多种文化存在，其中一种文化起主导作用，构成了这一社会文化的主干，另外还有一种或几种文化起辅助作用，它们可以一起分享一些主要价值和规范，甚至还可以共同拥有相同的集体记忆。但这些共同性并不能掩盖它们之间的差别性，因为它们还具有自己的文化特殊性，并以此确保自己的文化身份。譬如，中国文化就是以儒学为主导的（称为大传统），而以道家、佛家以及各种民间文化杂糅的（称为小传统）多元文化格局。联合国教科文组织在它题为"多元文化的星球"的报告中，把世界文化定义为：由欧洲文化、北美文化、拉丁美洲文化、阿拉伯文化、非洲文化、俄罗斯和东欧文化、印度和南亚文化、中国和东亚文化等不同部分构成的有序组合，以及经过整合加以平衡的多样化的产物。可见，无论是在民族国家抑或是在国际社会，文化的类同性和差异性同时存在都是屡见不鲜的现象，这是文化统一性与文化多样性的辩证法。诚如欧文·拉兹洛所言："统一性完全不同于一致性，它不是基于消除各种差别，而是基于使这些差别在一个和谐的整体中整合。"因为全球化文化所应致力的，是要实现一个在多样性中整合的世界。毕竟，人类的共同未来不能多样化而没有协调，也不能统一而没有多样性。

二、消费主义对传统文化的冲击

全球化过程中文化的一元化与多元化之间的张力和冲突，是全球化文化互动的核心问题。一元化又可分为"美国化"和"商品化"两种形式，前者可归结为文化帝国主义的问题，后者可视为消费文化的问题。全球化对民族文化的冲击还表现在消费文化的飙兴以及大众文化的风行，它使人们的生活经验发生严重分化和分裂，而对人类共同的文化的意义作出截然相反的解读，从而使人们的文化认同受到了严重冲击。众所周知，消费过去主要是与人们的经济生活相连，是指为了满足生产或生活需要而消耗物质财富，生活需要又可分为基本需要（衣食住行的需要）和其他方面的需要（文化和精神方面的需要）。从前工业社会到工业社会，消费也从主要满足基本需求向满足文化和精神需求方面转化。所谓消费文化（consumer culture）或消费主义（consumerism）是指进入了后工业社会的当代西方发达资本主义国家出现的一种消费主要不是为了满足生活基本需求，而是为了满足其他方面的需要，以生活方式的选择主导大多数人的经济活动的趋势，这种生活方式深受传媒广告所宣扬的审美情趣、品味建构的影响，诱惑消费、追逐消费、炫耀消费并使消费成为经济活动的主导，甚至使消费取代生产成为主要经济活动的内容。譬如在现代发达社会，人们在广告宣传的诱惑下，购买食物主要不是为了果腹，而是为了更好地"瘦身"和"减肥"，因为许多人受时尚审美情趣的影响为"健身"而得了"厌食症"；购买衣饰主要不是为了蔽体御寒，衣着是为了更好地展现个人独特的审美情趣、文化品位和个性特征。在这里，商品不仅具有交换价值、使用价值，而且具有符号价值。消费不仅是生活方式，而且是文化形式，即使在文化实践层面也以消费作为主要目标的趋向，这就导致了消费社会的诞生。在后工业社会，消费已经丧失了其原初的自然属性，成为符号建构支配下的文化选择。

总之，消费不单单是花钱购物，为获取自己中意的某种物品而花费购买这种活动本身所带来的愉悦感、挑选商品和决定购买时的自由感和满足感以及享受商业服务带来的兴奋感都使消费变成一种嗜好。过去，韦伯所讴歌的"新教伦理与资本主义精神"是说新教徒为了追求"灵魂得救"这一宗教目的（价值），通过"天职观"、"预定论"等宗教戒律（即"新教伦理"）这一中介的转换而导致他们专注世俗经济行为并视其为宗教救赎的手段，从而养成了勤俭、刻苦、工于计算的行为方式和思维方式，客观上却助长了一套理性化的生活方式和劳动组织（即"资本主义精神"）的产生。在韦伯看来，这是一种"无心插柳柳成荫"式的巧合。新教伦理的本质在于阐明一种建立在超越现世的彼世基础之上的理想，促使人们按照这个理想改造现世，对彼世理想的信仰激励人们不断地改造这个世俗世界，从而为社会伦理提供一种超验的基础。韦伯把现代性所特有的这种理性化过程称之为"世界脱魅(disen-chantment of the world)"。现在,消费社会却把一切都颠倒过来:把本来属于手段的财富当做目的——为财富而财富——来追求,结果是目的的手段化亦即价值的工具化。在消费社会里,人们虽然有了越来越多的可以自由支配的时间、金钱、产品,但所有这些很快就被无穷无尽的奢望和消费嗜欲所超越。为此,瑞泽尔把消费社会的这一后果称为"世界再入魅(enchanting a disenchanted world)"。正如鲍曼所言:

> 如今,崇拜的对象成了财富——作为最光怪陆离、奢华挥霍生活方式保证的财富——本身。重要的是人能干些什么,而不是该干些什么或已干了些什么。

> 正是毫无节制,甚至轻浮的美学趣味的炫耀,而不是遵从职业道德或枯燥、简单而节制的理性戒律即鉴赏力,也不是单纯的经济上的成功,才是他们(指富有的消费者——引者)所悉知的伟大之处,才使他们获得了世人的叹服。

西方著名文化批评家詹明信(Fredric Jameson)在评论当代西方消费社会(他也称做晚期资本主义或跨国资本主义)的文化特征时写道:

时尚使人不怕寒冷不畏饥饿　　　　刘小超　绘

美感的生产已经完全被吸纳在商品生产的总体过程之中。也就是说，商品社会的规律驱使我们不断生产日新月异的货品(从服装到喷射机产品，一概地永无止境地翻新)，务求以更快的速度把生产成本赚回，并且把利润不断地翻新下去。在这种资本主义晚期阶段经济规律的统辖之下，美感的创造、实验与翻新也必须受到诸多限制。在社会整体的生产关系中，美的生产也就愈来愈受到经济结构的种种规范而必须改变其基本的社会文化角色和功能。

消费主要不是为了获得商品的使用价值，而更多是为了获取文化符号价值。人们消费的对象已不是商品本身或商品的使用价值，而是被嵌入商品包装中的品味、格调(如阳刚、健美、清纯、秀丽、活泼、潇洒、"酷"等)和广告所表征或暗示的商品势能或潜能(地位、身份、声望、权力等)，这种审美情趣再经过大众传媒的渲染成为时尚风行开来，不仅使消费决定了市场的销售走向，而且主导了厂家的生产取向，进而还影响到现代社会人们对生活方式和美学品位的选择。这种由商品包装和商品广告所提供的品位、格调、潜能主导商品价值和产销过程的现象，深刻地揭示了文化符号在现代社会具有超越客观实在的建构作用，它已成为现代消费社会的一种主导的文化形式了。消费文化的发展再借助高新科技传播手段，如好莱坞电影、卫星电视、流行音乐、时尚潮流和全球互联网络(诸如 CNN 新闻和 BBC 全球服务)的大力渲染，进一步促使了经验的商品化，诱使人们在审美情趣、生活方式、乃至价值观方面的日益趋同，这些无疑都严重地冲击了一向以地方性和本土性见长的传统文化和民族认同，极大地助长了朝向西方文化——确切地说美国文化——共通化的发展趋势。

二分陷阱与中国本土思想

张小军

不能想象一个人在对婚姻毫无概念、对他所在社会的婚姻规则毫不了解或不知婚姻对其后代将产生何种结果的情况下，能够去结婚。

古德利亚:《物质与精神》

这是一个愚人的问题:当一个人对饥饿毫无概念时,他会饥饿吗? 一个婴儿刚一出世,就会吸吮母亲的奶汁,如果说这是纯粹生理的反应,是没有思想的。那一个人怎能"感觉"到"饿"? 这"感觉"本身和这一"饿"的思想或思维符号,也是生理的吗?

也许愚人的问题更为基本,因为一个人完全可能在不了解婚姻规则的情况下去结婚,甚至结婚后还可能没有对婚姻的明确概念。但是一个人可以不"感到"(这无疑属于精神)饿而饿了吗? 进一步的问题是:如果饥饿本身是"物质"的结果,而饿的感觉和概念属于"思想"或者"精神"活动,"饥饿"究竟是物质的还是精神的? 谁更重要? 谁决定谁? 这个问题,与法国马克思主义人类学家古德利亚(M. Godelier)的出发点是一致的:

我的出发点是试图探索思想、经济和政治的关系,分析在社会关系的产生、运动和广泛历史中,精神和物质的各自权重。(Godelier, 1986, The Mental and The Material: Thought Economy, 3)

现代数学"突变论"的创始人之一托姆(Rene Thom)认为:

我们的精神生活只不过是各个动力场吸引子之间的一系列突变。这种动力场是由我们的神经细胞的稳定活动构成的。因此,我们思想的内在运动与作用于外部世界的运动,两者在根本上并没有什么不同。(托姆:《突变论》,上海译文出版社1989年版,第14页)

张小军:清华大学社会学系教授。

或许,人类靠自己感官将复杂世界区分为物质和精神,其实是一个很深的陷阱,特别是当material被理解为可观察的实体物质的时候。古德利亚关于"精神和物质的各自权重"的论述,表明他仍然落在二分的陷阱之中。

普里查德(E. Evens-Pritchard)在他著名的《努尔人》(*The Nuer*)中,分析了牛对努尔人的重要作用。例如牛具有地位象征的政治价值,男人结婚之后才能有自己的牛群,牛还是主要的嫁妆。在亲属关系中,多妻制的亲属网络要用牛群的多少来界定和说明;家长死了,牛群仍然是维持家庭生活之中心。于是我们看到努尔人赋予牛的象征意义。普里查德认为,努尔人的生态环境创造了一种努尔人的物质文化,亦使他们依附于这一文化。这里,我们可以提出一个问题:究竟是物质的牛,还是具有象征意义的牛的物质文化在努尔人的社会生活中起了重要作用,或者具有支配意义上的功能?

社会之所以成为社会,并不是因为有牛,也不是因为有血缘,这些在动物界同样存在,文化是人类社会之所以存在的主要原因。列维—斯特劳斯(C. Levi-Strauss)在《忧郁的热带》一书结束的按语中说,我们要发现人的本质,就必须回过头来找到解释人怎样同自然联系的途径。按照他的观点,动物与人的区别就是自然与文化的区别。换句话说,文化是人类存在的标志。英文的culture 来自拉丁语colore(耕耘),有教养、修养,陶冶、教化,培育、栽培的意思。它们均有"摆脱自然状态,通过人加以改变"之意。

将文化超越于社会,并非等同于将精神超越于物质。按照马林诺夫斯基(B. Malinowski)的观点,文化包含了物质文化和精神文化,由此,文化超越了物质和精神这个二分的概念。按照文化人类学的理解,文化是自成体系的系统,并非类似上面所论为诸多人类现象的标签(除了物质文化、精神文化之外,还有企业文化、民族文化等一系列的文化)。美国人类学家怀特(Leslie White)曾给出如下文化概念:

> 文化的现象构成一个独立且独特的领域,文化的要素根据文化自身的规律而相互作用。(怀特:《文化科学》,曹锦清译,浙江人民出版社1988年版,第83页)

按照本文的观点,文化是一个超越物质和精神这个二分陷阱的概念。中国古代的世界图像,是一个以"2"为底的级数的展开。在"一"的层面,是太极,是太一,是"气";在"二"的层面,是两极,是阴阳,有所谓:"气聚则离明得施而有形,气不聚则离明不得施而无形。"(张载:《正蒙·太和篇》)如果说物质和精神对应中国本土思想中的有形与无形,文化则是两者之上的一种力场,一种能量场,蕴含了事物存在的基本规律。在《易经》中,对文化的解释是"观乎人文以化成天下",就是以一种人类互动的方式来建构世界。文的古字"文"的意思是"物相交杂故曰文",下面的"乂",则有治理的意思。

英国经济学家布瓦索(Max H. Boisot)也悟到其中的真谛:"文化是在社会推动的热力学过程中对智能的制度化运用,试图在特定社会秩序内使熵的产生达到最小。"(布瓦索:《信息空间:认识组织制度和文化的一种架构》,上海译文出版社1995年版,第465页)法国社会思想家莫兰(Edgar Morin)也从自组织现象产生的社会复杂性来理解文化,认为社会的维持需要一整套根据规则结构化了的信息——即文化。"文化构成高度复杂性的一个再生系统,没有它,高度复杂性将崩溃并让位于一个较低的组织水平。"(莫兰:《迷失的范式:人性研究》,北京大学出版社1999年版,第62页)

文化的工作原理可以称为"编码信息原理",核心是秩序。法国人类学家利奇(E. Leach)认为:文化的所有各种非词语侧面,比如服装的式样、乡村布局、建筑、家具、食品、烹饪、音乐、体态、姿势等等,都是以模式化的集合体组织起来的,从而根据类似于自然语言的语音、词汇和语句的方式,将编过码的信息综合起来。因此,谈论支配服装穿戴的语法规则,就和论述支配言词话语的语法规则一样意味深长。(利奇:《文化交流》,华夏出版社1991年版,第12页)莫兰则认为:"文化作为再生系统,构成了准文化编码,亦即一种生物的遗传编码的社会学对等物。文化编码维持着社会系统的完整性和同一性,保障着它的自我延续和不变的再生,保护它抗拒不确定性、随机事件、混乱、无序。"(莫兰:《迷失的范式:人性研究》,第149页)

古德利亚由于陷入二分的困境之中,很难从上述文化的角度来理解事物。例如,一个人的"思想"就是一个人的文化编码。有关"饥饿"、"婚姻"的思想或者思维,是这个人肉体和精神、生理和心理共同作用的结果。不过,古德利亚仍然试图通过他认为属于精神的"思想"概念来讨论精神活动的重要性。他将思想及其功能(F)分为四个方面:

F1——呈现现实;F2——解释现实;F3——表达—解释的功能;F4——对现实表达—解释的合理性。

这四种思想的功能,分别是表达现实秩序、解释现实秩序、表达和解释现实秩序的方式和逻辑以及这种表达和解释的合理性。这些,正是文化编码的核心意义。

由此,古德利亚特别重视神话的建立秩序之作用。他指出神话思维是一个幻想的过程,它们在社会中运作,并作为一种使社会及自然秩序合法化的意识形态而发挥作用。他认为:

> 人类总是力图把握那些构成世界秩序和安排了人类现存地位的潜在因素,神话便是这样一种努力,它构成了一个思想的官殿。(古德利亚:《李维—斯特劳斯:马克思及马克思之后?》,商务印书馆1987年版,第90页)

列维—斯特劳斯对神话进行了大量研究,也试图发现神话后面的、隐藏于人们头脑中的思想的结构。神话所展现的幻想,深深影响着社会的秩序建构。

今天的中国社会,正是处在一个神话造秩序的时代。这些神话,包括了"现代化神话"、"GDP增长神话"以及"资源无限"的神话,相应的仪式随处可见,如在中国人古老的祭天之所——天坛召开的《财富》论坛,以及形形色色、无穷无尽的商业表演等等。以钱和权为中心的文化编码优先安排着社会的资源及其消费方式,似乎令古德利亚关心的"物质"和"精神"都黯然失色。如果同意托姆的说法——"我们思想的内在运动与作用于外部世界的运动,两者在根本上并没有什么不同",那么当今以钱为中心的思想秩序,就意味着一个以钱为中心的社会世界,并由此引发了一系列的社会问题。

思想不仅仅是个体的文化,集体思想也是社会的文化。一个缺少思想的社会,也是一种没文化的社会,亦印证了当代社会的一种思想缺憾。

Maurice Godelier,著名法国新马克思主义人类学家,出生于1934年,毕业于巴黎高等师范学院,著有《经济学中的理性与非理性》、《人类学中的马克思主义观点》、《精神与物质》、《伟大人物的产生》等。

原生态社会
——洞庭东山实习札记
唐晓峰

2007 年 7 月，我参加了北京师范大学地理与遥感学院师生在洞庭东山的人文地理实习。

这个洞庭，不是湖南的洞庭，是苏州南边的洞庭。"洞庭"也是太湖的别名。左思《吴都赋》："指包山而为期，集洞庭而淹流。"诗中说的"洞庭"就是太湖。太湖东岸有山，称洞庭山，两座山峰，一东一西，东面的叫洞庭东山，西面的叫洞庭西山。西山在湖里，有桥与陆地通。东山原来也独立水中，清代以后渐渐与陆地相连，成为半岛。东山主峰海拔 293 米，称莫厘峰。洞庭东山是碧螺春茶的故乡，想必嗜茶的人都知道。

洞庭东山下，人文聚落稠密，考古学者在附近发现石器遗址，说明开发起源于邃古时代。据说在南宋末年或元朝初年形成镇街，现在仍有明清时代的建筑保存。东山虽然地方不大，但地理单元独立，人文层级丰富，具有江南典型的"县以下"社会生态（县以上是官场生态）。人文地理实习，要锻炼同学们的眼力和脑力，在混杂的现实中，识别出有序的人文空间层级，在平平常常的日常生活中，发现不寻常的社会价值。在目前我国的地理学教育中，自然地理实习做的较多，正规的人文地理实习尚少。北京师范大学的东山人文地理实习已进行了 20 多年，2007 年 7 月正式在这里挂牌"北京师范大学东山人文地理实习基地"，这是我国高校第一个人文地理实习基地。

我这次是第一回参加现代人文地理实习，感触很多，以下谈一点粗略感想。

老子说，"圣人为腹不为目"，因为"五色令人目盲"。老子是好意，可是对不起，现在我们要实习，要"为目不为腹"，我们要发现问题与价值。人世间，从外表看，芸芸众生；从内里看，则百般哀乐。实习，就是钻进社会内里，见一

唐晓峰：北京大学城市环境系教授。

番哀乐情状。这是一种认识训练,学术启发。

无论怎样的自然主义,都不能否认社会是人类生态的核心(本文使用的生态概念是广义的,指生存系统)。生态的范畴与属性是关键。鸟兽在丛林,人类在社会,各有自己的生态。人类投丛林,会被鸟兽所欺;鸟兽投社会,会被人类做熟。尽管人类离不开自然环境,但生态核心不能混淆,人类只有在社会里才能衣食住行,才能活下去。

社会实习,是真正进入社会生态,而且是原生态,与访问官员、听总结报告不同,他们说的都是条条,就像从树林里砍柴出来,大树枝放一堆,小树枝放一堆,已不是原生态的面貌。到东山可以看到社会原生态,这个系统从祖先、土地衍生出来,它的生态与这个"地方"有机地连接着。美国著名地理学家索尔认为,进入这样的生态,才是真正的人文地理考察。

不过,社会实习,我们要从生存者变为研究者,从生存者向社会学家升级,学会在原生态社会中寻找意义与价值。我们既要尊重原生态,又要走出原生态,否则对一切事情"习以为常(take for granted)",就不会发现问题。富人认为没有主食可以去食"肉糜",这是他们的原生态,如果不走出他们的原生态,就不可能认识穷人没有米面时意味着什么。反之,穷人也会因自己的原生态而误判:"李嘉诚天天吃猪肉炖粉条子"。社会原生态可以是整体的,也可以是局部的。富人与穷人加起来是整体,分开来是局部。在整体中,局部与局部可以大不一样,就像同一树林里的飞鸟和地鼠。

人文地理学、社会地理学的特点是发现问题或价值与地方或场所的关系,发现点、线、面的空间人文层次,还有,解读景观符号。这些都是地理学的视角。其中,人本主义地理学的一派更关注人文现象的原生状态,并进一步观察在社会发展或表述中原生状态的变异。越是基层,人本主义越有用。我这次在东山,因为是基层,对原生态现象特别留意。

原生态的街道名称

东山镇里有一条老街,长约 2000 米,质量很好,上铺石板,不会起泥,号称"东山一条街,雨后好穿绣花鞋"。据调查,这条街的名字很有意思。

这条街在地图上叫人民路,不过当地人一般不叫这个名字,他们习惯于分段称呼,自东向西分为十来个路段,分别有殿前(街)、紫藤棚(街)、煤饼场

（街）、叶巷（街）、漾桥（街）等十来个街名（看来都是根据路段景物特征起的名字）。这样分段命名，好处很明显，路段指示清楚，不用在老长的街上从头到尾地找。其实，殿、紫藤、煤场等景物今天早已不见，但名称照旧使用，已成为纯粹的街名。这些具有地名意义的俗称，很贴近生活本源，很"生态"。这些街名在地图上当然看不到，只有到了社会生态里面才知道，这是生活。而地图只是标准、原则，标准地图已经脱离了原生态。

我联想到北京的长安街。长安街长十里，只用一个名字（顶多分东、西），未闻分段俗名。你若来找我，我说住在长安街，等于没说，你还是找不着我。长安街虽然壮观，但缺乏生活气息，它是某种象征，不是供人生活的，很不"生态"。从东山的人民路跳到北京的长安街，有点远，有点"不可同日而语"。可是在社会实习中，要的就是把不同的东西做"同日而语"。比较是发现问题的方法。人本主义强调从生活底层开始命题，由下向上看。我们身在东山，仰望北京，感到社会中的巨大变异。同是街道，可以这样，也可以那样。

城镇街道的正规命名出现较晚，是上层权力干预的结果。回顾历史，印象深的命名街道有唐长安的朱雀大街。汉长安有些街道名称传下来，但不像是朝廷命名的。当然，这是文本记录的情况，相信在社会实际生活中，街道名称会是很丰富的，没有街名，城镇的生活没办法过。不过，多数街道的名称应该是在城市生态秩序形成的过程中自下而上形成的。

原生态的贫富空间

像江浙的许多地方一样，东山也是文人辈出。这里地方不大，却至少出过两个状元、一个探花、好几个进士。其中最有名的是王鏊，他几乎凑成了"三元"（解元、会元、状元，即三级科举个个第一）。据说最后殿试（明朝成化年间），因有人忌妒，王鏊只得了探花。现在，解元、会元、探花三幢木牌楼仍立在他的故里陆巷村。这个陆巷村因保留了许多老房子、老街巷，很有可能列入某一级文化遗产名录。我去了陆巷村，要欣赏王鏊的牌楼、故居。故居大致位于陆巷村的中央，高墙深院，雅致、富贵。进去看了，令人赞美。牌楼在通向故居的小巷内，石柱木额，"会元"、"大学士"、"探花"等字赫然在望，与牌楼下面的小巷陋屋形成对照。在这幅景观面前，你可以明白荣耀乡里是什么。另外，"大学士"、"探花"都是京师里的大名堂，此刻在江南偏僻乡村见到，令人感到京师威权的俨然存在，它巍乎高哉，但近在眼前。

不过，问题也就产生了。这么了不起的"大学士"，且官拜户部尚书，家族宅院为何一直留在这个狭窄的村子里，又怎么容得周围仍是些穷家陋巷呢？不独王家，村里另有几处富贵院落，也是各居东西，与穷宅错落。原来，传统中国人并不习惯贫富分区而居的模式。在人物归类时，我们把王鏊挑出来，但在现实生活中，王家并没有离开陆巷村，没有脱离由各色乡亲构成的"社群（community）"。有一种纽带，将富贵的王家与其他乡亲连在一起。这种在空间上的贫富联居，是原生态聚落的特点。这种特点在传统中国相当普遍，即使在京城也是同样，王府旁边可能就是草根人家。

我们在东山提出这个"贫富空间"的命题，再与远方社会比较一下。假如王鏊生活在英国，他得势之后，多半要另择幽雅之地建立新的、独立的府邸，比如树林之间，冈阜之上，这是我们常见的英国贵族住宅景观。他们不像中国人，升官不离村里，出门就见乡亲。

但是如今，我们现代化（西化）了，东山也在现代化（西化），新的高贵小区在莫厘山的东北麓正在形成。现代富人，他们容忍不了与穷乡亲们比邻而居，他们要拉开距离，以显示财富的差距。那里的房价很高，保安森严，一般人不便进去，即使原来是乡亲。那条维系社群的传统纽带被看不见的手掐断了。

"富人区"不是东山的原生态社区，是现代外来概念。古人突破不了村落体制，现代人则以市场体制冲决村落体制，富了就跑，贫富空间格局发生变化，传统社会生态结构也在发生变化。在王鏊原来的邻家子弟眼中，世界只有一个，再远的京城，也可以从脚下一步步走过去。如今，在被远隔于"富人区"之外的穷孩子眼中，有另一个神秘、陌生、只能眺望的世界，那里有另一种人类，叫做富人。富人是从哪里来的，他们不知道。当年丰子恺先生这样形容：乡下人看见"电灯开得闪亮"的夜行火车"头等车厢载了正在喷雪茄、吃大菜的洋装阔客而通过这些乡村的时候，在乡下人看来正像一朵载着一群活神仙的彩云飞驰而过"。看来，市场的隔阂比科场的隔阂似乎大得多。王鏊的成功令陆巷的男女老少都觉得自豪，现代富人区会给东山带来什么，东山老百姓也许连想都不想。

加入社会生态的旅游者

旅游者里可能有富人，东山的乡亲们知道，旅游者与他们关系很大。

70多年前，丰子恺画过一幅漫画，叫《都会之客》，画的是路边一对穿着时髦的城里人在观望乡下草屋前坐着的乡下人。从乡下老妪漫不在意的表情可知，她认为自己与路边的城里人没有什么相干。在本文中，我们把这种不相干称做"没有生态关系"。没有生态关系，就是漫画要告诉我们的，在乡下人眼里，那两个城里人以及他们那个样子都是多余的，因此是可笑的。

随着旅游业的发展，一批批"都会客人"来到乡下，也是来看看，却受到乡亲们的欢迎。主动者甚至是乡亲们，他们主动向游客打招呼，然后兜售各种旅游产品。游客买了产品，享受了乐趣，乡亲们赚了钱，改善了生活。在本文中，我们把这种互利关系称做"具有生态关系"。

旅游商品多基于本地土特产，其发展可说是地方生态产品大动员。在这种特定的旅游机制中，越是原生态的东西（包括原生态的社会产品）就越有价值。丰子恺先生绝想不到，如今"都会客"会要求花钱到老乡家里滚上一夜，老乡也会笑脸相迎，周到服务。丰子恺先生若真遇到这种情景，也会画一幅漫画："都会客"趴在土炕上，伸出手指作V字形，口带微笑。漫画的名字就叫"茄子"。

范建平 绘

旅游业使本来毫不相干的人群与地方社会、风俗、经济形成有机的关系，唤起地方社群的热情、愿望、才智，从封闭到开放，改变地方社会的生态运行，其意义是很大的。旅游经济可以让乡亲们广泛参与，家家出招，人人贡献。特别是原生态旅游，本来只是过日子做的事情，现在可以拿出来表演，收费。原来奄奄一息的古村，一下子兴旺起来，原生态与现代经济结合，有了新的价值，显出新的生机。北京远郊区有个古村，叫"川"底下，翻身翻得奇快。

我插过队，出入农村，平平常常。但现在进村，是新的体验，老乡的目光已然不同，我们的农村又变了。鬼子进村，工作队进村，知识青年进村曾引发农村的不同变化，现在旅游者进村了，使村里多出一种意识，多出一种行为，多出一类人群，多出一种机制，多出一种景观，多出一种产品。表面上看，旅游者是外来的，但他对农村的影响是整体性的、内在的。东山的陆巷就是这样的村子。

名牌产品与社会生态

我去过景德镇，那里家家做瓷器；我也去过周庄，那里家家卖肘子；眼下在东山，只见家家卖碧螺春。我明白，这些地方是名牌产品的原产地，有基层社会的生态基础，名牌是"原生态"的。在这类原生态名牌的故乡，家家与名牌有缘。不像现代工业名牌(如索尼、可口可乐)，它们没有原生态背景，没有百姓缘分。

东山街上茶馆不少，门口写着"碧螺春，现炒现卖"。屋里几个小桌，顾客也可以坐下来喝茶。江南的茶馆是比较普遍的，20世纪30年代就有人这样说："江南，哪个较大的城市与集镇上没有中国这样的俱乐部。"今天，有人类学家专门研究过江南的茶馆，指出"茶馆构成江南社会生活的有机体"，乡镇茶馆的普遍存在，是中国旧式经济的特殊运动规律与江南社会特定历史环境交互作用的产物。换句话说，江南茶馆是特定的原生态条件下的产物，即俗话所说的"水土"的产物。可惜我没有时间到茶馆里喝茶，不知里面是什么气氛。在现代快节奏的生活中，悠闲茶馆恐怕越来越是退休长者们的场所吧。

在大街上走走，看着各种消费品商店，感到东山人的生活仍紧紧依托着传统生态系统。本地名牌碧螺春、白鱼等继续给人们提供幸福，带来满足。东山人似乎并不热衷外来嵌入的名牌。社会上像北京那种满口港台腔调与词汇的"白领"不多，"白领"不是原生态的群体，他们所热衷的现代式的消费，并不需要本地生态的支持。他们不但口音要摆脱任何乡音，消费名牌也要特意地外地化，外国化。"反地方"、"反生态"是现代名牌的特点。香水、歌曲、发色、服饰不都是这样吗？

"鸠占鹊巢"的小插曲

郭于华

　　在写"关于历史构建的思考"那篇小文（文见《社会学家茶座》第13辑）一年之后，我又来到了骥村。秋日阳光下的梁梁峁峁散发着收获的气息。天空蓝个莹莹，苹果红个彤彤，谷穗沉甸甸的，野花黄灿灿的，暖暖的山野空气，让人沉醉。

　　2006年所见的大兴土木已经完工，新修建的毛主席转战陕北纪念馆取代了马氏的宗祠和学堂；先进的电脑控制的声光电沙盘、投影仪和可升降屏幕、诸多示意图和照片让原先的宗祠和讲堂变为展室，讲述着革命的峥嵘岁月。

　　与我们相熟的老馆长已经退了，新来的工作人员都是县上安排和支付工资的，我一个也不认识。在房东的引领下，我们得以免费（门票20元）参观了新落成的整个纪念馆。参观中的一件事让我不禁莞尔却又有所思。

　　毛泽东"旧居"北侧的院落是"中央十二月会议"的旧址，走进院子，映入眼帘的是重新布置过的会议室和当时中共各位领导居住过的窑洞，每个窑洞门上都专门标出×××旧居字样。在彭德怀旧居和汪东兴旧居门口我们停住了脚步，我向同行的工作人员询问："这里原来不是六旦住的窑洞吗？"答曰：

老祠堂改建成的转战陕北纪念馆

展室中的照片

郭于华：清华大学社会学系教授。

彭德怀、汪东兴旧居

"现在也是六旦住着哩。公家出 15 万买他的窑他不肯卖,要价 30 万呢。"六旦没在家,门锁着,从窗户向里望望,脏乱依旧;但为了红色旅游的需要,窑洞外面已粉刷一新,门上和其他"旧居"一样挂着簇新的白布门帘,院子地面也光洁干净。

六旦何许人?居然"占据"着革命遗址的地方?此事说来话长:多年前我曾经写过一篇文章题为"不适应的老人"(载《读书》1998 年第 6 期),讲述了村里一位名叫世琦的老人的故事。那是一位生计艰难、愁苦而沮丧的老人,80 多岁的人了,自己做饭吃,还要照看一个 50 多岁却没有独立生活能力的儿子,另一个已经成家立业的儿子也不怎么管他。这样一种生活景况与老人依照其自身条件应享有的晚年似乎相当不符:世琦出生在一个富足的地主世家,属当地主要姓氏宗族的"五老门"(宗族的五个分支)中的第二门;年少时衣食无缺,生计富裕。他本人中学毕业,还在当时的行署所在地上过两年半师范学校。新中国成立之前、之后都长期任国家正式教师。其家庭因在老根据地土改时积极献地之举而被授予"开明绅士"之称。他本人曾经在中共农村工作调查团进村调查时作为协助者,帮助了解和评估土地的占有分布状况,介绍地主集团内部的情况。后来他还被聘请参加了土改工作团,帮助政府了解地主财产转移和被当地村民私拿等情况。这样一位有着光荣的历史和乡村社区中少有的文化教养的相当特殊的人物,其眼前的生活状况却是如此不如人意,这种反差使我们在第一次接触时便以一种探寻其中社会文化内涵的兴趣关注他那不平凡的生活经历。1962 年是世琦人生境遇的一大变故。由于当时国家的紧缩经济政策,许多已经进入城镇和正式单位的农村籍员工又按政策规定被精简下放、回乡务农。从教师岗位退职、回乡是世琦生活道路上的重要转折,从此他生命旅途中的下坡路就开始了。回家后的 30 多年中他一直不能重新适应和再度融入乡土社会的文化环境,无法重拾"地方性知识"。他回家后从未真正参与当地的经济活动与社会生活,他甚至不能用任何一种可能的谋生手段来养活自己;而在他的话语和性格中又相当多地保持了体制的特征,以致和同一社区中的村民们不能相互认同,举止言谈经常格格不入。例如,他把儿子的"没论下婆姨"(方言:没娶上媳妇)表达为"恋爱工作失败"。他像是一个身在此地而心灵和思想都在另一世界的人,从而出现我所概括的对自身所生长的文化土壤的"水土不服"。这位"不适应的老人"在对人生全面失败的感受中走到生命的尽头。

世琦的故事到了他的下一代六旦这里有了意义不同的延续。

六旦乃世琦长子,十年前已年过五旬,至今仍是孤身一人过活。早年因"恋爱工作失败",头脑有了毛病,不能劳动,其父去世后一直靠兄弟接济生活。村里人都认为:说他"憨着了"(智障),其实他可"精明"了,"一漫不憨",就是怕动弹,不劳动。他的懒得动弹一望而知,居所内黑黢黢、乱糟糟的,衣服"一漫恶水的"(指肮脏)。今年见到的六旦,似乎干净了一些,一问方知因为他喜欢打麻将,而别人嫌他身上太脏不跟他要,所以只好稍微拾掇一下。六旦的父亲即我们访谈过的世琦老人前几年去世,留给六旦的两眼窑洞名正言顺地是六旦的房产。

引人关注的是其他划为革命遗址的窑洞、院落都已尽数归公,唯有这六旦的窑洞买不下、迁不动。而他提出的 30 万要价显然不合常理。原因何在?因为他不是正常健全的人?因为他的精神问题没法跟他讲道理?还是因为他原本一无所有没什么能拿住他的? 个中缘由无从猜测,只留下那一种独特景观——六旦住在彭德怀故居里,住在"十二月会议"革命遗址的院子中。

联想到京城里如火如荼的拆迁大战,联想到遗址的占领和历史的构建,六旦的故事是不是能勾起我们一些有关支配与反抗的思考呢? 六旦是读过书的人,其父是 1962 年精简下放的国家正式教师;他本人"文革"前已经中学毕业而且据说成绩优异。当年六旦算是回乡知识青年,因为谈恋爱遭遇挫折而被认为脑子出了问题。尽管村民都认为他"精明着了",甚至"头脑可利了",但毕竟他戴着"憨着了"的帽子生活了几十年,而且一直未娶。权力的进入唯在六旦这里绕了个弯儿,成为主旋律进行曲中的一个小小插曲。不知这应当归于弱者的反抗,还是应当看做智者的谋略呢,抑或六旦就是说服、教育甚至金钱、暴力都无能为力的一个对象?

网络时代的注意力问题

肖　峰

　　今天的社会,从技术特征上常常被归结为"信息时代的来临"或"网络社会的崛起",我们无时无刻不被网络信息所包围,我们的注意力被各种或是耸人听闻、或是扑朔迷离、或是引人入胜的消息所牵引,而在这些信息的制造端,其目的常常并不是在信息本身,而是希望借此将我们的"眼球"吸引过去,以达到另外的目的,如推销商品、扩大媒体的知名度等。他们都深知,"获得注意力就是获得一种持久的财富",于是,"注意力经济"的时代也就随之"诞生"。

　　因此,信息和网络技术的兴起,也标志着人类进入一个争夺注意力异常激烈的时代,人的注意力成为被"蚕食"的对象;许多行业都在虎视眈眈地算计你还有多少注意力的地盘没有被占领。此时,我们这些虽然别无所有但还有点注意力的普罗大众,也不能不为如何"分配"自己的这点"财富"而困惑。因为注意力的争夺也导致了注意力的泛滥:我们一方面失去了长久的注意力;另一方面又在不断变换我们的短期注意力,以至于每天都要变换 N 次注意力,不断地出现注意力的漂移,使得我们尽管在不断使用注意力,却没有留下任何记忆,即付出了注意力却没有给自己留下什么值得"收藏"、保留的信息财富。

人是不断人为地制造注意力的动物

　　关于注意力的"定义"和"功能",可以查到种种说法,如:"注意是有机体在长期的进化中发展起来的一种对外界信息的选择机制,它的存在说明人对外界信息不是被动地接受,而是主动地、有选择地加工其中最重要、最有意义的信息。""注意力是指对于某条特定信息的精神集中,当各种信息进入

肖　峰:华南理工大学政治与公共管理学院教授。

我们的意识范围,我们关注其中特定的一条,然后决定是否采取行动。""注意力是无形有限、不可替代、不能分享的心理资源,它是人类从事任何活动都必须投入的要素,具有选择性、集中性、排他性等特点。目前世界上的信息量是无限的,而注意力是有限的,有限的注意力在无限的信息量中会产生巨大的商业价值。""注意力是指人们关注一个主题、一个事件、一种行为和多种信息的持久度。"如此等等。

为什么需要注意力? 因为有了注意力,才有了人的有效的认识和实践活动。可以想象,飞行员或汽车司机如果注意力不集中会是什么情形,学生学习时不能集中注意力会是什么效果;还可以想象,一篇文章、一部电影、一种产品如果不能引起任何人的注意会是什么结果。正是在这个意义上,注意力使信息产生有用性,或使信息的有用性显示出来,使信息成其为信息,获得价值,形成积累,导致增长。因此有了注意力,才有了文明和文化的发展,才有了市场上产品的买卖和经济生活的展开,等等。

稍微学理化地说,主体和客体、人和对象之间,都与注意力密切相关,如果前者缺乏对后者的注意力,或后者不能引起前者的注意力,就无法建立起一种有价值有意义的主客体关系,也就产生不了有目的、有效能的人的活动。虽然动物尤其是高等动物也需要有注意力,但人是唯一自觉意识到注意力的价值从而有意进行训练来增强注意力和千方百计对其加以利用的动物。我们完全可以这样说:"人是不断人为地制造注意力的动物。"

人的注意力如果无所归依,就会产生空虚感;天下本无事,注意力创造事;人是造物和造事的动物。而且,人还需要使自己的注意力归依于使自己能够愉悦的对象或事件上,否则就会产生恐惧、悲痛、苦恼、烦躁等痛苦感,此时就需要注意力的转移。因此,自从人有了足够的条件后,一项重要的生活内容就是苦心经营自己的注意力。甚至可以说,人类的一切有意义的活动都是在营造注意力:市场竞争、政治选举、文化宣传、思想教育、收视率提高……无不是争夺注意力的战争。由于人普遍存在的、需要"放置"自己注意力的需求,从另一端也就形成专门制造某种"产品"来满足人们放置自己注意力的需求,后来这种"产品"成为"商品",形成"产业",可谓之为"注意力产业"。

"注意力产品"的商品属性,使得其经济效益凸现出来,于是从一般性的满足人的注意力,发展到为了某种利益而争夺人的注意力,致使注意力成为一种信息资产,一种商业社会中的"硬通货"。尤其是到了网络时代,更是一个"信息过剩而注意力稀缺"的时代。这一点是 Michael H. Goldhaber 于 1997 年在 *Hot Wired* 上发表的《注意力购买者》一文中首次提出来的。这也告诉人们,以网络为基础的当代经济的本质是"注意力经济",在这种经济形态中,最重要的资源是注意力,因此在互联网上如何吸引注意力成为一个非常重要的问题。

网络时代对注意力的经济价值的强调无疑是必需的,但如果忽视了对吸引注意力的道德评价和精神意义,就会导致对注意力缺乏应有的人文关怀和起码的尊重,以至于利用网络手段的便捷性和隐匿性,通过不实和不良信息去浪费、污染、践踏他人的注意力,这无疑也是一种严重的精神伤害。

网络给注意力带来负面影响

只要环顾四周,或"近取"自身,就可以看到网络在给我们带来一个无比丰富的信息世界的同时,也对我们无比珍贵的注意力形成若干负面影响,例如:

注意力污染与扭曲。最典型的就是用虚假、无聊的信息去争夺人的注意力。互联网是一个引人入胜的虚拟世界,过多的网页、网站、版主们都想吸引网民们的注意力。争夺者们为了达到目的而无所不用其极,其中常用的手法就是制造虚假的富有"刺激性"的信息,以致虚假和垃圾信息的层出不穷,污染着我们无比珍贵的注意力,使我们上当受骗。当我们身陷这种鱼龙混杂的"信息海洋"中时,常常无法判断信息的真伪,无法完全相信媒体,也就无法安置我们的诚心和释放我们的真诚,人的最宝贵的诚信受到伤害。我们还越来越失去对自己注意力的控制能力,因为我们对信息的选择能力在不断丧失,我们所看到的信息都是别人为我们选择好的,例如版主们确定了网页的"头版头条",还伪造了网民的如同海潮一样的"民意",令我们"趋之若鹜"。对信息的选择能力的丧失,导致我们如同法兰克福学派所指出的:日益丧失批判性和否定性。我们的注意力空间成为别人的跑马场,这也导致独立思考的丧失。

网络对注意力的争夺甚至形成一种强迫的力量,导致一批自控力较低的人尤其是青年人走向"网络沉溺"或"网游成瘾"。这是一种持续性强迫且具有伤害性的物质使用行为,极端的事例不时发生。例如,1999 年 12 月在成都发现了内地首例网络心理障碍自伤患者:一位连续32小时"泡"在网上的中年男子,因出现突发性思维紊乱而用水果刀割伤自己的手腕,造成失血性休克。一项对全台湾2000多名大学生所做的调查显示,许多大学生有"网络上瘾症末期"的症状,其行为特征表现为:一旦停止,便会出现焦虑、颤抖、沮丧、绝望等"退缩症状(withdrawal symptoms)";有的超过一小时不上网手指便会发痒,把桌面当键盘敲;而健忘、头痛、脾气暴躁、注意力不集中是其主要表现症状。可见,争夺注意力的网络最后导致的是注意力不能集中,不恰当地在网络上过多地被迫使用注意力所导致的是失去注意力,这也是对注意力在本质上的严重扭曲。

注意力的单质化。如果恰当地使用网络,可以使我们的注意力丰富化和持久化,使我们拥有一种更便捷的技术手段和更广阔的信息空间来支撑我们的注意力。然而,由于网络的强大功能,也会因"过强的吸引力"而使人沉溺和成瘾。当人沉溺于网络,互联网就使人的注意力单质化,形成一种强烈的排他性:不仅不关注其他信息来源的渠道,而且形将将网络信息构筑的虚拟世界与真实世界对立起来的意向,将全部注意力投入到虚拟世界中(如网络游戏中),最后形成对真实世界的不适应,甚至惧怕和排斥。例如,长期沉溺在网络提供的虚拟世界中,就会失去与现实交往的能力。注意力的单质化导致人生的单质化、片面性。在奈斯比特的《高科技·高思维》中讲到这样一件事:在美国弗吉尼亚州有一个叫做浅水滩的小村,约有80户人家,250人。1996年春,这250人拒绝电视电缆线进入村庄,这是美国第一个这么做的社区,因此称他们"创造了历史"。他们之所以这样做,是因为他们希望有时间彼此交谈。所以当地居民在讨论架设电缆时,一个村民如此说:"我很庆幸我们的电视收视不良","正因收视不良,我们走到屋外。我可不愿为了可以看9种不同的足球赛而改变这种现状。我个人是宁可去钓鱼,也不要看钓鱼节目的。"这是一则典型案例,表达了人们对电视可能导致交往方式和注意力的单质化而生的担忧。今天人们面对互联网的挑战,比起电视刚出现的时候更是有过之而无不及。当一些年轻人的注意力终日终月乃至终年都被网络紧紧拴住的时候,我们难免要无限地担忧留给他们的将会是一个什么样的人生。

注意力的"快餐化"。网络信息的及时更新和各自为政的信息上载,使得我们一旦进入网络世界,就会感到各种信息的目不暇接,我们的注意力随之四处漂移,也使我们的兴奋点四处开花而又转瞬即逝。我们整天停留在互联网上,我们的兴奋点随着网页的飞快变换而变换,我们的关注点不断被制造又不断被抹杀,多是"惊鸿一瞥"或过眼不视,我们的头脑内似乎无法建立任何神经细胞之间的稳固连接,形成长时记忆,导致信息印记的浅表化。流连网络时,人们经常会被一些夸张的标题、耸人听闻的小道消息或名人隐私所包围,使得我们每天都处于"信息饱和"、"消息丰富"的状态,而时间稍过,就什么也没有在脑际中留下。这种注意力在记忆的功能上,多是短时记忆,转瞬即逝。从长远来看,如果以浏览网页代替读书,如果天天都只是被"快餐文化"所包围、所"熏陶",从知识的积累上将收效极差,因为短时注意力的增加必然伴随长时注意力的减少,网络适宜快餐信息的存在而不适于经典的存在。因此,虽然那些新鲜的消息每天都使我们自我感觉"见多识广",其实这只是一种虚幻的感觉:我们的注意力活动在"虚假繁荣"之后,实际上是一无所获。

注意力的分散及无所归依。网络加剧了信息时代的信息爆炸:我们面对的信息越来越多,但是信息的利用率却越来越低,人们被埋没在数据和信息的海洋之中,不知所措。一位网友写道:"自从 blog 出现后,估计每天产生的信息量比历史上的总和都要多。我们必须面对大量信息的冲击,许多人订阅了几百上千个 RSS,每一个要看一遍都难,如果这样,估计一天可以什么也不用做了!?怎么办?总怕失去有价值的信息,总怕错过什么闪光的思想,你我都有这个恐惧。"而当人总怕失去什么时,常常是什么也得不到。这就是海量的信息反而导致了无所适从,或者说信息越多反而意味着信息更少;对于信息的饥饿迅速转化为对信息的消化不良;信息过剩导致的信息病症日益突出,主要包括信息混乱、信息负担、信息焦虑和信息恐惧等。过量的信息也使有用的信息被淹没,从而找不到有用的信息,出现与信息荒漠化同样的效果,此即如同黑格尔所说的,在绝对的光明中和在绝对的黑暗中一样,什么也看不见。

有了网络在身边,只要我们处于清醒状态,就可以到网络信息的海洋中去搜寻我们感兴趣的信息,从而产生出注意力;但又常常被信息的海洋所淹没,使注意力处于疲劳状态,从而丧失具有注意力的乐趣;网络的吸引力如果总使亢奋的注意力得以发挥,必定要抹平注意力的波峰和波谷之间的差异,使人失去真正的注意力。

在网络时代失去注意力,常常就是因为注意力的发散而导致了注意力的无所归依。网络时代既是一个有着许多关注点和需要关注的时代，又是一个因关注点过多而导致注意力不集中的时代，空泛而快移的"兴奋点"在网上到处"撒播"，人们找不到共同的兴趣点，老百姓没有共同关心的"谈资"，学者没有沟通的"焦点"，人与人之间面对面所谈论的只能是"房子"、"票子"、"孩子"之类的泛泛话题。缺乏能使注意力寄托的有价值的对象，形成了日常生活与学术研究的"双重空虚"，也就是"兴趣"的深度消失或全方位隐退。由此我们看到：这是一个注意力无所归依的时代。

所有这些，导致了注意力的疲劳。注意力的过度消耗，使得一些人不愿再使用自己的注意力，表现为他们宁愿放弃上网，重回"无网"的生活。另一些人则反常地上瘾着魔，但在短暂的兴奋之后，出现了难以集中注意力的"注意力匮乏性紊乱"，表现为一系列的自我强迫和紧张，甚至还伴有许多生理性和心理性的病症，出现了心血管压力增加、视力下降、恶心、呕吐、焦躁、思维混乱、挫折感、判断力下降、精神疲惫等症状。这些症状被称为"信息焦虑综合征"、"知识焦虑症"、"神经削弱综合征"、"黑色眩晕"等。即使没有达到如此严重的程度，生活在网络时代的我们也时时面临着注意力退化的危险。例如，为了避免注意力的无所归依，我们每天都离不开网络上的信息，每天都要到网上去浏览和搜索新奇、刺激同时又浅薄的信息，来满足自己的"好奇心"。当我们将自己的注意力寄托于那些不费思考的信息、从文字时代退化到"读图时代"之时，就很难再愿意启动我们的思维器官去辛苦地思考从文字间流露出的思想。久而久之，我们的注意力就只能调动起"无所用心"的感官去从事在网上的"浏览"活动，一种仅仅是为了"打发时间"的信息消费，而少有"深度的阅读"和思想的创造。而且，这种注意力的退化还和网络信息的退化形成一个共生体，有可能造成因双重的退化而导致的恶性循环的危机。

让注意力减负

面对上述现象，我们不得不提出这样的问题：网络是有利于还是不利于注意力资源的开发？是在创造注意力还是在扼杀注意力？如果注意力使人充实，那么有了互联网为我们制造的种种引起注意力的信息源之后，我们是更充实了，还是更空虚了？这实际上就是网络在注意力效应上的双重性：网络创造了无法比拟的物质和精神财富，但也由于其负面效果而浪费了我们许多注意力资源,甚至无端耗费了不少人最宝贵的生命财富。例如,仅从处理垃圾邮件来看,Nucleus 公司的研究主管维特曼表示:"垃圾邮件是对生产力产生严重打击的因素之一,每位员工平均每天收到 13.3 封垃圾邮件,需要花费 6.5 分钟处理这些邮件,这意味着员工 1.4%的效益时间都被无端占用了。"一位用户表示,他每天收到的电子邮件当中有 60%都是垃圾邮件。对注意力的浪费同时也是对物质财富的浪费,每封垃圾邮件的成本是 0.025 美分。Ferris 研究公司的数据显示:全美因为垃圾邮件泛滥而消耗的总费用大约为 110 亿美元,估计全球范围内垃圾邮件消耗的总费用高达 205 亿美元。Nucleus 研究公司的数据则显示:全美每个拥有电子邮箱的人每年因为垃圾邮件而损失 874 美元,乘以 1 亿,全美一年因垃圾邮件遭受的损失就高达 870 亿美元。

网络使得注意力的稀缺化问题更加严重。在互联网时代,当我们不愿意丧失注意力时,就面临一个艰巨的任务:如何使我们保持作为自己注意力的主人的地位?当我们的注意力是有限的时候,应当如何"配置"或"消费"我们的注意力? 信息时代注意力在商业利益和政治意图的驱使下被肆意蚕食,如何保护我们的注意力,珍视我们注意力的精神和文化价值,成为一个重要的人生课题。

显然我们不能沉溺网络,不能走信息来源单一化之路。也许有时候我们需要稍稍地远离网络,让自己"匮乏"一下,像必要时通过减少进食来清理肠胃一样,也需要在适当的时候减少信息的输入来躲避灵魂的纷扰,让负担过重的注意力"减负",从而积蓄我们的注意力,发挥出意义和价值。

每个人的注意力的使用及其成就,构成他的生命历程,因此注意力的浪费就是生命的浪费,对他人注意力不正当的耗费无异于对生命的蚕食。所以,在网络时代,不仅要关注注意力的"事实问题",更要关注其"价值问题",关注对注意力、尤其是制造和使用注意力中的"道德伦理问题",使其能够合乎人性地发挥。珍惜和善待我们自己的注意力吧,不要被人滥用和浪费,也不去滥用和浪费别人的注意力。这一方面需要我们不断提高自己对网络信息的搜索、鉴别和选择能力,也需要提高自己"生产"有用信息的水平,保证自己输出到公共空间(包括网络空间)的信息产品是真正有价值的信息。也就是说,既要善待自己的注意力,也要善待别人的注意力。

节奏：理解当今社会的一把钥匙

龙希成

"节奏"的感觉

当今社会，我们每个人都感觉到节奏，生活或工作的节奏，日益加快。

我们感觉到今日的节奏比过去"快"，并且越来越快；我们感觉到大都市的节奏比乡下快。在经济发达地区工作的人常有一种被"催赶"的感觉。

比起普通人，有些学者对节奏的感受或许更深刻一些。

1983 年，季羡林在为《罗摩衍那》这部两千年来驰名印度、享誉世界的洋洋巨著写《译后记》时自述："这部史诗虽如汪洋大海，但故事情节并不复杂，只需要比较短的篇幅，就可以叙述清楚，胜任愉快，而且还会紧凑生动，可是……竟用了这样长的篇幅，费了这样大量的辞藻，结果当然就是拖沓、重复、平板、单调。"季羡林的译事虽已告竣，但仍然不能理解此书为何如此冗长、拖沓，甚至"非常怀疑"书上记载的"（古）印度人会整夜整夜地听人诵读全部《罗摩衍那》"。

可是到了 1992 年，当他为《〈罗摩衍那〉选》写《后记》时，便对此有了感悟。他说："从全世界来看，今天的生活节奏，比起过去来，大大地加速了。中国也不例外。今天中国的读者，特别是年轻的读者，连中国的京剧和电影都嫌节奏过慢而失掉兴趣，再拿像《罗摩衍那》这样长的东西，硬塞给他们，要他们静静地坐在那里，仔细品味，确实强人所难。"同时，他还说："时至今日，生活节奏日益加速，外来事物日益增多。……在这样的情况下，我们更需要多读一些文学作品，其中包括带神话色彩的外国古典文学名著，使我们的内心能在纷杂混乱中保持宁静，保持平衡，否则长此以往，我们的精神将会无法支持。"季羡林这番话似乎表明：第一，古（印度）人之所以能创作和欣赏《罗摩衍那》那样冗长的名著，乃是因为古人生活的节奏慢，今日读者之所以

龙希成：清华大学人文学院博士研究生。

再难欣赏那样的冗长之作,乃是因为今人生活的节奏快;第二,他意识到,阅读慢节奏的古典名著,有利于保持我们内心"宁静"和"平衡",否则任由快节奏加速,我们的精神将"无法支持"。

其实,早在半个世纪前,朱光潜就对现代生活节奏加快有所警觉。他在《给青年的十二封信》中指出,人生乐趣一半得之于"活动",一半得之于"领略",而领略就是保持"心界的空灵",在"静"中寻出趣味。"好比喝茶,渴汉只管满口吞咽,会喝茶的人却一口一口地细啜,领略其中风味。"但现代生活忙碌,年轻人又多浮躁,"因为心地太忙,不空所以不灵",难以领略"趣味"。

朱光潜曾在巴黎卢浮宫观赏《蒙娜·丽莎》原作,他说作品"使人在尘微中见出大千,在刹那中见出终古"。正当他心灵感受震撼时,一个法国向导领着四五十个美国男女拥过来了。向导操着很拙劣的英语说:"这就是著名的《蒙娜·丽莎》。""那班肥颈项胖乳房的人们照例露出几种惊奇的面孔,说出几个处处用得着的赞美的形容词,不到三分钟又蜂拥而去了。"这便是快速流动的、繁忙的现代人欣赏古代艺术的典型画面。朱光潜认为,现代作品生产或古典作品复制的快节奏、高效率,导致了人们欣赏水平的粗俗低劣。"中世纪的著作家要发行书籍须得请僧侣或抄胥用手抄写,一个人朝于斯夕于斯的,一年还不定能抄完一部书,现在大书坊每日可出书万卷,任何人都可以出文集诗集了。"他还特别将现代美国高效率机械化建造的钢架房屋与欧洲中世纪的大教堂相对照,说建造大教堂的人每叠一块砖,"都要费若干心血,都有若干热情在后面驱遣,他们的心眼都盯在他们的作品上"。他因此认为,古人在慢节奏之下所建造的物件,于实用之外,还能"慰情",具有人生的意义和文化的价值。

明确用"节奏"来描述现代生活感受的文化人是傅雷。他在《傅雷家书》中抱怨:"多少年安静的生活越发叫我们无法适应天旋地转的现代 Tempo(节奏)。"不过,当时中国的节奏还不是很快,他尤其受不了的是美国的快节奏。他说:"那种物质文明给人的影响,确非我们意料所及。……那种哄闹取乐的玩艺儿,宛如五花八门、光怪陆离的万花筒,在书本上看看已经头昏目迷,更不用说亲身经历了。像我这样,简直一天都受不了:不仅心理上憎厌,生理上神经上也吃不消。东方人的气质和他们相差太大了。……工业高度发展,个人受着整个社会机器的疯狂般的 Tempo 推动,越发盲目,越发身不由主,越来越身心不平衡。这等人所要求的精神调剂,也只能是粗暴、猛烈、简单、原始的娱乐;长此以往,恐怕谈不上真正的文化了。"

半个多世纪过去了,今日中国人正在经历同样的快节奏。

罗素对节奏问题的洞察

真正将节奏作为"问题"提出,并从整体上洞察节奏对人类生活深刻影响的是哲学家罗素。罗素 20 世纪 30 年代就指出,过去 150 年来,科技产生的影响大大超过农耕时代以来人类所受影响的总和,而这种变化仍呈加速度发展。实际上,从石器时代起,人类一直在加速"进步"。他说,一个洞穴人如若出现在公元前 4000 年的埃及,则此时的节奏之快已让他受不了,因为人类已抛弃古老的狩猎习性,代之以农耕,用金属而非祖宗用的石具做着"奇怪的事情";此等事情给洞穴人造成的惊异不难想见,他觉得必须"止步"。

但是,人类非但没有"止步",反而日益"加速"。在古埃及早期,以现代标准观之,那时的节奏仍显缓慢:4000 年所造就的变化,只需现在的 10 年功夫便能完成。到了 16 世纪,100 年的变化相当于现在的 10 年。节奏持续加速。罗素禁不住问:这种不断加速的人类"进步",究竟有没有"自然的极限"? 他说,这极限就是人的心智的有限性。

罗素说这些话的时候,汽车和电话尚未普及,电视刚刚出现,人类正在推行工业化。他没能见到电脑的普及尤其是网络的出现,因而对信息化节奏之快的感受远不如今人深切。他能预见节奏加快的深刻影响,的确眼光不凡。罗素没有给出节奏的定义。为方便起见,我们试作定义:节奏是单位时间内人(的心智)所感受到的外物(或信息)的变化量。单位时间内发生变化的,可以是物理意义上的空间或外物,也可以是声音、图像或文字符号所传递的信息,其变化需作用于人的心智,才能成为节奏。日月星辰每时每刻都有运行或变化,但只要不作用于人的心智,便非这里所谓之节奏。

节奏变快导源于科技进步。其中,交通与资讯(信息)技术作用尤著。交通发达让人能飞快地在地球表面各个位置奔来跑去,短时间内能触及更大范围的活动地域或交往人群。资讯发达则使得人造的信息内容(经通讯传播技术)日益占据甚至垄断人的视听空间,进而快速改变着人的心智状态,让人时刻处于"在线(on-line)"状态。

罗素认为,节奏加快的后果之一便是历史上的伟大作品走向消亡。

从创作说,伟大作品正在走向消亡。像吉本《罗马帝国衰亡史》那样的巨著不再出现,科学之士也再难写出堪与牛顿《自然哲学的数学原理》或达尔文《物种起源》相匹的大作。世事变化如此迅速以至巨著来不及出版就会过时;人们如此忙碌以至很难找到足够的闲暇从容观察和思考,而这是从前伟大著作产生的条件;周围世界如此诱惑不断、变幻离奇,以至学者们再难忍耐单调的生活,而甘于寂寞正是伟大著作家的特征。

伟大作品不再被阅读更是显然。今日人们可选的花样很多,听电台,看电影、电视,巨著被搁置一旁;周围世事变化快速且如此重要,严肃的读者更关注报纸新闻之类,用于阅读古典名著的时间也少了。古典作品产生于慢节奏的时代,也只适应于慢节奏阅读,而慢节奏为今日读者所憎恶(年轻读者已形成快速浏览网页的阅读习惯);随着交通越来越发达,人们喜欢在地球表面上飞快地变动自己的位置,"走"的时间越多,认真"读"的时间越少。罗素曾预言,书代表一个正在死亡的文化阶段,将来人们甚至连报纸也不读了,而是用机器喋喋不休地说话和交流。网络聊天的盛行似乎正在印证这一预言。诗歌的衰落是最明显的。罗素认为,科技进步对于诗歌没有任何益处。这或许是因为古代诗歌对应于音乐的节奏和韵律,也因为古代诗歌所感之"景"乃是没有被技术开发过的原生自然,所抒之"情"乃是人在慢节奏下生活的心情。

节奏变快,信息呈爆炸式增长,知识似乎在增多,但智慧在衰落。罗素认为智慧的要素在于做出全面考量、权衡轻重的能力,而在高效率的快速知识生产中,此种能力甚难获得。智慧的另一要素在于对人自身有某种终极关怀,而广博的知识与狭隘的情感不难集于一身。智慧之所以衰落,因为人太忙,节奏太快。因为专注,人的机巧(cleverness)增加了;因为匆忙,人的智慧(wisdom)减少了。罗素说,智慧需要从慢节奏的思索中一点一点提炼出来,而慢慢思索就需要人有足够的闲暇。但如今世人终日忙碌,无聊与无益之事填满了每一天,给人造成一种印象,似乎每天做了很多事。人越忙碌,越缺乏智慧。节奏加快使情感变得粗疏甚至麻木。人的情感总是对外界的人或物的某种情绪上的寄托,必然伴有亲熟的成分,而亲熟成分有赖于慢节奏的、重复的接触和认知。环境在快节奏地变化,人的情感趋于粗糙。信息化即交流节奏加快,人不再使用文字(如电话)或文字仅具传递信息之用。其实,文字有着情感上的寄托。不多年以前,家书或情书曾是感情的重要寄托,人可睹"字"思人;现今,感情表达或不用文字,或通过稍纵即逝的电子信息传递,难免粗疏。

节奏变快也对孩童的性情影响巨大。比如,在交通发达的都市,一个孩童如果被经常抱着乘坐地铁等公共交通工具,大量人群蜂拥上下,短时间内他就接触到无数陌生的面孔,造成太多复杂的印象,此后他便不再对陌生人有感觉新奇或探求究竟的兴趣。而罗素认为,审视生人并决定对其采取何种情感或态度正是孩童的天性之一。

罗素最警醒世人的,是节奏对道德的影响。罗素认为,道德乃人群的伦理共识,与生活习俗无异,是维系人群稳定交往和生活的信条。人的心智习性变化跟不上现实生活中的环境和技术变化的节奏,致使不同年龄人之间的"代沟"越来越大,且因节奏加速,代与代之间的年限愈加缩小。人们常说现在是"过三年又是新一代"。新老之间在观念、看法和习性上的差别如此巨大,以至人群之间再难取得确定的伦理共识或道德信条,由此造成道德紧张;同时,因人需时刻适应新环境及其行为规则更快节奏的变化,造成人的心智紧张。由此看来,今日社会许多关于金钱、性或科技人体等道德问题的论争,可能是没有答案的无谓之争。人与人之间道德共识的缺乏,主要是由于在足够短的时间内,人人各接受了不同的伦理规则,适应了异样的生活习性。生活节奏加快,道德信条也随之变化,但一部分人因为心智习性变化的节奏跟不上,很难接受或容忍另一部分人已接受或容忍了的道德信条。

罗素提出一个非常重要的概念,即"大地的节奏"。他说,人毕竟是大地之子,人的生活即为大地生活的一部分。大地的节奏是缓慢的:秋冬之重要一如春夏,休息之重要不次于动作。人,尤其是孩童,必须与大地生活的涨落动定保持接触,因为经过多少世代,人(的身心)已与大地节奏合拍。因此,适应慢节奏、单调生活的能力应该自幼培养。

不断升级的竞争制度致使节奏加快

现代社会节奏过快,人很少有闲暇,不仅因为人比从前工作更勤奋,更因为今人娱乐更疯狂。但这种疯狂给人带来的并非幸福,而是身心疲惫和暂时刺激。为此,与马克思设想未来文明要物质极大丰富、技术高度发达不同,罗素提出了"明智地用'闲'乃是文明的最高产物"的命题。

人的节奏加快有着深刻的人性和制度原因。

从人性来说,人有一种区别于动物的独有的情绪,这就是烦闷(boredom)。烦闷使人的官能无法专注于一事一物,它总是渴望发生事情——不一定是愉快之事——只要发生的事能让人感觉有"变"就行;烦闷的反面不是愉快,而是兴奋。人惧怕烦闷,追求兴奋,伴随节奏加快,世上的烦闷大为减少,也减少了因烦闷而导致的战争和屠杀等残酷行为。但是,经过了多少世代,人的心智已适应了"大地的节奏",如若外界的节奏持续加速,则人的身心无法适应。这就是为什么过去贵族为驱除烦闷而去行猎,获得的是愉快;而今人快速向地铁奔跑,上班赶点,或坐在被堵的出租车内急着赶飞机,则是在忍受快节奏的折磨。

技术(物)的节奏越快,人却越嫌它慢,盼望更快。因为技术进步,温饱得到满足,我们享受兴奋的机会多了,烦闷比祖先少了,但却比祖先更害怕烦闷了,故更进一步追求兴奋,渴望事情更快更频繁地变化,节奏因此加快。

从制度来说,人不仅渴望兴奋,更渴望尽快完成事情,尽快达到目的,尽快成功。成功——征服别人或向旁人炫耀——成了今人的人生哲学。追求成功的人生是搏斗,是竞争。竞争迫使人在单位时间内完成与获取的数量更多,速度更快,效率更高,节奏加速;竞争也使人肌肉太紧张,意志太专注,神经太疲惫。成功者本应有闲暇,但或因不知明智用"闲"而有更多烦闷,或惧怕旁人赶超自己,故他要么追求娱乐,要么追求竞争。不断加速的竞争得以持续,节奏就这样一步步地加快了。

人的历史是节奏不断加快的历史。但节奏明显变快则发生在产业革命以后,距今不过一两百年,到了今天才成为一个"问题"。

古老的中国文化崇尚"天人合一"。冯友兰解释,这个"天"是自然(Nature)。这是说,中国文化的特征,人与自然是一体的,两者的节奏是和谐的,人的生活在与大地的涨落动定相适应的节奏中,中国人享受着恬静和幸福的生活,追求着艺术的人生。但是今日,当所有人都走上竞争和创新之路时,人的心智便被迫应对世界的快节奏。那么如何求得人内心的和谐、宁静和幸福,就成为人类共同面临的问题。

更重要的是录取公平

周振鹤

　　现在的高考录取制度是按考试分数由高到低录取，从"一本"到"二本"，从热门专业到冷门学科，大家习以为常，以为高考制度历来是这样录取的，其实不然。考试分数并不是"文革"前历届高考的录取标准，1957年以前不大清楚，尚待有人具体调查。但1958年以后，考试分数肯定不是录取的唯一标准，甚至不是录取标准，录取到什么专业也与分数高下无关。这一点我们当事人在当时虽感觉很明显，但却没有确凿的证据。因为与今天公开公布高考成绩不同，那时是没有什么按分数来填报志愿一说的，我至今不知道我1958年高考各门的分数是多少，只记得与标准答案核对过以后，知道考得不错。自己稍微不满的只是作文的选题。记得那一年作文题目不作严格限定，只要求记述大跃进以来一件最激动人心的事。我记得是抗击台风暴雨的事，这是我亲历的。其实应该记我们学校土法炼钢成功的事，虽然非我亲历，但显然更激动人心，因为此事亘古未有。一位物理老师凭借自造土炉，就炼出了一块钢来，哪个朝代有过？尽管非亲历，仍可胡言乱语夸张一番，可惜当时脑子僵脱，没有想到。除此失误以外，似乎没有什么考砸的地方。但结果我被录取在我根本没有填写的志愿：采矿专业。不但是我没有填写过，而且是考试前压根儿没有公布过的一个学校的专业。

　　直到2007年第6期《炎黄春秋》发表了一篇题为《"文革"前高考"不宜录取"政策回忆》的文章后，我才完全明白，我们当时的感觉是完全正确的。该文作者袁剑平先生是1959届高中生，他说在1958~1965年的八年中，高校招生还有"不宜录取"和"降格录取"的政策，他的同学中不少是新中国教育史上这一极左招生政策的直接受害者。他将这些例子清清楚楚地写了出来。他看了不少档案，文章很有说服力。我没有档案可查，只能在这里谈一些记忆。

周振鹤：复旦大学历史地理研究所教授。

　　我在小学时并没有显出颖悟的模样，我曾经在一篇文章里说过，我五岁读小学一年级第一学期排名是第十六，父亲很满意，以为班上有四十几名学生，这样的成绩已经是中等偏上了。我一生都很感谢我父亲的通达，从来不让我有任何的压力，无论是学习还是生活，他都不横加干预。整个小学六年我的成绩一直没有什么起色，考初中时成绩也不理想。那是 1952 年，好像也是遇上扩招，厦门第一中学的初一年级竟然招了整整 12 个班。而即使这样，我也没有能进入 12 个班之中，而是落到了再度扩招的最后两个班里头。不过，到了初中，我似乎就有点开窍了，学习成绩渐渐出色。到了初三，就在班上名列前茅了。所以到了考高中，就没有什么问题，自然进了本校，当时的淘汰率似乎是 50%。在高中的班上，成绩比初中更有进步，大都在前三名吧，只有一个学期是第一名。不过必须要声明一点，在中小学的 12 年学习生活中，我基本上是玩过来的，这个玩包括真正的玩，下了课就去公园里踢小足球，也包括看大量的课外书，只有最后一学期因为要高考，才真正下了点工夫，做了些题。厦门一中与厦门八中当时是厦门最好的中学，也是福建省数得着的顶尖学校，高考升学率总是特别高。上北大清华虽不能说是探囊取物，但也并不是什么了不得的事。所以在班上好名次的学生，大概都是北京、上海、南京、哈尔滨等地的全国重点大学的预备生源，这是没有什么疑问的。但这个"没有疑问"到了 1958 年就出现疑问了。

　　此前的一年是 1957 年，那是有着"不平常的春天"的一年，全国有几十万人被打成了右派。家庭成分、社会关系一下子成为衡量一个人政治背景的最主要指标。大概因为这个缘故，1958 年以及这一年以后的高考就不以考试成绩作为录取的标准了。我的父亲于 1958 年上半年被补进了右派。除了右派，父亲还有前科，他是一个工商业者，我在家庭成分一栏上一直是这样填的，那意思就是一个资本家，极其可笑的是他不过是一个小百货批发商。这已经很不幸了，不料还有倒霉在后头。高三年级时班上干部又告诉我，以后不准填工商业者，要填工商地主，组织上调查过了，照填就是。于是我家的地位再下一等。在这种情况下，我已经隐约感觉到会有些意想不到的事发生，不过并未想到高考头上。

　　读了袁先生的文章，才知道"原来，我们上高三时，校方在极为保密的情况下对学生一一作了政审，除了推荐留苏生与保送生外，政审结论基本分为

范建平　绘

四类:1.可录取机密专业;2.可录取一般专业;3.降格录取;4.不宜录取。政治
审查的依据,并非个人表现或学习成绩,而是家庭出身与社会关系,出身地
主富农家庭的,或者家长在 1957 年被划为右派的,或有海外关系尤其是港
澳台关系的学生,基本上都是不宜录取和降格录取"。这个政治审查的政策
自然不会是只施行于袁先生的母校——开封育才中学,而全国其他中学倒
能逍遥法外。既然有这个政策,当时我们看来有些奇怪的录取情况,现在一
看就很明白了。

　　我们班上最好的学生施瑞仁,他基本上在高中三年六个学期中都是独
占鳌头的,除了一两次马失前蹄被我与另一个同学占先以外。他被录取的学
校与专业是福建林学院森林采伐运输专业,如果看过电影《万木春》自然能
理解这个专业的艰苦与危险。他的父亲新中国成立后去了香港,他自然属于
有港澳台关系的,没有进入"不宜录取"的行列,已是万幸。高荣洲,学习成绩
很好,在高中时已经差不多啃完了当时能找得到的西洋文学名著,放学回家
的路上我就听他讲《约翰·克利斯朵夫》。但他的父亲也是工商业者,结果被
录取在淮南矿业学院。所谓矿业学院其实就是煤炭学院,为了不影响招生这
个众所周知的原因,而隐去煤炭之名。我则被录取在尚未成立的福建工学院
矿冶系采矿专业,所谓采矿同样也就是采煤,道理同上。所以我对煤矿的安
全情况可以说比较熟悉,对于近年来报纸上常见的瓦斯爆炸、穿水冒顶事故
没有一样不清楚,因为我自己也经历过类似的危险,更深知小煤窑乱采乱挖
对煤炭资源的破坏有多严重。采煤专业并非不需要人去读,更需要高智商的

工程师对煤矿进行科学合理的设计与开采。但在当时这个专业却似乎只对出身不好与低考分者招生，这大概也是"降格录取"的缘故吧。

当然我们也填报志愿，但后来才知道那是聋子的耳朵，配相的。我的第一志愿是同济大学建筑系，当然没戏。当时自然也不可能有什么征求调剂志愿意见这样的事，那岂不是大笑话。虽然我们自己并不知道是否被录取与被录取到什么专业，但我们的班干部却是知道的。发录取通知书前几天，有人不知从哪里听说，已经出来录取结果了，就去问了班干部。果然，班上的团支书一清二楚，只不过他隐约其词，只说了大概可能以及模糊的专业方向。录取通知书发下来后，与他说的毫无二致。过去不知其中奥妙，现在回想起来才知道，看来政审与录取都是与我们所在的中学密切相关的，而且班上主要干部可能也参与其中。

所以有的老同学至今还为我抱不平，认为当时的厦门一中有问题，不恰当地对待我们，才会造成这种情况。现在看来并非厦门一中如此，全国莫不如此。而且我以为厦门一中还是通情达理的，否则我想我们享受到的就不是降格录取，而是不宜录取的待遇了。1958年真是一个什么事都可能发生的年份。那一年，什么东西都搞大跃进，办高校也是如此。这个原因也使得那一年福建省的考生到外省市的特别少，许多都留在省内了。据说因为福建的高校没有工科，不利于经济发展，所以打算马上兴办一所工科院校。但学校还没有办起来，我们就已经被录取了。虽然我与其他一些人被录取为矿冶系的学生，系是有了，学校却没有。很有趣，起先说的似乎是被录取到福建工学院去，但这个工学院一时还办不起来，大约校址、师资都没有着落，就寄读在厦门大学，所以我们先以厦门大学矿冶系的名义在该校上课。一年半以后，福州大学成立，将厦大的数理化各系分了一半，我们这些本就不是厦大的正牌学生——虽然也戴厦大校徽，也拿厦大的学生证——包括机械系、化工系等，就迁到福州去了。所以我虽然在厦大待了一年半，将数理化基础课学完，但还不能算是厦大的正式校友。网上有人说我是洗文凭从厦大洗到复旦的，我觉得惭愧，应该更正说，我是从福州大学洗到复旦才对。

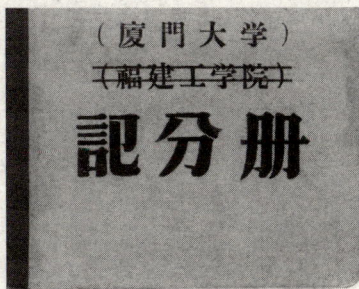

（厦門大學）
（福建工学院）
記分册

厦门大学记分册

　　尽管我不是厦大的正规学生，但厦大基础课教育之高质量却使我受益终生，让我在此不能不表示真挚的感谢。高等数学、普通物理与普通化学的课都是很强的老师上的，很可惜他们的名字我都忘了。物理老师不但课教得好，还很风趣。课程结束后，他希望大家给他提意见，包括老师的脖子太长，都在可提之列。他的另一件让我记忆很深刻的事，是有一次我在图书馆借书的时候遇见了他，问他借什么书看，总以为必定是高深的专业书，结果不是，他借马克·吐温小说的原版看。这件事让我记了一辈子。一个人应该如何看待知识，正是受着这样潜移默化的影响的。还有一位俄语老师也给我留下的印象很深，我去他家拜访过一次，发现他家有一套很漂亮的大英百科全书（当时的俄语老师多是从英语转行而来的），就问他犬儒主义是什么意思，他立即从架子上抽下一册，翻开来，边读边翻译给我听。他并不需要先查汉英辞典，知道犬儒主义的英语叫法是cynicism，才找得到那个条目。这对当时只有17岁的我同样也是一个很大的触动。这两位先生都只是中年教师，依现在的标准甚至是青年教师，我肯定那时他们绝对不会是教授，但明显地比现在的许多教授有学养。也许正是在这样的环境下，形成了我从年轻时候起就将学识看得比其他任何东西都更重的思路。以至后来还有更直接的模仿行动，那就是也想拥有一套原版的大英百科全书，最终倒也真的买到了第九版与第十一版的两套，尽管书品没有那位老师的好。也是在厦大，我旁听了半个学期日文短训班，那是为教职员开的，我属于偷听性质，但也有幸得到老师的青睐，给了我一本油印讲义，为我以后自学日语打下基础。

　　到了福州大学上专业课，对于今天我的研究工作，我觉得也并不浪费，理工科的思维与方法于文科研究其实是有益的。道理并不深奥的工程设计方案比较法，就成了我后来写博士论文，在遇到文献不足征时，如何设想几种历史可能性，而最终确定其中一种可能性最大时的启迪。当时的老师上课都尽心尽力，以教好学生为要事，心无旁骛。我也对得起老师，五年学业中，35门课除了一门外都得的是优。唯一一门测量课并非因为考不好而得良，只是因为实地作平板测量时，为了抢时间，省得明天为这最后一个测点再来一趟，所以虽然乌云压顶，仍坚持测完最后一点。但老天可不让人，结果图纸上滴了两滴大雨滴。图纸沾水，是要影响测量精度的，为了惩前毖后，老师降了我一等分数。当然我也心服口服。除了各科成绩外，我的毕业设计也是全班最好的,所以被选为对外答辩的两名学生之一。所谓对外答辩,就是不单是在老师面前答辩,还请省工业厅的高级工程师来参加,答辩的分数也是优。这样说似乎有自吹自擂之嫌,而且也会有人撇嘴:在那样的学校拿那样的成绩有什么稀奇? 不过为了说明好分数与毕业分配也是两码事,只好硬硬头皮说了。现在的学生是自谋职业;前几年是双向选择,自找与分配相结合;再往前则是国家包分配。在我们当时,不但是国家包分配,而且在正式分配的前一天,你还不知道会被分配到哪里去。

拿到分配证,我一看是到湖南煤炭厅报到。那一年,是 1963 年,刚刚渡过困难时期。我父亲知道后,说好,湖南是鱼米之乡。采煤专业的分配只能在煤矿,在乡下在山上,不可能在城市里。当时我们的分配大约是以留在省内为好,因为离老家近。我不知道分配方案是如何确定的,但成分不好的到外省的居多。只不过我报到去得早,占了点便宜,湖南煤炭厅

本文作者做矿工时的照片

的人允许我自挑煤矿,我挑了最大的一个——马田煤矿。这大概是我在"文革"以前唯一的一次自主选择吧。有的同学思想比我好,主动挑最边远小县的煤矿。我们班上的方忠烈,有海外关系,但他思想很进步,自己要求到湖南西北边境上的龙山煤矿去。我挑的煤矿在郴州附近,就是柳宗元《童区寄传》里一开头所说的"童区寄者,郴州荛牧儿也"的郴州。我的文学、历史、地理成绩都比较好,我也略知被项羽迁到郴州并被杀掉的楚义帝的故事,所以这个郴州我记得很牢,我想到马田煤矿去,大概也与这个记忆有点关系。在当时的湖南,马田煤矿虽然号称最大,但到了以后才知道,这个"大"却是六个小煤矿合并起来的,每个小煤矿不过几万吨十几万吨年产量,与我们去实习的淮南新庄孜煤矿那样年产 90 万吨甚至 120 万吨的真正的大煤矿是不一样的,也比江西萍乡的煤矿小得多。到了马田煤矿又再次分配到其下属的爱和山小煤矿当了一名技术员(现在叫助理工程师)。以后八年虽有调动,但都在马田煤矿里头平调,直到"文革"中期才被逐到一个叫做岳阳地区煤矿的小

煤矿去。

之所以说被逐,是因为在"文革"中被认为是造反派,所以当有人来商调时,就很快被赶走了。调去的这个小煤矿说是煤矿,其实采的是只有一点点发热量石头,即所谓的石煤,这种石煤的发热量只有一千大卡,比北方煤矿丢弃不要的煤矸石的发热量还要低,那些煤矸石有的甚至有两三千大卡的发热量。那么为什么非要开采呢,乃是为了破除刘少奇的"湘北无煤论"。不过实际上没有人知道刘少奇什么时候说过这话。于是乎又在湖南的岳阳附近盲目地忙了七年,不但我盲目,领导也盲目。最终这个煤矿只得收场,但那是我离开以后的事了。在我离开之前它仍然对我很关键,如果煤矿领导坚持不开具介绍信让我去报考研究生,那在它停办以后,我仍然会到其他工业单位去当个什么其他工程师以终老。但是1978年改变了这个本来是确凿无疑的未来。

我曾经说过,我现在做的工作虽然主要是偏于文科的研究,但理工科的五年训练并没有白费。我后来指导过的一名博士生,是复旦化学系本科毕业,成绩很好,论文出色,也证明了这一点。这种训练可以使人的脑子有基本的逻辑思维,条理清楚,一写文章就起码不会说胡话,尤其适合做历史地理的考证工作。虽然录取与否取决于政审,但报考理工科却是我自己的志愿,这是当时的风气所致。当时高校的专业分为三类:一是理工,二是医农,三是文史。除了极个别的以外,数理化成绩好的学生没有人会去考文科的,你即使想考,学校也会打消你的念头的。理化虽好,但数学稍逊的同学则往往选择医农。而在理工科当中,似乎又以工科要更热闹一些,大有人人想当工程师的意思。其实我自己的内心是比较喜欢文史地理的,但却丝毫没有报考文科的想法,可见社会风气力量之强。

1977年发生的最重要的国家大事之一就是高考制度的恢复,已经有很多人写过回忆文章了。但我还是要强调一下,这是国家大事,而不只是教育领域的大事。套用一句大俗话,可以说当时是全国上下一片欢腾。但是如果这一制度只恢复到本科招生,那就跟我一点关系没有,因为我大学毕业已经15年了。但大约是1977年年底,听说研究生招考制度也恢复了,这就引起我的注意了。不过一开始还是与我无关,因为只限于1942年4月以后出生的人才能报考,我超龄一年了。直到临考试前一个多月,又放宽了年龄限制,我才又燃起了希望。既然 15 年平庸的助理工程师的生活不过如此,何不试试自己真正喜欢的文科,尤其是历史或地理方面？这以后报考过程的曲折,初试复试的不平坦经历,到被录取后的愉悦我在《我在 1999 年的独白》里都讲了,这里不再啰唆了。但我那篇文章还有一点没有提到,那就是如果没有公平的录取政策,那么我依然不可能被录取。1978 年年初"两个凡是"还在,我的父亲虽然摘帽,但摘帽右派依然被看成右派,家庭成分还是剥削阶级。何况我报考的历史地理专业,据说初试有 30 多人参加,人才济济,而只录取两人,有一点命悬一线的意思。结果复试按分数录取,我的成绩正在这两人当中。如果不是将分数当成录取的唯一标准,我还是没有希望的。不过后来实际上录取了五人,这是后话。

其实高考制度应分为两部分,一是考试,一是录取,两部分都应该公平,才会使高考制度体现出真正的公平来。恢复高考 30 年了,称赞这一政策的文章连篇累牍,但注意到称赞恢复公平的录取政策的似乎没有。如果没有公平的录取政策,即使考试再公平也是没有用的。1978 年我家的政治地位并没有什么改善,只是政策改变了,所以才有后来的种种。翌年舍弟翔鹤也考取了复旦大学经济系的研究生,同样也是因为有公平的录取政策作保证。现在这一政策在高等考试里已经习以为常,但得来却是极不容易的。正像袁剑平先生睿智地指出:"不宜录取"最终伤害的是国家利益。这种教训应该记取。

但值得一提的是,现在还有的领域仍然存在录取政策的问题,这主要是体现在毕业以后找工作的各种考试。毕业生经历了许多笔试与面试,但却得不到理想的工作,甚至很一般的工作。而且这些考试往往也不公布成绩,也不见得是择优录取,甚至许多参加考试的人只是内定的录取者的陪考者,这种不公平现象的克服恐怕还要走很长的一段路。只有录取公平才是真正的公平。当然在目前的社会要做到实质上的公平是不可能的,即使分数面前人人平等,其实质也仍然是不平等的,因为一个偏僻农村的孩子与城市里教授的孩子考到同样的分数,其过程也是不平等的。但首先我们只能先做到分数面前人人平等,如果连这一点也做不到,那就更不要谈论进一步的平等了。

粉丝文化

——一种社会学的解读

蔡 骐 欧阳菁

回望 2006，《超级女声》一枝独秀的格局在众语喧哗中悄然而逝。时下，各种"造星运动"充斥电视荧屏。从某种意义上说，"后超女时代"轰轰烈烈的"造星运动"在推崇偶像的同时也造就了"粉丝"一族的集体登台。新世代粉丝沿袭了老字辈追星族的亢奋、迷醉与狂热，并在手机、网络等现代传媒的推波助澜下，迅速引爆了其群体力量。面对日益庞大的粉丝队伍，业界、学界、普通百姓都各有说法，然而，无论是坦然接受这一现象，抑或拒绝它、反对它、批判它，一个不争的事实是：粉丝文化已成为当今大众文化研究应该关注的一项重要课题。那么，我们究竟应该如何看待这一现象呢？笔者试以社会学经典理论中的功能论、冲突论及符号互动论来对此展开分析。

身份认同的功能

毋庸讳言，当下的中国电视已步入了名副其实的"造星"时代。各种脱胎于"超女"的电视选秀节目在全国范围内掀起了"大众造星"的强劲风暴，伴随这股风暴而来的还有声势浩大的"追星热潮"。君不见，"民星"背后形形色色的粉丝队伍，在短时间内呈几何数字蹿升，其规模和增长速度令人咋舌。

忠实的粉丝为一睹偶像风采而死守机场，蜂拥明星见面会现场，在宾馆门前对明星围追堵截，这些现象已让人见多不怪；他们愿意不远千里赶赴比赛现场为自己的偶像加油助阵，并丝毫不吝钱财地通过手机短信创造着一个又一个的"明星神话"；为捍卫偶像的至尊之位，粉丝们还常常不惜与挑衅者剑拔弩张、怒目相向，"粉丝口水战"、"粉丝火并"成了家常便饭，一句话，"你可以侮辱我，却不可以侮辱我的偶像"……属于这些超级粉丝的故事，就像荧屏上闪烁的"纯属虚构"的影视剧那般缤纷多彩。一言以蔽之，在 21 世

蔡　骐：湖南师范大学新闻与传播学院教授；欧阳菁：湖南师范大学新闻与传播学院研究生。

纪的粉丝国度里，没有地域、年龄、性别、阶层之分，唯有"粉"是衡量一切的标准，"粉"即是常态，就算"粉"得近乎失控，也是一种令人同情的执著。

眼见着粉丝现象在"造星运动"的推波助澜下演变成了一场轰轰烈烈的流行运动，我们不禁要问，人们为何会如此踊跃地投身粉丝团队呢？众所周知，在现代社会中，工业化、城市化进程突飞猛进，人们的物质生活日益丰盈，却在物欲膨胀中遗失了那片神圣的精神园地，社会成员之间的关系渐渐疏远。人们被封闭在狭小的私人空间里，生活乏味，孤独且默默无闻。不在沉默中爆发，就在沉默中灭亡——于是，一场为了寻求生命意义的战斗打响了。这些呈分散的原子状态的人们在共同志趣和爱好的驱使下凝聚、靠拢，成为茫茫人海中一种特别的存在。

在众多同伴关系中，"粉丝"关系或许是最为奇特的一种——联结粉丝的纽带是某个受到大众共同拥戴的偶像，粉丝们多以网络作为交流平台，并乐于与他人分享自己掌握的最新偶像资讯。在相互交往的过程中，个体间通过交流互动彼此增进了解，从而确定伙伴关系，集结成各式各样的粉丝社群。在所属的粉丝社群中，他们获得了全新的身份认同，得以暂时忘记现实生活中的矛盾、困境、孤独和焦虑。在"追逐偶像"的大旗下狂呼呐喊，粉丝们的生活也变得鲜亮而有意义起来：他们会自告奋勇地走上街头为偶像拉票，在网络上成立专门的明星网站，或组建某明星的"歌友会"、"影迷会"以帮助自己的偶像扩大宣传……"喜偶像之喜，忧偶像之忧"即是当代粉丝一族信奉的追星哲学，他们紧紧跟随着心中的那颗星，希望通过分享明星的光辉借以点亮自己原本黯淡的生活。由此可见，粉丝热潮之所以经久不息，很重要的一点是由于其承担了一定的社会功能：它为孤寂的社会成员提供了全新的身份认同，使他们在

粉丝们毅然将现实的平淡抛在脑后，转而踏上梦境般激情无限的追星之旅

"粉"的名义下,毅然将现实的平淡抛在脑后,转而踏上梦境般激情无限的追星之旅。

当然,庞大的粉丝团体为偶像所释放的激情绝不仅仅只体现在精神上,它更多时候表现为一种物质消费形态。粉丝网 CEO 王吉鹏对这一群体特征的总结是:"年龄主要在 15 岁~30 岁之间,爱好广泛、时尚、喜爱新事物、喜爱娱乐、喜爱自我表现、愿意与他人分享爱好,并愿意为爱好付费。"然而,这种纯粹为爱好而付费的消费模式,将不可避免地迈向消费主义的歧路。此时此刻,粉丝消费的目的已不再是为了满足自身的实际需求,而是试图满足一种在明星光环的屏蔽下,各商家通过与媒体合谋共同制造出来的消费欲望。换句话说,物质形式的商品消费,被代之以符号意义的满足。而当这些符号被悄然叠加上偶像的语义时,便由此产生了迷人的神话效应。比如,贝克汉姆在曼联踢球时身着的 7 号球衣曾在全球热卖,并且,他每变一款新发型都会给美发店带来不少商机。从这一意义上讲,明星降格成了被消费的商品,而粉丝则成了"明星商品"的买方,他们乐此不疲地为自己的所爱支付费用,并坚信这是表达崇拜的最佳途径。然而, 在这一场非理性消费主义狂欢的背后,真正笑逐颜开的其实是媒体、投资商及各路商家。他们展开消费经济的巨大吸盘,透过大众媒介将触角伸向广大粉丝,并用"偶像崇拜"的诱饵不断刺激粉丝们的消费欲望, 以获取巨额利润。不过, 若换个角度看, 在"机构——明星——粉丝"这条生态链中,机构确实赢得了经济实惠,但粉丝也从中获得了精神愉悦,明星则享受到了至高无上的追捧,三方倒也乐得各获其利、各得其所。或许也正是这种皆大欢喜的局面促成了今天粉丝文化的繁荣兴盛。

群体冲突的幻象

不论是身份认同也好,经济纽带也罢,毋庸置疑的是,偶像与粉丝间已经达成了"你中有我,我中有你"的盟约关系。在偶像的牵引下,众多粉丝凝聚成一个个相对独立的社群。同一社群内部,粉丝同胞们互助友爱,团结一致;然而一旦群体遭遇"外侵",粉丝军团便会立即展开行动,一呼百应,群起而攻之。由此可见,"冲突"是粉丝团体的又一种生存状态。在这个以"率性"、"忠诚"、"狂热"著称的人群中,冲突随处可见。

冲突一般发生在不同的粉丝阵营之间。比如 2005 年超女对决时，超女粉丝就纷纷自立门户形成了五花八门的小帮派，并且每帮粉丝都拥有各自的"盟军"和"敌手"：如"玉米"、"笔迷"、"凉粉"间总是剑拔弩张，冲突不断。而"玉米"与"盒饭"、"笔迷"与"荔枝"之间却结成了盟友。粉丝们还发明了一个新潮词汇——"粽子"，专指那些挑拨离间者——唯恐天下不乱的"粽子"经常跑到玉米那里扮做凉粉讲李宇春的坏话；再跑到凉粉堆里假装玉米说张靓颖的坏话。两团粉丝骂得越凶，粽子们就越得意。

如果说过去处在散兵游勇状态下的粉丝还显得势单力薄，那如今，经过网络的推波助澜，粉丝力量的积聚便是转瞬间的事了。在 2006 年年末粉墨登场的首届全球粉丝节上，疯狂的粉丝们聚集到一处名为"文化创意墙"的地方展开了一场各为其主的 PK 大战。一时间，"坤宠"与"良民"较劲，"玉米"同"凉粉"火并，"韩流 Fans"对阵"中国粉丝"……粉丝们纷纷通过自身行动来表达与偶像同仇敌忾的决心。而流行网络小说《庆熹纪事》在出版过程中所引发的临时撤换插图作者的事件，让人们隐约感觉到，粉丝对话语权的逐渐把握及其规模、力量的渐渐壮大使得原本存在于粉丝间的冲突开始呈现扩大化的趋势——《庆熹纪事》拥有大批拥趸，中信出版社为出版此书，特意配选了插图作者。但由于该作者发表了对原著不敬的言辞，招致了"庆熹迷"们的集体反感和强烈抗议。"庆熹迷"声称如果不撤换插图作者，就将联合抵制该书的出版，迫使中信出版社做出了临时换人的让步。

令人玩味的是，粉丝们的此类举动无疑是粉丝领域内一种"民族主义精神"的扩张。在与明星的互动中，粉丝高度认同着自己的偶像。在这种强烈认同的感召下，他们甚至觉得自身与偶像已经融为一体，成为一个共同的"我们"，是同呼吸、共命运、肝胆相照、荣辱与共的"统一体"。因此，在偶像遭遇挑衅时，粉丝团队会迅速分清"敌我"，并像"我们"对抗"他们"一样，同仇敌忾、一致对外。此时的粉丝，如同法国学者塞奇·莫斯科维奇所言："沉醉于从过度兴奋的人群中迸发出来的神秘力量，然后又逐步进入易受暗示影响的状态，就像那种由药物和催眠术引发的状态。"在这种状态中，凡是坚定捍卫偶像尊严的就被树为"粉丝英雄"，反之就贬为"粉丝罪人"。这是一场令人失笑的战役，双方粉丝或许素不相识，唯一明确的只是彼此共同喜欢或不喜欢某个人。在一场场或攻或守的"圣战"中，粉丝们情不自禁地走进了一个集体的梦幻之中,所有人都赤裸裸地在狂欢中寻求认同的快感,宣泄着心中潜伏的无意识冲动。然而,梦终归会醒,粉丝也最终要重返现实生活。正如人不可能永远生活在狂欢节中一样,狂欢过后的生活将依旧如故。那么,重返现实秩序后的粉丝们又将面临些什么呢?

社会学冲突学派常以"阶层"作为剖析问题的重要参数,在此,它也为我们提供了一个良好的分析工具。毫无疑问,在现实生活中,明星们专属于一个社会阶层,而粉丝则分属各自不同的社会阶层。因此,当粉丝重归现实,便意味着重归各自所属的"社会定位"。到那时,在"阶层"的语境下,曾经的"我们"还是"我们"吗? 而"他们"又真是"他们"吗? 试问,通过与偶像并肩作战,荣辱与共,粉丝就能擢升至"明星阶层",与偶像成为共同的"一派"吗? 或者,曾一度被视为"对头"的"他们"在现实生活中又真是所谓的"阶级对头"吗?其实不然。当人们褪去狂欢的面纱,重新正视现实的眼睛,这种所谓的"自我"与"他者"的冲突关系也就变得不堪一击。毕竟,"与星共舞"只不过是想象中的"一场游戏一场梦"罢了。借用马克思主义的分析术语,切不可让娱乐遮蔽了阶级的眼。

符号互动的场域

就粉丝群体而言,不论是团体内的身份认同,还是团体外的冲突对抗,都需建立在粉丝与明星、粉丝与粉丝互动的基础上,而这种互动是经由符号来完成的。比如,我们经常能看到镜头前高举海报的粉丝团,他们用统一的标识和口号为偶像助阵,而这些标识、口号就是粉丝与明星之间进行互动的符号基础。值得一提的是,随着名人博客的日渐火爆,偶像与粉丝间的符号互动开始被搬上互联网。通过博客这一虚拟的叙事空间,粉丝能直接与偶像展开交流,就像走进偶像家中般随意,与她/他同喜同悲。同时,在这一特殊的"情境"里,粉丝与粉丝间的互动也相应加强,他们以偶像的博客为"聚居地"和"大本营",形成了一个个具有共同意识和共同价值观的群落。以"星迷"互动为例:众所周知,周星驰以其无厘头式的话语风格招徕了大批拥趸,而周星星式的经典语录亦成为"星迷"互动的标准句式。比如,"星迷"动辄搬出"曾经有一份爱情摆在我的面前,但我不知道珍惜……",以表达对爱情的怀念与坚贞;或者用"我 Kao! I 服了 You!"来表示对他人的赞许。给别人看一件东西时,会说:"你不信? Look!"而当听不懂别人说的是什么时则来一句:"我明白了,你神经病!"这些"行内话"就像嬉皮士的怪发型和花衣服一样,成了识别"自己人"、区别"他人"的标志,而符号在这里就好比是一套完成身份认同的通关密语。

其实,明星与粉丝、粉丝与粉丝之间之所以能进行互动,实际上是彼此之间通过符号建立共识并从中获取意义,再进一步进行意义交换的结果。我们知道,符号的实质即是象征,它总是传达着某种意义,比如玫瑰象征爱情,稻米象征丰收。如果我们将目光从上文中的语言符号、标识符号转移到明星身上,便可以发现在粉丝领域里,明星也成了一种象征符号。再次以超女为例,走中性路线的李宇春有着爽朗、阳光的外形,帅气且率真,故而在"玉米"眼中她象征着一种生命的活力;而惯唱英文歌曲的张靓颖则象征着一种女性魅力和时尚的生活品质,凡此种种。若从这一角度来看,"超女"之间的较量,实质上是众多的不同符号意义间的较量,或者说是粉丝们爱好、梦想及品位的较量,在作出不同选择的同时,粉丝们也被彼此区隔开来。社会学家布迪厄曾提出过"场域"这一概念:"场域是场域内占据位置的人们以个人或集体的方式,为了捍卫或改进他们现在位置而斗争和战斗的竞技场。场域是一种竞争市场的形态,在场域内,各式各样的资本(经济、文化、社会、象征)被使用、被部署。"可以说,在电视选秀这一特定场域中,粉丝们是在明星符号意义的指引下发生互动的。

综上所述,现代人由于缺乏社会交往与互动正逐渐被个体化、原子化,并在孤独、平淡的磨蚀下被淹没于茫茫人海之中。加入粉丝团队能为他们提供全新的身份认同,并使他们得以在狂欢的幻境中重拾生命的意义,用"追星"的激情点燃枯燥的生活。正如德国哲学家黑格尔所言:"存在即合理。"——"粉丝"文化之所以延续至今,未见消弭,正因为其承担了一定的社会功能,有其存在的价值。然而,在粉丝的国度里,粉丝间所谓的"自我"与"他者",不过只是他们一厢情愿的幻想和指称罢了。追星过程中随处可见的"冲突",在现实的语境中根本不堪一击。毕竟,这一切只是建立在粉丝与明星符号互动之上的一场迷梦而已。

"爆肚冯"

老北京话城南之十三

赵铁林、黄明芳 / 图文

　　门框胡同的老人，如今仍住在这里的也就剩下冯老先生一个人了，最近他应区政府号召又在牛街那边新起了灶，开了个新店。冬天的一个日子里，我们和老冯约好了，要到他在牛街新开张的小吃店去聊一聊。

　　老冯的新店在牛街超市二楼，整个的一层隔出一排来分成一个个的档位卖清真小吃，有"爆肚冯"、"奶酪魏"、"豆脑白"、"羊头马"……

　　赵：你们这个店现在是政府集资，你们入股，还是怎么回子事？

　　老冯：那年不是有个"非典"吗？"非典"以后，商业几乎都到了最困难的状态了，有些买卖都面临关张。市商办和工商主任号召搞一个北京夜市，他们就把我找了来。因为在牛街只能搞清真的买卖，这个超市的经理一看就觉得挺有意思，便让我把另外几家都找了来，说搞一些小型活动：一人租赁一个摊位卖小吃……

　　赵：等于政府倡议，超市的老板把你们这些老前辈都集中起来，搞一些有北京特色的小吃。

　　老冯：对。他们找到我也就等于找到其他几家了。我们好几代人都挺熟悉的，公私合营之后才断了联系。门框胡同的小吃并到"同义轩"以后，我父亲已经70多岁了，我反对我父亲再去，觉得他太累了，让我爱人替他。这样我们的爆肚在门框胡同才算没丢……想当初，在门框胡同我们家还挺有地位的。

　　门框胡同的小吃之所以出名，一个是地理位置，门框胡同很窄，而且位于大栅栏的中心地段，南口正对着同仁堂。当年门框胡同附近有5家西药店，鞋店也多，剧院也多，什么广德楼、三庆剧院……

　　我父亲卖爆肚是在清光绪年间。那时候我父亲才13岁，因为家里穷，就想到外面找点事做。我有一个舅爷在天津开中药铺。我爷爷、奶奶给了他一点铜钱，带上些煎饼，他就一个人从山东德州跑到天津马场的舅爷那里去当伙计。

冯广聚，爆肚冯的传人。此人生性幽默，讲起祖上的创业史，也是声情并茂，如数家珍。

他在中药铺当伙计挺上心，中药的"汤头歌"背得朗朗上口，工作也很认真。就因为是亲戚，舅爷也没拿他当外人。过去的柜橱分三层，钱币放在顶上层。柜橱都是木制的，年深日久，木板就开裂了，有了缝隙。我父亲睡觉的时候就守着这柜橱，他用铁丝从这木板缝里勾那些铜钱。开始的时候，没发现，时间一久就暴露了。

我舅爷说："买卖人家第一要防的就是偷，你这样的行为我就不敢用你了，我把你送回家去。"于是，他找一个伙计扛着我父亲的行李卷直奔运河了，到了运河将行李往船上一扔……这船是奔德州的，旁边还有一条船是奔北京的，当时他16岁。他想我这样，因为这个丑事被打发回了老家，太寒碜，没脸见人，不如干脆上北京吧，就坐上往北京的船……

曾有人告诉他北京遍地是金钱啊，我父亲听了也很相信，可进了北京城一看，地上什么钱也没有。没辙了，结果他找了一家卖早点的回民铺子……

我父亲进去了，跟掌柜的说，他为找他的一个伯伯到这儿来，不知道他人在哪儿住，跟人家提了提姓名，人家也不认得。怎么办？我父亲跟掌柜的说，我也没吃没喝的……回民就有这点好，只要你是回民，来了就让你吃。吃完了，他跟人家商量，看能不能收他当徒弟。掌柜的问你有铺保吗，得有两家保人。我父亲问什么叫铺保？掌柜的说你得有两家买卖人作保，这买卖还得是有字号的，盖上了水印，保证你到这儿来没毛病，才能用你。我父亲一听，麻烦了，没办法就在那儿糗着。

后来，我父亲看到掌柜的天天买两筐黄土封火。而黄土车天天来，天天车底下都漏有黄土，足够车封火用的了。他就跟掌柜的说，别买黄土了，那车底下漏的黄土也够用的了。掌柜的一听也有道理,等车一走,他就在地上划拉,还真有两簸箕,够用。掌柜从那儿以后,就觉得这个小孩儿还挺会过日子,有眼力,就说你先给我帮忙,看看怎么样。就这样没有铺保,掌柜的也用他了,他也真卖力气。

但是早上卖包子得能喊纯粹的京腔:"羊肉馅儿的包子……热的……"我父亲在天津待过,一口天津话,他一喊:"包子揍(热)的……"这在北京是骂人的话,怎么办,掌柜就现教,可他一时半会儿改不了,没办法只好先干别的活儿,就为了学这口儿,他真下了把子力气。后来他终于学会了,京腔京韵说得毫厘不差,包子也卖得挺好,活儿也干得利落,一人顶两人,掌柜的挺赏识,给他加了钱。

因为待得久了,经常就会遇到山东人来吃早点。我父亲一听是山东德州地区的口音,就跟人家打听我伯伯名姓,问人家认不认识。人家说:"哦,你说的这个是冯瑞山呀,他在后门桥卖爆肚呢。"他找到了后门桥,就看到叔伯爷爷了。听他说明了情况,叔伯爷爷也挺高兴,就说:"你在那儿好好干吧。你生来是受苦的命,人家能收你,让你挣那么多钱,还真不容易。"他每月把挣的钱全交给叔伯爷爷,让他把钱给从山东来的老乡捎回去。后来我叔伯爷爷看他穿得太浮华,一身蓝竹布裤褂,还打了个包头……就说,你来北京这个地方,吃喝玩乐多的是,你要是学不了好,那可麻烦了。你也别在外面干了,给别人干能干一辈子吗?不如给自家干。

到了叔伯爷爷那儿以后,他还挺机灵,先瞧如何上屠宰场,买完了肚,找个井在那儿粗洗,粗洗后回来还得精洗,洗完后就得泡,裁、切、爆整个的程序都得会,"葫芦、肚板、大草芥,食信、蘑菇、散丹、大肚领",这些肚子的七个部位,他一样一样地都得记在脑子里头。慢慢地他的活儿也长进了。叔伯爷爷一看他学得有些模样了,加之自己身体有点病,就想回趟家,找他商量,他说那我可干不了,两人的买卖一个人怎么能干得了呢?叔伯爷爷说,他就回去几天……叔伯爷爷再回来时,一看他还干得挺好。就这样没多少日子,后门桥的买卖就全交给他,自己回山东颐养天年了。

时候久了,名气也出来了。御膳房的太监也来了,旗人也来了,画匠也来了,一些官宦人家也和他交往上了。买卖越做越好,由于有太监的引见,还可以往御膳房送爆肚了。

这买卖就由他一直干到民国。民国八年（1919年）才进了前门。民国八年的时候，前门桥还是汉白玉的，还有座石牌坊。

我父亲还时常说起他第一次进宫，往御膳房送爆肚的情景：那时候去御膳房，必经过"四大金刚"，所谓四大金刚实际上就是大水缸，铜坯镏金，主要用于消防。他进那院一个不留神，胳膊碰到水缸环……豁，它咣咣地响了起来，内宫离得又特别近，里面的人就来了，他撒腿就跑，怎么跑也跑不出去，哪儿都差不多，太监来了，卫队跟来了，他给人逮住了……人家问他是干吗的，他想了半天说，我是给皇上送肚子的。卫队说那不行，你得给皇上说去，要不怪罪下来，你可就别走了。后来皇上听说了也没怪罪下来，卫队一打听是个厨子。

他经常做买卖也遇见这么一档子事：那时，醇亲王府就在附近。有一天来一个穿大马褂的，他兴致勃勃，一看这个摊儿是卖爆肚的，就问什么是爆肚？我父亲说，爆肚就是牛羊的肚子——牛羊的胃。他又问怎么吃，我父亲说这个东西得切好了，下锅，烧好了，蘸作料吃。他问你这个买卖挣多少钱啊？值几铜板吧！他说才值这么两个钱？哗啦，那人就把桌子给掀了。他一掀不碍事，我父亲立马就愣住了，盆碗稀里哗啦地全弄碎了，没砸着他就算便宜了。我父亲待在那里愣了半天，人家乐乐哈哈就走了，他这才想起来了，这碗盆儿摔碎了得赔我，赶快追过去，父亲的手刚拍到人家的肩膀，人家一回头，出来好几个人就把他拽住了，跟他说，你这盆、碗儿摔碎了，没错，你说值多少钱，我明天派人给你送钱来。我父亲说，我跟你说不着！是那个人掀的，我跟你说干吗……他不知道那人是谁，人家还照样扬长而去。

这些人提笼架鸟，穿着便衣。王爷的随从跟班说，你给我老实点，这是当今铁帽子王，你还要不要？父亲说那我不要了，我一个子儿也不要了。那些人说那你就赶紧回去收拾吧。第二天，我父亲又重新置办家伙，买这买那的……就在这时，他看到有两个人靠在路对面的电线杆上，叫他过来，问他得花多少钱？父亲说我不要了……那两个人说，你别不要，给你几两银子吧。

我父亲就这样干上爆肚行了。可宣统一完，我父亲的爆肚就卖得费劲了，后门桥那一带的太监、旗人比较多，没俸禄了……吃皇粮的都是些废物点心，一没手艺，二没文化，都穷得不得了，他们要想吃爆肚，就得听我父亲的价。比如他想吃，就把那鼻烟壶赊给我父亲，可我父亲根本看不上那个东西,因为他那时节一天到晚老瞧那些东西,那不是个钱。我们小门小户的,谁也不懂,也不知那些玩意儿值钱,就连那些翡翠扳指都给他……任凭人家拿什么跟他换,他都不答应……赊的钱太多了,赔得越来越大发,最后他只得奔前门来。

民国八年的时候,"前门桥"建起来了。那时候同仁堂、瑞蚨祥、八大楼等大买卖都在那里,就这么着,他来到前门廊坊二条,珠宝市的西边,"首饰第一楼"。"首饰第一楼"当时正对着新新服装店,新新服装店过去叫劝业场,它后面有一块50来平方米的空地。我父亲就在那儿和饸饹马、烫饺马、馄饨侯、豆腐脑白,还有一家不知是卖什么的,加上我父亲的爆肚,共五家租了50来平方米,形成一个小吃的集体。

当时,北京"首饰第一楼",就是北京盖的第一座楼,上面有玩曲艺杂耍的刘宝全、小乃武、白凤林……他们就在"首饰第一楼"上面说唱。他们歇息时,下楼,就到我父亲的店里去吃。廊坊头条都是金银珠宝店,也都有钱,头柜、二柜也都上那儿去吃。大栅栏,也就是廊坊四条的同仁堂的、瑞蚨祥的经理,唱戏的角儿也都上那儿吃去。廊坊二条整个是古玩街,有钱!他们也上那儿去吃。所以这六家小买卖家就被人起了个诨名,叫"小六国饭店"。过去还没有小吃糇在一块干的,六家把房子租下来,六家分摊房费,这还是个创举。到了民国之后,"小六国饭店"的买卖也都挺好的,顾客也多了,年头也久了,瓷实了,自己个儿也都想单干了。我父亲就出来,在门框胡同北段,就是现在的瑞得楼对面,一间门脸的小楼,赊了一块地,扎个席棚,早上起来卖点早点物的,中午卖炒菜、爆肚、芝麻烧饼。

但是好景不长,就在1937年日本人攻打卢沟桥的时候,我母亲生我小妹妹,当时卫生条件不好,得了四六疯,身体扛不住了。我妈就跟我大哥说赶紧叫你爹……我大哥就跑到廊坊头条北口,跟我父亲说,赶紧回家看看吧,我妈快不行了。我父亲趔趄地回到了家,我母亲已经奄奄一息,她跟我父亲就说了一句话:"孩子们怎么办?"我父亲说:"孩子你就别操心了,有我的饭辙,就有他们的饭辙……"我妈就这样没了。没了以后,办丧事,头七、二七的又卖东西,又上当铺,这买卖也就没法开了,给伙计们结完了账,没钱了。

当时在北京过活真不容易,孩子们也都在北京生,北京长,没睡窝棚,还有一桩买卖,如果再回山东多寒碜,回到家可能还分不到地。

当时还有一些家伙什儿,父亲就操起这些家伙,在路南边搁两张铺板又搭个摊。那时候豆脑白、年糕杨、爆肚杨也都到门框胡同那儿去了,我们是最后一家摆摊的,就剩北边那一块还能搁两张铺板,守着同乐电影院的后门,在那儿卖爆肚了。

后来,日本人就进城了。我是1932年出生的,日本人进北平我已记事了。我父亲卖的那个爆肚不能使用外人,买卖小,这点手艺还得保密。我大哥那时候还小,十一二岁,就跟着买货进料,如买醋、酱油、麻酱,好多活儿呢。

赵:等于是由于你母亲的去世,你父亲的买卖就关张了。

老冯:那就剩点家伙什儿了。日本占北平的头一年,我父亲的买卖不是很好,社会还没消停,第二年、第三年慢慢地就好起来了。好了没多久,因为太平洋战争的爆发,日本人到处搜罗民间的铜铁,要做枪做炮……这时候就有点难处了。当时可以赚点手纸钱,后来越来越完蛋,慢慢地粮食都没得吃了,就吃日本人配给的杂合面:白薯面、豆饼、橡子面……吃了以后,大便拉出来的都是红的,带血,痛得难受。日本人那时候就不行了,连洋火都得配给,买卖就更甭提了。但那时候跑车的人多了,也有跑买卖的,小本的,买点粮食拿来北京卖。日本人完蛋以后,美国大兵先进城来,后来才是国民党。国民党来了以后,很混乱,那些伤兵到处白吃白喝,老是提根棍子,逢人就讲老子抗战八年……看电影不给票,吃东西不给钱。

日本人不行的时候,吃爆肚的人还是很多的,便宜呀。北京小吃铺的分布:牛街菜市口是一片,天桥是一片,数量最多……隆福寺是一片,护国寺是一片,东四牌楼是一片,什刹海是一片,王府井有少量的。

去门框胡同吃小吃的上层人物最多,像谭富英、马连良、裘盛荣、尚小云、李万春都去。不仅吃爆肚,还吃豆腐脑白的豆腐脑、奶酪魏的奶酪,羊头马的白水羊头、月盛斋的酱牛肉。尚长林天天往我那儿去,尚小云带着尚长林,爷儿俩爱吃豆腐脑,豆腐脑白的店挨着我家。谭富英的家离我们最近,见天去。谭先生说,没开戏以前吃点爆肚,再喝点豆汁,刮刮肠子的油,丹田气就提上来了。梅兰芳要唱戏的时候没法带爆肚,只带豆汁。

鲁迅老先生、丁玲女士、巴金也都去过。皇宫里面连溥仪都偷偷地去。有些作家、书法家也经常去,还有曲艺界的马三立、小蘑菇、陈艳艳……我们守着电影院,天天接触这些人。这些名家都到门框胡同去,门框胡同的小吃当时在京城是首屈一指的，生意好到挤都挤不动，一天要卖好几十斤爆肚……两条大板凳，一条短板凳都没有空地儿。

瑞蚨祥的家族、同仁堂的经理也都去。里头最大的头是岳老二，同仁堂的二柜，他最爱吃"肚领儿"，专吃我们家的。每次他一病，都要叫他老伴领着孩子上我父亲那儿买肚领儿去。这个人有个怪毛病，我盯摊儿的时候，已经是20来岁了，我一看他过来了就问："二大爷，您吃点什么？"其实他比我父亲小。他"唉——唉"地就从我面前过去了，走不了多远又返回来。我又问他："吃点什么？"他又"唉——唉"地过去了，一会儿又回来了。我又问："二大爷，您来点吗？"他又走过去了。到了第四趟，他才坐下来，说，你给我来盘肚领儿。等过了二三十年，我才知道到他走四趟才坐下来的原因是孕育食欲……也跟那写书似的，孕育感情。他坐下来，先要一盘肚领儿，然后又叫烤两个芝麻烧饼，烧饼还得掉出芝麻粒儿来，又要二两酒，那是夏天。我给他切肚领儿，头刀切下去，他就说话了："小子哎……这肚领儿是这样切的吗？"他一说，我就想起来了，我父亲曾经跟我说过，岳老二要是来了，你得把"肚领儿"切成齐齿块的，不能切成直条的。我赶紧调一调刀口，他看了才说："小子哎！这才叫对呢！"他一来，我可吓坏了……我的眼神得紧盯着他，一点儿都不能怯场。我给他切了"肚领儿"，高高兴兴地给他端上来，希望他夸我一句。他吃了一块，手指头就搁在桌子上，从不说你一句好话，他总是既不点头，也不瞧你……吃完这盘"肚领儿"，他高兴了，说话也是乐乐和和地，可有一样，对我还是那个态度。我一看他手指头的样子，心里也高兴，我也孕育着我的感情，想着他还能吃些什么。

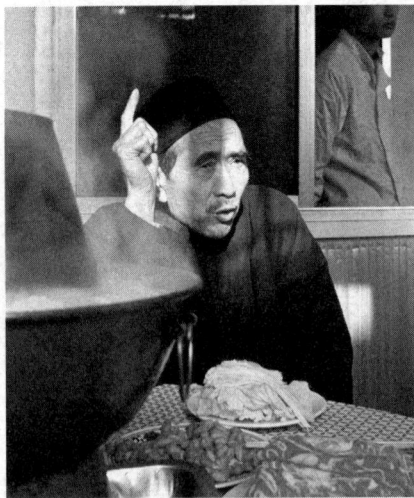

说老冯是"琴行"，练家子，没多大学问。其实不然，提起京城的小吃，几乎没有他不知道的。

赵：您的后代现在也不干这个了吧？

老冯：干！三儿子、二儿子、老儿子，三个儿子都干。现在全套的操作，三个儿子都掌握了，包括进货、配作料……还有煮肚子的那种高压锅怎么使。我觉得我的话都说到头了。其余的儿子我不教，你想学我才教，你不想学，有一搭没一搭的，我也绝不教，学手艺得心诚。

赵：这个作料配得真是好。

老冯：所有上我这儿来吃的，都夸我这个作料好。这个作料上哪儿也吃不着，不少人想买我这个方子，10万、20万的，我说你别买我这个方子，这10万块钱一花就完了，我这个作料的配方是老头子给我留下的，我得给儿子们留下，让广大顾客也能吃到原汁原味的爆肚。

赵：再说说公私合营的事？

老冯：岳家老二吃爆肚的时候，尚未"合营"，不过也快了。他吃完了这盘肚领以后，高兴，说你合格了，又要一盘。这一盘吃一半的时候，来一个芝麻烧饼，再来一碗爆肚汤打发这碗剩作料。喝着这碗爆肚汤，就着热烧饼，这时候他才真高兴了，说："小子哎，不错！不过我不能说你好，比你爸差远了。"

喝完了这碗汤，到了该给钱的时候，我就说您别给了……其实我那是留后手。"小子唉，你还会这两下子呢。"他从钱包里往外掏钱时，左一声没钱，右一声没钱。我一看他没带钱，就给他一个台阶下："您下回一块儿给吧。"走的时候他瞪了我一眼，然后他从衣服的犄角旮旯里找出一个小方块来，那小方块里还有几个钢镚儿，打开那个小方块的时候，他的手有点晃，说："小子唉，给你钱。"我记得是五块钱，那时一盘爆肚是一角二分。我一瞧这个，知道他的毛病，得给他找一张新票。我找给他钱的时候，他说了那么一句话："小子唉，为吃你这碗爆肚，我从后门桥走着过来的，你信不信？就是为了省那一毛钱的车钱。"这是公私合营时发生的事。

一晃40多年过去了，同仁堂的东家乐老二的老伴还没死，但是瘫痪了。一天她坐着轮椅由她那外孙女推着，到廊坊二条找我，说："你这爆肚冯怎么这么难找？只瞧见爆肚冯的幌子，就是不知道在哪儿……早知道你们在这么个地方，就这么个小店，我就不费这么大劲儿了。"

之前，同仁堂的副手打电话给我，说同仁堂经理来了，让我去一趟。我说经理来了就来了呗，我过去干吗！一个经理我跟他套哪门子近乎呀？他说是老乐家的经理，我说那我得过去。我进去一看，看到一个老太太又干又瘦。她一看我就乐了，那年轻人从国外回来，也都跟着乐了。我就把刚才那些事一说，老太太咯咯地笑。那个老太太跟二大爷过了一辈子，他有什么毛病，她都清楚，她那些孩子们说老太太有几十年没乐了，怎么你一说，她就这么乐啊？我对她说过去二大爷一病，你让孩子们等着我父亲摆摊，摆完了摊，就等把"肚领儿"买回来给二大爷吃，你还记得吗？她说怎么不记得呀，我这次是坐着轮椅开车过来的，可找到你了……

门框胡同在京城典籍中屡屡被提及，但已经是明日黄花了。

门框胡同的小吃，月盛斋的酱牛肉、酱羊肉，羊头马、豆脑白都是非常受欢迎的小吃，曾经给这些老人留下非常深刻的印象，而且想再现一下，想恢复到原来的水平。1956年大买卖家公私合营，我们这些小买卖人在1957年年底搞集体化、合作化，晚了一步。当时我和爆肚王两个大点的小摊归到门框胡同的同义轩饭庄去了，其他的像豆脑白、奶酪魏归到牛奶行去了。公私合营以后，豆脑白、奶酪魏不干了，卖牛奶去了，羊头马他父亲也不干了，当搬运工去了。北京的名小吃走到了这一步，是商业品牌的一种损失，也是文化的一种损失。

我们公私合营以后，吃爆肚的人还到门框胡同去吃，但那不是精品的爆肚了，来什么涮什么，吃不到葫芦、肚板、大草羊、食性蘑菇、散丹大肚领了。公私合营的"利用、限制、改造"那一套，他们已经领教够了，烦了，再也不想把手艺往下传了。这些人退出历史以后，逐渐地消失了，手艺也就废掉了。所以小吃就这样丢掉了。

没承想，到了1983年，又有了恢复小吃的苗头。现在是重整旗鼓，大肆恢复这些小吃，政府又抹舵，搞开放政策，可是人没了，死了。所以我花了十几年的时间，挨着个地拜访，挨着个地求……今天请出来的几家都是当年门框胡同有名的小吃：羊头马、奶酪魏，还有豆脑白和我。豆脑白在新中国成立前是有字号的,有姓的,抛开这个姓,做出来的就不是那个味儿,所以要吃原汁原味就得请出原班人马,原来的姓,他家传的人。因为这个原因,我花了十几年的时间,又把他们重新拉了出来。

我父亲是 1888 年出生的,1970 年过世。我出生的时候我父亲都 46 岁了,我大哥比我大 8 岁,二哥比我大 4 岁,大姐现在 90 多了。我父亲培养我们确实不容易。旧社会有个规矩,传男不传女。粗活、糙活可以教儿媳妇,细致活、正宗活、全套活儿不能教,怕带到娘家去。现在是新社会了,我这个观念就和我父亲不一样了。我想把爆肚摊改成爆肚馆,我就得培养我的人,就得带徒弟了,但真正的秘方不能传。一般常见的比如酱油、醋、香油可以传,秘方是传老大的,老二不能传,老八不知道,老六不知道,老五也不知道,只能是老大一个人知道。等他们真正认识到这个问题的时候我才传。

公私合营的时候,口号是"利用、限制和改造"。原来我们在门框胡同时,买卖是最大的,那爆肚一天卖好几十斤,合营了以后,一天公家只给十斤八斤的,要不然就是没货,让你这火炉干烧着,等着。我记得那时我们卖那个烫面饺,六成的肉,四成的菜,只卖一分钱一个,这还有什么赚头啊? 一块糖还一分钱呢。烧饼就得是一两六一个,领导经常上你这儿来,抓两个烧饼一约,不够,差一钱,就罚你,治你,没办法……

我父亲那时已经七十挂零了,我就说您就别干了,正好我爱人没工作,就由她替您,由我们来养活您。那时候工资才 30 块钱。我们 21 口人,过去守着这个摊生活绰绰有余,可是现在给你 30 块钱,只允许进店两个人,也就是 60 块钱,30 块钱只能养活自己一小家,其他人都没饭辙。公私合营时,才给 300 块钱,而所有的东西全得交给国家,每个月有一块钱的利息。原来我还敢拿一块钱的利息,可到了后来政治压力越来越大,人们说你还拿利息呢……我一听特别害怕,觉得自己反动了,就别拿了呗。两口人挣钱,80 块钱,11 口人吃饭,卖了这个卖那个,卖完所有的东西还是填不饱肚子。

我孩子多,老岳母那时候都快 80 了,父亲也 70 多了,没法生存。我就给领导写困难申请,结果一个月多给五块钱左右。这钱要是刨去水钱、电钱还负一块钱,就得跟街坊邻里借,借了钱赶紧买粮食,买了粮食到了发工资的时候,就赶快还人家……就这么来回倒腾。

公私合营以后,没多久又开始搞"四清"查阶级,因为我爱人是顶我父亲进去的，也成了小业主了，把个成分也给顶过来了。我爱人姓刘，他们想整我，就说这个爆肚冯怎么让姓刘的当上小业主了。保卫科的就叫我过去了，说："你坦白从宽，抗拒从严。"我不知道是什么事，我1954年离开的学校，也没入过国民党，我不想受这份窝囊气；怎么"坦白从宽，抗拒从严"，我也没偷，也没抢，也没摸过什么，搞得我晕头转向，不知道是什么意思。后来他们问我是什么成分，成分我不懂，我不搞政治。我说我是卖爆肚的出身。他又问我，你爸爸是干什么的，我说我爸爸也是卖爆肚出身。我那时候骑一辆英国凤头车，他问你那辆"凤头车"是怎么来的，我说我花钱买的。他说怎么买的？我说我每月工资44块钱，我把18或20块钱交给我父亲，剩下的钱就攒着买车。因为路途远，我得骑车。公私合营正好是两年的时间，我还挣不到300块钱，我说我有发票。他们就说，没说你是偷的。又问我那买卖什么时候合的营，谁是掌柜的，我说我父亲是掌柜的。他们说你怎么证明你父亲是掌柜的，我说有营业执照啊，有照片啊。亏得照片底下那两个字印得特别清楚，否则我就麻烦了。

后来他们又想发展我入党，我死活不入。在工业战线上我的成绩是大大的，创造财富啊。我干车工，我改造了那个车工的刀具、车工的工艺和车工的手轮。我一个人干八个人的活儿，就是撒泡尿，我都是跑着来跑着去。发明那个刀具以后，我又用业余时间不断改良那个车刀。

"文化大革命"的时候我还干了一件傻事，因"四清"的时候弄了我一下，我就成一个傻子了，我有什么好事都给别人，受大累是我，开什么会我也是赶紧往前跑。当时我想到我父亲还埋了480块钱的现大洋在屋里，我得向党交心啊，我把它挖了出来。父亲干了一辈子才挣了那么点钱，结果全上交了。钱交了，我心里也就踏实了，没有害怕的事了。他们也表扬我了，每年，我调到哪个车间，哪个科室，头一个就发展我入党，我一听就来气，我说我不能入党……以前我是想入党，可说我是小业主，我要是入了党，就成了削尖脑袋往党内钻。我一心一意跟着党走就行了。领导说"四小"不算，我说那我也不能入。

1983年海外来了一个老先生找爆肚，他说我就想吃门框胡同的小吃，真是想死了，可是1976年他来到门框胡同什么都没有了，不管问哪个饭馆，人家都不知道。没办法，1983年他又来了一趟。他说他小时候吃的北京小吃，印象留了几十年，在国外待了几十年，就想吃北京小吃，北京小吃才是北京人的家乡饭。他跟他那亲戚也说，就问他说你是不是想吃"爆肚冯"，他说哎哟，我就想吃那个，小时候常跟我爷爷去门框胡同吃……怎么现在都没有了？人家就给他讲公私合营时都给合掉了。他那亲戚找到我，我那时候也54岁了，我说那就在家里吃吧。下了班到他家里，我亲自掌勺。

我学那爆肚是先从"葫芦、肚板、大草羊，食性蘑菇、散丹大肚领……"学起，这个歌谣都得学会，背熟这个名称，认清食物，怎么洗，怎么涮，怎么扣，怎么切，牛肉得腥口，我每一样都给他做，然后到最嫩、最脆、爆肚的级别最高的羊肚领、羊肚仁，最后这盘吃完了，他站起来跟我握手："哎呀，这么好的手艺，你怎么不干了？"当时吓了我一跳，"四清"我也经过了，"文革"我也经过了，还跟我说这事！我告诉他那时节在北京卖花生米都是投机倒把……生意我可是绝对不敢干了，今天我给你们做这顿饭，那时因为你那么大老远来的，可不能白来呦。

自这次采访之后，我们一老一小继续往来于城南。转眼就到了第二年的春天了，杂花生树，熏风拂面。一天，我们在三富胡同突然碰见了冯广聚。赵说挺想进去看看，老冯说可以，然后只把我们带到院子里。院子里有一棵枣树，虬枝老干的，叶子尚未出齐。树的旁边是一个小杂院，一溜抹坡，里头比外头低下尺许。门上贴着的对联已残破，太阳刚好照在半面墙上，也捎带脚地印在了当风抖动的对联上。老冯家就在那个贴着对联的院子里。赵说进去看看，老冯也不好驳赵的面子。

老冯家一是地方窄，二是东西多，陈设既老又旧，饭桌和靠背椅都成"老古董"了。屋里挂着一副前清的水墨画。冯的老伴是个天津人，在家操持家务，忙里忙外，待人特别热情，看到我们来，也不问是谁，就忙着沏茶倒水，还从里屋拿出很多瓜果梨桃，非得往我们手里塞。

老伴：哎哟，我们这儿拆得连早点都没卖的了。原来这里小吃最多，你看拆得，房都快塌了，还在拆呢！

老伴还要说，被老冯止住了，让她别掺和，然后她就出去了。

赵：你的儿子常回来吗？

老冯：他们偶尔来。现在有三个儿子干这行，大儿子、老儿子、三儿子……六儿子现在搞什么电视剧，儿媳妇是北京电视台的。

赵：月盛斋马大牙家在牛街超市没干多少日子，怎么撤了摊儿呢？

老冯：卖不出钱来。牛街那个地方穷，而且回民99%都会自己做饭，市场又靠着近,他们一般都从市场买回东西来自己做。吃的人都是外来的。

赵:那您不是还在那儿坚持着吗?

老冯:我坚持的原因,是我用了十多年的时间来请这些老人出面,想恢复以前牛街的小吃水平。像月盛斋和付盛斋这两家在以前是相提并论的酱肉王,比如那个烧饼听起来很普通,但人家做这个东西都是从通县进麻酱、进香油,一看这个东西不纯,就马上退回去,必须要纯要好。那烧饼是用茴香、芝麻,麻酱必须是纯的香油调到盆里头的。面也很讲究:一个鬏儿、一个鬏儿地,然后往上面抹麻酱。那烧饼烧完以后,内外十七八层,层层分着,不能粘一块,上面烙,两边烤,连烙带烤,外焦里嫩,喷香。

为了把原汁原味的小吃恢复,我就想办法把这些人请出来。最先请出来两家,豆腐白和奶酪魏。早先他们是西四那块儿的,他们没钱,我就借给他们,没货架子我也借给他们,等卖出钱了再还给我,现在已经有八家了。请出来有一个难题,这里的场地费太贵了,像月盛斋本来干得挺好,可是场地费一天要三四百块钱,都承受不了。

老冯的老伴提着一个桶在院子里来来回回,过了一会进门来拿东西。

老伴:我从 18 岁来到这儿,坐着那颠儿颠的驴车,进城门。那时候的五牌楼多棒啊!我刚到,不认识北京,我说这儿不是一个大庙吗!四合院,院里有一座桥,那河沟里都有鱼。

老冯:河沟里哪有鱼啊?得、得、得!那都是些脏水!

采访临结束时,冯的老伴想留我们吃饭,赵说要走,她还以为我们嫌她家房子小,就又说上店里去吃。我们边走她边挽留,她的热情使我们感觉到了老北京人的诚实好客。

达坂城的姑娘

《浊世苍生》续写之十

韦明铧

达坂城的石路硬又平哪,西瓜呀大又甜,

达坂城的姑娘辫子长啊,两只眼睛真漂亮。

你要是嫁人不要嫁给别人,一定要嫁给我,

带着你的嫁妆,领着你的妹妹,赶着那马车来。

当火车从吐鲁番驶向乌鲁木齐途经达坂城时,大家都不由得想起这首著名的民歌。《达坂城的姑娘》原名《马车夫之恋》,是音乐家王洛宾先生整理的一首维吾尔族民歌。1938 年,有一支运送苏联援华抗战物资的新疆车队经过兰州,王洛宾所在的抗战剧团组织联欢会。在联欢会上,一个头戴小花帽、留着小胡子的维吾尔族司机唱了一首简短的歌,因为是用维吾尔语演唱的,谁也听不懂他唱的是什么。但是王洛宾为这首歌的旋律所打动,他用速记方法记下了这首歌的曲调,并请维吾尔族商贩对歌词作了简单的翻译。歌词的大意是:达坂城的姑娘漂亮得很,我想娶她做老婆;还要她的妹妹和嫁妆,快赶着马车去娶亲吧! ……对这些原生态的乐句加以提炼重组之后,一首新的简洁欢畅的《达坂城的姑娘》就问世了。王洛宾自己也没有想到,这首歌在第二天欢送会上演唱之后,会像一阵风似地吹遍兰州城,传唱到全中国。据王洛宾之子王海成回忆,十年后王洛宾回到了新疆,而且一住就是 40 年,可惜他再也没有见到那位维吾尔族司机,更遗憾的是连那位司机的名字也不知道。而随着这首歌的广泛传唱,达坂城这座天山脚下的无名小镇却名扬天下,达坂城姑娘也成为无数男子的梦中情人。1994 年 12 月,达坂城授予王洛宾"荣誉镇长"的称号,并立碑纪念。

这首民歌的历史要追溯到两百多年前。那时清廷施行移民屯田政策,从陕甘各省大量移民新疆。这些移民历尽了千辛万苦,但他们的后代却获得了

韦明铧:扬州市文化研究所所长、教授。

雕塑《达坂城的姑娘》

人种上的优势：小伙子体格健壮，大姑娘漂亮迷人。因为他们的休养生息而孕育了这首民歌。有一种流行的说法是，同治年间，野心勃勃的中亚浩罕国侵略者阿古柏率军侵入新疆，先后占领了整个南疆和部分北疆，后来又攻下了吐鲁番和乌鲁木齐，并在达坂城、吐鲁番、托克逊三城部署重兵，与收复新疆的清军抗衡。在驻扎达坂城的阿古柏部队中，一名从吐鲁番抓来当兵的维吾尔青年与当地的美貌少女阿拉木罕相爱了。但是，美好的爱情很快被残酷的现实击碎。阿古柏匪帮被清军打败，残部退向吐鲁番，相爱的人儿从此生离死别。于是痛苦的青年用歌声表达自己的哀怨："我看啊看啊，却再也看不见她，达坂城也渐渐远去。我真是一个不幸的人啊，就这样永远离开了阿拉木罕……"据说这首吐鲁番民歌便是《达坂城的姑娘》的原型。大约一百年前，有个德国人冯·勒柯克在高昌古城废墟进行考察，曾用录音机记录当地的民歌，其中一首就是勒柯克所住房东家女儿珠丽可罕唱的这首情歌。它的原始录音至今还保存在柏林。

　　关于达坂城的姑娘，还有一个神话般的故事。传说吐鲁番国王扎拉来提为了生一位王子，要将王妃莱丽生下的公主从火焰山上推下去。王妃用珠宝买通了行刑官，将女儿放在火焰山下的路旁，自己跳下了悬崖。达坂城的民间艺人达瓦孜·阿不都拉捡到了这个女孩，取名康巴尔罕，又称她为"达坂城姑娘"。康巴尔罕长大后，能歌善舞，美名远扬。在吐鲁番城里，宰相为了取悦国王，将达坂城的歌手请来为国王演出。达坂城姑娘康巴尔罕的演唱使国王大为赏识，并从她的身上看到了当年王妃莱丽的影子。宰相看出国王的心事，要将康巴尔罕弄到宫中，但遭到阿不都拉等人的反抗。宰相派兵抓住阿不都拉,并贴出告示说:达坂城姑娘如不来自首,阿不都拉就要被处死。为救义父,康巴尔罕毅然到王宫投案。当国王得知这个将被处死的少女原来是自己的女儿时,下令停止用刑。康巴尔罕活了下来,而达坂城姑娘的身世也从此披上了一层神秘的面纱。

达坂城位于新疆天山东段最高峰博格达峰南部,距乌鲁木齐市区不足一百公里,一条国道在城中穿过。它原来只是一座极不起眼的小城,风沙是这里的常客。据达坂城的耆老介绍,数十年前的达坂城只幸存几棵老榆树和几十户人家,而今的达坂城是乌鲁木齐市的一个辖区。

关于达坂城的历史文献记载非常贫乏,不过达坂城的出土文物证明这里早已有了人类活动。这里发现的古墓葬和遗址点为数不少。清朝以前的墓葬主要有柴窝堡新石器遗址、乌拉泊墓葬、柴窝堡墓葬和盐湖墓葬等。唐墓中出土的丝织品有银红地宝镶花纹锦、烟色暗花绸,让人隐约猜想到古代达坂城女子的妖艳。元墓里出土的文物,以辫线袄子最为精致,此外还有弓、箭、马鞍和铁镫子,这也显示了古代达坂城人的爱美与尚武之风。大量文物的发现,证实了达坂城历史的久远。应该说,达坂城在历史上不仅是连接新疆与内地的交通要冲,也是多民族迁徙流动的历史通道。

达坂城在历史上被称为白水镇、嘉德城。大约汉代以后,随着中央政府对西域统治的加强,达坂城的地理作用益见突出。延至唐朝贞观初年,因高昌地区得到收复,唐王朝开始对西域各地实施全面的政治经济治理。这就是唐代白水镇建立的背景和由来。关于唐朝的"白水镇",有两个重要的历史线索:一是建于武则天圣历元年(698 年)五月的敦煌莫高窟前的古碑文,该碑叙及唐朝在平定高昌、设立著名的西州之后,该州下属还有一个专事戍守地方事务机构——白水镇,当时就任白水镇将的是甘肃敦煌大族李怀恩。二是出土于吐鲁番阿斯塔那第 209 号墓葬的一件被作为女尸纸鞋的文书,该文书是武则天时期西州天山府一位名叫索进达的人的呈文,文中涉及 "白水镇"这一机构名称。"白水镇"的出现,显然与唐代另一个地理名词"白水涧道"有密切联系。"白水涧道"之名初见于敦煌石室藏书《西州图经》,该书系唐朝成书的古籍,已于 20 世纪初为法国人伯希和窃往国外,书中在述及当时西州通往周边各地的交通路线时,提及"白水涧道",说该涧道"足水草,通车马"。达坂城大抵经历了从早期游牧民族在山前地带畜牧迁徙,到后来人们沿着山涧河流逐渐进入平原筑城聚居，至明清之际人们来到美丽的乌鲁木齐四周休养生息的漫长过程。清乾隆年间，在完成了对天山南北的政治统一之后，于乾隆四十七年（1782年）在此建城屯垦，时称"嘉德城"。清人《三州辑略》记道："嘉德城，乾隆四十七年建筑，周二里五分，高一丈二尺。城门四：东曰寅辉，西曰仰极，南曰成顺，北曰遵道。"又据《乌鲁木齐事宜》记载："喀喇巴尔噶逊守备城一座，名嘉德城，粮员在内，离巩宁城二百三十里，计二站。"由此可见，清代的嘉德城实际上是一个军队驻扎之所。"达坂城"作为一个镇，直到民国二十三年（1934年）才正式设立。

直接描写达坂城的资料甚少。道光时人史善长有《过达坂》诗，写达坂城南北气候迥异，旅人至此必得易衣而行：

> 山路却平平，中分南北界。
> 其上盘查关，客到停车盖。
> 关北属轮台，百战雪不败。
> 关南吐鲁番，二月桃花卖。
> 行人将过山，绵裘各备带。
> 山头互易衣，慎莫笑侈汰。
> 咫尺异炎凉，咄咄事称怪。
> 造物故逞奇，不管人学坏。

咸丰时人萧雄有《冰达坂》诗，写冬日的达坂城冰川万丈，民夫冒寒凿冰为磴的情景：

> 天边穆素问星邮，十里攀援驻足愁。
> 费尽五丁开凿力，水晶帘上动蜉蝣。

从历史变迁来看，达坂城的人口经过了千百年之久的民族大融合。达坂城姑娘之所以漂亮，想来必定是与人口的杂交和混血大有干系。达坂城的居民大多是回族和维族，也有少数汉族。当年古波斯商人来中国经商时，便把这块风水宝地当成必经的驿站，在此同土著人生儿育女，安居乐业。来自西亚和中亚的商人、使臣、学者，和汉人、蒙古人以及其他民族，在长期的共同生活中逐渐融合。无论局势如何动荡，达坂城这样位于交通要道的戈壁绿洲，都最适宜成为各种流民的栖息之地。

但达坂城真正成为四方流民安然杂处的地方，是在清代。清代流放内地犯人的去处，集中在东北和西北的某些地方。据乾隆三十三年（1768 年）流放到乌鲁木齐的纪晓岚在《乌鲁木齐杂诗》中说，他当时看到的情景是："戍屯处处聚流人，百艺争妍各自陈。""鳞鳞小屋似蜂衙，都是新屯遣户家。"纪晓岚说，当时乌鲁木齐一带的居民共有五种人：一是从内地招募去耕种的农民，谓之"民户"；二是因经商而落户塞外的商人，谓之"商户"；三是军人及其子弟，谓之"兵户"；四是以奴隶身份发往边疆后来期满为民者，谓之"遣户"；五是原来迁往边地为民的人家，谓之"安插户"。天南地北的各式人等，以各种缘由杂处于新疆，所以康熙间诗人丁介在《出塞诗》中形容塞外的人口情形是："南国佳人多塞北，中原名士半江南。"

在这种情况下，不同民族、不同地区、不同职业的人之间互相通婚，繁衍后代，自然不可避免，在客观上大大改善了人口的质量。

不过，近百余年来达坂城的出名倒不是因为姑娘，而是因为战争。光绪三年（1877 年），左宗棠指挥清军征伐天山，来到进军天山的隘口达坂城。守城的部队引湖水自卫，一时间达坂城成了汪洋中的孤岛。其时洪水漫及马腹，守城部队料想内地官兵见到这样的洪水，怎么也渡不过去。不料清军乘着夜色，抬着大炮，潜渡城下，猛烈的炮火使守城部队疑为神兵天降，只得不战而降。达坂城也因为清兵的此次大捷而知名度大增。

奇怪的是，这个传说中出美人的边陲小镇，其实却是一个令人生畏的老风口。离开乌鲁木齐不远，就可以看到公路旁边有一排排巨大的风车，就像骑士唐·吉诃德面对的那个怪物一般。风车的立柱高入云霄，三片巨大的风叶时刻转个不停。由于达坂城常年刮风，当地政府利用风能建立了风车发电厂，发的电主要供给达坂城和乌鲁木齐。当地民谣说："达坂城，老风口，小风小风天天有。小风刮歪树，大风飞石头。"这里每年的大风日平均有一百多天，多时达到两百天。然而达坂城人不怕风，而且无风盼有风，因为这里水多草密蚊子多，蚊子喜欢咬人叮牛马，只有刮起风来才能把蚊子赶跑。达坂城的树都长不高，树干都向东南方向倾斜，因而形成了达坂城独具特色的"三怪"：歪脖树、马刀树、风向树。树犹如此，人何以堪！据说，达坂城姑娘走路的特点，就是侧身而行。在新疆，如果看到侧身走路的姑娘，她们大抵来自达坂城，是常年的大风造就了达坂城姑娘特有的"风姿"。

遗憾的是，如今来到达坂城，已经很难看到歌中所唱的石板路，也很难

王洛宾像

看到歌中描绘的美丽姑娘，只能看到王洛宾先生栩栩如生的黑色半身雕像。店铺里的商品除了玉石工艺品和少数民族服饰外，便是大量王洛宾创作的新疆民歌录音带与影碟。皮肤粗糙、脸色紫红的少数民族女售货员，纷纷向游人兜售商品。美丽的达坂城姑娘都到哪里去了呢？当地人风趣地说："达坂城美丽的姑娘都让风吹走了。"实际上，达坂城的街上冷冷清清，难得看见一两个年轻的姑娘。有人说，达坂城姑娘都去了乌鲁木齐那样的大城市。也有人说，这些年来达坂城因近亲结婚现象增多，出了许多傻子，姑娘也不漂亮了。据当地官员透露，达坂城由于经济贫困，本地姑娘都想外嫁，外地姑娘嫁不进来，故近亲结婚十分普遍。据一份民间统计资料表明，达坂城近亲结婚率一度超过 10%，人种杂交的优势丧失殆尽。这里曾经流传一句民谣："达坂城的女人一枝花，达坂城的男人娶不上她。"可是曾几何时，"达坂城姑娘"竟成了作曲家优美旋律里的神话。

新疆也和别的地方一样，有许多所谓的怪现象，譬如"鞭子底下谈恋爱"，"吃的烤馕像锅盖"，"达坂城姑娘把妹带"等等。其中"达坂城姑娘把妹带"一句，尤其教人疑窦丛生。在王洛宾的歌词中，有一句"带着你的嫁妆，领着你的妹妹，坐着那马车来"。结婚为什么要带着妹妹？有的学者认为翻译错了，应该是"带着你的伴娘"。但是人们已经习惯了原来的唱法。自从《达坂城的姑娘》在全世界传开之后，人们都知道新疆有一座达坂城，达坂城有许多漂亮的姑娘，达坂城姑娘在出嫁时都带着自己的妹妹。事实是不是这样，我们也许不必以一句歌词来作为标准。

如今的达坂城，美丽的姑娘虽然不多，民族的风情却触目皆是。满街的风味小吃,比如炒面、烩面、卤面、饺子、包子、锅贴、馄饨、油糕、凉粉、凉皮、粉汤、糖酥馍、麻花发、手抓肉、羊肉抓饭、羊肉拌面,应有尽有,数不胜数。当然,盐湖、柴窝堡湖、风车大世界和野生动物园,也不妨一饱眼福。

最妙的是,游人可以不费力地找到另一种"达坂城姑娘",那就是油炸蚕豆。蚕豆是达坂城的特产。因为水土独特,达坂城出产的蚕豆粒大味美,质量上乘。几年前,达坂城人开始对蚕豆进行系列加工,其中最有名的品牌就是"达坂城姑娘"牌蚕豆,不仅有炒的,有炸的,而且味道也有多种——蒜香味、香辣味、哈密瓜味、巧克力味……口味各异,余香十足。街上有一家蚕豆专卖店,店名就叫"达坂城姑娘",并且注册了"达坂城姑娘"商标。就冲着这个迷人的商标,油炸蚕豆供不应求。

有趣的是,当达坂城人利用"达坂城姑娘"的招牌大做生意时,王洛宾是否拥有《达坂城的姑娘》的著作权却引发了一场官司。有人认为王洛宾对《达坂城的姑娘》这首原本存在的民歌仅仅是"记谱",不享有"著作权"。而中国音乐著作权协会的代理律师则称,王洛宾对上述争议歌曲是"记谱、译配","译配"即说明王洛宾对民歌进行了"改编",里面倾注了他的劳动和心血,按照法律王洛宾享有著作权。法律界人士称,本案暴露出法律对民歌著作权如何保护的问题仍有盲点。

新疆的馕、抓饭和烤全羊很出名,葡萄、西瓜和哈密瓜也很出名,但更出名的也许倒是达坂城姑娘。可是当你真的来到达坂城,才知道达坂城就是这么一个寻常小镇,一条街从头走到尾只需一支烟的工夫。你寻找的长辫子、大眼睛、带着妹妹、赶着马车的达坂城姑娘,究竟在哪里呢?

康定情人,敖包阿妹,阿里山少女,达坂城姑娘……当我们聆听这些洋溢着脂香粉浓、情柔意蜜的歌曲时,我们固然不妨陶醉在那些美妙的音乐旋律里,但也不得不去思考歌词究竟有多少合理性和真实性。

日本与中国：情色文化的异同

刘达临　胡宏霞

从文化上看，日本可以说是全世界受中国文化影响最大的一个国家，当然日本的文化对中国也有影响。

在性文化方面也是这样，日本的性文化在很多方面源于中国，又异于中国。

日本现代性文化受西方影响很大，比较开放。1990年，我第一次去日本，住在大阪的一个旅馆里，惊奇地发现房间里的电视分"有料"和"无料"："无料"就是看时不用付钱的，和中国一样；"有料"就是看了要付钱的，都是一些色情片和恐怖片。色情片真"色"得可以，全裸体、性交等等，付钱相当于当时的80元人民币，可以连续看24个小时。我好奇，要了解这是怎么回事，也看了，可是看了半个小时就觉得没有多大意思了。

第二次去日本是1991年8月，在东京参加一个会议，住在东京的新宿。晚上没事就出来逛街，有个晚上不知怎么走啊走地走到新宿的红灯区去了。这是一个小区，大门口有个招牌，写了"歌舞伎一条街"几个字，里面有着不少纵横交错的小马路，灯红酒绿，有一些咖啡吧、饮食店，但是有更多的不知道是什么的店，门和橱窗里都有帷幕遮住，橱窗上贴着一些女子照片。我知道这就是脱衣舞厅或妓院了。

虽说是红灯区，但是并不乱，也看不到妓女拉客现象，只有几个男子在路边给行人发放宣传品，吸引人们去妓院或脱衣舞厅。我也拿到几张，也想进去看看究竟是怎么回事。但是心里总有些忐忑不安，后来想想，算了，多一事不如少一事吧！

日本的性风气很开放，那是世界闻名的。大约在10年前，我在国外看过一个电视片，讲世界上奇异的性风俗。例如有一个非洲种族，那里男子的阴

刘达临：上海大学文学院社会学系教授；胡宏霞：中华性文化博物馆执行馆长，医学博士。

茎都长及膝盖。又如有个阿拉伯民族,他们的规矩是什么器官犯法就除去这个器官,如辱骂长辈要割舌,偷东西要斫手,强奸妇女要阉割。有一段阉割强奸犯的镜头:把犯人的阴茎放在砧板上,利刀一落,犯人大叫一声,一个被砍断的阴茎跳了起来……

还有一些镜头是涉及日本的,讲现代日本还有这么个节日,人山人海、敲锣打鼓地抬着木制的大阳具游行。这种风俗至今还存在于经济发达、技术先进的日本,真使人不敢相信。

想不到后来我也亲身经历到了。2001 年 3 月,我有机会在日本做了一个月的性文化考察。日本大大小小有六七个性博物馆,我访问了最大的一个性博物馆——日本宇和岛的凸凹神堂,展品可以说是满坑满谷,性的特征非常明显,常有浓厚的日本民间色彩,很值得一看。我在那里搜集了不少资料。

就是这次日本之行,我参加了日本犬山市和小牧市的"丰年祭"。这种节日一年一度,在三月份举行,原意是预祝今年农业丰收,可是其内容全是性。节日开始时要由神社的祭司率众朝一个木制的两三米长的大阳具顶礼膜拜,然后这支队伍连着一些旁观队伍就浩浩荡荡地抬着大大小小的阳具出发游行了。大家欢天喜地,载歌载舞。有些女子还亲吻、抚摸这些大大小小的木制阳具,据说能使她们生孩子,得好运。我也捧了一个大阳具,和他们同乐。据估计参加这一活动的有 10 万人。过去,每到"丰年祭",在游行队伍前面还有全裸体的女子做"领队",可是在四五十年前日本政府已明令禁止。我在凸凹神堂这个性博物馆里还看到过这种照片。现在游行的女子至少要穿"三点式"了,日本的三月还是春寒料峭,她们似乎一点也不冷。

为什么要把"丰年祭"变成性游行? 这是受了古代中国"天人合一"思想的影响,这种思想是从中国唐代传过去的。据说这种"丰年祭"的风俗也是从中国唐代传过去的,不过现在在中国已经不存在了。

中国的古人认为,大自然的万物,风调雨顺,谷物丰收,都和人类的性和谐有密切联系,所以古人提倡野合。在野外性交,能吸收日月精华与天地之气,有益于健康;同时男女交合也能使土地肥沃。历史上曾有记载:梁武帝时,连续三年大旱,赤地千里,民不聊生。皇帝求雨,却总是求不下来,便问大臣是何缘故。大臣说,现在社会上婚嫁不调,男旷女怨的现象很严重,影响了上天,就不会风调雨顺了。梁武帝采纳此言,采取了不少措施,改变了两性性失调的现象,于是上天就降雨了。

正是基于这种认识,日本民间总是把祈求谷物丰收与性结合在一起,这就是"丰年祭"要有裸女游行,要有新娘游行,要抬着大阳具游行的原因。

一个民族文化的形成,总要受到各种因素的影响。日本的文化(当然包括性文化)大致由三个方面组成:一是自身固有的所谓"大和文化",二是公元7世纪时全盘吸收中国的唐文化的"大化革新",三是19世纪时大规模地向西方学习的"明治维新"。现代日本的性文化也可以说是以上三种文化综合发展的结果。

中国有一些传统文化,随着岁月的流逝,在中国本土似乎不存在了,现代中国人似乎已经把它们遗忘了,可是在日本还能找到它们的影响。在中国的历史上,经过了大致有1000年之久的性禁锢。在汉、唐,特别在唐代,那是中国古代性文化发展的顶峰,从宋代中期开始,提倡"存天理,灭人欲"的程朱理学,性禁锢愈演愈剧,不少性学古籍被销毁了,失传了。但是在日本历史上,性禁锢之风是不明显的,还保存着不少中国传过去的性学古籍。例如,公元10世纪一个叫丹波康赖的日本人所编纂的《医心方》中就有不少在中国早已失传了的性学古籍。又如,在公元17世纪日本兴起的"浮世绘",完全地、不折不

浮世绘映现日本的情色文化

扣地是受了中国古代春宫画的影响。日本的"浮世绘"大师菱川师宣（1618年~1694年）的《绘本风流绝畅图》就是模仿的中国明代春宫画《风流绝畅图》，连名称也是一模一样。在现代，日本的"浮世绘"仍很流行，可是在中国，古代春宫画却被扣上一个"黄色淫秽"的帽子而给销毁得差不多了。

人类的性行为大都发生在夫妻之间，夫妻构成了家庭，而谁都知道家庭是社会的细胞，家庭的稳定是社会稳定的基础。古往今来，性保守总是紧紧地维护家庭的，而性开放的许多表现，如婚外情、"包二奶"、嫖妓宿娼等都在不同程度上对家庭有所冲击。现代不少日本男人是很风流的，眠花宿柳，性开放占社会的主流地位；可是另一方面，他们又很传统，很保守，十分重视家庭的巩固。在日本，有一种较为普遍的现象：如果一个丈夫感到生活很空虚，很无聊，妻子会对他主动建议："你出去散散心吧！"意思是说，你可以出去找个女人风流一下，放松一下。如果这个丈夫这么做了，妻子不是不能接受，亲友同事也认为这是一个男人常有的事。可是，玩玩女人毕竟只是"玩玩"，不能有真感情，婚外"性"是可以的，婚外"情"绝对不行。如果一个有妇之夫在婚外爱上一个女人了，这就影响到婚姻家庭的巩固，不仅妻子不能接受，也会为亲友同事所不容。

现代社会的发展趋势是性开放，在西方社会，结婚、离婚、再结婚、再离婚……容易得很。在中国，本来是离婚很难，"宁拆十座庙，不毁一桩婚"，"离婚无好人，好人不离婚"，可是这一二十年似乎也有些向西方社会看齐了。可是在日本，在性的方面既很开放，又很传统，这实在是一个大矛盾。

在日本文化中的确充满着矛盾，在性文化方面也是如此。日本的科学很

昌明，可是民众信神求佛的很多；它的经济十分发达，可是对传统的东西仍然保留得很多；许多男人很风流，可是有些坎儿绝不去逾越；日本的女人看来地位很低，可是多数妻子却牢牢地把持着家庭的经济大权；在日本的许多城市中，一边是现代化的高楼大厦，在另一边的路旁还保存着古代性崇拜的东西，等等。

这些"矛盾"来自日本文化的组成与多样性。有的学者说："日本人是最聪明的猴子——他们不善于创造，却擅长于模仿一切优秀的东西。日本民族没有产生过一个足以影响世界历史的巨人，但每个历史阶段，它都是所在世界中的老二。在古代东方，它仅次于中国；在现代世界，它仅次于美国。"

日本人非常善于把别的民族优秀的东西"拿过来"为我所用。日本历史上的两次"大学习"、"大革新"都是如此，一次是7世纪全面学习中国唐代的"大化革新"，另一次是19世纪全面学习西方的"明治维新"，这两次改革都大大推动了日本的发展，改变了日本的面貌。可是令人惊奇的是，他们在学习其他民族的精华的同时，却一点也不忽视自己的传统文化，直到现在，日本文化（包括性文化）中的"新"与"旧"还是并存着，而且颇为和谐。日本是一个最善于向他人学习的民族，又是一个最善于保护自己传统的民族，这种特点可以说是举世无双。

"他山之石，可以攻玉。"想想我们中国，历史那么悠久，文化那么丰富，怎么到了近代、现代变成"弱肉强食"了呢？原因很多，一个主要原因是自高自大，闭关锁国，自诩为"泱泱大国"，别人都是"蛮夷小邦"，死抱住老一套不放。在新中国成立后的一个时期，又把自己的东西说成都是"社会主义优越性"，人家的一切都是"腐朽的资本主义"。改革开放使中国认清了兴旺发展的正确轨道，可是在向西方学习（应该是学习西方文化的精华）的同时，有些人又把我们自己传统文化中的好东西丢了。青年人要发展，就认为只有出国留学才有前途；消费者买东西，总认为外国进口的比国产的好；读什么古文、历史，有发展的只有电脑、外文、经商；一讲到性开放，就是可以放纵、滥交；什么处女不处女的，那是"思想大大落后于时代发展"了。中国的文化如果这么发展，正确吗？

从日本的性文化看日本的文化，看他们的吸收态度，会给我们什么启发呢？

众口论说性文明

刘达临 胡宏霞

人类社会在不可阻挡地走向文明、进步,在性的领域也是同样,所以近些年来出现了"性文明"这个词。可是什么是"性文明"呢? 它是一个什么概念? 它的内容是什么? 什么事是文明的而什么事又是不文明的? 可以说现在还是含糊不清、众说纷纭、莫衷一是。

在许多问题上,要统一认识是很难的。有人说过,如果把被认为是不道德的事从道德范围中去掉,那么剩下的就是零。这种说法也许不无道理,但是有些事的是非可能争议还是不大的,例如随地吐痰总是不文明的行为,偷东西也总会受到谴责,可是在性的领域就复杂多了。例如中国有位颇具声望的性学家不遗余力地反对向青少年宣传安全套的作用,认为宣传了会使他们肆无忌惮地去"做坏事"。在目前全世界都在宣传、推广安全套的情况下,此论可谓"独树一帜"。有的学者提倡"一夜情"、"卖淫合法化",有些人佩服这些言论之大胆,而有些人又为之瞠目结舌。再者,性犯罪总归没人说好吧? 可是前几年台湾有位女学者说,强奸女性也能使女性达到性高潮。此论一出,舆论大哗,有人写信给她说:"那么我就来强奸你吧!"

我们特别举出几个性学家做例子,因为和一般民众相比较,性学家对一些社会现象的认识总应该是相对地较为科学、健康、一致的,可是实际上偏偏是那么不一致,甚至还可能达到南辕北辙的程度。当然,不能一概否定人家,各人有各人的道理。有的论调,可能在某种情况下是对的,而在另一个情况下则是不对的;有的论调与现在的情况格格不入,而在将来则有可能会实现;有些论调,从这个角度看似乎是真理,而换一个角度看,则绝对是馊主意。

我们常常想,性文明似乎是个天平,这一头、这一个极端太左了,甚至左到了性禁锢;那一头、那一个极端又太右了,右到了肆无忌惮,我们要在这两

刘达临:上海大学文学院社会学系教授;胡宏霞:中华性文化博物馆执行馆长,医学博士。

极中间找一个平衡点。在 21 世纪初,就算是前 20 年吧,在中国内地(这个时间、地点的限定很重要),这个平衡点应该设定在哪里呢?

一、为"性开放"正名

现在出现了不少与性有关的名词,什么"性文明"、"性文化"呀,什么"性自由"、"性开放"呀,对此各人有各人的理解,其中是大可商榷的。

就以"性开放"来说,这似乎是个贬义词,如果说某人是个"性开放"的女子,意思就是这个女人行为放荡,随便和男人"上床",这似乎有些冤枉。"开放"不应该是不好的。政治开放好吗? 好。经济开放好吗? 好。文化开放好吗? 好。思想开放好吗? 也很好。可是为什么性开放就不好了呢? 为什么性开放就变成了淫秽下流的同义语了呢?

那么是不是性开放就好得很了,大家都来搞性开放吧? 也不能那么说,要作具体分析。有两种不同的性开放:一种是放纵、滥交,这是我们所坚决反对的;还有一种是自然的、健康的、科学的性开放,我们举双手赞成这种性开放。性学家们所做的一切工作归根结底都是为了引导、促进人们走向这种性开放,这种性开放就是性文明。

2500 多年前的古希腊哲学家亚里士多德说过:"人啊,要认识你自己。"时至今日,人类认识自己还是不够的。就拿人类的性来说,它具有两种属性,第一是自然性,也叫本性,这是和动物没有多大差异的。人是从动物进化来的,在人的身上还遗留着某些动物性,性的自然性就是表现之一。公狗到了青春期就会在追逐母狗了,谁教它的呢? 没有,它自然而然地会这样做。人也是同样,到了青春发育期就自然而然地会对异性感兴趣了,"年壮则慕少艾",这是一个千古不变的规律。女孩子到了十一二岁以后,就自然地爱照镜子、注意打扮了,她打扮了给谁看,给自己看? 主要的不在于此。给爸妈看? 更不是。主要是给异性看。过去知青插队落户时,男青年常常不修边幅,成天脏兮兮。可是叫他们和女知青一起劳动,马上就注意整洁、讲究打扮了。美国前总统里根说过:"上帝宽恕我吧,因为我见到漂亮姑娘,总想多看几眼。"这倒是大实话,这是人之常情。"不识子都之美者,无目者也。"岂止是"无目"呢? 对异性无动于衷、没有兴趣,一般就是生理或心理方面有毛病了。

那么"慕少艾"也好,对漂亮姑娘感兴趣也好,能不能想"上"就"上"呢?

哪个少男不钟情,哪个少女不怀春?

刘小超 绘

不行。动物的一切行为都是由本能所驱使的,公狗见了母狗,想"上"就"上"了,可是人不是普通动物,人是高于动物的。人类的性不但具有自然性,更具有社会性。人是社会化的动物,在正常情况下,人总要和他人一起生活,人总要受社会所控制,所以不能为所欲为,总要考虑自己的行为后果。例如,人饿了,总想吃东西,这是本能,可是见了食品商店的东西能随便拿来吃吗? 那叫偷。见到一个美丽而性感的姑娘,有了性冲动,这也是本能,似乎没有什么不正常,可是有了性冲动就能像公狗一样地扑上去吗? 那是性犯罪。对人类来说,做什么事都要讲规矩,满足性需求虽属人的本性,但也要讲规矩,这就是性的社会性。

　　人们如果只讲性的自然性,就会走向放纵、滥交、犯罪;人们如果只讲性的社会性,就容易走向压抑人性,走向性禁锢,所以,二者要兼顾。性要自由、开放,但是要健康,社会对性要控制,但是要合理,两者结合起来,这就是性文明。

二、人类对性要有责任感

　　在人类的社会生活中,讲自由,不能不讲纪律;讲权利,不能不讲义务;讲性的快乐与满足,也不能不讲责任感。通过性来达到快乐与满足,这是人的天性,无可厚非,可是也要考虑到行为后果,对这种行为负责,这是人之所以成为人的一种表现。与他人发生性交关系,要考虑到不要从生理或心理上伤害他人,不要妨碍社会秩序,不能影响社会利益,这是一个文明的人所必须做到的。

所以,对人类来说,只有把"爱情、婚姻与性"三者结合起来才是正常的。婚姻应该建立在爱情的基础上,性交关系应该在婚姻范围之内发生,才较为稳定,较有保障,双方更能担负起应有的责任来。因此,我们对什么"一夜情"啊,婚前性行为啊,总有些不以为然,因为对这种行为总是难以负责的。当然,只要是双方自愿,这也不是什么大罪,在处理上应该宽松些。但是不加控制,任其自流,这绝不是性文明的表现。

要自由,要权利,要获得性满足,人们比较容易重视这些方面,而重视纪律、义务、责任,往往就不那么容易了。但是两个方面都要重视,而重视后者,即重视性的社会性,似乎更重要。

1997 年,在西班牙瓦伦西亚召开的第 13 届世界性学大会上提出了一个《性的人权宣言》,并于 1999 年在中国香港召开的第 14 届世界性学大会上通过。这个《宣言》提出:"人类的性,是人们彼此间最深切联结的起源,也是个体、伴侣、家庭与社会健全的本质。因此,对性的人权的尊重必须通过一切方法来确保和发扬。"这个《宣言》还提出了性的人权包括自由的权利:对身体完整及安全的自主权利,性平等的权利,性健康的权利,获得充足、客观、正确的人类性资讯的权利,接受完整性教育的权利,自由结合的权利,做出自由及负责任的选择的权利,维护隐私的权利等等。

这个《宣言》的发表当然是一种历史进步,但是其内容和提法是不是妥当,也很值得分析。

首先,人权是要讲的,但是人权不是抽象的、无条件的,人们各种权利的获得有赖于社会政治、经济、文化的发展。可以设想,在世界上有些贫穷落后的国家中,民众衣不蔽体、食不果腹,那么那九项性的权利又从何而来呢?自新中国成立以后,我国颁布了《婚姻法》,提倡男女平等、婚姻自由,这当然都是社会的很大进步。但是,在三年灾害时期,有些地区的民众处于饿死的边缘,那里尚未嫁人的大姑娘只希望找个男人能使她有饭吃,不至于饿死就行了,哪里谈得上什么爱情、什么择偶、什么"性的权利"呢?所以,必须把国家建设得富强起来,给人们的自由与解放创造必要的物质条件,否则,什么"人权"都只是一句空话。

其次，前面已经讲到，讲权利，不能不讲义务；讲自由，不能不讲必要的控制。人固然有权利选择自己性的对象、性生活的方式，使自己得到快乐和满足，但是必须接受社会的合理控制，不能伤害他人，不能伤害社会，否则社会就要进行必要的干预。同时，还要接受科学知识的指导，在愚昧落后的情况下是不会有什么自由、幸福，也没有真正的权利可言。在20世纪60年代，西方社会掀起了一股"性革命"的浪潮，"性革命"对于否定性禁锢来说是有一定的进步意义的，但是它走得太远了，只讲性自由，不讲社会的合理控制，以致造成了一系列严重的后果，例如未婚先孕泛滥，艾滋病流行，婚姻家庭解体等等，人们尝到了苦果，后来又不得不实行"性回归"。现在，如果又不加条件地提出"性的权利"，是不是又有可能重蹈"性革命"之覆辙吗？

再次，个人的自由必须服从于社会利益，社会利益是无数个人更长远、更广泛的自由。《宣言》第八条提出人们应拥有做出自由及负责任的选择的权利，即可以自由地决定出生孩子的数目、时间间隔及控制生育力方式之途径，所有孩子都必须享有被爱与期待，这又可能使个人自由与社会发展发生矛盾。就以个人可以自由地决定出生孩子的数目来说，像中国、印度这样的国家，患于人口膨胀，如果不实行计划生育，如果民众还可以任意地多生孩子，最后就会爆发一系列严重的社会与经济问题，许多过剩人口将会因得不到充足的物质生活资料而饿死、冻死，这时，又怎么讲"人权"、讲"自由"呢？

总之，西方文化常常较多地强调自由、人权，又往往将个人与社会割裂开来，这是一个很大的矛盾，也是目前许多社会问题的症结所在。现在我国有些性学观点太偏重讲自由、讲权利了，只从一个方面去讲人性，可能是受到了西方思想的一些影响。

三、"自愿"和"无伤"

前面已经讲到，众说即使再纷纭，总应该有一个占主流地位、能为绝大多数人所接受的道德标准吧，这就是"自愿"和"无伤"。某种性行为，某种性关系，只要是当事人双方自愿，而且无伤于他人、无伤于社会，就是健康的，是人们所能接受、社会不应干预的。这是全世界许多国家、许多人提出来的一个观点，我们也认为这个观点符合性文明的要求。这可以举许多例子来说明。

夫妻在夜里一起看黄片，这算不算不正当或是违法犯罪？20 个世纪 80 年代末，上海发生过这么一起案件，被公安局发现了，内部有两种不同的处理意见，一种是要处罚，另一种是不必处罚，相持不下，最后还是罚了。其实，他们一没有制黄，二没有贩黄，三没有宣扬，没有伤害他人、伤害社会，罚他们干什么呢？夫妻之事，闺房之私，有大大胜于看黄片者，能禁得了吗？何况，在夫妻之间，看看黄片有时还能提高性兴趣，正像医生有时还要运用黄片来治疗性冷淡，有什么不好？21 世纪初，在延安又发生了类似的事情，当事人又挨罚了，最后告到了法院，结果是公安部门赔礼道歉、赔偿损失了事——时代毕竟进步了。

关于婚外情，现代社会越来越多了，对此当然不值得提倡，甚至要加以反对，因为它虽属双方自愿，甚至如胶似漆，但是它妨碍了原有婚姻、家庭的稳定，从而影响到社会的稳定。可是，婚外情有不同的情况，有的属于玩弄异性、游戏人生，对此当然要彻底否定；而有的婚外情是源于原有婚姻的不合理，如果硬是保持原有的婚姻则不利于人性的健康发展，不利于社会的稳定，所以只有打碎原有婚姻的枷锁才是合理的。社会上婚外情的增加当然不是好事，可是如果要控制它、减少它，主要不是靠道德的谴责（许多中国人就是习惯于用道德说教来解决问题），而是靠巩固与优化夫妻关系，人的性生理与性心理的需求如果能在婚姻范围得到满足，婚外情自然会大大减少。有这么一句话：只要在这个世界上还存在没有爱情的婚姻，就必然存在没有婚姻的爱情——这真是至理名言。

至于对同性恋的看法，历来争议是很大的。最守旧的看法认为这是犯罪，因为这种性关系不能繁衍后代，所以圣经上十分否定它。在欧洲黑暗的中世纪还要把搞同性恋的人施以火刑，在广场上活活烧死。后来许多人又认为这是一种病，例如男人怎么不去爱女人，反而男男相交啊，肯定是脑袋有毛病，至今多数民众可能还持有这种看法。在西方，性是比较开放的，可是如果哪一个高级官员被发现搞同性恋，那也是一大丑闻。在中国古代倒没有发生过迫害同性恋者的事，社会对此很宽容，这也是中华性文化的一大优点，但是新中国成立后的几十年间倒抓起同性恋者了，按"流氓罪"加以处罚，其实法律上根本没有这一条。

现在,全世界都在走向宽容、开放、多元化、尊重人性和人权,对同性恋也改变了看法,认为它是"非罪、非病",只是一种不同的性取向。也就是说,有些人对异性恋有兴趣,有些人对同性恋有兴趣,只是口味不同,满足性需求的途径不同而已,谁也不要否定谁,各取所需就行。虽然异性恋者占人类的绝大多数,同性恋者占少数,但是不能以多数人压迫少数人。我们中国的学术界、医学界从上个世纪末以来也逐渐接受了这个观点,公安部门抓同性恋者的事也极少发生了。现在如果谁再说同性恋是罪、是病,会被认为是太保守、落后,至少在公开场合是没有市场了。

的确,历史在进步,社会在发展,同性恋者是"自愿",而且对他人、对社会"无伤",加以粗暴的干涉是完全没有道理的。有些人认为同性恋者搞口交、肛交真是匪夷所思,其实这只是某些人对此不习惯而已,男女之间也有搞口交、肛交的,这又有什么不得了呢?只是双方自愿、注意清洁、方法得当就可以了。欧洲中世纪的教会认为男女相交(他们不可能禁止男女性交)只有男上位才是正当的,其他体位都是淫邪,这个时代早过去了,现在我们为什么只允许阴茎——阴道性交而排斥其他方式呢?

当然,也不能认为同性恋者怎么做都没有问题:如果两个同性恋者在大庭广众之间拥抱接吻,这就有伤社会风化;如果肛交而不戴安全套,就容易精液过敏而得艾滋病;如果成年人和未成年人搞同性恋,这不利于青少年的健康成长,社会就不能不加以干涉,因为这不是"无伤",而是"有伤"了。对"有伤"的事总要干涉,对异性恋者也是同样。

最后还要谈谈妇女卖淫。中国现在的卖淫妇女不得了,数量很多,而且还在不断蔓延,当然都是暗娼。产生这种现象的原因很多,有历史根源、社会根源、经济根源、文化根源等等,本文不能一一加以评述。但是可以肯定,这是一种社会丑恶现象,是对妇女的性摧残,因为这是在金钱的压迫和诱使下对人性的扭曲。它"有伤"社会风化,"有伤"社会公德,"有伤"人格尊严,易得性病和艾滋病,怎么能不加以否定呢?现在有人称此为"性服务行业"而赋予某种肯定的含义,这似乎有些为这个行业贴金了。我们曾经了解过一些卖淫妇女,她们处在千人骑、万人摸的情况下,表面上是自愿的,但内心是被迫的。她们只想以暂时的青春美貌换得些钱,然后洗手不干了,做个小买卖也有本钱了,再嫁个正正规规的人,做个良家妇女,过正常人的生活,这就是她们卖淫行为的动机和实质。至于什么"性服务",这似乎是高尚与正常的了,也许在很难预见的将来,动机和目的的改变会导致一个女人陪若干男人"上床"这种行为性质的改变,但这可能是以后的事了。

那么再来看看现在,卖淫的势头难以遏止,目前还没有解决它的有效办法,这样下去会导致艾滋病的大规模流行,从而造成一个国家、一个民族的很大灾害。怎么办呢?近几年来不断有人提出"卖淫合法化"的建议,对卖淫行为既然消灭不了,那么干脆使它合法化,让妓女登记,以便于控制,可以定期检查身体,便于防治和消灭性病和艾滋病。目前,欧洲、亚洲一些"卖淫合法化"的国家艾滋病感染率都大幅度下降,性犯罪率大幅度下降,就是明证。这种建议是有道理的,我们也是赞成的。如果某种做法对社会有好处,为什么不做呢?

不过,这只是一个方面。另一方面,"卖淫合法化"又会出现许多新问题,产生许多弊端,例如:卖淫妇女会不会越来越多了?反正大家都合法呀!社会主义、共产主义道德体系会不会动摇以至崩溃了?许多人会想,在社会主义制度下,还容许妇女卖淫,这算什么"社会主义"呀?政治信念会发生动摇,妇女界会大为反对,甚至社会会发生动乱,这是党和政府在特别强调安定团结的今天所绝不愿意看到的。"两害相权取其轻",可能后一种情况的弊端更大,可能现在哪一级领导都不敢公然拍板肯定"卖淫合法化",至多在掌握和控制上宽松一点而已,至于将来人们的观念产生了较大变化,再考虑"卖淫合法化"是否可行,那就是另外一回事了。一些学者,可能也包括我们在内,在某个问题、某一点上钻得比较深,而政治家则更考虑全局,更考虑平衡,更起决策作用。

性文明的内涵极其复杂,而且是在不断进化的。有人说过,文明好像是一列火车,它不断地隆隆向前,列车上永远载有旧的东西,同时不断地装上新的货物。它一面开,一面丢弃旧的、过时的东西,而新的东西又慢慢地变成旧的了。性文明也是这样,任何时期的性文明总是新旧杂陈。50年后的人们再来看今天的性文明,也许会感到今人很可笑,但是如果把50年后可能较为合理的东西硬搬到今天来,又会流于荒谬,这大概就是性文明的辩证法吧!

为什么要捍卫个人生活方式的自由?

陈蓉霞

　　李银河是少有的性学研究专家。这种少有,不仅是指性学研究本身少有人问津,更重要的是,她那"离经叛道"的性学观惹来众多非议,从而使她成为中国学术界少见的类似"明星"学者的人物。且听李银河的观点:"我是自由主义的女性主义者。同性恋、一夜情、虐恋、换偶,我们都不喜欢,但是,我要强调,他们有权利做我们不喜欢的事。"注意,李银河在这里用的都是复数人称,显然她是指类似同性恋、一夜情这样的事情对于大多数人来说都难以接受,但少数人这样做的权利却不可剥夺。确实由于大多数人对于这样的事情不仅难以接受,更有道德上的义愤甚至生理上的厌恶,于是,质疑反对之声汹涌而至。

　　在反对者看来,李银河是在宣扬一夜情、提倡乱伦、呼吁多边恋、支持同性恋,而这些现象都是与主流社会认同的道德观相背离的,一个专家学者怎么能公然宣扬离经叛道的行为呢? 但是,当人们平心静气地读完李银河的言论之后就会发现,她从未主动提倡、呼吁这些行为,她本人也不是同性恋者,她只是强调要承认这些行为有其自由的空间而已。对于一种行为,承认与提倡显然是两码事,它们绝不是同义词,而不少反对者却把两者混为一谈。若不是出于有意曲解以混淆视听,那就是语文阅读理解尚有障碍。

　　还有一种反对意见的理由是:虐恋是心理变态;一夜情是不负责任的爱情观;说到换偶更是不能认同,它会破坏夫妻间的忠贞,是为男人的花心、消解审美疲劳提供途径,甚至当一方不愿意时,更有可能变相成为"强奸";等等。其实正如李银河坦承,她本人就不喜欢"性"与"爱"分离的模式,换言之,对于上述行为,她并无偏好。但是,她却承认这些行为有其存在的权利,更不想从道德上去谴责这种行为。当然,至关重要的是,这些行为的实施有其必

陈蓉霞:上海师范大学法政学院哲学系教授。

不可少的底线:发生在成人之间,自愿,私密。也就是说,这些行为绝不能构成对他人、社会的伤害。若是两个(或两家)成年人,愿意在自己家的卧室里拉上窗帘进行虐恋、一夜情(或是换偶),那么,别人出于什么样的权利可以充任道德警察去横加指责呢? 至于说到比如一方(大多数情况下也许是妻子)不愿意对方(如丈夫)有此行为,当然对方就没有权利做此事,因为它违背了自愿性原则。如此说来,反对者同样是在误读李银河,因为出于非自愿的行为绝不是李银河要承认的权利。否则岂不等于承认强奸者也有其权利?

不过,本文打算认真对待并讨论最后一种反对意见。也许在大多数人心目中,虐恋、同性恋是生理上难以接受的事情,一夜情、换偶则有悖于心目中的道德观、恋爱观。既然这些行为都因其荒诞怪异而难以成为社会上多数人的行为准则,为何李银河公然要为少数人争取这样的权利或自由? 更有人认为,在中国的国情之下,这些言论尤易引起不当后果,据说中国人普遍素质低下,若是大众听了专家的只字片语,对于这些行为一哄而上,岂不将败坏社会风气? 就算问题没那么严重,李银河发表这些言论、主张这种权利至少也是吃饱了撑的。这样的反对意见才算是说中了要害。笔者认同李银河的观点并打算为之辩护,也正是冲着这样的反对意见。因为要针锋相对地驳倒这样的反对意见,我们必须先得澄清若干重要的概念,这就是关于个人自由、个人权利的内涵及其重要价值所在。

个人自由与个人权利是指什么? 首先要指出的是,这两个词语密切相关,我的权利范围之内也就是我的自由领地,"社会所能合法施用于个人的权利的性质和限度"(《论自由》,密尔著,商务印书馆1959年版,第1页。以下引自该书,只注页码)之外的,就是个人自由的领地。要限定这一领地,自然就引出一个问题:公共生活与私人生活的界限。在公共生活中,每一个人的行为都会影响并妨碍他人的利益,比如,我在马路上随便吐痰,就会弄脏市容从而影响他人健康或是有碍观瞻。此时政府的权力必须有所介入,以便公共秩序不受损害。但私人生活领域则无须政府权力干预,因为它不妨碍公共秩序,比如,我家墙壁的颜色就可任由我涂抹,正如电信公司的广告语:我的地盘我做主。在一定的范围之内为私人生活开辟出某种空间,这其实是传统社会约定俗成的做法。比如,民间有这样的说法:床上夫妻,床下君子。床上就是私人生活空间,此时的行为外人不便干涉;而床下则是公共领域,其行为须受礼仪制约。然而必须承认的是,在传统社会,这种私人空间相对来说较为狭窄。尤其是在中国的传统社会,由于几代同堂的居住格局,或是风气的守旧,要守住一个私人空间谈何容易,于是,"隐私"在古代社会就成了奢侈品,这才有政治层面上"家国同构"的模式。

对个人自由和权利的强调其实与近代市场经济的兴起密切相关。市场经济的前提就是商品的自愿买卖和自由竞争。要守住这样的前提,政府的权力干预必须越小越好,换言之,留给个人自由竞争的空间必须越大越好。若是政府可以指定买卖必须在规定的双方间成交,或是价格不得受需求而调节,那么市场机制随即失灵。我们看到,垄断就是对市场的背叛,是消解市场的最强烈的腐蚀剂,因为它扼制了自由竞争。在此意义上,对于个人自由的最好辩护方式或许就是基于市场的理由。这也就是经济学家为何大多是自由主义者的原因。这样看来,近代以来个人自由终于有了名正言顺的空间。它不仅体现在个人的生活方式上,而且还体现在个人的择业、居住等权利的不受侵犯(经济自由),更体现在个人的信仰、言论等得以自由表达的权利(政治自由)。如今社会上能够达成的共识是,经济自由和政治自由当然是必须加以保障的权利,至于生活方式的自由,尤其是少数人不同于主流的生活方式的自由,则是一个不容易达成共识的问题。这从李银河的言论备受非议中就能看出这一点。凭什么要让人群中少数人的怪异行为拥有正当的权利?鉴于社会上大多数人不能接受这样的性取向和性价值观,难道取消这些权利,就会影响社会的文明和进步?

这就得说到个人自由的价值所在。个人自由就是指每一个人天然拥有的自由权利,而非芸芸众生平均拥有的某种权利。既然权利落实到每一个人,则要充分考虑到每一个人的独特性。生物学家已经指出,不同于其他物种的是,人作为一个物种的历史还相当年轻,因而人种少有旁系亲属,但人种之内却有着更为丰富的个体差异,也就是说,人与人之间的差异要远远大于其他动物之间的差异。恰如一位哲学家所说,人性其实就是多样性。正是这种多样性,蕴含了变异的可能,催生了创新的活力。值得一提的或许是这样一个考古学事实。人类的近亲尼安德特人如今已经绝种,不过就在3万年之前他们还曾生活在地球上。为何他们敌不过后起之秀的现代人祖先?原因恐怕就在于他们少有创新的活力。证据是他们在五千个世代中都制造了同样的刮削器和矛尖。与之可作对照的是,现代人的祖先已知道把兽骨和兽角按照预先构想的设计制成不同形状的工具。于是,这些工具各具特色。正因为变化多端,才有革新进步的可能。当然若从实用角度而言,工具制造得花哨有何用途?但敢于设想制作出花哨的样式恰恰是创新能力的标志。就此而言,人就是一种不甘于呆板、平庸的动物,人类那旺盛的创造力必然也要体现在个人生活方式的多样性上。人有多样性,这正是自由得以呈现的必要条件。若所有的人在性情、愿望、才智等方面都千篇一律,又何须自由? 正如密尔所说:"人类要成为思考中高贵而美丽的对象,不能靠着把自身中一切个人性的东西都磨成一律,而要靠在他人权利和利益所许可的限度之内把它培养和发扬起来。"(第 74 页)密尔甚至用中国作为前车之鉴,他说中国人曾经有过灿烂的成就,但如今他们却已静止,因为上千年来他们原封不动而缺乏改进的动力。扼杀多样性、扼杀变异就会导致僵化。

一个有趣的事实是密尔的名著《论自由》和达尔文的名著《物种起源》都问世于 1859 年,两位伟人分别在人类中和生物界强调多样性的意义所在。《论自由》在今天读来依然有字字珠玑之感。在论证自由的可贵时,密尔首先强调要尊重少数异端者的权利。在密尔看来,"人类要使那一人沉默并不比那一人(假如他有权力的话)要使人类沉默较可算为正当"(第 19 页)。说得多好!亦即大多数人的暴政在道德上并不比个人专制更为正当。对于个人专制,我们大多数都有深恶痛绝之感,但对民主制下的多数人暴政却不见得有切肤之痛。毕竟只是让个别人闭嘴而已,难道这个别人对于社会来说就如此珍贵? 密尔的论证却让我们深刻体悟到,个别异端的见解对于一个健康社会来说恰是必不可少的润滑剂。因为,首先,"真理在很大程度上乃是对立物的协调和结合问题",若没有对立物的存在,真理也就没了参照系;其次,异端若被镇压下去,而它正好代表了正确的方向,于是我们就有可能与真理擦肩而过;最后,即便异端代表的是错误的方向,但社会若是没有对立物的存在,对于现成到手的真理人们就会麻木,这就像人体的免疫系统,若是长久处在一个无菌环境中,它就会失去功能。

说到这里,读者也许会觉得有些离题,因为这些理由对于政治自由当然能够成立,但本文不是要为生活方式的自由进行辩护吗? 笔者认为,有两点理由可以为生活方式的自由进行辩护。其一,如前所述,自由的前提在于人有多样性,这种多样性即体现在经济、政治和生活方式层面。在经济领域,物以稀为贵,越是稀罕越有价值;而在政治层面,对于异端的价值我们已作过充分论证。由此可见,自由的充分实现恰恰体现在如何珍视少数人的价值上。以此类推,个人生活方式的自由当然也就体现在充分尊重少数人的趣味和习俗上。若是这个社会强行推广千篇一律的生活方式,那就是缺乏自由的表现,丧失活力的征兆。在需要约束自由的地方或时代,人们的生活方式大多就采取千篇一律的方式,比如,军队需要统一着装;"文革"时代的人们也几乎都穿同样的衣服,少数人稍稍另类的着装则被蔑称为"奇装异服"而受到羞辱。其二,社会所要达到的最终目的无非是每一个人的幸福生活。正如罗素所言,参差不齐乃是幸福生活之源。即出于人的多样性,每一个体对于幸福生活都有不同的理解,满足每一个人对于幸福生活的独特追求乃是社会所要追求的目的。在此意义上,我们甚至可以这样理解,在自由的三种表现形式上,无论是经济上的自由还是政治上的自由,最终它们都服务于个人生活方式的自由。经济上的自由是为了提高社会的生产效率,政治上的自由是为经济上的自由提供切实可行的保障。而所有这一切,只是为了让人能过上他想过的日子。只有每一个人都有权利过上自己想要的生活,这样的幸福才是真实可靠的。幸福的标准从来都不是绝对单一的,社会的活力正是通过多元化而得到体现。

有这样一句话,人同此心,心同此理。就人都愿意过上一种幸福生活而言,这是一条普遍适用的公理。但就人心对于幸福的具体感受而言,则没有普遍适用的公理可用。这尤其体现在个人生活方式的多样性上。俗话说,萝卜青菜,各有所爱。即便是对于某种怪异的生活方式,只要它是出于成年人的自愿,旁人也就无须多加理会。比如,摩门教实行一夫多妻制,对于这样的习俗,密尔本人当然是无论如何都不愿认同,但他在《论自由》中却以此例表明,若这一教义的信奉者完全是出于自愿,且他们为此而宁愿生活于一个与旁人无关的区域,那么其他人又有什么理由非要把自己的道德标准强加于他们身上呢? 毕竟社会无权剥夺其成员对于幸福生活的追求,只要这种追求不妨碍其他人的利益实现。这是因为,"对于一个人的福祉,本人是关切最深的人……任何他人对于他的福祉所怀有的关切,和他自己所怀有的关切比较起来,都是微弱而肤浅的"(第91页)。借用一句老生常谈,个人对于自己幸福生活的体验,恰似"如人饮水,冷暖自知"。道德就其外在性而言,是与他人利益的协调;但就其内在生活方式而言,却只应听任内心召唤。这恰是当代社会所珍视的隐私的真正价值。

值得指出的是,密尔对于个人生活方式的尊重,在一定程度上恐怕还与他的个人经历有关。密尔25岁时就与一位小他两岁的女士相识。自此以后,他们一直保持密切交往。密尔坦承,他对这位女士的人品、学识和修养都极为敬重和倾慕,他们常在一起切磋谈心,甚至结伴出游。也许在旁人眼里,这种关系总带有那么一点暧昧,要知道,这可是在19世纪的英国,这位女士乃是一位有夫之妇。出于对婚姻关系的尊重,密尔没敢奢望他能与这位女士结成生活上的伴侣。但后来这位女士的丈夫却过早去世了,这才成就了密尔与这位女士的幸福婚姻。密尔在自传中坦陈,他个人生活的幸福乃与别人的不幸事件有关,能够承认这一点确需足够的勇气。哈耶克也有类似经历。哈耶克早年曾有一位青梅竹马的女友,后来因为战争失去联系并各自组建了家庭。多年后他们却有幸重遇,哈耶克对于初恋情人的爱慕重新点燃,为了追求个人幸福生活,他毅然与妻子离婚。要知道,在这出风波中,他的妻子完全是一个无辜的牺牲品,难怪当时哈耶克的朋友们都远离他而去,他不得不来到美国才完成了离婚并重新结婚。如此说来,思想史上先行者的独特个人经历对于大众乃是一件幸事,因为正是此种独特体验成就了后人争取幸福生活的权利。放在当时来看,如密尔和哈耶克这样的行为当然为同时代大多数人所非议甚至不齿,其程度或许不亚于我们现在对于"一夜情"的鄙视。

认同少数人的意愿和权利之所以如此重要,还有一层理由。正如当代的自由主义大师伯林所论证,自由不在于我实际上能走多远,而在于为我打开的门或机会有多少。这就是说,自由在于为我开放的可能性的丰富程度。是的,许多事情不必非得是我(或大多数人)喜欢才有存在之必要,但多种机会之存在必要就在于为选择提供了自由的空间。就此而言,我们甚至可以说,人之有别于动物,不在于理性或是制造工具,而在于能够选择,人仅在有选择自由时才成其为人。如今对于幸福指数有诸多讨论。据说生活于封闭乡村的人们的幸福指数反而要高于城里人,这不由得让城里人歆歆不已。但城里人是否愿意再来一次"插队落户",恐怕不见得会有多少人响应。这就让我们反思这一问题,这样的幸福指数是否可靠?在我看来,不可靠的理由就在于,生活于封闭乡村的人们在很大程度上是失去选择自由的，他们难得有自由迁居、择业的权利。而幸福生活的满足在于多样性的实现，多样性之下才有比较和选择的可能。因此仅在比较之下，我们才敢有把握地说，这才是我要的幸福生活。社会的职能就在于为其成员提供这种比较选择的机会。不仅个人的幸福生活需要比较，社会整体的价值观也需要通过比较加以调节和修正。比如，过去的"女子无才便是德"如今不再被主流价值认同，而类似哈耶克和密尔这样的个人境遇也得到了更多的同情。这就是道德观的与时俱进。

最后还须呼应本文开头所提到的反对意见，人们似乎担心，当各种可能性被开放之后，是否会令不少人在选择中迷失方向，一哄而上，比如纷纷追逐一夜情，热衷于换偶游戏，从而导致社会秩序失控？对此可做两点论证。首先，社会有责任把某种良好的生活方式通过教育告诉我们的儿童，比如性与爱相协调的爱情观、愿对家庭负责的婚姻观等等。但是，对成人的私生活则不宜多加干涉，毕竟这是他的自愿选择。这样的认同还有助于我们理清当下社会存在的某些困惑。比如，有关部门提倡在娱乐场所提供安全套（其实如今不少大街小巷都能看到这样的自动售货点），一个困惑随之而来，卖淫或是婚姻之外的性关系难道不是要加以谴责甚至禁止的行为吗？提供安全套不就等于对此的默认？两套理念如何共存？但若是承认成年人之间的私密行为社会不便干涉，困惑随即消失。

其次，也是我更愿强调指出的是，此种担心的存在，反映出的正是这一思路：不能让社会成员有太多的自由，因为他们更有可能会误入歧途。想想这是一种什么逻辑，它岂不默认成年人都如儿童一样需要管教，没有权利和责任？这正是专制社会最大的不道德，因为它把成人当做儿童来对待。由此导致的恶果就是，长久的专制统治确有可能使成人儿童化。因为自由和权利都需要由责任来担保，剥夺了成年人的自由和权利，他哪里还能培育起责任感？没有责任感，社会只能沦为一盘散沙，到头来只能坐等专制来收拾。

自由尤为珍贵，还在于人性的这一弱点："人类对于自由的珍重一般总是远远不及对于权力的珍重。"（第 125 页）因此尤需时时提醒的是，政府权力唯一的正当性就在于：捍卫个人权利！此种权利还包括允许个人生活方式的自由存在。其实当个人生活方式的自由完全开放之后，谁还有空对少数人的怪僻行为大惊小怪？那才叫吃饱了撑的呢！

高收入男子的"性"福生活

方　刚

一、为什么研究，研究了谁?

经济收入或曰社会阶层（划分社会阶层的重要指标之一是经济收入），与性行为及性观念之间是否存在联系，存在什么样的联系?

金西于 20 世纪初在美国进行的性调查中，便提到了阶层与性行为的关系，注意到性在不同阶层中是存在差异的。潘绥铭等人于 2000 年，针对整个中国内地进行的一次中国人性行为与性观念的抽样调查显示，收入与性生活质量存在着密切的关系。比如：男人越富有，他的性生活次数也就越多；富有的男人性技巧更加丰富，收入多，性高潮也更多；甚至于男人的收入高，妻子的性高潮也更多；收入高才更加舒服和满意，等等。

但是，这样的定量研究难以解读现象背后的原因，而质性研究提供了可能。笔者的此项研究便旨在考察收入与性行为、性质量甚至性观念之间的关系。

本研究借助的理论，主要为生活方式理论，还将特别关注高收入人群的消费与性的关系。因为随着西方进入消费社会，对消费的研究成为生活方式研究的重要领域，消费研究甚至成为生活方式研究的代名词。

质性研究注重考察现象背后的原因，它不要求普适性，关注的是解释性。质性研究的目的是就某一个研究问题进行比较深入的探讨，因此样本一般比较小，采取的是"目的性抽样"的原则，即抽取那些能够为本研究问题提供最大信息量的人或事。我们选定年收入 15 万元以上的人群为访谈对象，在实际受访者中，真正年收入在 15 万元至 20 万元之间的人只有 6 人，大多数受访者年收入在 20 万元以上，年收入百万元左右的不乏其人，最高的受访者年收入为一千万元。因此，本调查的受访对象，从总体而言，完全符合

方　刚：北京林业大学人文社会科学学院心理学系副教授。

"高收入"这一目的性抽样人群。

此研究对 22 名受访者进行了半结构式的深入访谈。访谈中进行了证伪。但质性研究其实更看重研究者"说"什么,而不是"事实"是什么。

二、收入是否影响着性爱?

1. 影响性爱的,到底是收入,还是整体素质?

比较明确地反对收入与性生活质量正相关的 010 认为, 自己各方面的性技巧"都算是不错",但这不是因为他有钱,而是因为"这与个人修养及阅历有关"。010 说:"对于性, 我们在潜意识中都有一种禁忌与排斥的心理障碍,这是所谓的集体无意识。但是,越是知识层次高,就越能规避这种心理障碍。知识层次越高,对于性的认识就越正确,也越能自我释放。性,就是认识得越深刻,越少心理障碍,就越快乐。"

001 认为高收入者的性生活质量高是情理之中的, 他的核心解释是:收入高的人文化素质也高,而这将促进他们的性生活。文化素质高的男性更懂得尊重女方的意愿,与此同时,他们的女伴文化也比较高,观念开放,更有勇气说出自己的需要,双方的性和谐便更容易建立。

008 则用"悟性高"来解释高收入人群的性生活质量高。在他看来, "没有悟性的人在一个公司根本不可能得到一个好的职位, 怎么可能有高收入? "008 说:"性技巧多,是因为素质高的人一般都不是单方面的发泄,而是要求双方的和谐。"

我们看到,受访者都强调了"知识层次"、"素质"或者"悟性"这些用词不同、内涵却高度一致的概念。

2. 有钱会增加多少性魅力?

我们的受访者谈到,会因收入高而提升自我评价,但这评价并不直接落足于收入本身。有钱并不直接构成吸引力,而金钱对自己气质、谈吐,特别是自信心的影响,使自己在女性那里更具吸引力。

008 的理解是:"钱对性应该没有太大的帮助,但是对人的气质和外表有帮助,从而间接帮助男人得到了更多的女人。有钱人,一般都是有自己的事业,事业成功者相对比较有自信,有一种能够吸引人的风度。"

017 说:"我感觉有钱后个人的自信心提高了,人也洒脱不少,自然在性上的表现会加分。整体而言,就是做人更加从容了,没有生活重担,精神状态会好。"

004 强调了有钱可以使自己更自信。因金钱而带来的自信,是许多受访者强调的自己魅力之所在。013 说:"有钱的男人,说话的感觉不一样,就是一种自信,而后咄咄逼人。有些女人是喜欢这样的。"

访谈后,013 将自己曾公布在网上的两则"猎艳日记"发给我。其中给我印象最深刻的是他猎艳时的胆量,真是看准目标、无所顾忌,不达目的、绝不罢休。我后来将这感觉告诉 013,他总结说:"我的浪荡历史中,最重要的就是色胆包天。其实每个人面对艳遇的机会都是相等的,重要的是要有胆子。"而胆子的背后,是否又是金钱所带来的自信呢?

3. 钱多了,做爱环境真的会格外讲究吗?

在调查开始之前,研究者曾与身边的人交流,想象高收入人群在性爱的环境上有什么讲究。但是,在访谈时,却只有 016 强调了自己在这方面做过的努力。

016 家里有专为做爱时听音乐而买的音响,还喜欢精心设计装修自己的房间与家具:"我家里的家具基本半年更新一次,每个房间布置都不一样,床的形状也都不一样。主卧的床是圆的,其他房间的床是长方的,还有床头布置和床头灯也不断变换……"

016 是一个特例。深入访谈发现,这与 016 和女友(现任妻子)的恋爱经历有着密切关系。

> 不断更新家具和家饰,主要缘自一次偶然。我买房子之前和女朋友(现在的老婆)在我的老房子住,换了新房子后我们第一次做爱,她的高潮特别明显。她说这是一个完全陌生而且安全的环境,她特别喜欢,而且新鲜感很强烈。那之后我就不断变换房间布局或家具、家饰,不断营造一种新鲜感。做爱的过程中,好几次我们会中途换房间做……

我们看到,个人的经历及偶然的因素,对于 016 这一格外讲究做爱环境的"特例"的形成发挥了重要作用。

那么,我们再回过头来考察:为什么其他受访者在环境上不这样考究呢?

005 买了 DV,尝试过自拍性爱过程以助性,他认为这些是收入高对性生活的正面影响。当我问 005 在性爱的气氛、环境上是否有特别的安排,如音乐、红酒、蜡烛时,他笑着对我说:"那些都要有,但没必要每次都有,多了就不新鲜了。"有过多少次呢? 005 说:"没有过几次。"

确实,所谓浪漫,就是出人意料,偶一为之的。如果变成惯例与模式,便失去了浪漫的核心。

在研究者同身边非高收入人士的交流中,许多人表述了另一个设想:收入高了,便可以将自己的卧室布置得非常豪华与性感,比如挂置裸体画,四面墙甚至顶棚都悬置镜子等等。在访问中,意外的是,竟然没有一个人做这样的房间布置。中国人长期以来缺房子住,现在一个房间既当卧室又当书房同时兼当起居室的情况也非常普遍,因此,就不可能在整个社会上形成一种将卧室高度私密化的文化。即使你是高收入者,房屋功能完全分开了,但如果亲朋来,你真的能够在现在中国礼仪文化下拒绝他们参观你的卧室吗? 如果你的卧室布置得那样性感,在现在中国性观念下,你敢让他们进去吗? 如果不允许他们进入,是你的失礼;如果将其请进去,感到尴尬与窘迫的可能不仅是你,还有客人。

从上述分析中,我们不能看出:钱多了,并不一定就讲究做爱的环境了。高收入人群的性生活质量与做爱环境没有必然的联系。对做爱环境及浪漫的追求,并未成为这一阶层的生活方式。

三、多出来的性伙伴给性爱带来什么?

高收入者的性生活质量高与他们的性伙伴数没有必然的关系,而且,许多受访者均认为婚内的性生活质量远远高于婚外。

1. 收入高了并不都去找小姐。

我们的受访者中,有些人从来没有购买过商业性服务。所以,高收入者性生活次数的增多、性伙伴数目的增多,与购买性服务没有必要的联系。

001 便没有找过小姐,他说:"我主要是道德观念上不能接受。"

同样声称自己不找小姐的还有 010,他说:"我不找,这点是原则,我的客户和生意伙伴都很尊重我的这一点。"

不购买性服务的高收入者,有另外的渠道增加性伙伴和性交次数。年收入超过一千万元的 008 说:"真正有钱的,基本不会去找小姐。"008 有两个长期包养的情人,每月各付她们五千多元生活费,虽然彼此间没有用过"包养"或"付费"这样明确的说明，但在金钱授受上彼此心照不宣。此外，008 还有若干个情人。对于这些情人，008 同样借生日、节日等机会，不定期地给她们钱。008 的性伙伴中，还有一个女大学生，她从未提过要钱，但每次见面的时候 008 都会找理由给她几百元钱。008 自己将这些性伙伴归入"情感"范畴，但是，在笔者看来，因为其经济上清楚的授受关系，这份情感已显得相当暧昧，具有了清晰的商业性交易特点。

2. 性伙伴增多并不必然使性交总数增多。

我们前面提到的定量调查显示，高收入人群性爱次数多。但是，如果我们的研究只关注受访者做了多少次爱，便无法真正揭示出收入与性生活次数的真正关系。在调查中，笔者注意比较了受访者进入"高收入人群"之前平均每周或每月的性交频数，以及成为"高收入者"后的性交频数。

011 说，收入高了之后唯一的变化就是有了一个情人，一个星期做一两次，和妻子也做一两次。但是，如果我们简单地理解为情人的存在使 011 的性爱次数增加一倍以上，那就错了。进一步访谈发现，011 没有情人之前每周和妻子做三次以上，即为现在同婚内婚外两个女人性爱次数的总和。

005 的情况有些类似，受访之始他强调婚外性直接帮助他增加了性生活次数，因为太太原本总嫌他要的多，无法满足他。但是，当被问及与妻子和情人分别的做爱频率时，005 却说，每周和妻子做三次，每月和婚外情人只做一两次。由此可见，婚外性并没有明显增加他的性爱次数。

性交次数并未因性伙伴数目的增加而增加，只是从固定伴侣那里移出，分散到不同人身上而已。上述论证其实也是常理可以理解的。一个人的性能力是有限的，不可能因为同期性伙伴数的增加便无止境地增加其性交总次数。

但我们并不能够因为上面的分析就说：如果这些受访者同期性伙伴数目未增多，他们的性交次数仍然会保持不变。也就是说，我们无法证实，婚内性交次数的减少与婚外性的增加存在必然同时发生的纽带关系。因此，我们这里的论述，与现实生活中许多并无外遇之人，同婚内配偶性生活次数随年龄和婚龄增加而减少，是并不矛盾的。而这仍然可能成为为什么高收入者事实上性交总数仍然高于同龄的低收入者的原因所在。因为收入带来的种种机会与"魅力"的影响，直接或间接地造成他们性伙伴数的增加，他们的性交次数没有减少,而后者,则可能因为性伙伴数并没有增加,而因为常年与同一稳定伴侣性交而"性趣受拙",性交次数随之减少了。

3. 和固定伴侣的性最和谐。

值得注意的是,所有受访者均强调,他们更看重婚内的性关系。

008 同时包着两个情人,稳定往来的情人若干,还有不间断的艳遇,但他自认为和配偶更和谐,但是和情人有激情。

007 说得更直白:"和太太叫做爱,和别人叫发泄。"如今已经离婚的 007 仍然认为同前妻的性很好,而如今性伙伴数多了,自己感觉反而不好,因为"像是给别人提供服务似的"。数量无法带给他更高的性满足感。

005 说,虽然婚外性因为"新鲜"更刺激,但是如果没有婚外性,自己的性生活质量总体而言不会受影响,因为婚内性"更安全、更稳妥"。005 认为婚外性帮助他解决了量上的不足,因为太太常满足不了他在量上的需求。所以,有了婚外性后,他对婚内的性生活更满足了,因为他可以专心解决质上的问题了。

虽然表述方式不同,但所有受访者均强调:性爱质量好,是因为和稳定性伙伴的质量好,而不是因为偶遇性性行为的质量好。后者提供刺激,如同强心剂,但无法取代前者的默契与和谐。所以,二者比较,受访者普遍更看重稳定的性关系,如配偶、稳定女友。

四、阶层的生活方式,如何影响性爱?

1. 压力对性爱:促进还是抑制?

高收入阶层,工作压力大的比率也比较高。按传媒中常见的说法,工作压力太大,影响了性兴趣与性能力,性交次数应该减少才对。我们的调查提供的情况相反,性生活成为他们赖以求助的减掉工作压力的重要手段。正如 013 所说,工作压力对性交的影响是"正向影响",即压力越大,越想做爱。

021 说:"压力大时,做爱就投入。"他将之比做有些人工作后去泡吧,或者去 DISCO 疯狂,认为有着同样的释放效果。

针对压力与性欲的关系,008 的分析更为具体和深入。他的观点是:压力类型不同,对性欲的影响也是不同的。008 说,性主要与心情有关,压力对性的影响是通过对心情的影响发挥作用的。如果某种压力令人亢奋,就会增加性爱次数,而如果这压力是让人颓废的,怎么可能用性减压呢? 008举例说:"比如,我在做一个项目,压力比较大,但是,自己基本知道是会成功的,这样的压力会增加性欲。如果是不好的结果,就会不一样,比如,我在解决生死攸关的问题,而且还看不到什么大的希望的时候,性欲基本是没有了。"

可见,受访者认为工作压力并不必然导致他们"性趣"和性能力的降低,会有什么影响要与压力的性质相联系后才能知道。而且,性行为可以成为释放压力的一种方式。

2. 休闲方式影响性爱。

按照生活方式理论,高收入阶层人士有着相近的休闲方式。

我们的受访者普遍有健身的习惯,并且认为这对他们的性生活有好处。

001说:"我认为健身对性能力的提高非常有好处。保龄球锻炼腰、腿、腹、手臂的肌肉,可以增加持久力,腰部的耐受力也增加了,直接影响到性爱。"

004认为健身"对性持久度蛮有帮助的",因为"力量上有明显增加"。

我们的受访者中,除018说自己喜欢做饭,每周都要做几次饭当做娱乐,其他受访者几乎都绝少做饭、做家务。而这少做家务省出来的时间和精力,使家居的休闲时间增加,有些人明确表示这会促进性爱。

001便认为,休闲时间增多对性生活质量肯定有帮助:"很多精力呀。如果下班回来再做饭、做家务,更没精力做爱了。"

在居住条件上,我们的受访者中居住条件多较为宽松,极少有与长辈同居的情况,这也为性生活提供了必要的基础。一些受访者还普遍表示他们在旅游度假时性生活质量更高。

五、总结

通过对高收入受访者的深入访问,并对他们的谈话内容进行综合分析,我们归纳出如下几点印象:

1. 受访者普遍认为高收入对性生活质量的促进是间接的,或是因为此人群本身综合素质高,或是因为高收入使他们的生活方式得以改变。受访者同样认为高收入对自己性吸引力的增加也是通过增加自信、改变谈吐而间接带来的;他们中许多人强调以女性心理的了解和提高"社交能力"增加了自己的"性魅力"。

2. 受访者中只有极少数人经常购买性服务，一些人对购买性服务持负面的价值评判。但不能排除他们间接地购买了性服务。此外，受访者性伙伴数的增加并未使其性交总次数明显增加；几乎所有的受访者均认为，偶发的艳遇只提供一种新鲜的刺激，而默契与和谐才是他们最看重的。

3. 工作压力并不必然导致"性趣"和性能力的降低，反而，性经常被用来作为减压的一种手段，除非那压力是"生死攸关"的。而且收入高使得休闲与娱乐的时间增加。受访者普遍重视健身，从家务中解脱出来，有更多的心情和时间投入旅游等休闲。休闲方式的改变对他们的性生活有促进作用。

此项研究得到《时尚健康 MEN'S HEALTH》杂志的资助

母亲们开始罢工了

——谈社会生育意愿的下降

高永平

当整个世界还在为人口过多而忧虑的时候，有国家已经在为人口减少而感到恐慌了。这主要是一些发达国家，主要分布在欧洲和东亚。据统计，2005 年，欧盟的妇女总和生育率已经降到 1.4 以下。其中最低的是西班牙，妇女总和生育率只有 1.33。为此，欧洲各国都在为"婴儿荒"而未雨绸缪或亡羊补牢。但是，2005 年世界上生育率最低的并不是欧洲国家，而是东亚的发达国家。考虑到这些国家在历史上都受到了儒家文化的深刻影响，这一点就更加令人惊奇。2005 年，日本的总和生育率为 1.33，新加坡是 1.26，而韩国的总和生育率更是降到了惊人的 1.08。同年，台湾的总和生育率是 1.18，而香港的总和生育率更是全球最低，0.91。其实，中国内地的总和生育率也早已降到了 2.1 的更替水平以下，只有约 1.7，只是因为我国年轻的人口结构，才使得我国的人口仍呈现增长趋势。

如果说中国内地的低生育率还是国家干预的结果的话，其他国家的低生育率却是人们自由选择的结果。即使是在中国内地（特别是城市和沿海发达地区），如果取消了生育限制，现在的育龄人口也不会像他们的父辈那样生很多孩子。应当说，人们的生育意愿下降了。日本、韩国、新加坡，还有中国台湾的媒体已经在探讨人们为什么不愿意生孩子的问题。要回答这个问题，我们首先要解决的问题是：是男人，还是女人，更应当为生育率的下降承担更大的责任？或者说，是男人，还是女人，在少生或者不生孩子这件事情上，是主要的决策者？我们从两个方面来考察这一问题。首先，不生孩子的自由或者权利主要在谁的手里？从各国的法律规定来看，这一权利无疑主要是在妇女手里。1973 年，美国最高法院对罗诉韦德案做出裁决，将怀孕头三个月的堕胎权赋予了孕妇本人。这一裁决虽然至今仍备受争议，但仍然是美国法

高永平：首都师范大学历史系教师，社会学博士。

院受理相关案件的主要法律依据。堕胎权仅仅是妇女生育权利的一部分,大多数人主要是通过避孕方法行使自己的生育自主权,堕胎仅仅是避孕失败后最后的挽救措施。由于堕胎权涉及另一个主体(胎儿)的生命权,因此,堕胎权是妇女生育自主权中分量最重的一份权利。将堕胎权赋予妇女,说明了美国法律对妇女的生育自主权的高度尊重。最能够反映妇女的生育自主权的情况,是男人的生育权和女性的生育自主权发生冲突的时候。2002 年,美国费城男子斯塔乔库斯向当地法庭提起诉讼,希望法院制止他的前女友玛亚斯打掉他们的孩子。法院最终驳回了斯塔乔库斯的起诉。我国的《妇女权益保障法》明文规定,妇女有"不生育的自由"。当《人口和计划生育法》于2001 年通过的时候,引发了一场有关男性生育权的大讨论。从讨论的结果来看,无论从法律的规定,还是从权利行使的客观条件上看,女性都掌握着最终的生育决策权(当然,偏远地区的农村社会除外)。

其次,男女双方谁是少生或者不生孩子的最大受益者? 也就是说,男女双方谁具有不生或者少生孩子的最大利益驱动? 无疑也是"女性"。在生育活动中,女性承担了最大的责任和风险。多胎生育会极大地损害妇女的身体健康,而且,每一次生育,孕产妇都有失去生命的危险(即使很低)。在医学发达的今天,生育活动对女性健康和生命的威胁已经比以前大大降低了,因此,生育行为对妇女的最大危害就转移到了社会生活和经济生活领域。孩子的孕育和抚养使妇女无法从事职业活动(至少是在一定时间里是如此),降低了妇女的经济自立,因而损害妇女的个人尊严。即使妇女在完成养育孩子的责任后重返职场,她们的发展机会也会劣于男人。而且,雇主对女职工由于生育而导致的工作效能降低的期待,会大大减少女性的就业机会。目前我国出现的女大学生求职难,就是这个原因造成的。女性在生育过程中的损失,就是她们不生或者少生孩子后的获得。如此巨大的利益获得,在技术手段(人类生殖技术)和社会环境(男女平等的主流价值观)都允许的情况下,必然驱使她们少生或者不生孩子。和女性相反,男性在生育和抚育过程中本来就付出很少,他们从不生或者少生孩子中的获得就没有女性那样巨大。

由此我们可以有把握地说,不生育或者少生育的决策主要是由女性做出的。女性应当为目前各个发达国家生育率的降低负主要的责任。换句话说,母亲们开始罢工了! 为了人类的繁衍,女性在历史上作出了巨大的贡献和牺牲,但她们一直默默地承受着这一切,含辛茹苦地为社会生产和养育下一代。但是现在,她们开始用自己的行动向世界宣告:我们不干了! 母亲们罢工的原因是什么? 后果是什么? 我们人类又怎样应对这一严峻的问题呢?

首先,母亲们为什么要罢工? 这个问题其实很复杂,并不能仅仅用上文所提到的女性从不生育或者少生育中的获得来解释。理由是,女性不仅仅在生育活动中有巨大的付出,她们也从中获益。这种收益的性质,一部分是女性个人的,如情感的满足;另一部分是她和自己的丈夫共同获得的,如家庭的温暖和子女在情感和经济上的回报。这其实涉及一个本原性的问题,即人为什么要生育子女? 我们可以用生物本能、情感满足、经济回报(包括赡养行为)和终极性需求(一个人追求永生的需求,这一需求可以部分地通过后代的存活而得到满足)等几个方面来解释。其中,只有情感满足和经济回报最具现实性,其动力也最强大。因为生物本能主要体现为性欲,这一本能由于生殖技术的进步,可以在没有生理后果的情况下获得满足。而世界的世俗化使得人们的终极关怀越来越弱化。剩下的问题是,在生育子女之外,情感满足和经济回报是否有替代的来源? 如果母亲们可以从其他的途径获得这两样东西,她们拒绝生育或者减少生育就是顺理成章的事了。

情感满足是一种心理满足,而各种心理满足在某种程度上都是可以互相替代的。在现代社会,女性可以从参与社会生活中获得大量的心理满足。她们可以在工作中获得友情,通过娱乐休闲活动获得身心的愉悦,从参与职业活动中获得经济独立和个人尊严。反观传统的家庭妇女生涯,养育孩子是辛苦的,家务劳动是琐碎的,而家庭主妇的社会声望是非常之低的。20世纪兴起的女权主义运动对妇女逃避主妇角色起到了推波助澜的作用。有些流派的女权主义其实是对男权主义价值观的拷贝,她们同样认为生育活动和家务劳动是低下的,仅仅是行为主体由男性变成了女性。还有,养育孩子的重担与享乐主义追求是直接相悖的。价值观的改变为女性的享乐主义生活方式打开了大门,这种生活方式可以填补不生孩子带来的心理满足的空白。那为什么还要生孩子呢?

经济回报的问题则较为复杂。经济回报是相对于经济投入来说的,因此我们要考虑养育孩子的成本和养育孩子的收益两个方面的因素。说到这里,就不能不提到经济学家、1992年诺贝尔经济学奖得主加里·贝克尔。贝克尔提出孩子是一种"耐用消费品",这一提法确实是惊世骇俗。但是现在看来，养育孩子既然是一种经济行为，这一行为就必须符合经济学的规律。在许多方面，孩子确实具有消费品的基本特征。孩子的生产也必须符合成本—收益规律。在贝克尔看来，伴随着人们工资收入的提高，养育孩子的成本也提高了。由于强制教育的普及和童工的非法化，儿童对家庭的经济贡献不存在了，这又进一步提高了养育孩子的成本。在这种情况下，人们会选择提高孩子的质量而降低孩子的数量。由此可以解释发达国家生育率的下降。贝克尔还认为，现代国家已经逐渐替代了原来由家庭所承担的许多功能，比如对老年人的赡养，这样，原来建立在家庭基础上的个体化的代际经济关系，被不同代之间整体上的经济合同所替代。这合同就是发达国家已经普及的社会养老制度。因此，人们不用再为了老有所养而生儿育女。

贝克尔没有明确指出的一点是，孩子不仅仅是消费品，他们还是投资品。这是大多数发展中国家的现实情况。对于大多数社会保障制度不完善的国家来说，人们生儿育女最主要的原因还是养儿防老。也就是说，他们把养孩子看做是自己年轻时候的投资，期待自己在年老的时候获得子女的回报，包括经济赡养和服务赡养。当然，贝克尔的这一疏忽是有其文化背景的。通观他的代表作《家庭论》，他都是用利他主义来解释传统家庭中的代际关系，包括赡养行为。在欧洲国家的传统中，没有对赡养父母行为的强大伦理义务和相应的意识形态。儿女对父母的赡养，其道德和法律强制性比受儒家思想影响的东亚国家要弱得多（费孝通先生就曾经用"反哺关系"和"接力关系"来分别概括中西方不同的代际关系）。也就是说，在欧洲国家，父母对儿女的投资，获得回报的可能性要低得多。但是，在受孝道影响的东亚国家，赡养父母是一项强制性的道德义务，父母投资的回报概率几乎是百分之百。因此，在东亚传统社会，孩子是不折不扣的投资品。在现代化转型以前的东亚社会，养老的现实需要（没有社会保障体系）和极高的回报概率，再加上传统文化中对男孩的偏好，使得东亚各国最初的计划生育政策举步维艰。但是，当东亚几个发达社会相继建立起完善的社会保障体系特别是养老体系以后，其生育率就直线下降。在韩国，1961 年的家庭计划口号还是"不节制生育的后果不免是乞丐"，而到了 2004 年，家庭计划口号就变成了"爸爸，我一个人很孤独，我想要弟妹"。40 多年在人类的历史上仅仅是一瞬，但一个民族的生育模式却发生了根本性的改变。目前,东亚几个发达社会(日本、韩国、新加坡、中国台湾、中国香港)的生育率都已经低于老牌的欧洲发达国家。东亚发达社会的生育率为何"后来居下"呢?笔者在这里提出一个尝试性的解释:在这些国家没有实现现代化之前,其社会成员生育子女的最大动力是"养儿防老",因此,当社会保障体系的建立使这一动机不复存在时,生育率的下降必然更加迅速。而在欧洲,"养儿防老"的动机本来就不像东亚社会那么强烈,其生育率受社会保障体系建立这一因素的影响可能就较小。

现在回到母亲的话题上来。母亲们在社会生活中找到了替代的满足之源,社会养老体系的建立又使得孩子失去了投资品的功能,不生孩子的两大障碍就被消除了。于是,姐妹们,咱们罢工吧!依据经济学家的理性人假设,每一个人都会依据利益最大化原则选择自己的行为。这一选择是建立在个体利益的基础上的,个人在进行选择时考虑的仅仅是内部效益。但在生育这件事情上,它的外部效益却恰恰是一个生死攸关的问题。因为,如果人人都不生育,民族乃至人类就要灭绝。但当社会的发展把生育行为的大多数内部收益都消解掉的时候,民族的生存就面临了危机。虽然整个人类还没有面临这样的危机,但任何一个民族都不会对这样的危机无动于衷。

其实,在世界上任何一个国家,真正的男女平等都还没有实现。女性在社会生活中面临歧视的根本原因,其实就是女性承担了人类繁衍的外部功能,而又没有人或者机构为这样的外部功能付费。由于她们在职业生活中所面对的机构都是个体的机构,它们是不会为人类的繁衍承担责任的。女性由于承担了这一伟大的使命而减少了自己学习、发展和提高自身的机会。中国妇女目前就面临这样的困境。中国是妇婴保障体系最健全的国家之一,每一个女职工都可以享受带薪的产假和工作时间哺乳的权利。但这一制度也是一把双刃剑,因为,国家并没有因为这一制度向各个单位提供经济补偿。对单位来说,它付出了同样多的报酬,而女职工却因为生产和哺乳,其工作效能不如同酬的男职工。这样一来,哪一个单位愿意招收女职工?于是,大多数以利润为主要取向的法人机构会尽量避免招收女职工。作为一个理性的个人,女性逃避人口再生产这一外部社会功能就是理性的选择。但是,由于大多数女性还要生育,用人单位已经对女性的生育行为产生期待。女性就业困难,就是这种心理期待导致的。因此,对少数(虽然数量增长迅速)决定不生育的中国职业女性来说，她们的就业之路仍然不会因为自己的个人选择而得到根本改善。两性的职业平等仍然任重而道远。

生育率下降的后果是不言而喻的。人口是社会的基础，如果人口太少，或者仅仅是人口减少的过程，都会对社会的健康发展带来灾难性的影响，那么，面对如潮水般涌来的"婴儿荒"，社会应当如何应对呢？

人们不生孩子是不行的，但是，鼓励人们生孩子和限制人们生孩子一样困难。从根本上说，原来人们拼命生孩子的原因是生孩子的内部效益太过强大，而现在，人们义无反顾地不生孩子的原因则正好相反，那就是，现在生孩子的内部效益是负值，特别是对女性来说。因此，如何将生孩子的内部效益由负值改变为正值，就是提高生育率的关键。如果生孩子的内部成本是由公民个人承担的，而这一行为的内部正效益又不足以抵偿它的内部负效益，不生孩子就是最佳选择。生孩子的外部效益的受益者是一个虚的"社会"，这个社会的唯一代表就是政府。政府必须为人们的生育行为提供奖赏，使其内部负效益变为内部正效益。换句话说，政府必须出资"购买孩子"，也就是购买未来的社会成员。虽然"购买孩子"的钱仍然是公民的税赋，羊毛出在羊身上，但是，只有政府有权力这样做，因为人口越来越成为一种"公共品"。

其实许多国家已经开始这样做了。北欧国家不仅仅为女职工，也为男职工提供带薪产假。很多国家采取了鼓励生育的政策，多子女家庭可以享受国家的生活补贴。在笔者曾经留学过的澳大利亚，多子女家庭的生活补贴可以使父母都失业的家庭过上很体面的生活。这其实就是由国家来承担养育子女的费用。如果这费用超出了子女的养育成本，父母还可以从中获得额外的收益。随着养育子女的内部收益越来越低，大多数国家都必须采取同样的政策，否则社会就无法延续。上述政策的一个必然结果就是，人们将在生育行为上发生严重分化。那些职业收益高于政府提供的生育奖励的女性，会倾向于不生孩子或少生孩子；那些职业收益低于生育奖励（或者失业）的女性，就会倾向于依靠生孩子过活。这一过程的最终结果，就是"职业母亲"的出现，或者叫做"母亲的职业化"。这一现象既是挑战，也是机会。比如说，职业母亲的出现或许就是真正的"优生时代"的到来？我们现在讨论这一前景显然还为时尚早，但是，生育率的下降就是母亲们罢工的号角，社会必须有所准备、有所作为，以应对这一严峻的挑战。

嫁给上帝的男人

留　白

　　不知什么缘故,在中国文学的人物画廊里,一向都不缺少寻花问柳的头陀和尚,但似乎直到苏曼殊、汪曾祺的笔下,才学会正儿八经的恋爱。与此形成对照的是,西方文学在经过文艺复兴的洗礼后,那些在《十日谈》里还放浪形骸的僧侣教士却摇身一变,成了愁容满面、备受灵肉煎熬的多情种子。从浪漫主义文学的经典,到现代派大师的杰作,但凡涉及宗教和爱情题材的作品,总能瞥见一两个在情爱旋涡里绝望挣扎的怪诞身影。他们的命运几乎都是悲剧性的,信仰与背叛的拉锯,此生与彼岸的对抗,爱欲与死灭的撕扯,众多苦难的叠加为我们显影了一组"受难者"的命运底片,想起来还真是让人感叹。

　　西蒙娜·波伏娃说:"女人并非生来就是女人的。"这话的经典之处在于它出自一位女性之口,而且直达本质。有意味的是,这位活得彻底而绚烂的女性面对强大得近乎强盗的男权社会说了一辈子"不",最终还是没了脾气。她对女权主义的最大贡献不是别的,也许恰恰是对其虚无性的发现。她把"第二性"这一枚不雅的戳记,冰冷地盖在女人原本光洁的额头。其实波伏娃只说对了一半,染色体的知识早已告诉我们,"男人的一半是女人",性别几乎是和生命同样偶然的存在;如果我们认同"第二性"的女人不是"天生"的这一判断,那就等于在支持另一个判断,即作为"第一性"的男人同样也是人类社会文化的"土特产"。是过分顽强的男性群体合力使我们淡忘了一些常识,比如我们会忘记:作为个体的男人也像作为个体的女人一样弱小;一个精神或肉体遭到阉割的男人,其景况之悲惨往往更甚于女人。

　　面对上帝,我们简直一无所有。

　　提起西方文学中的神父形象,第一个想到的不是别人,而是《简·爱》里有着古典式额头和鼻梁的圣约翰。这一形象的特殊性在于,矢志神职而不渝

留　白:同济大学人文学院中文系讲师,文学博士。

的信仰并不构成对其人间生活的羁绊——他向其貌不扬而吸引他的简·爱求了婚。但他的不幸也是显明的，他可以感受到"被吸引"却无法感受到"爱"，他请求简·爱和他一起去印度传教，理由却牵强得可笑——只有她才可以陪他学习印度文。而智商和情商都高得出奇的简·爱，却是一个不能忍受只被"需要"而不被"爱"的执著的爱情至上者。于是乎圣约翰这个一度明亮起来的形象注定是一颗流星，只能在文学的浩瀚星空中倏忽一闪，而后归于黑暗的寂寞。"我不爱，因为我不能。"圣约翰代表了在对上帝的爱情中无法调动起人间激情的"爱无能"者。比起在断瓦残垣中双目失明的罗切斯特那一声"嫁给我，简！"的悲情呼号，圣约翰宽阔优美的额头像极了蜡像馆里的雕塑，徒具美感而乏生气和热力。

与圣约翰形成对照的是另一位神父——《巴黎圣母院》里的副主教克洛德·孚卢洛。对于一贯擅长在史诗般的宏大叙事中精微雕刻人性深处的幽暗沟回的雨果来说，克洛德显然不如《悲惨世界》里的冉阿让更能激起他的悲悯之情。然而，无论伟大的雨果怀着怎样的先入之见来刻画他，我却只能从这个人身上读到作者在开篇浓墨重彩渲染的两个字——"命运"。浪漫主义所奉行的善恶、美丑的二元对立原则成为这部巨著的主动脉，但它无意中却昭示出这样一个真理：丑恶未必假，美善易失真。在我看来，被誉为"美的化身"的爱思梅拉达也好，外丑内美的伽西莫多也好，都纯然只属于童话和传奇，只有那邪恶的情种和疯癫的病人克洛德才真正把我带入到对历史和现实的无尽而又无奈的猜想中。尽管《巴黎圣母院》的大部分篇幅都致力于将克洛德塑造为一个邪恶的叛逆和罪犯，但我还是从那些未被很好"收拾"的自然主义的描写中读出：这个人的大半生都无限地忠于他的"上帝"，他不仅狂热地迷恋着经院神学谱系中的自然科学研究，用宇宙的尺度去衡量世界和人类，而且不乏善心和慈悲，不放过做任何一件上帝看得见的善事的机会。直到在广场上遇见美丽的爱思梅拉达，他那作为虔诚教徒而被神性长期遮蔽的人性熔岩才轰然喷发，并释放出足以致命的巨大能量。你去重读他在探视爱思梅拉达时的悲苦自白，你去看他胸膛上灵与肉搏斗的自残的伤痕，你去回想几十年里他如何把一个丑陋的残疾人伽西莫多抚养成人，你就不能不相信，这个被正统的文学评论"妖魔化"的神父有着常人所没有的爱。而且，他比圣约翰走得更远，对人的爱——确切地说是对一个美貌女人的爱——几乎在一瞬间便动摇

维克多·雨果

和颠覆了对神的爱，使他敢于冲破宗教神学带给他的种种限制，不顾一切地寻找刚刚发现的人间幸福。

雨果不仅是一位伟大的抒情诗人，更是一位写实传神的巨匠，谁能说他在对中世纪经院神学判以道义极刑的同时，对于既是迫害者又是牺牲品的克洛德没有倾注"了解之同情"呢？惟其如此，才赋予了这一邪恶形象以深刻的真实和一种类似青铜饕餮般的"狞厉的美"（语出李泽厚，《美的历程》）。将克洛德钉在变态情欲的耻辱柱上是容易的，它无疑宣告了伦理道德价值体系的又一次胜利。但，我们似乎应该追问一下：如果克洛德的运气好一点，如果他的爱得到了他的偶像的回应，事情又会怎样？会不会是另一部《红字》呢？遗憾的是，爱思梅拉达虽然美丽却不算聪明，对克洛德的拒绝固然使她显得坚贞有余，但对花花公子卫队长的"爱"却轻薄得只能增其愚蠢。历来都认为克洛德是杀害她的元凶，反过来看，她受中世纪神学蒙蔽的价值观——以为神父的爱天然属于邪恶——不是也间接地将这个可怜的神父推向了深渊吗？

米歇尔·福柯的《癫狂与文明》（刘北成、杨远婴译，三联书店 1999 年版）是本好书，它让我们尝试换一种眼光去看待人类文明史上的那些暧昧事实。福柯出人意料地将疯癫细分为"浪漫化的疯癫"、"狂妄自大的疯癫"和"正义惩罚的疯癫"三种形态。在谈到"绝望情欲的疯癫"时，他犀利地指出："因爱得过度而失望的爱情，尤其是被死亡愚弄的爱情，别无出路，只有诉诸疯癫。只要有一个对象，疯狂的爱情就是爱而不是疯癫；而一旦徒有此爱，疯狂的爱情便在谵妄的空隙中追逐自身。"看看，这多么像是为克洛德最后的疯狂奔跑所写的旁白和注释。克洛德的走向邪恶，不正是因为找不到一个"爱的对象"才"诉诸疯癫"的结果吗？福柯还说："在莎士比亚的作品中，疯癫总是与死亡和谋杀为伍。""只有在我们关注一个虚构的戏剧时，疯癫才具有令人瞩目的功能。而在这种虚构的形式中，只有想象的错误，虚假的谋杀，短暂的失踪。"一句话，"疯癫是前古典文学的悲喜剧结构中的重要把戏"。众所周

在宗教至上的年代,一个失贞于上帝的神父所面临的是远比出轨的丈夫更严峻的道德审判和精神酷刑。

知,福柯善于用文学作品论证科学的结论,但很少有人会想想这样一个问题:如果这些有价值的结论不能"回到起点",成为我们读解文学人物的取资,岂不大大地可惜? 窃以为,只有从病理学的视角去看克洛德,文学的阐释和批评才不至于湮灭了人性的底色。

最后想说的是,神父在本质上属于那种已婚男子,他承担着类似女性在婚姻中的角色和使命,他必须忠实于他的唯一合法的配偶——万能的上帝。我不敢说这恰是一种同性恋关系,尽管中世纪的教会不乏其例,但这并不妨碍我们作如下假设:一个神父爱上一个女人,等于陷入了一场痛苦的三角恋爱中。这就是为什么我们常常看到,在宗教至上的年代,一个失贞于上帝的神父所面临的是远比出轨的丈夫更严峻的道德审判和精神酷刑。这一审判和酷刑似乎也是一种"原罪",用《红字》里犯了色戒的牧师丁梅斯代尔的话说:"所有上帝赐予的最精美的天赋都成了折磨精神的动力。"在情欲的最终方向上,丁梅斯代尔抵达了终点,但面对情人胸口的"红字",他同样不得不陷入另一种疯癫。"红字"是失贞者的标记,对于真正的不洁者,隐匿这标记比戴上它更为痛苦。在包括纪德的《田园交响乐》在内的西方名著所展示的偷情神父的群像中,作为一个"胜利的耻辱者",丁梅斯代尔似乎在暗示着:在男权社会中,一个道德感过强的优秀男人在偷情事件中吞食的苦果绝不亚于他的情人,后者充其量只是肉体防线的失守,而前者却有可能遭遇灵与肉的双重崩溃。从这个意义上说,《红字》的作者霍桑,其伟大的程度比之雨果,真是有过之而无不及。

博学、济世、风趣的社会学家潘光旦

刘绪贻

一

　　潘光旦先生(1899~1967 年)不是社会学科班出身,但因其家学渊源,从小就养成好的读书习惯。不独中文底子极好,外文(主要是英文)也学得特别出色,英文写作词汇丰富,文采风流,深为师友所赞许。20 岁出头,他便博览群书。首先,他对中国古典文献的钻研既广且深,经、史、子、集之外,小说、稗官野史、方志、族谱,无不涉猎。不独 14 岁进清华学校前如此,在清华 8 年,他还利用自习时间和寒暑假继续阅读这些线装书,赴美留学时仍带有一本《十三经索引》。其次,他从少年时代起就对性知识感兴趣,大约在 10 至 23 岁这 14 年间,他读了大量中外性心理学方面的书籍,包括英国著名性心理学家霭理士的七卷本《性心理学》和弗洛伊德的某些著作。应该提及的是,他这方面的阅读和他父亲的鼓励是分不开的。其父潘鸿鼎曾是清末翰林院编修,也曾任职于京师大学堂,思想较开明,赴日考察归来时,带有一位日本医生写的有关性卫生的书。当时光旦先生只有 12 岁。当他父亲了解到他阅读此书时,不仅不责怪他,还说这是一本青年应该读、童年不妨读的书。再次,他为了方便阅读,大量买书藏书。留美期间,他购买了大量西方典籍,回国时口袋里只剩下一元钱。他买书是为了认真阅读。他甚至将《英汉综合大词典》背得很熟,不独能说出其中每个词的各种词义,还能说出其词源和有关掌故。

　　潘先生不仅博览群书,而且读书有得。1913~1922 年在清华学校学习时,他总是考第一。1922 年选读梁启超先生所授《中国历史研究法》课程时所写读书报告《冯小青考》,梁先生大为赞赏,批云:"以吾弟头脑之莹澈,可以为科学家;以吾弟情绪的深刻,可以为文学家。望将趣味集中,务成就其一,勿如鄙人之泛滥无归耳!"在美国读大学本科时,他按照常规插入三年级(注:

刘绪贻:武汉大学历史系教授,早年曾就读于清华大学社会人类学系、美国芝加哥大学社会学系,主要研究美国史和社会学。

清华学校毕业生学术水平相当于美国大学二年级肄业生），半年后因成绩特别优秀，所在大学教务长写信向他道歉，说他是应该插入四年级的。

潘先生在美国读大学本科时，主修生物学，旁及心理学。到哥伦比亚大学读硕士时，主修动物学、遗传学，旁及古生物学、优生学、人类学、单细胞生物学、内分泌学等。同时，他对文学和哲学也都感兴趣。1926年回国后，直至1933年，他在上海任复旦大学、光华大学、吴淞政治大学、东吴大学等校任教授（有时兼任教务长、文学院长），并兼任《新月》杂志、英文《中国评论周报》编辑，《华年》周刊、《优生》月刊主编。1934~1952年间，任清华大学、西南联合大学教授（有时兼任清华教务长、秘书长、图书馆长，西南联大教务长、校务委员会委员）。1952年院系调整时，调任中央民族学院任教授。在这40年间，他结合教学、教育行政、出版等工作，研究和讲授过心理学、优生学、遗传学、进化论、家庭问题、人才学、谱牒学、中国社会思想史、西洋社会思想史、性心理学、教育学、民族学等。因此，他以学识渊博为人所知，被学界称为"学贯中西，融汇古今，打通文理"的学者。潘先生著述甚丰，内容涉及自然、人文、社会科学，还有时评、政论。现已编成14卷、642万字的《潘光旦文集》，由北京大学出版社出版。

潘先生虽然长期在大学社会学系任职，并常常以社会学家身份参与各种活动，但似乎他并不是一个严格意义的社会学家。他没有讲授过社会学原理、社会学概论、社会学史、社会学方法论这类课程，也没有这类著作。他的社会学理论和思想是体现在他的各种著作中，是体现在涉及人类社会的形成、结构、演变过程、应遵循规律和方向的论述之中的，是体现在他深深钟情于社会改革、社会进步的学术旨趣之中的。不过，他虽非严格意义的社会学家，却超越了社会学家，在优生学、性心理学、教育学、民族学、谱牒学等领域都作出了重大贡献。比如优生学，从20世纪20年代起，他先后写成7本总名为"人文生物学论丛"的论文集，对于与优生学直接和间接相关的问题，作了多方面的探索。在性心理学的引介和本土化方面，据青年学者吕文浩所述，潘先生无疑是首屈一指；他的著作《冯小青》，译著《性的道德》、《性的教育》和《性心理学》（译注），树立了四块丰碑。无论从成就还是影响力而言，他绝对是20世纪中国性文化史上的第一流人物。在教育学方面，潘先生以"位育"观为核心、以人格培养和通识教育为主要内容的系统教育理论，是十分丰富而有价值的。所谓"位育",就是强调作为生物个体及团体如何与环境相互协调。在人与环境相互作用之间,人应为主,环境为宾;人固不能妄自尊大,随意污染破坏环境,也不能妄自菲薄,受环境摆布。关键是两者如何相位相育,安所遂生。一个健全的现代社会,既要重视人文环境,又要根据自然环境,在此基础上给予社会成员充分发展的机会,让每个成员都能找到实现自我价值的地方。教育的目的,就是促成这种位育的功能;从每个人的位育做起,终于达到全人类的位育。在民族学方面,根据黄柏权的研究,潘先生在研究中外民族时,特别关注中华民族之命运、发展与振兴。他为此共发表了 19 篇论文。为研究土家族,他不仅阅读了令人难以置信的大量文献,还一再深入到土家族、畲族等少数民族地区调查,不仅追溯了土家族与其先民——巴人的历史渊源,还找到了土家族作为一个民族与其他民族差异之所在,有力地论证了土家族是单一民族的理由,为国务院承认土家族为单一民族提供了根据。所以,有的人也称潘先生为优生学家、性心理学家、教育学家或民族学家。此外,有的人还结合潘先生从事过的社会活动和政治活动,称他是个集学者、思想家、社会活动家于一身的通才。

二

1936~1937 学年我在清华园时,只知潘先生是清华社会学系教授兼清华教务长,提倡通才教育和优生学,但无缘亲识。到 1938~1939 学年时,才在西南联合大学选读了潘先生的《优生学》和《中国社会思想史》两门课程,课外读了潘先生某些著作。

潘先生的学说虽然扩大了我的学术视野,但对潘先生的学术思想,虽然很多部分我同意,但有的我并不同意,甚至反对。比如,作为社会学家,他认为一个健全社会不可偏废或忽视以下两纲六目中任何一纲一目。一是个人之纲,其中包括通性、性别、个性三目;二是社会之纲,其中包括与个人通性、性别、个性相应的社会秩序、种族绵延、人文进步三目。如果一个社会忽视了其中任何一纲一目,这个社会就是病态的。我认同这种说法。潘先生的教育思想、民主主义思想、优生学中的消极优生学部分、性心理学中的某些基本内容以及民族学思想,我大都是同意的。至于潘先生对妇女问题、婚姻问题以及工业化利弊等问题的看法,我都不同意;潘先生关于积极优生学的论点，虽然费孝通先生评价很高，认为："潘先生关切的是人类的前途，提出了优生强种的目标和手段。达尔文只阐明了'人类的由来'，而潘先生则百尺竿头更进一步，着眼于'人类的演进'。"我开始是将信将疑，后来曾基本否定，现在是基本同意，但有时仍存疑。

在妇女问题上，潘先生强调男女显著的生理分化和不同的心理特点；根据优生学，强调妇女在种族血统延续和改良中扮演的重要角色。因此，男女不应受同样的

刘绪贻先生，1937 年读清华一年级时摄

教育，社会分工也应不同。比如婚姻中生殖功能是男女双方共同的责任，但对子女的孕育、营养、照看以及早期教育，妇女的作用无疑较男子的更为重要，因此妇女应事先受相关教育，充分认识对子女抚养、教导的重要性，而且这种重要性不下于妇女个人的经济独立和职业进取。这种男女从不同方面发挥其自身天性，相需相成，共同完成分工合作的社会职责，对个人的发育、对社会效益的提高，都是最合乎自然、合乎科学的。所以男女之间只应求"性的均衡"，而不能求"性的平等"。据此，潘先生认为近代女权运动的宗旨是不正确的，因为它不顾男女身心的显著差别和妇女在种族血统延续与改良中的重要作用，一味追求男女平等，女人一味模仿男子，结果失去了做女人的权利。潘先生认为，近代女权运动是极少数女性、母性特薄的妇女发动和支撑的。她们争取恢复在父权社会中被压抑的妇女通性和个性没有错，但她们一味追求男女平等、让妇女放弃教养子女这一重要职责便不正确。对社会而言，对这些极少数女性、母性特薄的妇女应予以宽容和安排，而对绝大多数具有正常女性、母性的妇女，问题就不是从家庭得到解放，而是让其安于正常家庭生活。

我之所以不同意这种看法，首先是因为他过度强调了男女生理、心理的差异。实际上，他的这种看法只是生物学、心理学一方面的看法。另一种看法

则认为,男女生理、心理虽有差异,但并不显著。20 世纪人类社会发展的历史事实愈来愈表明,这后一种看法似乎更接近实际。其次,我认为潘先生特别强调妇女扮演教养子女角色的重要性,将使妇女失去经济独立的权利。妇女一旦失去这种权利,将有重新受到奴役的危险。这是倒退,不是进步。另外,潘先生的性心理学反对对人的性欲的过度压抑,这是开明的思想。但是,为了解决这个问题,他主张"发乎情,止乎礼义",这有一定道理;但他主张早婚,这在现代社会小家庭制度下很难实行。至于他认为解决男子的多恋倾向问题可以允许男子纳妾,这就未免矫枉过正,对女性太不公平了,简直是父权社会的思想逻辑。

关于婚姻问题,潘先生认为,主张恋爱绝对自由、绝对没有条件的新式婚姻,其好合程度并不比旧式婚姻高出许多。旧式婚姻注重婚姻背后的客观条件的般配程度,新式婚姻注重主观性很强的恋爱情绪的热烈程度,所谓"情人眼里出西施"。实际上,"西施"乃是自我恋在异性身上的投射,并非客观的存在。与其相信这种主观的假设条件,不如相信婚姻背后的客观条件;建立在客观条件基础上的婚姻才是稳固的。而我认为潘先生所谓旧式婚姻背后客观条件的般配,并非婚姻当事人客观条件的般配,乃是其长辈客观条件的般配。旧社会男女订婚都是在婴少年时,当时的"门当户对",乃是订婚者长辈的门当户对。而世事变化无常,到订婚者达到结婚年龄时,很可能已不门当户对了。而且,双方的主观条件更可能不般配。所以,旧式婚姻虽有极少数般配的、好合的甚至非常美满的,但大多数并不是幸福的,表面看来稳固,实际不过是凑合在一起而已。新式婚姻看起来虽不如旧式婚姻稳固,但一般说来,要比旧式婚姻幸福。

关于工业化利弊的问题,我在 1948 年上海《观察》第 5 卷第 10 期上发表过一篇与潘先生争鸣的文章:《工业化的利弊——读了潘光旦先生"工业化与人格"一文以后》,此文曾被罗荣渠教授主编的《从西化到现代化》和拙著《黎明前的沉思与憧憬——1948 年文集》转载,这里就不谈了。

三

我虽不同意潘先生的某些学术思想,但对他的为人是很敬佩的。首先,他十分坚强。他在清华学校因跳高受伤而失去右腿,而且是 1200 度的高度近视，但经过艰苦锻炼，他行动敏捷，走路做事从不落人后，而且他强烈的业余爱好是旅行；种种磨难，丝毫没有影响到他做人为学的高尚志愿。闻一多先生因此曾为他刻过一枚"胜残补阙闲藏"的印章。其次，如费孝通先生所说，他能推己及人，自己觉得对的事才去做，自己感觉到不对的、不舒服的事，就不去那样对待别人。所以不管上下左右，朋友也好，保姆也好，都说他是个好人。第三，潘先生平易近人，热情好客，从来不摆大学者、名教授的架子，所以他家常常是"高朋满座"。他住在城内青莲街学士巷时，我独自去拜访。他迁到市西郊大河埂居住时，我和同学张宗颖一同去过几次，每次都能喝到潘夫人自制的清甜的豆腐脑。一次遇见过后来蜚声国际的大数学家陈省身及其夫人，一次遇见过后来闻名遐迩的历史地理学家谭其骧。还有一件事很能说明潘先生这种平易近人的性格。在西南联大期间，清华、北大、南开各自建置仍然存在，昆明府甬道有个清华人宿舍，其中十几位住户常在客厅里打麻将打到深夜，既扰邻居，还引来小偷，有人告到潘先生那里，他写信给那些麻将客说："听说你们近来常打麻将到很晚，这不好，希望你们刹住。"但他话锋一转，又说："其实打麻将也没什么不好，娱乐一下也不错，我也偶尔打打，只是应该找个合适的时间。"接着话锋再一转："如果各位有兴趣，不妨找个星期天，到舍下打几圈，如何？"从此以后，府甬道宿舍再也不闻麻将声了。第四，潘先生风趣幽默，喜欢开玩笑和自我调侃。1937年，清华大学在长沙岳麓山建新校舍，其旁有一农业学校，其蚕室占清华新址一角，洽让成功。同年11月1日，清华与北大、南开联合组成的长沙临时大学开学后，拟以此蚕室作为土木工程系教师宿舍。一次，潘先生和冯友兰、陈岱孙、施嘉炀（土木工程系系主任）三位教授一起去查看，潘先生笑问施先生：公等何日可下蚕室（注：蚕室指受宫刑者的牢房）？冯先生听后叹道：真是文章误我，我误妻房！在清华园时，有一次他在校园雪地里架拐行走，一个小男孩发现其留下的印迹，以为是什么小动物留下的，追踪到他时对他说："我几次发现这种印迹，以为是小狗小猫留下的，原来是你。"潘先生觉得好玩，回到家里笑嘻嘻地把这件事告诉了家人。被错划成右派后，潘先生目力日弱，有人开玩笑说：你这人眼力不行，立场、观点都有问题。他答云：我不仅立场、观点有问题，方法也有问题，因为我架的是两条美国的拐杖。潘先生还有妙语三则：一、清华社会学系毕业生周荣德和冯荣女士结婚时，潘先生赠一横幅，上书

1941 年清华大学校庆时领导合影。右起：叶企孙、冯友兰、吴有训、梅贻琦、陈岱孙、潘光旦、施家炀。

"一德共荣"四字；二、清华女同学黎宪初在校时，与欧阳采薇等四女生被称为"四喜元子"，她选在 1 月 15 日结婚，宴客于三和酒家，潘先生赠喜联云："三和四喜　元夜双星"；三、赵访熊教授结婚日大雨，有客说："天公大不作美。"潘先生却说："既云且雨，天地交泰之象，是天公为新夫妇现身说法，大可贺也。"

　　潘先生有几件轶事很值得一提。1936 年，潘先生住在清华园新南院 11 号。他家种的一株葫芦藤上结出一对并蒂葫芦，非常对称。有关专家告诉他，出现这种情况的概率大约是亿兆分之一。他非常珍视这并蒂葫芦，将其书房命名为"葫芦连理之斋"，并请其舅父书匾挂在斋前。"七七"事变后，他把这并蒂葫芦带到了西南联大。1946 年清华北返时，又将之携回清华园，慎重地藏在一个特制的三角形葫芦柜里。"文化大革命"时，红卫兵抄家，把他珍玩 30 年的这并蒂葫芦随便丢弃在他家后门外。邻居费孝通先生实在不忍，捡回藏在自己家中。后来又经过一些波折，直到 1989 年，这葫芦才回到潘先生大女儿手中。1939 年，他为了证实老鼠肉究竟是不能吃还是人们不愿意吃，说服家人做了个试验。昆明的老鼠又肥又大，一次他捕杀了十几只，将肉洗净，用香油辣椒拌炒，请来客人共餐，先不说明，等客人吃了以后赞美时才揭秘。这件事经媒体曝光，一时震动了整个昆明。后来听说有位教授因为吃了潘家老鼠肉，其夫人威胁要和他离婚，不知确否。不过，当我问潘先生小女儿鼠肉味道如何时，她却说："很好吃，又香又脆。"还有一件轶事是我在校友的文章里看到的。1949 年秋，清华社会学系的迎新会上有个余兴节目：让大家提出世界上一件最美或最丑的事物，一时意见纷呈，其中有个男同学竟说：世界上最丑的事物是潘先生的牙齿，惹得大家哄堂大笑。的确，潘先生多年吸烟斗，满口牙齿黄得发黑，特别是他那东倒西歪的门牙，确实难看。最后，潘先生自己才笑嘻嘻地表态说："我的牙齿确实不好看，但是否是世界上最丑的事物，还有待商榷。"又是一阵哄笑。

四

　　潘先生不仅平易近人，风趣幽默，而且胸襟豁达，真诚坦率，不隐瞒自己的观点。比如，他提倡优生学、反对女权运动、批评自由恋爱，常常不为人所理解，甚至受到攻击、谩骂，他仍然坚持自己的观点。又比如，新中国成立初期，他虽愿意接受中共领导，但当中共在高等教育界积极进行课程改革、院系调整时，他思想不通，便公开主张"应该缓行"。应该说，他是一个肝胆相见、具有真正透明度的人。但是，他有一件事使我始终没有很好的理解。这就是：一直到近耳顺之年，无论别人从他的家世、历史、做人、为学哪一方面看，或他自己的检查，他的思想和中共的主流意识形态是有很大差距的，社会主义社会绝不是他安身立命之所，并在 1957 年被打成右派。但是，1958 年 3 月~1959 年 3 月潘先生在中央社会主义学院学习以后，到 1959 年 12 月，因表现较好，被摘掉右派帽子。自此以后，他就像换了个人，思想起了剧烈的变化。人们从他晚年日记中发现他的政治态度积极、认真，常常反省思想改造以来自己的不足，有些言论甚至"左"得令人惊讶。人们还认为，他这种思想的剧烈变化，不像有些人是为了投革命之机，也不像有些人是在权势威慑面前说假话，他是真诚的。1963 年，他通过参观访问解决了对"大跃进"运动的某些怀疑。1964 年，他在民盟中央学习小组会上关于阶级问题的发言受到李维汉的表扬，他十分高兴。1965 年他表现更佳，从新中国成立初期的"重点帮助对象"变为"改造标兵"。"文化大革命"初期他受到很不公平待遇，抄家、挨打、患病得不到正常医疗以至病死，如深知他的费孝通先生所说，他没有怨言。费先生还说：有的文章说先生"含冤而死"，但先生不觉得冤，他看得很透，认为这是历史的必然，所以也不责怪毛泽东。

　　对于潘先生思想和政治态度的这种剧变，我一直是觉得难以理解的。费先生提供了一个解释，认为这是由于潘先生"人格不是一般的高，很难学"。他还说："造成他(指潘先生)人格境界的根本，我认为就是儒家思想。"有位学者同意费先生这种解释，并作了较详细说明。他说，潘先生虽是个自由主义者，但他反对一般自由主义者服膺的"个人主义"思想，所以他不是一个严格意义的自由主义者。他的所谓"自由"，不是免于外来政治压迫的自由，而是基于个人自我认识和控制而得的内在的精神自由；他的"自由观"反对个人权利的绝对性，强调儒家思想中个人自我修养的内在自由。这就使他在讨论社会政治问题时不计较个人权利，更多关心国家、民族整体利益，甚至有时需要牺牲个人的自由幸福以成全国家、民族利益。这是儒家思想的要求。而关注国家、民族整体利益，就使他能顺利接受中共领导，认真改造思想，无怨无悔地从事社会主义建设事业。

这种解释，当然有其理由，但仍值得讨论。为避免使本文篇幅过长，讨论留待异日。这里我只想说一句：可惜！潘先生读经太多太久，中了儒学的毒。

记我在芝加哥大学社会学系的两位导师

刘绪贻

1945 年 1 月至 1947 年 7 月，我在美国芝加哥大学社会学系读研究生。当时，正是美国政府在一定程度上抑制大资本、扶助弱势群体的时期，也是美国学术界反对各种保守势力、为弱势群体说话的时期。我有幸遇到两位很不平凡的导师。第一位导师是威廉·奥格本(William F. Ogburn)教授。他在主持我申请候补硕士生资格的综合考试之后，被美国政府借调到首都华盛顿去工作了一段时间，因此我又选择了第二位导师路易斯·沃思(Louis Wirth)教授。我和这两位导师、特别是奥格本教授相处的经历，是很值得回忆的。

奥格本教授 1886 年 6 月出生于佐治亚州的巴特勒，1912 年获哥伦比亚大学社会学专业的博士学位。先执教于普林斯顿大学，1919~1927 年任哥伦比亚大学社会学系教授，1927~1951 年转任芝加哥大学社会学系教授。1930~1933 年兼任胡佛总统的"社会发展趋势研究委员会"的委员兼研究部主任。1929 年被选为美国社会学学会主席，1931 年被选为美国统计学学会主席，1932 年被选为美国科学促进协会副主席。他是一位蜚声国际的社会学家、统计学家和教育家。他的主要著作有：《社会变迁：关于文化与本性》(1922)，《社会科学及其相互关系》(1927，与 A. A. 格尔登维索合著)，《社会学》(1940，与尼姆科夫合著)，《文化和社会变迁论文集》(1964，O. D. 邓肯编)。

奥格本教授对于社会学有自己的定义，他在《社会学》教科书的序言中说：最能阐释社会生活的，不仅是群体的活动，甚至也不是文化整体，而是遗传、地理环境、群体和文化这四种因素的相互影响和作用。他还进一步指出：许多著作家、特别是欧洲的著作家，都把社会学看做一门综合的社会科学，认为经济学、政治学与其他专门的社会科学都是它的分支。这种看法在逻辑上可以说得通，但实践起来不大可能。一个困难是：被认为只以群体演化历

刘绪贻：武汉大学历史系教授。

程作为研究对象的社会学,其内容太狭窄,生命力不够强,不能像经济学、政治学那样题材丰富,构成一门独立的学科。不过,如果将社会学研究的范围扩大,把文化包括进来,特别是强调文化、遗传、自然环境和群体的相互关系,社会学的范围就增加了相当的容积,而它的知识主体就会包括得到具体数据强有力支持的"高见"或"重要思想"。

奥格本用这种观点为大学本科生写的社会学教科书《社会学》,是一本科学性、可读性都比较强的书。它引用了许多直到当时为止的生物学、心理学、遗传学、文化人类学、地理学方面的新研究成果,比如"未开化人"。所谓未开化人,大体有两种:一种是从小便和兽类生活在一起的,另一种是从小便离群独处的。由于没有经历过人的社会生活,他们没有学会说话,不能像普通人一样思考,也没有普通人的各种感情,甚至于脑的发展,也没有一般人的大。总之,他们没有发展成一个现代人。这就是说,人类发展到今天,虽然生而具有发展为现代人的潜能,但从婴儿成长为一个具有一般身心健康水平的成年人,如果不经历社会生活,这种潜能是发挥不出来的。这本书材料新颖丰富,内容生动,文字深入浅出,我很爱读。1947年我到武汉大学教授社会学所用教材,就是摘译它的内容编成的。班上学生总在150人左右,大家一般都很喜欢。

作为社会学家,奥格本生平的学术活动主要集中于社会变迁研究。他对社会变迁的看法,与19世纪后半叶及20世纪初期流行的社会进化论的观点不同。他认为,以往对社会、社会现象、社会问题、社会组织以及社会演变过程的研究,过多地注重了生物和心理的因素,忽视了文化和历史的因素。不过这种情形也不表明现在应该反其道而行之。这就是说,研究社会变迁的原因,应该注意上述两方面的因素,而主要是文化的因素。何故?因为自最后一次冰期(5万年前至2.5万年前),特别是最近两千年以来,人类社会的变化是极其巨大的。但是,从最后一次冰期以来,人的生物性没有什么重要的变化;最近两千年来,人的生物性即使有所变化,也是微不足道的。因此,人类社会的巨大变化,主要是文化的变化。

那么,什么是文化呢?奥格本认为,文化包括一切人造的事物。同时,他把文化分为物质文化和非物质文化(亦称适应文化)两大类。文化的变化,一般是从物质文化开始的。不过,文化的各个组成部分是互相关联的,物质文

图为美国著名学府芝加哥大学，芝加哥大学的社会学系是世界上著名的社会学系之一。

化发生变化后，与之相适应的非物质文化也会跟着变。比如汽车发明了，交通管理规则就会跟着变；有了兴奋剂，运动竞赛的规则就得作相应的修改，否则，就将产生文化的失调，影响社会秩序。当然，也有非物质文化的演变不是物质文化的变化造成的。物质文化的变化固然总会引起与之相适应的非物质文化的变化，但这后一种变化往往不即时，往往落后；特别是落后的时间一长，便会造成文化脱节，产生社会问题。比如，避孕套发明以后，恋爱、婚姻的制度甚至观念都必须进行相应的修改，否则这种文化脱节便会造成社会矛盾、冲突，甚至酿成悲剧。又比如，电视发明、特别是普及以来，世界各国都在不断地对与之相关的非物质文化进行修改，但直到今天，似乎很还难说它引起的文化脱节已完全弥合。由于重视物质文化的演变，奥格本强调技术发明的作用，有的学者因此称他为"技术决定论"的代表。

从方法论的角度看，奥格本的社会学研究，特别强调统计数据作为验证假说的证据的重要性。因此，他的社会学研究对第二次世界大战后计量社会学的发展产生了重要影响。

我在芝加哥大学学习期间，选读了奥格本教授的四门课程：社会统计学、社会变迁、高等代数和高级统计学。作为师长，论他的思想人品，他虽不苟言笑，但平易近人；气质高雅，但不摆名教授的架子。他相信科学、民主和学术自由，反对贫富悬殊、种族歧视、男女不平等；提倡国际合作，世界和平；痛恨法西斯主义，虽不相信但不一定反对共产主义。这些都很合我的胃口。有一件事情表明他的胸襟很豁达，我至今仍记忆犹新。虽然当时的苏联学术界说他的学术是"马克思主义的死敌",对他进行激烈批判,但有一次他在讲"欺骗性宣传不能产生实效"这一论点时,却举例说:"美国有人宣称所有苏联共产党人都是青面獠牙的魔鬼,因为这与事实不符,所以没有多少人相信。"他所讲授的四门课程中,社会变迁一课的主旨及其中的一些论点,我大都很赞同,所以学起来很有兴趣,印象比较深刻。学习具体成绩我不知道,但我想不会太差。其余三门课都是技术性的,社会统计学的具体成绩我不知道,但高等代数和高级统计学的成绩列全班之冠,这是奥格本教授公开宣布并予以口头表扬的。也许是由于我在他班上的学习成绩差强人意,特别是统计学、数学的成绩突出,他对我这个中国学生似乎产生了感情。

比如,美国教授们一般爱惜时间,讲究工作效率。当学生有事到他们办公室交谈时,公事谈完,就毫不客气地让秘书送客。但是,当我有事到奥格本办公室拜访他时,谈完公事后,他往往留我谈点私事,例如中国国内形势、我的家庭情况、我在美国的学习生活等。

又比如,我在清华大学社会人类学系学习时的导师陈达教授,20世纪20年代初曾是他在哥伦比亚大学社会学系的学生。1946年陈达教授访问芝加哥大学时,奥格本特别向他介绍我的数学、统计学的突出学习成绩,致使陈达教授托人嘱咐我,希望我专攻社会统计学,将来回清华任教。再比如,当他从首都华盛顿回校,了解到我的硕士论文通过遭遇曲折时,他很关心,问我有什么困难,并且打电话给沃思教授,请他迅速设法妥善解决。1947年7月我回国前向他辞行时,他和我作了一次较长谈话。首先是谈论中国国内形势,其次是问我回国后的打算。临别之时,他殷殷嘱咐我,回国后时常给他写信谈谈工作和生活的情况。当时,他的儿子在驻上海的美军中工作,他们通信很方便。但为了让我和他的儿子认识,必要时多一个联系渠道,他写了一封家信,让我路经上海时,亲自将信交给他的儿子。但是,后来我经过上海时,行色匆匆,第一次往访时,适值他儿子外出,我没时间再次往访,未能亲自将信交给他儿子,只是托人转交了。而且我回国后,国内形势动荡,美国政府支持国民党政权,我逐渐靠拢中国共产党,就不便给他写信。后来我参加了党的地下工作,更不能给他写信了。这两件事,至今想起,常觉不安,感到辜负了他的好意。

我的第二位导师路易斯·沃思,是犹太人,出生于德国,在美国受教育,并成为美国公民，是美国著名社会学家、芝加哥学派创始人罗伯特·帕克（Robert Park）的学生，长期执教于美国芝加哥大学社会学系，成为芝加哥学派的主要骨干。1947 年，被选为美国社会学学会主席。1949 年，国际社会学协会成立，他被选为第一任主席。非常不幸的是，1952 年他遇车祸逝世，享年仅 55 岁。比起奥格本来，他的著作不是很多，但都非常有分量。比如，1928 年他 31 岁时出版的《少数民族聚居区》，就是一本论述少数民族社会疏离感影响的非常优秀的著作，至今仍被视为经典。1938 年，他在《美国社会学杂志》上发表的著名论文《作为一种生活方式的城市性》，影响更为深远。以此文为核心，加上其他有关著作，使他与罗伯特·帕克一道，成为城市社会学的奠基人。他认为，在前工业化、前资本主义时代就有城市，所以不能把城市和工业化、现代资本主义等同起来。所谓城市，必须有三个相互关联的条件：人口的规模大，人口密度高，人口在社会方面异质性强。换言之，城市是由社会方面异质的个人组成的相对巨大、相对密集的群体的相对长久居住地，有其不同于农村的一整套社会与文化特征。这些特征是：（1）密集的人口及其明显的文化与职业的差异性，使得城市生活更需要正规的控制机制，必须加强法律系统和管理体系；（2）各种不同职业人口的集结，是急剧扩大专业化生产与服务的前提条件，而专业化总是以各种集团的特殊利益为基础而形成人际关系，沃思称之为"社会裂化"，其结果是人与人之间的纽带实际上是一种互相利用的关系；（3）在经济作用和社会发展过程两种力量的影响下，导致城市地域分化，形成具有不同特征的邻里和街区，例如纽约的华尔街和哈莱姆，曼哈顿的金融区和贫民窟，沃思将这种城市中形成不同区域的过程称为"生态专业化"；（4）人口的高密度、高流动性和异质性，一方面要求市民对各种个体差异更加宽容，另一方面又导致更多的竞争、剥削和混乱，从而使人与人之间的传统情操丧失约束力，湮没了人情味，宗法、门第、伦常等传统的稳定性因素失去作用，人与人之间的关系变成纯金钱关系，还造成反社会行为的增长。向德平教授认为："沃思的重要贡献是系统整理了以前的城市社会学思想，组织成一种名符其实的城市社会学理论，既克服了古典社会学纯粹思辨的偏颇，也纠正了芝加哥学派的先驱者偏重描述性研究的倾向，构建了现代意义上的城市社会学体系。"（向德平编著：《城市社会学》，武汉大学出版社 2002 年版，第 17 页）

　　除作为城市社会学的奠基人、少数民族聚居的经典作家外,沃思对知识社会学也作出了重要贡献。德国的卡尔·曼海姆(Karl Mannheim)是知识社会学的创建者,被称为"知识社会学之父"。沃思和爱德华·希尔斯(Edward Shils)将他的主要著作《意识形态与乌托邦:知识社会学导言》译成英文本,于1936年出版,沃思还为英译本写了一个很长的序言。序言总结道:根据现代的思想和考察,过去曾被当做理所当然的事情,现在都被人们宣布为需要得到论证和证明的,而证明的标准本身已成为争论的主题,由此观之,根本就不存在所谓的超时空的普遍真理,也没有永恒的规律和纯粹的客观知识,有的只是暂时的、相对的真理和规律。英译本使《意识形态与乌托邦:知识社会学导言》这本著作得到更为广泛的流行,沃思的序言也成为知识社会学的名作。

　　我选沃思作为我的第二位导师,一个原因是仰慕他的学术成就;另一个原因是我选读了他教授的知识社会学这门课程后,很喜欢这门课。不过,我在他班上不是最优秀的学生,而他特别注重工作效率,不大讲究人情味,师生之间只是"公事公办",没有培养起感情。给予我深刻印象的是,按照学术自由的原则办事好像是出于他的本能。比如,我当时没有接触过马克思主义,不知道马克思把知识分子群体称为阶层,而不称为阶级。我的硕士学位论文中把儒生这个知识分子群体称为阶级,他看了以后,质疑我将儒生群体称为阶级的提法。大约他接触过马克思主义,而且是同意马克思把知识分子群体称为阶层的。但我一再争辩,我说:儒生不独戴同一样式的帽子——"儒冠",穿同一样式的服装——"儒服",在外表上属于一个团体;而且有共同的信仰——"儒学",寄寓其共同利益的组织——"按儒家思想组成的社会",为什么不可以称为一个阶级呢? 后来,他觉得我的论述也能自圆其说,也就不再坚持他的意见了。还有一个更重要的事例,表明他对学术自由原则的自觉遵守。他看完我的论文后说,他对中国历史、文化特别是文献不熟悉,于是把论文转交给芝加哥大学远东研究所副教授、颇有名气的汉学家赫利·克里尔(Herlee G. Creel)夫妇评审。我当时就感到这是一种不祥之兆,因为我知道克里尔夫妇在学术思想上是非常倾向儒学、反对进步思想的。克里尔平时对我借阅中共学者吕振羽的著作就表现出不屑,我也不大理他。在政治上,他是站在国民党一边反对中国共产党的,他和当时美国众议员、美国院外援华集团（实际是援助蒋介石独裁政权）积极分子沃尔特·贾德（Walter Judd，中文名字为周以德）是好朋友，曾请贾德到芝加哥来向中国留学生宣传他们的观点。所以，我感到克里尔夫妇很可能受他们意识形态的制约，加上他们对中国社会史、文化史只是一知半解，对我的论文不能作出正确的学术评价。事实也正是这样，他们否定了我的论文。但是，一方面，我对自己的论文怀有信心，另一方面，我也相信美国大学讲究学术民主和思想自由，我认为沃思是能听取我的申辩的。我对沃思说："我不是选读过你教授的知识社会学课程吗？该学科认为，世界上没有绝对的真理，真理都是相对的；个人和社会集团所认为的真理，都和其所处地位、思想志趣、既得利益等密切相关。克里尔夫妇是美国社会中的保守派，他们沉迷于儒学，深深同情提倡读儒家经典的蒋介石独裁政权；我的论文则彻底揭露儒学的保守性和反动性，认为儒学统治是阻碍中国社会工业化、现代化的极其重要的原因，并认为提倡读经的蒋介石独裁政权是儒学统治的余孽犹存。在这种情况下，克里尔夫妇能对我的论文作出公正评价吗？"沃思听了我的申辩后笑了笑，点头认可了。他没有考虑到要照顾克里尔这位颇有名气的汉学家的面子，把论文寄给了康奈尔大学的另一位汉学家（可惜我现在记不起他的名字）。这位汉学家不独同意我论文的全部论点，还颇有赞美之词。这样，我就取得了胜利，克里尔只好认输了。

现在回想起来，虽然我和芝加哥大学的这两位导师的师生关系有深浅之别，但他们同样是值得怀念的。

生命与乡土

——费孝通逝世两周年祭

费多益

2005 年 4 月 24 日，叔公走了。一位走完差不多一个世纪人生旅程的老人，放下了手边的工作，永远地离开了这个他热爱过、研究过以及书写过的世界。那一刻，在我们的心中留下了不尽的哀痛。

荣辱任去来

叔公的一生历尽坎坷，但他从不怨天尤人。历史对他的不公、人世间的恩怨，他都从来没有放在心上。"荣辱任去来"，躯体的折磨和精神的摧残始终不能动摇他的信念。在他身上，集中映现了 20 世纪初叶那一代中国知识分子的困惑、追求和理想。

风云变幻，历史难测。突如其来的"反右"风暴和接踵而至的"文革"浩劫，不但改写了中国历史，也彻底改变了叔公的命运。一位矢志献身于乡土中国的社会人类学家，从此被打入冷宫，被政治的沙尘整整湮没了 23 年。在漫长的逆境中，他对个人受到的屈辱、压抑和各种无奈，当然也不无痛惜，但更多的却不是抱怨，而是自我排解，不乱方寸，做自己应该做的事。

后来回首当年在干校从事的体力劳动，叔公说，那段时期里他才有机会真正体验大多数人的生活，更多地接触到了真实的社会和人心。这是他过去无论怎样深入进行社会调查也体会不到的，而这对于他的学术研究却是极为重要的。那段时期，他不仅自己保持着乐观豁达的态度，还经常以此开导那些与他一起遭遇压制和改造的学生："眼前的处境是暂时的，要往远处想，振作起来，从困境中走出去。我这个臭名远扬的人还要活着呢，你们那么年轻，可得珍惜呀！不搞清问题，糊里糊涂地离开人世，不是自己吃亏吗？"就是在这样艰难的日子里，他与他人合作翻译，最后一人统稿，完成了威尔斯《世

费多益：中国自然辩证法研究会副研究员、哲学博士。

界史纲》这部名著的编译工作。

即便是对于那场最不堪回首的"文革"灾难，他所表现出来的也不是那种"生不如死"的人生感慨，而是对于社会结构和人类行为模式的震惊和深刻反思。他后来回忆道："我第一次经历这样的事情。我没有这种经验——群众攻击！所有的脸都突然转过去，在一周之中！那种情况下，我们都变成赤裸裸的。以前人与人之间总有一层面纱。……他们对我表现了真正的面目。我变成了旁观者，那是很有意思的，因为在观察别人的过程中也会有机会观察自己。为期十年的'文革'在人类历史上是一次少见的'实验'，一次震度极强烈的社会变动。我的学力还不够做更深入的体会和分析，但是我确实切身领会到超生物的社会实体的巨大能量，同时也更能体察个人生物本性的顽强表现。……我想，经过那些年，我的确懂得，做人应当超脱些，境界要高些。"

关于自己的曲折人生，叔公曾有这样一段自述："我一生写作自以为是比较随意的，秉笔直书，怎样想就怎样写，写成了也不太计较个人得失和别人的毁誉。这种性格的确曾给我带来过没有预计到的人生打击，但至今不悔，而且今天我还这样做。"事实上，叔公始终坚持认为，用文字来写作是文明时代一个社会成员参与集体生活时应有的一种自主和自由的行动。

读过《费孝通文集》的人都不难发现，《文集》第七卷本的时间是从 1957 年到 1980 年，但其中 1962 年至 1969 年、1970 年至 1976 年是两段空白。在这两段空白之间，仅收进了叔公在湖北潜江县王场区沙洋劳改农场的 22 封家书。叔公在《文集前记》里对自己盛年之际那两段"空白"的解释，流露出了对非常岁月的悲怆和无力。他这样写道："现在已事过 20 多年，我本人不容易，也不愿意重新记取当时的社会情境，而这些文字又必须详加注释之后才能有用，如果用原文留给后人，不免会起误导作用。所以我再三考虑，还是要求把这一部分文字作为另案处理，免于收入这部文集之内。我希望后

费孝通先生

来的读者们能谅解我提出这种保留的苦衷。"叔公并不是担心后人对他这一生的毁誉。"眼睛闭了,后世的毁誉对我本人是无所谓的。我活着的时候,别人对我的毁誉已经够变化多端了,身后更会仁者见仁、智者见智。"他一再强调,"必须尊重每一个认真研究过我的学者对我评论的权利",表达了一种"文章千古事,功过任人评"的豁达态度。

躬行实践,不尚空谈

当重新恢复了政治和学术生命的时候,叔公已是 70 岁的老人了。进入古稀之年的他受命承担起恢复和重建社会学的重任。他见了老朋友就说:"我口袋里只有 10 块钱了,不能随意用来买花生米吃,要集中起来买一件心爱的东西。"在这幽默与诙谐中,蕴涵着他学术上的雄心。身处社会急剧变革的大环境中,叔公拾起了曾经被迫中断 20 多年的"志在富民"的实践课题。他利用一切可能利用的时间,穿梭于广大的农村和城镇,紧紧追踪改革开放以来中国城乡的发展和变化,深入地进行实地调查,缜密地做出分析。在这方面,叔公一直坚持社会调查必须追踪研究的传统,对有代表性的地方抓住就不放,不断地去观察它的发展变化,以便从中找出规律性的东西来。因此,就有了他的三访温州、三访民权、四访贵州、五上瑶山、六访河南、七访山东、八访甘肃、二十八次访问家乡江村。

对于家乡,叔公有着太多太多的眷恋。西洋式的学术训练,没有融掉他的乡土本色和泥土气息。60 多年前初访美国时,他就写道:"我还是在乡下往来,还带传统的性格和偏见,对上海的嚣尘、香港的夜市,生不出好感。苏州长大的人,生活的理想似乎走不出:绸长衫,缎子鞋和茶馆里的懒散……"1996 年,他在《爱我家乡》一文中写道:"初访江村是我这一生学术道路上值得纪念的里程界碑。从这里开始,我一直在这一方家乡的土地上吸收我生命的滋养,受用了一生……我的祖祖辈辈在家乡养育了我,我虽则已由老而衰,但我没有忘记家乡,有生之日总想为家乡这片土地加上一点肥料,能长出比我这一代更有出息的子子孙孙。生命和乡土结合在一起,就不会怕时间的冲洗了。"正是基于这样的信念,叔公前后返回家乡 28 次。

尽管"为学术而学术"固然是一种不求名利的做人态度,有它高洁的一面,但叔公始终认为,社会学人类学研究者不能采取对人民生活漠不关心的贵族态度,应当努力为社会的发展与人民生活素质的改善付出不懈的努力。他对中国社会的历史与现状有清醒的认识,这种认识来自他不懈地实地调查,而不是那些统计机构发布的数据。他讨论问题时,除了农民收入这个数字外,很少谈及其他的"统计数据"。他不会把权威统计机构的数据或学术机构的抽样调查数据拿来作为分析的对象或依据,他更关注从实地调查中获得事实,他清楚自己到"实地"去是为了什么,要去做什么。对于养尊处优的现代都市人而言,叔公去过的大多数地方足以令人产生畏惧和退缩,然而,叔公却把自己生命中 1/3 的时间都用来为解决这些贫困地区人民的苦难而工作。尽管他的很多建议在贫困地区收到了立竿见影的效果,但他并不认为自己做了多么了不起的事,他说:"我没有创造什么,只是把民间一些好的做法总结出来而已。"这,就是一个学者的无私人格。

步入耄耋之年的叔公开始抱怨起自己的身体状况:视力急剧下降,连看书都变得很吃力,听力也下降了,需要大声讲话他才听得见,身上不是这儿疼就是那儿疼……可他抱怨最多的,却是感觉腿力不济,走不动路,不能再下乡搞调查了。去世的前两年,叔公体力已显出不支,他似乎已经意识到了,因此在 2003 年,他再一次回到家乡吴江做起调查,接着去了南京和上海,继而又去了黑龙江和山西,这之后他第七次到甘肃定西,转而再上广东,他放心不下他所研究的课题。他答应过人家,他就要践诺。特别是在生命的最后阶段,他依然席不暇暖、行色匆匆,老人家好像命中注定就清闲不下来。

当老人终于躺倒在病床上的时候,大家都来安慰他,可他知道,这回自己是不会走出医院了。他的头脑很清醒,他依然在思考着问题,挂记着没完成的工作,而他的手和脚已经没了一点力气。虽然大家还是坚信叔公能够好起来,会像以往一样重新行走在城镇乡村,然而叔公却闭着眼睛摇了摇头,说"不可能了"。这四个字对叔公来说是残酷的,也是最让他伤心的。头脑十分清醒,然而体力已经不支,这是对他最大的打击,因为这预示着叔公从此离开他心爱的实地调查。这,无异于宣布老人生命的终结;这,比什么都要无情。

"老来依然一书生"

在许多人看来,叔公无疑是现代中国社会中这样一类知识分子的典型,他们自幼深受传统文化熏陶,又接受了地道的西式教育,还见证了自辛亥革命以来发生的所有社会变迁,可谓博古通今、学贯中西。然而叔公常说:"老师的东西没有学到家。"他早年师从的人类学、社会学老师,都相当深入地表达过对文化问题的思考。"史禄国的思想,含义很深,我没有搞清楚;潘光旦的新儒学见解,我也没有好好学会。其他如派克和马林诺夫斯基,我只是掠了皮毛。不求甚解是我的大毛病。"他还说,80岁了,才知道8岁的时候该看什么书。他自认为从幼年就接受新学教育,欠缺中国传统文化的基本训练,而他的老师一辈人,对古籍熟悉得很,张口就来,自己要用的时候,却得先查书。于是,人生暮年,为了补课,他读起了《论语》,顺着《论语》精神的脉络,他又读起了钱穆,读起了陈寅恪……

闲下来的叔公总是手不释卷,读书就是他最好的休息。叔公有这样一个本领,看书或写文章的时候,不管身边有什么人走动、说话甚至吵闹,他都会旁若无人,不受影响。埋头读书与埋头著述,确乎已成了他生活的全部。或许正是由于他的这种执著和勤奋,才使得社会学这门并不怎么被人看好的学问,在他的身体力行之下,逐渐成为今天的一门"显学"吧。

叔公常常形容自己是一匹不太守规矩的"野马",并时常谦逊地对着"专家"说自己的学术跳跃太大,没有形成体系。叔公这样说是出于谦逊,而他自称的"一匹野马"则很能说明他的学术性格。是一匹野马就会到处去撞,野马的性格意味着一种创造、一种开风气之先的气概。叔公的涉猎面极广,不囿于某一地区,不拘于某一专业,不受任何人为的局限束缚。他认为做学问要能够跨学科地去思考,不能仅仅限制在老师所讲的内容上,思想不要有任何疆界。许多社会学的分析概念,西方教科书里没有引述过,但叔公却不顾及这些,往往就地取材,以本土的概念来概括其所观察到的一类现象。如"乡土社会"、"礼治秩序"及其"差序格局"的概念,就是对前现代中国农村生存环境和农民生活状态最深刻、简约的提炼,而"文化自觉"、"多元一体"等则是切实从对中国社会现实的观察出发而进行的抽象和升华。"乡土"是一种"熟人社会","礼治秩序"是按照人们在社会和家庭中的地位和等级进行序列管理,中国能成为世界上唯一没有中断文化传统的文明古国,在世界文化史上公认为传承力最强劲的中国文化,正是因为这样的"礼治秩序",这种社会管理秩序和结构导致社会具有超强的稳定性。

在诸多人生角色中,叔公做得最出色、最得心应手的还是学者和教师。

尽管曾担任过民盟中央主席、全国政协副主席、全国人大常委副委员长等诸多重要职务,但无论在位还是退下来,叔公都更愿意以学者的身份出现,说自己"老来依然一书生"。他的名片上不印任何头衔,只写某某大学教授,他说:"我现在什么都退了,但'教授'没有退。我最喜欢教书,我搞了一辈子教育,也喜欢别人叫我老师。为什么呢?学问是一生的事情,是立身之本。咱们中国古人讲要立德、立功、立言,学术正是这'三立'的根本。以学为本,这是我一生的追求。"

叔公年事越高越怕给别人添麻烦:"活这么大年纪真可怕,会给别人添很多麻烦。""我本来是个书生,可如今一出京就要什么几级保卫、接待规格、哪些人必须出来见面啦,等等,真是不得了。这对于一介书生来说不是什么荣耀,反而感到诸多不便。"叔公讲的是心里话,他做人、做事、做学问都讲求实效,不图虚荣,更不愿意兴师动众。因此他每次到基层调查时都是轻车简从、客随主便。他在生活上要求也很简单,日常起居饮食都没有什么讲究,餐桌上有个红烧肉就很满意了。一张纸,叔公总是正面用了反面用;一支铅笔,用短了加一个笔套再用。这些,他身边的人都习以为常了。他的书生本色、他对学术工作的重视和偏爱,表现了他从来所持的淳朴的人生态度。

教育是叔公一生关心的事情,也是他和他全家的事业。叔公的父母、兄弟姐妹到他的下一代,许多人都以教书为业。用他的话说:"我的大学时代,甚至其后十分艰苦的抗战时代,确确实实是靠了那么一批无私奉献于学术和教育的老师们,才使兢兢业业的学风没有中断。"也许,正是源于这种师者人格的感染,叔公对学生的培养倾注了大量的心血。他特别强调,21世纪的教育首先应该关心人们如何在密切相关的地球上求同存异、协力发展,进行有关人类共同生存的基本理念的教育,这其实是一种行为习惯的教育。"记得我的导师潘光旦先生曾经明确地提出教育必须以每一个人为目的,促进个性发展,让受教育者完成'自我',把自我推进到一个'至善'的境界,成为'完人'。专门人才必须完成人的教育后才能成为完整的'人'的意义上的专才,否则只能是优良的工具。"

如同潘先生一样,叔公也特别看重教师的言传身教。"潘先生提出要慎择师资,选择教师不仅要看他的学识多少、学问深浅,更重要的是他的学识对他个人的日常生活发生了多少良好的影响,学识与个人操守之间是否贯通,也就是教师在言语举止、工作作风上表现出的气质风度,对学生尤具潜移默化的作用,尤具偶像的魅力。人在青年期都有崇拜偶像的天性,深厚的学养与严谨的操守相贯通是教师必须具备的资质。教师风度的表率作用远远胜过训导中实行的那些生活戒条和奖惩功过的条例。"

风范长存

叔公在晚年,非常用心地寻找可以多见见面、多说说话的人。他希望有人与他对话,其实是希望在交流中体会他人的感受和理解。他告诉我们,他为生逢盛世而感到幸运。不过,他也感到时代变得太快了,自己常常跟不上。他说自己的学术研究停顿了几十年,对外界的思想变化知道甚少。我去看望他时,他常常让我给他讲讲家里的事情,告诉他外面发生的事,不过也经常会被秘书因担心他身体吃不消而打断讲话,但是每次叔公都像小孩子一样天真地求秘书再给他 20 分钟或半个小时。我向叔公当面请益的时间并不多,因为他一年中总有将近一半的时间在外考察。然而尽管如此,他却是位让我终身受惠的长者。叔公从事社会学、人类学研究,而我在科学哲学领域学习和工作,彼此在专业方向上相去较远,但他渊博的学识依然使我受益匪浅。我喜欢就一些拿不准的问题请他指点迷津,只要是跟社会和人类有关的问题,他往往会即口解答。每次从叔公那里回来,差不多都要获得一本他的新著。他这种为了治学济世而争分夺秒的精神,让我不敢有丝毫的懈怠。

叔公还不断提醒我们,做学问要从书斋里走入充满新鲜空气的"田野",再从"田野"回到书斋,意思是说,关注现实问题并将它们加以理论提升。"做学问其实就是对生活中发生的问题问个为什么,然后抓住问题不放,追根究底,不断用心思,用心思就是用思想。""每个人什么都懂,那是不可能的事情,甚至要学好一门学科都很不容易。但一个人必须把他的个别专长放在一个共同认识当中去,即把多元化的东西放在一个统一体当中去。""学问不是一朝一夕的事。你们还年轻,生逢可以干一番事业的时代,不要急于出名,为名所累是出不了好东西的。"当我最后一次去看望他的时候,他虽然神志依然清楚,但已不能说话。我在他耳边大声地告诉他"不必担心,您的意思我们领会到了",他握着我的手,欣慰地、久久地看着我。这一幕已经永远地凝固在我的脑海里,时时给我以无声的鞭策。

生年常怀千岁忧

生年不满百,常怀千岁忧。晚年的叔公尽管还是马不停蹄地穿梭于基层考察研究,可他更关注的对象已然"从对人的生态的研究进入到心态的研究"。大家都非常熟悉叔公早年的学术理想,那就是"志在富民",但对他在 20世纪 90 年代后期提出的"富了以后怎么办"的问题关注得却不太多。事实上,叔公后来较多地涉及精神和文化方面的探讨。那时,在中国最富裕的广东南海召开的一次座谈会上,叔公就问与会的人:"你们富了以后怎么办?"听秘书回忆说,叔公那次参观的是富裕的地方,家里各种现代化电器都有,就是没有书。广东的小孩不用上学,盖个楼租给打工者,收入比大学教授还多。当时提出这个问题可能尚为时过早,现在想来他是想得比较远,比别人看得远。今天这个问题已经非常严重了。"富了以后怎么办"确实是个大问题。中国的农民富了以后脑袋中只有地主的形象,他们养狗、打麻将、养保镖……却很少做博济众生的善事。叔公在《八十自语》中曾表达了一种对于未来的含蓄的期望:"其实人是不会满足于吃饱穿暖的,人要安居乐业,这里的安乐就是高一个层次的追求。我是看到这个问题的,但是究竟已跨过了老年界线,留着这问题给后来者去多考虑考虑,作出较好的答案吧。"

叔公是一个球迷,精彩的球赛他都喜欢看。除了球员们精湛的球艺和那股拼搏的劲头使他振奋外,这些场面还常常让他联想到社会学、人类学的工作,那就是不同文化的人能不能有共同理解的问题。他说:"在电视里看法国'世界杯'足球赛,不同国家的球员可以在同一球场里踢球,而且大家知道谁输谁赢,这个东西不容易啊。对垒的双方之间共同性的存在是可以发生的,而且最有意思的是,裁判看错了,大家还是服从,这已经超过了一般的理性和感情。我是希望将来的世界能变成一个国际的赛球场,很多基本的人与人的关系、合作关系,在球场里边发生出来。我认为这是一个很好的社会学的课程。我们现在还没有人认真地说明它为什么成为可能,为什么不同的球队能在一个场合之下找出一个冠军。如果将来世界可以成为这样,那我们这个世界就很和平了。"

今天,这番话回味起来依然如空谷足音。叔公走了,满怀着对乡土中国的眷恋,怀着"美美与共,天下大同"的梦想……然而,无论在中国的乡村还是城市、沿海还是西部,都留下了一位风尘仆仆的老者重重叠叠的脚印。

社会学家的两副笔墨

陈心想

初闻美国社会学教授埃里克·奥林·赖特的大名,还是在北京读研究生的时候,因为与朋友一起翻译了一本赖特教授集数十年之功的,关于阶级研究的精彩著作《后工业社会中的阶级》。这本书作为《剑桥集萃》丛书之一,2004 年由辽宁教育出版社出版。最近明尼苏达大学高级研究所邀请赖特教授作一个关于真实乌托邦(Envisioning Real Utopians)的演讲,社会学系顺便邀请赖特教授与社会学系研究生作一次非正式的谈话。因此,笔者有缘会面这位当代新马克思主义者的重要代表人物。

马克思在《关于费尔巴哈的提纲》中说:"哲学家们只是用不同的方式解释世界,而问题在于改变世界。" 作为社会学家,一方面解释世界,另一方面也在改造世界,其中重要的方式之一,就是向社会发出自己的声音。写论文和写书既是职业社会学家们评职称的最重要依据,也是他们发出自己声音的最主要途径,既是向学术界,也是向社会汇报自己的研究成果。但是对于研究者,特别是即将以社会学研究为业的研究生,区分这两种表达研究成果的方式还是有益的,它可以告诉研究生学习的重点在哪里。这里对笔记作些整理,加上一点个人感想,以飨读者。

记得郑也夫先生谈过两种学术动力:经世济民和智力游戏,缺其中一个都很难支持一个学者持久的研究动力。赖特在谈话中,在讲述写论文和写书的区别之前也强调了大概同样的意思。一个学者,一方面有道德感和价值感,一方面还要有智力上的为学术而学术的兴趣。道德感促使学者去利用知识改变世界。对社会学家来说,解释社会的同时改造社会,就要以写论文和出书的方式向社会发出社会学家的声音。虽然专业学者们通常很强调自己的学科范围或者边界,而有些像沃勒斯坦这样的学者则是以社会问题为中

陈心想:美国密西西比州立大学国家战略规划与分析研究中心助理研究员。

心,作跨学科或者不讲哪门哪科的研究。赖特本人是喜欢以问题为中心作研究的。他当年选择社会学作为职业,也就是看中了社会学边界的模糊性和对激进视角最富有开放性的优点。他同时也强调,保持学科的边界还是有必要的,可以以该学科的视角或者理论优势贡献给问题研究或者其他学

美国著名社会学家赖特教授

科的发展。但是不管是学科的发展还是跨学科的交流,以及向社会发出社会学家的声音,论文和书籍都是最主要的沟通工具。但是,这二者是有重要区别的。认识这种区别,不仅对专业培训的学生有意义,对其他学者的学术生涯也可有所启迪。

赖特教授从以下诸方面区分了写论文与写书的不同。

读者对象(audience),也就是作品的读者是谁。论文的对象是社会学家,是写给同行的,所以要使用专业术语,并遵循写作规范。而书籍是为一般受过教育的大众(educated public)了解社会学家的研究成果而写的,要尽量容易为大众理解,避免行话和枯燥烦琐的推理论证。

最近几年,公共社会学发展很快,以美国社会学前会长麦克·布洛维(Michael Burawoy)教授等人为代表的社会学家,就极力提倡社会学家不仅要在自己的学科里做事,还要走出书斋参与到社会,把知识传递到社会大众,产生社会影响。在这方面,学者的成果为媒体报道或者引用,或者学者直接为媒体写普及文章,甚至走上广播电视,都是很好的公共社会学实现参与社会的途径。越来越多的社会学家们重视其公共社会的参与。有不少社会学系如果系里某位教授的成果被媒体报道或者引用,或者上了电视,都作为重要的光荣事情传达给师生,并贴到网站上。有的学者在求职简历上还不忘写上自己的研究为哪些媒体所报道之类的内容。明尼苏达社会学系最近几年每年都颁发一次公共社会学家奖,奖励一位在公共参与上成绩突出的社会

学教授。

认知模式（cognitive modality）不同。论文是专业学科的认知模式；而写书则是知识分子式的，跨学科或者非学科的。对这一点，我不是很理解。但是，赖特举了这样一个例子：20世纪80年代，他在加州大学伯克利分校和威斯康星大学麦迪逊分校之间有一次两难选择，但是因为当时的伯克利培训学生重视写书，而威斯康星重视学术论文的写作，他最终选择了威斯康星大学。

培训逻辑（training logic），也就是以什么样的方式培养研究生。以论文写作作为方向的培训是师傅带徒弟的作坊式培训，老师做项目，学生跟着做，负责某个方面，在完成项目研究中一步步培训学徒。赖特在长达数十年的社会阶级研究项目中，就曾经同时有十几个研究生作为助理研究员。笔者和朋友翻译的《后工业社会中的阶级》就是主要取自"阶级分析比较研究项目"发表的论文，在论文修改的基础上而写成的。而写书就不同了，就是到图书馆和咖啡屋去找资料和有趣的东西。从后面的几点区分里，我们也会体会到为什么会有这样的区别。记得费孝通在回忆帕克教授在燕京大学给学生上第一节课时说，他是来教他们怎么样写书的。现在大学的社会学研究生培养过程，主要是以写论文而不是写书为培训重点。写学术论文比写书要求更高，这里写书当然不是论文集类的书籍。作坊式的师傅带徒弟模式，在社会学家科林斯看来，可以激发学生的情感能量，感受到只通过阅读书本而难以得到的微妙的艺术气质。我们通常说的"百闻不如一见"，大概也是这个意思。在研究生阶段，为教授做助理研究员是很重要的一个训练，或者与教授合作项目等，也是学习体会学术中每个环节的只可意会不可言传的东西的良机。通过导师的言传身教，学生得到了学术的真传。

发表的替代方式（publishing in alternative forms），也就是发表有哪些方式。以写学术论文为取向的社会学家也出书，但是他们出的书是学术论文的集子，把已经发表的论文搜集到一起，作一些修改，方便读者阅读。而以写书为取向的社会学家则是从书里边抽出一些核心的东西（core idea）作为论文去发表。在职称评审包括终身教职评审中，通常都以高级学术杂志论文为主，但是不同的系还有不同的评价标准。赖特说，他参与评审中，就是把书和论文都算数，但是论文不能同时是从书里出来的。评选时数量固然常常被看重,但是质量更重要。有些最好的杂志上也会出现一些二流的论文。

对写书和写论文的区别，还可以作一个表演的比喻（performance metaphor）。写论文只是在屋子里谈话,而写书就像在大舞台上,向外面的人们发表演说。也就是写论文是给同行看的,而写书是面向行外人士或者说是社会大众的。我们常听到有些人抱怨有些专业杂志上的文章大家都看不懂了。实际上,我们要清楚这些杂志的阅读对象是谁。专业杂志是学术专业圈子里的人阅读的,但是要让大众明白,就要以另一种方式来表达。比如专业术语、复杂公式推导、统计分析等等都要在把知识传递到社会大众的时候作一定的处理,以大众能懂的语言写出来。

主要审稿过程（primary review process）,也就是编辑部或者审稿人决定是否发表论文和出版书籍的过程。对论文的评审重在细节,并且是以挑刺为中心。赖特教授说,有些杂志首先由编辑部一些负责人先坐在一起,把大约1/3 甚至 2/3 的稿子枪毙掉,给作者的理由就是"不适合本刊物"。有些则比较好,会给很有建设性的意见和建议。他本人的投稿从来没有直接被杂志接受过,要么被拒绝,要么修改后发表,甚至修改后也被枪毙。赖特教授最近有篇文章就被一家一流杂志以"描述太多"而拒绝。对书籍的审阅重点在趣味上,有趣味才能吸引编辑,并且是以找闪光点为中心,而不是以挑毛病为主。这样就带来了下面这个区分。

审稿过程有一些负面特征（negative feature of referee process）。对学术论文来说,同行评议决定一切,而出书则是由市场来裁决是否出版。论文要重点看是否写的是对的;而出书则看是否有趣味,不太看重是否正确,因为出版社要赚钱。但是,大学出版社出版学术书籍,因为既可以提升出版社的品位,也可以因为大学图书馆的购买使出版社有利可图,所以大量的学术书籍得以出版。

风格（style）,即因为对象的不同,而写作方式也不一样。写论文是严肃的、纯净的,也是以中性的调子写作。而写书就不一样了,可以玩些文字游戏,搞一些幽默等等,这样书籍才有趣,才有市场。写书可以添加一些无关紧要的水分。赖特说,他前些日子听一个找工作的社会学家在他系里演讲自己的研究,讲了半天,不着主题,给出了太多的论题,就是写书的架构,而不是写论文。

　　因为以上众多的差别，写论文和写书的缺陷（pitfalls）也不一样了。写论文容易造成 MPU（Minimal Publishable Unit），也就是做一个项目，尽可能多的发表论文，每个点都尽可能写出一篇单独的文章，可以凑出论文的数量。比如做一个影响收入的项目，可以以性别写一篇，可以以种族写，再以地域写等等。这是很无聊的事情。我们也曾听说某某的论文变个题目就又发表一篇，凑数评职称。这就是写论文的一个重要缺陷。笔者也曾听说，能写一篇的绝不写两篇，以提高文章的分量。就写书而言，容易出现水分多，内容赘述，论题不集中等缺陷。

　　以上就是赖特教授对写书和写学术论文区别的论述。因为这种区分主要局限在美国学术制度之下的社会学家的学术行为，赖特教授没有区分学术专著和普及读物以及学术论文和普及性文章的区别，因此对我们来说，这种区分显得很粗糙。我们可以不完全同意他的看法，但是还是可以从中得到一定的启发。对未来要以社会学研究为业的在读研究生而言，以写论文为核心的培训是最重要的，这是专业社会学家的基础，也是为学界和推动学科发展作贡献的根基。区别出严肃的学术论文和面对大众的书籍，对我们而言，一方面为发展学科作贡献；另一方面，做公共社会学者，在向社会大众传达社会学知识，参与对世界的解释的同时，也可以从一定意义上改造世界。2004 年，某媒体评选影响中国的 50 名公共知识分子，其中就有三位社会学家。这是我们中国社会学界应该感到骄傲的事情。但是在公共社会学日益受到重视的时代，呼吁学者走出书斋，走向社会，服务社会的时代，社会学家们要在写好为同行交流发展学科知识的同时，也要完成把学术成果传递到社会的任务，甚至可以通过介入媒体，发出社会学家的声音——至少可以抵抗强势群体在思想观念上的通吃，保持观念生态的平衡。

社会学的季节更替

吴小英

　　社会学自诞生之日起,就经历了起伏不定的命运,使得这门学科的变化如同季节的更替,耐人寻味。从它的出身来看,虽脱胎于自然科学这样一个当时已经声名显赫的大家族,但是当它面对繁杂的社会领域和社会问题时,依然显得有些底气不足。事实上,社会学的两个儿女各自竖起实证和解释的大旗,也早早地分家了,并在旗下发展了自己的门派和后裔。此后一百多年,双方在相互较量的过程中此消彼长,并未能决出一个胜负。然而关于方法的疑惑和争论,却始终没有停息过。

　　这种学术传统的内部纷争并没有导致学科的任何危机,因为它们从根本上遵循着同样的修辞:就是以社会学与社会的契合作为学科发展的最高目标,这一点在美国社会学家帕森斯那里得到了最完整的体现。社会学遂从破土而出的早春季节,迎来了果实丰硕的秋收时代。所以从本质上说,社会学或者社会科学必然是功能主义的,它必须与社会主流的意识形态保持高度一致,这样才可以存活下来。因此到了 20 世纪后半叶,当整个西方的精神世界处在空前的危机之中时,社会学的危机便成为顺理成章的事。

　　但是危机并没有导致荒芜。社会学突然一改原来的秩序捍卫者的形象,开始从不同的学术传统、不同的意识形态中寻找到新的修辞,担当起批判的角色,塑造了多元化的天空。80 年代之后,社会学走出一蹶不振的隆冬,进入火热的夏季,各种方法、流派、理论层出不穷,一派繁荣景象。虽然实证的气息依然笼罩在各个角落,但是社会学中的权威从此坍塌,迎来了真正自由的、百花争艳的时代。这一时代社会学的最大变化,就是原先看重的与社会之间的契合成了虚假的无意义的目标,而作为学术场中的一员,社会学与市场之间的对应关系成为主宰这一学科发展的一个主要动力。在这个市场中,

吴小英:中国社会科学院社会学所副研究员。

社会学家茶座　学术圈

既有经济学这样强劲的竞争对手,又有文化研究这样充满潜力的后发力量,社会学无论在方法、修辞与意识形态上都必须寻找新的发展点。

相比之下,中国社会学发展的淡季和旺季,更多地受到了意识形态的牵制。在经历了漫长的冬天之后,社会学伴随着知识分子和整个社会科学的复苏而得到了重见天日的机会。但是几十年来我们的工作无非是在一边补上西学传统的课,一边清除意识形态的残余,并在此基础上试图确立作为学术或学科的独立规范。但在经济学帝国主义的语境下,社会学所能做的充其量只是一些"拾遗补阙"的工作,同时不断地为这一学科存在的意义与合法性正名。因此自20世纪80年代重建以来,社会学一直处在不温不火的淡季,书店和图书馆找不到这类学科的独立书架,媒体和公众面前看不到这类学科专家的影子,只有一些忠实的票友慕名而来,守卫着这一冷冷清清的领地。

这样一种状态的好处,使社会学的从业者没有浮躁的条件和机会,只能安安心心地坐冷板凳,虚心地搞清楚什么是社会学和社会学的规范,如何将这些规范应用于中国社会的研究,并使自己的研究区别于像经济学这样的显学,开拓出属于自己的一小块地盘。的的确确,经过20多年的积累,这样一种学术传统和规范的框架已经初步建立起来,作为一种学术建制的机构、杂志、学会、人员队伍也已初步形成,研究网络从最初的号称"黄埔军校"的南开精英培训班,转化成了各高校越来越多的科班青年学生后起之秀,在整个学术共同体内初步形成了一种不同阶梯交流和共享的平台和机制。

然而,这样一种平静的淡季在21世纪初出现了一些波澜。随着社会结构的分化以及由此带来的各种社会问题的显性化和普遍化,一些主流学科所能解释的空间受到了很大的限制,无论是官方还是民间都出现了一种空前的社会需求,就是希冀寻找各种社会问题的症结所在以及解决方案,这样一来,就将素来默默无闻的社会学家推到了前台。尤其是近两年来,比比皆是的社会问题以及频频收到的上方传唤,使得社会学家们真切地感受到"社会学的春天来了"。这个春天不仅仅是由官方的焦虑点燃的,同时也是由市场的渴望推动的。很多社会学家为此感到欢欣鼓舞,庆幸自己终于赶上了这个"大有作为"的时代。

然而春天就真的那么令人欣喜吗?许多人忘了,春天不仅仅是百花盛开的好时节,同时也是沙尘暴肆虐的季候。他们还忘了,季节的更替是无法逃脱的。如果在社会学的旺季里不积累下牢固的根基,又如何能够挨过漫长的、清冷的淡季? 所以在中国的社会学刚刚有起色的今天,这种迅猛而来的春天的讯息,既是一种难以拒绝的诱惑,同时也是一种前所未有的挑战。在这个节骨眼上,社会学又该到了重新检讨自我的时候了,否则就会重新陷入另一场更深的危机。

首先,从方法的角度看,中国的社会学界还有很深的实证主义依恋。这种依恋的正面效应,就是至少在学界树立一种自主的传统,抵制长期以来形成的文化界无所不在的威权主义阴影。但是如果没有对西方以实证主义为代表的科学主义传统的蓬勃和衰落的整个进程有一个清醒的认识,这种依恋就会流于愚昧,就会成为新的威权主义或者为威权主义所利用的新道具。而这种状况现在在国内的社会学界频频发生,各种脱离了社会学想象力的"数字灾难"就是明证。为此,一些有识的社会学家试图走出形式主义的泥沼,开始探索新的社会学研究模式,比如近几年孙立平教授在各种场合极力倡导的"实践社会学",将研究的目光转入普通人的、动态的日常生活实践。但是这种转变与其说是方法论上的,还不如说是修辞意义上的。

其次,长期困扰中国社会研究学者的一个心结,就是如何将主要产自西方文化土壤的学术传统和知识应用于本土的问题。这种本土化的焦虑一方面来自中国转型社会的实际需求,另一方面又来自学科和学者自身生存的压力。西方知识传统给我们提供了一套现成的标准和规范,国内社会学的发展很大程度上得益于对这套规范和标准的引入和传播。然而在具有强大的实用主义传统的中国语境中,学科和学者生存的正当性,还要看他们使用的这套漂亮的西式模具能否搔到中国复杂社会的痒处。也就是说,无论你选择了哪一种修辞和主义,都必须将社会学与社会的契合当成天然的目标。这种功能主义情结不仅造就了各种各样纷繁的修辞,也确立了国内学者"将本土化进行到底"的决心。

最后,意识形态向来是中国学界上空挥之不去的幽灵。近两年来国内学界出现的一个有意思的现象,就是社会学的向左转和一片红。作为功能主义的天然捍卫者,国内社会学界第一次出现了整齐划一的批判声音,对社会结构不平等的批判、对社会流动断裂的批判、对权力精英和权力运作机制的批判、对主流意识形态的批判，等等。整个学科迅速演变为社会弱势群体的研究者，社会学家成为下层人和各种处在被剥夺位置的群体的代言人。这种转向一方面使社会学适时地抓住了普通民众关心的、有可能被其他主流学科所忽略或冷落的社会问题，从而确立了自己独特的领地、立场和关怀取向；另一方面又使自身不经意地卷入曾经试图努力逃脱的"政治正确"的强大磁场，进而离老祖宗所梦想的"价值中立"的研究目标愈行愈远。知识的人文关怀和学术的政治取向如何在中国这样有着强大的意识形态传统、但又缺乏后现代批判精神的氛围里健康地生存和成长，是摆在社会学乃至整个社会科学面前不可回避的一个难题。

因此，当社会学的春风吹遍中国的时候，我们这些靠这个行当吃一碗饭的人，或许需要更多清醒而冷静的意识来重新清理一下这块地盘，看看是否还有什么腐烂的残枝败叶需要废弃，还有多少未开垦的荒地需要发现和重新布置，还有多少缺乏养分而生长不利的植物需要浇灌新的营养液。因为社会学的淡季和旺季，不可能像全国各地的景点那样仅仅依靠一厢情愿的门票涨落就可以得到收支平衡，它的季节更替也不是依靠外界刮什么风就可以完全决定的。归根到底，这个学科所需要的，引用一个流行韩剧中的一句台词，就是"细水长流地存活"，而这就需要在方法、修辞和意识形态上不断寻找新的市场生长点。

什么是"社会"？

——对"社会"的社会学解读

文 军

　　究竟什么是"社会"？怎样分析和研究"社会"？研究"社会"的目的又是什么？人们能否真正认识和把握"社会"的本来面目？"社会"真正面目的辨别标准又是什么？所有这些问题，实际上是社会科学自建立以来就面临的基本问题。这些问题的提出及其解答的立场和观点，将最终决定社会研究的性质及其采取的基本方法。同时，所有这些问题的思考和解决过程，将决定社会科学的命运及任务，也将深深地影响到社会本身的发展，影响到在社会中生活的人，包括从事社会科学研究的社会学家自身的命运。

　　实际，什么是"社会"，恐怕是社会学理论研究无法回避而又最难以回答的一个"惯用性"概念了。比如，在涂尔干看来，社会是一种实体(entity, reality)；在齐美尔看来，社会是一种人际"互动"；在布迪厄看来，社会却是一种"关系"；而对当代许多建构主义的学者来说，社会就是一种论述(文本、语言)的建构(the social as discursive constructions)，论述之外别无他物。"社会是被书写的，在文化系统之外不存在非话语的实在。"因此，他们提倡要将社会作为一个建构的论述来设想和分析，并且要注意隐藏在利益表达者背后的权力利益。吉登斯指出，"社会"其实是一个含义很模糊的词语。它可以是一般意义上的"社会交往"或"社会互动"，也可以是一个对特定社会体系的精确界定。不管人们对"社会"的概念如何认识，社会学中的"社会"与哲学或科学中的概念不同，这不仅是因为社会学中的"社会"是一个未定义或待定义的概念，而且因为社会本身在存在性质上就是不确定的。

　　尽管"社会"一词在我国的先秦典籍中就早有记载，但从现代科学意义上把"社会"视为人们交往中的秩序，亦即人际互动关系的观念，则是伴随着社会学知识的增长和普及而逐步收入人心的。英语的 society 源于拉丁语

文　军：华东师范大学中国现代城市研究中心暨社会学系教授。

socius，意为伙伴。大约在明治维新年间，日本学者最先将英文 sociey 一词译为日本汉字"社会"。后来我国学者也采用了这种译法。在西方，卢梭是最早使用"社会"一词的人之一。尽管托马斯·莫尔在其《乌托邦》(1516)中就使用了"社会"一词，但只是在卢梭的《社会契约论》(1762)里，"社会"才作为一个核心的概念来加以阐释和界定的。因此，伴随着启蒙运动的发生和扩展，"社会"(市民社会)的观念在西方社会里开始流行并成为社会科学关注的核心。在传统的社会学理论研究中，"社会"不仅是一个分析单位，更是一个研究对象，且对于"社会"的理解，在具体的社会学研究中，一般是指属于同一社会的每一个成员都有共同遵循的规范，并由此来构成能够相互区别的具体地域性单位。因此，从已有的文献来看，社会学家对"社会"的理解基本上是从以下几个方面出发的：一是指与"自然"相对应的"社会"，"自然"就是那个自在地存在的自然界和各种自然物，而社会则指的是人类事物，是指通过人与人之间的关系所建构起来的事物；二是指与作为"个体"的人相对应的那个"社会"，它指的是作为整体的社会；三是指与"经济"相对应的"社会"，即与"经济"并列使用，且专指"经济"以外的社会生活部分；四是指与"国家"或"政府"相对应的"社会"，即"市民社会"。前两层的意思可以说是广义的"社会"概念，包括整个经济、政治、文化及其社会生活在内；后两层意思可以说是狭义的"社会"概念，是指特定范围内的社会。

此外，社会学家有时也从抽象和具体两个方面来理解"社会"：抽象的社会是把社会视为各种社会关系的总和，而具体的社会指能够直接感觉到和观察到的社会单位。例如，针对西方社会学者对"社会"的不同观念和看法，马克思就明确指出，只有具体的社会，没有抽象的社会。具体的社会是指处于特定区域和时期、享有共同文化并以物质生产活动为基础的人类生活的共同体。马克思说："社会——不管其形式如何——是什么呢？是人们交互活动的产物。""生产关系总合起来就构成为所谓社会关系，构成为所谓社会。"这两个规定具有有机的联系，都是从人们社会生活的生产和再生产的角度来加以具体概括的。结合马克思关于"社会"的其他论述，我们可以从中进一步概括出马克思关于"社会"的简明定义：(1)社会是人们交互活动的产物。(2)生产关系的总和构成所谓社会关系，构成所谓社会，构成在一定历史阶段上的社会。社会在本质上是生产关系的总和。(3)社会不是一个固定的结晶体,而是一个能够变化、而且不断在变化的有机体。(4)生产关系的总和构成社会的经济结构,即有法律的政治的上层建筑竖立其上并有一定的社会意识形态与之相适应的现实基础。

美国社会学家罗伯逊(I. Robertson)曾从三个方面概括了"社会"的特征:"首先,他们必须占据同一块地域。第二,他们不仅共同享有这一地域,还必须彼此间发生相互作用。第三,他们必须在某种程度上有一种共同的文化,都感到自己是同一群体的成员并对这一群体承担义务。因此,我们可以说,'社会'就是一群享有共同地域和共同文化的相互作用的人。"英国著名人类学家利奇(E. Leach)也认为:"所谓社会,意味着在地域上被界定的某个政治单位,在多数场合下,其'社会'是构成更大的政治单位的一部分,而更大的单位,在稍微不同的意义上,也作为'社会'被描述,这些单位的大小通常也是不定的。这些单位的规定,与其说是理性上的考虑,倒不如说是出于研究上的方便。"

但吉登斯看来,社会主要用来指"社会联系",或者用来指社会关系的一种独特体系。马克思主义学者有时更偏爱用"社会形态"而非"社会"的概念,而在非马克思主义学者尤其是受涂尔干影响的学者那里,"社会"这个概念与社会学理论本身的内涵紧密关联,如当社会学通常定义说"社会学是研究现代社会的学科"时。现在虽然已经很少有当代社会学学者像涂尔干那样以一种几乎是神秘的方式把社会当做一种个体成员对其敬畏有加的"超然存在",但是,作为社会学理论核心概念的"社会"的首要地位却已经得到了人们的普遍承认。

尽管"社会"这一概念很复杂,但它在社会学理论研究中具有一定的地域边界(borders),是高度整合的统一体。"现代社会科学中,'社会'这个词被用来指称任何拥有主权、有地域边界的空间,它的含义给人一种没有历史相对性的印象,似乎社会的主权和边界永远有之",而实际上,"'社会'的概念只不过是欧洲国家发展史的一个片段——作为权力集装器的民族国家——的产物,而并非自古有之"。例如,作为社会学家普遍认可的社会学主要研究对象之一的"现代社会"这一概念的出现,就是与社会的"现代"概念同期出现的。"'社会'(the social)作为一种独立和独特的实在形式,可在完全世俗的和物质的意义上予以分析,并予以理性的探究和解释,无疑是一种'现代'的观念,而且这种观念唯有在启蒙运动的话语中才能最终得到明确化。"19世纪30年代,孔德把专门研究现代形式的知识命名为"社会学",这一概念直至 1843 年才出现在英语中。以往的社会学理论研究中，"社会"多半是与"民族国家"、"现代性"等概念联系在一起的。我们常常习惯于用国家作为单位来考察世界，实际上从更广泛的意义上看，用"社会"作为单位考察会更有效。民族国家本身是一个特殊的社会，是现代意义上的"社会"，也是社会学理论作为研究对象的"现代社会"形式之一。正是在这个意义上，吉登斯才说，社会学就是以"现代社会"为研究对象的。

由此可见，现代性产生了明显不同的社会形式，最为显著的是民族国家。但在社会学的话语中，"民族国家"基本上还不是理论化的。正如其字面意思，"民族国家"有其政治构成和地域结构，它们要获得认同，不仅要看其内部发生了什么，而且还要看其在整个民族国家体系中的参与程度。直到人们记起社会学理论的固有趋向是集中在把"社会"作为其指定的研究对象时，我们才意识到民族国家概念已代表了一种陈旧的观察。但在相当长的一段时间内，社会学家所说的"社会"，至少在现代性的时代就是指民族国家，"民族国家"和"社会"通常成了隐含着的同义词，而不是外显的理论化等式。因为如此，传统的社会学理论研究基本上都预设了"社会"的这种明确边界性和相对封闭性。吉登斯对此曾经指出，"社会"其实本来不是这个样子的，绝大多数情况下，"所有的社会都既是社会系统，又是由多重复合的社会系统交织构成。这种多重交织的系统既可能完全内在于系统，又可能跨越社会的内部与外部，在社会总体与跨社会系统之间形成多种可能有的关联形态"。

把"社会"作为社会学分析的首要对象有很多含义：首先，它促使对社会变迁内生模式的关注。其次，认为社会学研究对象是明确可鉴的"现代社会"，这并不一定要求它与前现代的口述文化和农耕国家社会的特征保持某种连贯性，换句话说，并不一定要求它与迄今为止在人类历史长河中占据较长时间的社会保持连贯性。实际上，在"现代社会"与"传统社会"之间，更重要的特征体现在其"断裂性"上而不是"连贯性"上。在当代，随着全球化浪潮的兴起，各种跨国事件层出不穷，民族国家的边界日益被突破，现代社会的形式也在发生着重大的变化，这使得建立在民族国家基础之上，以现代社会为主要研究对象和范围的现代社会学面临着越来越大的挑战，对此，究竟是保卫传统的"社会"还是重建新的"社会"，就成了社会学乃至整个社会科学不得不思考的一个难题。

文化研究与社会学：仇家，还是血亲？

陆 扬

社会学和文化研究的关系比较复杂，两者是不是一个二元对立？它们是血亲还是仇家？似乎也难一言定夺。显然今天的文化研究对社会学构成了挑战。但挑战并不必然意味着后来居上。事实上，许多文化研究学者本人就是社会学家，许多社会学家也同样在从事文化研究。但是差别毕竟存在，社会学作为"社会"的话语，必然有它的特定语境或者说本土性。以文化研究为伯明翰的传统，我们发现它对于社会学，特别是美国的社会学传统，是多有言所不及的。一般来说，在澳大利亚这样一些学科分野比较模糊的国家，文化研究和社会学融合较好。而像美国这样学科分类明晰，文化研究又大都在人文学科里安营扎寨，文化研究和社会学的关系就比较见出分歧来。

美国的文化研究主要是在高等教育体制内部产生发展，而英国伯明翰文化研究传统发端于成人教育的路线。英国的成人教育和开放大学传统自有其渊源，其他国家未必一样具备。就此而言，诚如中国的成人教育在一定程度上相仿于美国，迄今不成大的气候，中国的文化研究也同美国相似，迄今主要还是在高校机制里展开，细想起来便也情有可原。但即便是在美国，文化研究在高校里的地位其实也很尴尬，几乎鲜有例外，它大都作为跨学科课程来教授或者成立研究中心，总之是处在边缘。这和社会学稳固的学科地位，尚不可同日而语。

社会学一向关注文化。文化是社会变革的动因，它可以解释传统的回归，也可以解释社会生活新形式的出现。文化使社会学的研究见出深度，尤其面对社会差异，每每能够以多元视野替补一元理性分析。这样来看，马克思对意识形态和商品拜物教的分析、韦伯对传统价值与新教伦理的比较以及涂尔干对"失范"和集体表征的研究，都可视为早期社会思想家对社会文

陆　扬：复旦大学中文系教授。

化内涵的关注。但是,假如按时下流行的做法,把文化定义为一种符号形式,那么很显然文化分析理所应当有它自己的领域。比较来看,社会学的传统重心则是在科学。早在19世纪,作为社会学原型的人口统计学,其奉行的对社会给定事实的量化分析方法,就是典型的科学主义传统。而正是在这一背靠科学的氛围中,社会学确立了它的学科地位,其中文化隶属于社会制度、社会过程、社会集团及其社会实践。个别的文化制品,比较它们的社会生成和接受语境,其本身的意义和形式是无足轻重的。

20世纪60年代之后,文化社会学开始兴起,社会学历经了一个"文化转向"。文化转向意味着什么?首先,它意味着承认大众文化特别是消费文化与高雅文化一样具有重要意义。其次,它意味着社会学的几乎每一个研究领域,无论是性别、种族、科学和国家研究,必须与文化携手,方有可能建树其学科地位。最后,它意味着社会学的学科边界将是开放性的,特别是文化研究的成果将被大量吸收进来。由是观之,文化社会学兼收并蓄,将大众文化、高雅文化特别是文化产品,包括它们的价值及其接受,以及包括专业知识和科学的知识社会学、文化资本、政治文化等等尽收囊中。所以,我们有必要考究社会学与当今如火如荼的文化研究的关系。

文化研究是英国伯明翰的传统,一般认为发端于三部大著:雷蒙·威廉斯的《文化与社会》(1958)、《漫长的革命》(1961)和理查·霍加特的《有文化的用途》(1957)。这三本书挑战了二战之后英国的主流文化。文化曾经是文学和艺术一统天下,无论是文本还是行为思想,文化分析几乎是清一色的美学的标准。反之,大众文化体现的就是商业趣味、低劣趣味,或者说纯粹就是没有趣味,是审美趣味的堕落。但是现在,趣味的天经地义的高雅和风雅,在大众文化面前本身将变得摇摇欲坠了。

霍加特和威廉斯都强调文学、造型艺术和音乐只是文化的一种表现形式,强调文化应当包括更为广泛的社会生活的意义和实践构成,是以语言、日常风俗和行为、宗教和各种意识形态以及各类文本实践,悉尽成为文化研究的绝好对象。故此,在《有文化的用途》中霍加特将文化的变迁追溯到英国工人阶级。作者结合切身回忆和历史社会学的方法,不仅叙写了工人阶级的音乐和通俗文学,而且栩栩如生地记述了他们的家庭和邻里生活风貌。同样,威廉斯的《文化与社会》将文化的美学内涵申发开来,使之广被社会生活的方方面面。三年后他的《漫长的革命》,更显示了由文学到社会分析的文化转向,视小说和戏剧的起源为公共文化程度提高的直接产物。这同哈贝马斯的公共领域思想几无差别。后来,斯图亚特·霍尔(Stuart Hall)评价威廉斯的这本书是将文化的定义从文学整个儿转向了人类学的方向,使文化从静态的结果变成动态的过程,其中社会的、历史的因素变得举足轻重。

伯明翰中心的第二代传人又有所不同。如果说英国文化研究的第一代人主要是使文化超越美学和文学批评成为一种社会批判理论,那么无论霍加特还是威廉斯本人都还是文学批评出身,首先是文学批评家。但到第二代人,无论是霍尔,还是大卫·莫利(David Morley)、多萝茜·霍柏森(Dorothy Hobson)、迪克·海布迪基(Dick Hebdige)等,主要都不是文学批评家而是社会学家。在上一代人批判传统的同时,据霍尔《文化研究与中心》一文中的说法,这还是一个"复杂的马克思主义"的传统。之所以名之为"复杂",是因为这个传统主要关心的不是经济和阶级的背景,而是当代社会的构成形态,关心权力和公共生活的文本构成。这是说,文化的意义不是自由漂浮的,而是必然联系权力结构来加分析。这也使文化研究的第二代人对威廉斯和汤普森较少理论色彩的"人文主义马克思主义"多持批判态度。如霍尔等人就明显受惠于法国结构主义,偏重于对文化意义做不带感情色彩的符号学分析。另一方面,文化既然不再囿于文本,而同社会实践和制度结构密切联系起来,从而阶级、性别、种族问题同样成为文化研究的核心问题,阿尔都塞的意识形态理论、葛兰西的霸权理论甚至福柯的"历史考古学",就顺理成章地成为文化研究的理论资源。

近年任教纽约州立大学阿尔巴尼分校的社会学教授斯蒂芬·塞德曼(Steven Seidman),在题为《相对的社会学:文化研究的挑战》的文章中,提出文化研究与社会学的差异至少表现在以下几个方面:首先,符号学转向的问题。社会学力求对社会作系统分析,其方法同文化研究的多元视野相比,显得相对单纯。社会学家大都雄心勃勃,意在全面理解社会,给社会提供全面整体的系统分析,这与经济学、政治学甚或哲学和宗教等其他领域术有专攻的特点都有不同。文化研究在这一方面对社会学提出的挑战,使它同样有意识地对社会的方方面面作出系统分析,但是不同于社会学采用的统计学的理性分析方法,文化研究显示了文本分析,或者更确切地说,符号分析的方法转向。如是,社会现实将被视为一个符号和意义的领域,而假如认可德里达"文本之外一无所有"的命题,它还蛮可以被释为一个文本的世界,无论分析的对象是电视、电影、言情小说、时尚或者各种亚文化现象。

塞德曼认为这一符号学转向迄今尚未在社会学中发生。今天,社会学的主导方法,无论是人口统计学、犯罪学还是组织社会学或种族社会学,基本上还是人文主义的方法,由此来建构特定理想形态的社会;抑或结构主义的方法,以潜在的"社会结构"来说明形形色色的社会现象,如社会阶级、市场、人口、结构布局、网络设置等,都可以最终在社会基础结构中得以定位。这说明文化研究历经了符号学转向,社会学则没有经历这一转向,可以从大众传媒的研究上见出一端。社会学的大众传媒研究偏重内容分析,找出分散的价值观念予以量化统计,由此分析传媒对受众的影响。但是文化研究把电影和电视看做符号和意义的内在秩序,致力于探究意义如何约定俗成为惯例被编码。因此,意义就是解码的过程。有鉴于不同的受众有不同的解码和阐释习惯,所以意义也就五彩缤纷,显示出多元化的特征。如霍尔就多次强调意义的符号学内涵和阶级的、政治的内涵,从来就没有一对一的对应关系,两者之间的关系是流动不居的。文化意义固然受制于权力关系,但是具有它们自己的内在秩序,其与社会结构与权力的关系总是表现为相互渗透的经验分析。所以,不妨说文化研究的符号学转向开辟了一个社会分析的新领域,传媒、受众、亚文化、意识形态、共识达成、主导、抵制、权力等等,这些社会学通常忽略的话题,都成了热门研究对象。

文化研究的这一符号学转向同法国社会理论有相似处。特别是鲍德利亚的早期著作如《生产的镜像》和《符号的政治经济批判》、利奥塔的《后现代状况》以及福柯的《戒律与惩罚》等,这些著作都与主流马克思主义和社会学传统分道扬镳,主张战后欧洲历经剧变,社会分析的传统语言,如阶级斗争之类,已经不再能够适应新的形势,所以文化研究与法国后现代理论似是异曲同工,充分重视大众传媒、信息技术、文化政治和日常生活商品化等等的新角色,认为它们标志了西方自文艺复兴以来的第二次社会大变革。

文化研究与社会学的第二个差异,在塞德尔看来,与"自我"的理论描述有关。社会学一般视个体为社会生活的基础,把自我看做一个内在统一的理性的动原。当代社会学中的许多范式,诸如交换理论、冲突社会学、理性选择和网络分析等等,都设定一个知识和行为主体,认定他有追求快乐、回避痛苦的本能,能够理性思考,有自然的性趋向,换言之,是异性恋。这样一个自我具有一切正常和规范的"自然"属性,是为天经地义的理性的人和社会的人,受制于种种外部的力量,诸如阶级地位、经济地位、劳动分工等一系列因素。文化研究则偏离这个传统,视个体为社会生成,视之为生理属性和社会属性都属多元矛盾的生存主体,因为主导自我的不再是意识,而是无意识。这样来看,文化研究就标志着向欧洲古典理论家的回归,致力于说明主体形成过程中的社会历史因素,开拓个人、社会和历史的无意识层面。更确切地说,是用阿尔都塞、葛兰西、福柯、女权主义和精神分析改写了古典理论。

最后,在对待知识方面,文化研究和社会学的态度被认为大致可以见出政治和科学的区别。文化研究的社会分析侧重经验的历史内涵,社会学则讲究结构和量化分析。而比较社会学家大都力求持客观的立场,致力于量化分析而超然于道德和政治纷争的科学立场;文化研究大都把社会知识看做社会冲突的背景,不遗余力地标举明确的政治目标,它更关心现实政治和道德舆论问题,倡导知识分子为社会正义介入日常生活的方方面面。用一句老话说,文化研究培植公共知识分子,典型的例子如霍加特和威廉斯,他们毕生孜孜不倦投入工人阶级生活的研究,令人尊敬。

但诚如塞德曼明白交代他写这篇文章并不是鼓吹文化研究而反对社会学,文化研究自己的局限和问题也为显见。作为新马克思主义和文化主义的合流,文化研究忽略了文学和美学的批判,一向为人诟病。其把一切社会现象文本化的做法,不妨说同样具有科学主义的倾向。事实上,今天社会学正在缩小与文化研究的距离,两者的交流也早有渊源。早在 1978 年,英国社会学学会第一次召开有关文化研究的讨论会,会上把"文化产品和实践"定位在物质条件和作为意义生产表现的作品之间,这是社会学第一次将文化和"意义生产"联系起来。更往前看,美国社会学发展成为羽翼丰满的独立学科,是以 20 世纪初芝加哥大学社会学系的成立为标志的。由此而来的芝加哥学派,一开始就对文化具有浓重兴趣。虽然,二战之后欧洲社会学异军突起,谨严科学的方法蔚然成风,但芝加哥学派的传统尤在,这个传统重视日常生活的社会身份建构,重视边缘群体的文化生产,这与文化研究,亦不妨说是殊途同归。

大学的诞生

薛 涌

　　近年来，西方历史学界悄然兴起一股大学热。特别是对早期大学的研究，著作层出不穷。大学诞生在文艺复兴之前，代表着一场"学术革命"。传统史学只重文艺复兴而忽视早期的大学，好像中世纪的"黑暗"是在 14 世纪被突然打破的。这不仅妨碍我们理解大学，也影响我们阐述历史。本文则把大学的诞生放在中世纪社会转型的框架中来考察，指出在中世纪前期，也许还可以用政教之争界定普世的秩序框架；但大学的产生，使欧洲在 12、13 世纪之际进入了"政""教""学"三权并立的时代。同时，我希望通过这样追本溯源的探究揭示出大学的"基因"，帮助我们反省当今中国大学的建设，思索未来大学的发展方向。

中世纪的秩序

　　大学的诞生并非一夜之间的事情。因为早期的学校发展到什么程度才叫大学，很难明确界定。《剑桥中世纪史》的作者 Jacques Verger 索性用了一个简单的办法，把大学诞生的时间定为 1200 年前后。而大学诞生的"胎痕"，在我看来就是其独立的性格了。

　　俗话说，秀才碰上兵，有理说不清。中世纪武夫当道，在精神领域也是教会一手遮天，由书生统治的学校何以能自立并演化成大学？ 这是个费解但却长期被忽视的问题，要解答就必须认真分析中世纪的秩序。

　　以马克思的历史模式来分析，中世纪是封建社会。这种说法大大简化了中世纪的现实。实际上，中世纪是多重秩序的混合体。对此，Hendrik Spruyt 有颇为精要的概括（下述分析主要依据 Hendrik Spruyt 的相关论述）。在他看来，中世纪的社会是由罗马教廷、神圣罗马帝国、封建国王和贵族、地方自治

　　薛　涌：美国萨福克大学历史系副教授，耶鲁大学博士。

的共同体(common)等重叠而成。以罗马教廷为中心的教会,维持着一个普世的精神秩序。众所周知,罗马帝国末期,基督教有着广泛的感召力。罗马帝国对世界的征服,尽管有罗马公民权和罗马法这种政治上的感召,但并不以精神上的皈依为基础。特别是帝国社会贫富分化严重,以元老院为中心的大土地贵族集团垄断了政治和经济资源,使一般老百姓离心离德。基督教则对中产的工匠和商人阶层极有感召力,教义随着他们的流动而传播。教徒们在城市组织他们的会众,在帝国秩序的缝隙之中和架构之外,发展出一个普世主义的精神共同体。罗马皇帝最后不得不容纳基督教,日耳曼的野蛮部族也很快皈依了基督教。

以神圣罗马帝国为代表的帝国政治秩序,则不过是在罗马帝国的废墟上照虎画猫,勉强构造而成。因为罗马帝国是世界的征服者,政治想象力不足的中世纪皇帝虽然不具备那样的实力,也都以之为范本,追求普世的政治秩序:帝国高于一切世俗权力,没有边界,不承认对等的政治实体。可惜,这种没有实力基础的政治理想,最终只能使帝国成为一个空壳。

另外,日耳曼野蛮部族席卷欧陆后,利用罗马帝国之后的政治真空,建立起地头蛇式的基层统治,这就是所谓封建秩序。这种秩序的实质,是公共权力为私人所把持。在乱世之中,掌握武力的团伙自我组织起来,拥立一个领主以自保。同时,这个领主为了生存,则附属于一个更大的武装首脑,由此形成以个人纽带为基础的封建层级。在下的给在上的提供服务,由此换来上面的保护。不过,这种纽带带有强烈的契约性质:如果上不对下履行其承诺,下对上也可以收回其义务。另外,上对下只能提出有限的要求,没有无限的权力。下对上履行义务后,就有强烈的独立性。这种关系,孕育了中世纪的宪政主义。

在上述三种秩序的缝隙中,还诞生了第四种秩序,就是自治体。这种自治体是地方居民自发组成的,以工商为业,有强烈的独立性格,最后形成了城市国家或者城市联盟。成为文艺复兴载体的意大利城市国家,以及西北欧的城市联盟,如汉撒同盟,就是这种自治体的代表。

中世纪的社会和个人往往要对上述多重秩序负责。比如,一个贵族要考虑对国王或者诸侯的封建义务,也要照顾教会的要求,还必须顾及皇帝的权威。另外,他还要考虑和城市的关系。一个城市可以是附属于他的,可以是独立的,也可以是支配他的(这后一种情况在意大利北部就非常普遍)。同时,这些权威彼此之间也在不断竞争,非常不稳定。

我们所熟知的"让上帝的归上帝,让恺撒的归恺撒"的政教冲突,就体现了这种多重秩序之间的紧张性。其实,问题还远不是这样简单。教会与帝国都追求普世的秩序,其权力在一条轨道上走,最容易撞车。不过,两者之间无法单纯地以精神和政治秩序来区分。比如,教会看上去是领导着一个精神共同体,其实具有坚实的物质基础。以主教或大主教领导的教区和罗马行省是基本一致的。主教们大量来自罗马贵族阶层,从帝国晚期以来就广泛参与帝国行政。在罗马帝国灭亡后,教会以帝国原有的行政区建立起自己的行政机构,填补了政治真空。这样,在中世纪早期,教会是欧洲最大的地主,有巨大的财政权力。特别是在蛮族入侵后,教会几乎垄断了文化,所有和文字有关的领域,都被保存在教会之中。在这一意义上说,教会把握着治理一个需要文字的复杂社会的行政能力。皇帝找到教廷,寻求的并不仅仅是精神上的合法性,而且是财政和行政上的支持。

在基督教的教义上,对俗权和神权的定义也非常含混。《圣经》中提到有两把宝剑:一是司铎(神圣)的(sacerdotal),一是世俗的(secular),不过没有明确哪个更高。教皇杰拉西乌斯一世(Gelasius,492~496年在位)虽然被认为是主张神权和俗权分离的关键人物,但他对两者谁高还是语焉不详。其实,如果神权与俗权真的分离,两者井水不犯河水,谁高就并不那么重要。可惜,如上所述,在现实中,两者纠缠在一起,是君权神授,还是神权君授,有时就必须澄清。这就引起了"权授冲突(Investiture Conflict)"。这里不仅是教皇和皇帝之争,封建领主、城市国家和城市联盟也都参与了博弈。各方在长时间内相持不下,都有着把自己的统治正当化的强烈需求和危机。大学也就是在这种权力及其合法性的多重竞争的缝隙中逐渐成长,并获得了自己的独立性。

在中世纪盛期,欧洲社会开始了巨大的变动。经济的货币化和市场化,使新起的城市价值挑战传统的封建和宗教价值。商人有了纠纷,希望有理性的法律仲裁,而不是依赖日耳曼人的神裁法或试罪法。契约也不能仅仅依靠对神发誓,而要有法律文件来支持。面对这样的社会变动,罗马法对契约和私有产权有着复杂的理论界定,有以成文法律和举证为基础的严格司法程序,因而越来越受欢迎。另外,商业经营以及在商业社会的政治统治(比如财政税收等等）和宗教机构，也必须依靠文书会计和法学家。这无疑促发了一个"知识产业"，知识阶层的身价也渐渐提高。

与此同时，一些地域性的封建王侯利用自己的现金收入，利用城市提供的资源，开始建立主权国家，独踞一方（其中一例，是 Hendrik Spruyt 所分析的法兰西 Capetian 王朝向主权的民族国家过渡的过程）。这些权力必须彼此竞争，看谁所提供的秩序更有合法性。当人们越来越尊重契约、产权、交易中金钱对物质的统一量化、非个人化的社会关系，乃至司法中的程序、成文法典、举证、推理等等后，对神宣誓、神裁法或试罪法、个人之间的封建义务等等，就无法成为社会意识形态的基础。所以，皇帝和封建国王们为了将自己的权力正当化，开始以罗马法中抽象冷静的概念来解释其秩序和权威，引起了罗马法的复兴。同时，罗马教廷也运用同样来源于罗马的教会法巩固了自己的神权秩序。这就导致了 12、13 世纪的"学术革命"和大学的诞生。

大学和学院的成立

商业的兴盛，统治的财政化，神权与俗权秩序的理性化，社会与经济关系的货币化，都在改造着人们的世界观。中世纪早期的欧洲人很难抽象思维，他们面临的一切都是具体的。但是，经过商业革命的洗礼，世界变得抽象起来了。从阿拉伯世界介绍过来的希腊、罗马的古典学术著作，又使知识储量急剧增加。这些都对当时的欧洲人构成了挑战。古典训练首先使求知的方式变得复杂化了。这里特别值得提出的是古希腊以来的辩证法（dialectic），即通过问答辩论的方式，通过攻击和辩护某些特定的观点，来完成认识过程，而不是被动地接受权威对既定问题的解释。这一求知方式被神学界所广泛接受。比如 12 世纪初富有传奇色彩的巴黎教师 Peter Abelard，把教会牧师们的各种彼此矛盾的观点全列出来，起一个刺激性的标题："是与否"，邀请各色人物前来辩论解决冲突之道，由此把教室变成了一个激辩的比武教场。他在这种激辩中所向披靡，展示了难以抵挡的技艺和魅力，使有些人称他是第一个巴黎知识分子，甚至其女学生爱绿绮丝竟和他上床生了孩子，乃至后者的家族把他阉割作为报复。

在教会法的教学训练中，同样的辩论方法也大量使用。在罗马法中则更是如此：学生要围绕固定的题目激烈辩论，每方必须提出自己的论断并通过举证对自己的观点加以支持,然后才由老师出来定夺。大学成立的时期,也恰恰是课堂教学从牧师布道式的单向满堂灌转化到这种论争(disputation)方式的时期。这种教育方法,自然也要求师生在空间上的聚合。

意大利的波伦亚据说是第一所大学的诞生地。到12世纪末时,波伦亚已经成了欧洲的法律中心,有"法律之母"之誉,并汇集了来自全欧洲的几千名法律学生。

当时的学校是纯学术性的。但是学生来这里的目的并非是要一头扎进象牙塔。格列高利七世在"权授之争"中的改革,在神权和俗权的秩序问题上留下的争议达到了前所未有的程度,一直悬而未决;而且由于当时多重秩序的平衡,这些争议无法单纯依靠武力来解决。社会有着寻求权力合法性的强烈渴望,超出了现存法律文献所能满足的范畴。当时的世俗王侯和教会的主教们,都在寻找那些能够在理性和客观的基础上辩论并有普遍权威的法律人才。当波伦亚的声誉传出去后,他们就都把自己看好的人才送来训练。

波伦亚的法律教育自1100年前后就开始了,在12世纪持续壮大,教学内容不仅包括罗马的民法,还有教会法。学生习惯于依据文献证据进行辩论,并在学习过程中渐渐积累一套自己的文献。这种积累的办法是通过从指定的书商那里借来经过认证的法律文献,自己抄写下来。等学成后,抄写的基本书籍也就备全了。要知道,此时离日耳曼人Gutenberg在15世纪40年代发明活字印刷术还有300年左右。在前印刷术时代,拥有书籍本身就是一种知识垄断。1155年或1158年,神圣罗马帝国皇帝腓特列一世把学校管辖权从波伦亚地方政府让渡给了学生,其意图明显是通过削弱地方的权力来笼络学校,强化皇权在法律上的威望。他的名言是:"凡是让王者愉悦的,都具有法律的力量。"

但是,波伦亚地方政府惧怕两方面的问题:第一,学生成分复杂,五方杂处,可能孕育着不稳定;第二,周围地区也开始出现教育机构,可能要面临竞争。于是,当地政府在1189年要求教授们发誓,保证不会把学校迁移到其他地方;同时开始对学生施行管理。

这些措施立即引起学生的反抗。他们根据各自所来自的地区,组成nation(最早的nation于1191年出现。这个nation的现代译法就是"民族"或"国家"之意,但当时"民族"、"国家"还属于超前概念,nation的意思基本是指来自同一地方的人聚合成的团体）。经过多年的试验和努力，13世纪30年代，nation组成了两个学生universities（即"大学"）：一个是意大利人大学（the University of Italians）或内阿尔卑斯山人大学（University of Citramontanes），一个是包纳日耳曼人、法兰西人、英格兰人的外阿尔卑斯山人大学（the University of Ultramontanes）。当时处于民族国家以前的时代，北部意大利是欧洲文化中心，那里的人笼统地称阿尔卑斯山南面亚平宁半岛上的人为山内人（Citramontanes），称阿尔卑斯山北面的欧洲人为山外人（Ultramontanes）。大学也以此来分。教授们则要由学生聘任。这些教授组成几个"学院（college）"，主要的功能是组织考试。

当地政府希望防止这种由学生主宰的大学的成立。但是，学生又受到了教皇的支持，波伦亚当局只好作罢。迟迟到1274年，当地政府才承认了该校的一系列特权。不过到那时，该校早已羽翼丰满，不仅有法律教育，而且语法、修辞学、书信术等等实用技艺都在教授，并在1260年开始了医学教育，成立了文科与医科大学。

波伦亚大学诞生的"胎痕"，应该说就是学生独立地组织起来管理学校，或者说，"学生会"成为学校的主体。这些学生自治体之所以最终让大学获得了独立，必须从中世纪多重秩序竞争的格局中来解释。如前所述，当时的神圣罗马帝国和罗马教廷是两个普世的权力机构，为争夺在基督教世界的主导权，从11世纪到13世纪进行了激烈的较量。

封建诸侯和自治城市都从自己的利益出发，参与了这一角逐。神圣罗马帝国的皇帝不甘居日耳曼地区，一定要翻越阿尔卑斯山入主亚平宁半岛，威胁教皇的地位。教皇为了自保，一是联合日耳曼地区的贵族，使皇帝后院不安；一是支持城市国家的独立，与皇权在北意大利进行对抗。12、13世纪，在教皇的支持下，意大利北部的几十个城市组成伦巴第联盟（Lombard League），先后击败了腓特列一世和腓特列二世的入侵，保持了城市的独立，也使教皇免居于神圣罗马帝国的皇帝之下。

不过，这一权力角逐，几方都势均力敌，谁也没有决定性的优势，有时的成败全靠一时的判断和运气。在这样僵持的局面下，皇帝和教皇都需要寻找权力的合法性源泉。波伦亚是罗马法和教会法的中心，所以腓特列一世要迫不及待地给学生们自治权，希望这些法律专家为自己服务，复兴罗马帝国以皇帝为法律源泉的传统。教皇当然也不敢怠慢,不仅早已下工夫修订研究教会法,而且授予波伦亚学生自治权。唯一希望管制学校的,是波伦亚政府。但是波伦亚是伦巴第联盟的成员,本身受教皇支持,虽然可以不顾腓特烈一世的权威,但难以违反教皇的意志。结果波伦亚的学生坐收渔翁之利,成为一所学生主宰的大学。事实上,波伦亚大学和波伦亚等城市一样,都是一个自治的共同体。大学和中世纪独立城市一样,都是在多重秩序的夹缝中获得了生命。

除了波伦亚外,其他地区也有平行的发展。巴黎大学和波伦亚大学的诞生几乎在同时,不过性质非常不同。波伦亚大学是"学生的大学",巴黎大学则是"教师的大学"。巴黎的学校,如圣母天主学校以及一些"私立"的学校,例如 Petit Pont 和 Mont Sainte-Geneviève 等,在 13 世纪以前就早已存在并且有很好的声誉。这些学校讲授文科的一系列课程,特别是辩证法、神学、教会法等等。不过,这些学校基本是属于教会的,教师是神职人员,教学还要由教会发证书才行。在 1200 年前后,这些学校的教师开始组成协会,其目标一方面是从地方的教会和政府的管辖中获得独立;一方面是整顿教学秩序,比如统一教程和考试程序。法国国王和教皇相继表示支持,地方的主教经过一阵抵抗后,放弃了过去对学校的许多权力。英格兰的牛津大学也大致在同期成形,借鉴了巴黎大学的经验,成立教师协会(当时有的教师就是巴黎大学的前学生)。1209 年,师生和本地居民冲突并被驱逐,到剑桥另起炉灶。但在教皇干预后,学校又回到了牛津,只是一部分师生留在剑桥,开启了另一个伟大的学府。到 13 世纪 30 年代左右,牛津才算是真正建立起来。

巴黎大学乃至英格兰的牛津、剑桥虽然是和学生治校的波伦亚大学不同,是由教师主宰,但都有许多 nation 把师生组织在一起,并在此基础上选举学校的管理人员,校长的权力得到了加强(在巴黎大学有 rector,在牛津有 chancellor)。不过最重要的,大概莫过于学院(college)的出现。最早的学院大概是在 12 世纪末的巴黎出现的,如 Collège des Dix-Huit 和 Saint-Thomas du Louvre。只是这种学院还非常简单,不过是几栋房子,再加上创建者捐献的小笔经费,供一些穷学者寄宿。到了 13 世纪中期,学院不仅变得更重要,也更独立,对大学有了相当大的影响。虽然直到中世纪末期以前,学院还不是一个教育机构,但却是一个学术共同体。学院有一套严格的寄宿规矩,其成员的选择根据经济状况(贫困程度)、父母背景、原籍以及智力程度等等标准来决定。学院保证了寄宿学生拥有舒适的生活,并提供了图书馆,而当时的大学还没有图书馆。这些寄宿的学生在外来权威的监督下自我管理,形成大学中一个小精英集团。比如巴黎最早的真正意义上的学院,是 1257 年创建的 Sorbonne 学院,寄宿着大约 20 位研读神学的世俗学生。其创建者 Robert de Sorbon 任神学院的执行教师(regent master)和王室牧师,并负责图书馆的建设和法规的出版。到了 1300 年,巴黎已经有了另外七所学院。牛津大学的学院也依此建立,其中包括 Merton(1264)、University College(1280)和 Balliol(1282),另有四所僧侣学院。在剑桥,Peterhouse 也在 1284 年建立。

知识的权力与知识分子

最早的大学的成立途径虽然各有不同,但都显示了几个共同的制度原创性,使 13 世纪的欧洲与以前大有不同。

首先,大学是作为一个学术共同体出现的。大学中的成员全从事一个职业,并按所来地通过 nation 组织起来。共同体的自治,是中世纪欧洲最大的生机所在。不仅庄园通过领主法庭等机构自治,职业人员通过行会自治,即使出门在外的生意人一般也都与来自同一城市的人在客土聚居。这样既能互相扶持保护,又给贸易伙伴一种"跑得了和尚跑不了庙"的稳定信誉。当时客商在异地城市的聚居所就叫做 nation,成为城中之城,国中之国,有自己一套法律。上海当年的租界,大概也是循此制而来。那时的学子和教师也跟商人一样,属于"流动人口",他们按 nation 组织起来,大家见怪不怪。这是大学自治的社会基础。波伦亚大学是"学生的大学",巴黎大学和牛津大学是"教师的大学",剑桥大学则成为"校长、教师和学者的大学"。虽然种类不同,但都是一个教学共同体,并有极大的自治权力。教授不管权威多大,都要经过学校的考核。大学发放教学的证书,保证教育者的质量。乃至为大学服务的书商、教堂司事,都受大学的严格控制,不服从规矩者,就被踢出共同体。当时的知识普及率低,知识传播渠道有限。大学这样把好了关,也就不惧怕别人的竞争。

中世纪的大学作为学术共同体能够独立,一大原因是在当时多重秩序的制度格局中,其他的共同体(特别是城市)也都保持着独立。大学必须在某个地方建立,而且多建在城市地区。但是,大学从一开始就具有鲜明的普世性格,并为此和所处的地方社会展开了激烈的抗争。当时对大学的独立性最大的威胁,还不是最高的俗权或神权,而是其所在地共同体的并吞。所以,大学大致采用远交近攻之策略,寻求教皇、皇帝或者国王这种最高的但遥远的权力的支持,以摆脱地方社会的挤压,从地方政权或教会的控制下独立出来。

中世纪有皇帝和教皇的政教冲突,一些王室则正努力克服封建的分权自治,把王权向民族国家的公共权力转化,为此不断和贵族等利益集团冲突。最终,在政治权力方面,普世的帝国和自治的基层共同体都没有获胜,近世达成的妥协是地域性的民族国家。宗教的秩序也无法凌驾于民族国家的政治秩序之上。但是,宗教在把王室的私人权力转化为公共权力上起了关键作用,扮演了将国家权力正当化的角色,并在民族国家的多元格局中,维持了基督教世界的精神统一。或者说,垄断暴力的政治秩序的建立,需要宗教的精神秩序来支持。但是,什么样的暴力垄断才是合理的? 垄断暴力的权力和垄断信仰的权力如何在现实中协调? 这则需要大学所提供的理性秩序。这一理性秩序既渗透到了神学之中,也渗透到了罗马法之中。大学的诞生,标志着理性秩序从教会的精神秩序中独立,使欧洲有了政治秩序、精神秩序和理性秩序既分立又彼此支持的格局。

德意志政治学者 Alexander 在 1280 年说,因为大学的存在,教育变成了在基督教世界中和政治权力、宗教权力竞争的权力。也正是从这个角度出发,Jacques Verger 称大学的出现标志着知识分子的诞生,就颇有说服力。我们可以说,知识分子从古希腊就有,谁能说苏格拉底和柏拉图不是知识分子? 可是,从他们的自我认同上看,知识分子这个概念是不清晰的。苏格拉底的自我认同是公民,柏拉图则要寻找哲学王,知识分子即使事实上存在,在他们的意识层中也是被归于政治的阶层。只有在大学诞生后,知识分子能够以 nation 而自成一国,在政治秩序和精神秩序之外开出独立的理性秩序,才有了明确的自我认同。

与 800 年前相比,今日的大学早已不可同日而语。不过,认真分析就可以发现:大学诞生时的基本精神,仍然颇为完好地保存在现代西方的大学中。学生治校的学校虽然几乎已经不存在了,但教授治校的学术共同体还是大学的主流。西方顶尖大学还是坚持寄宿制,讨论班仍然是教学的一个主要手段。只是现代民族国家的单元秩序取代了中世纪的多元秩序后,欧洲的大学主要由政府支持,成为一元的社会结构中的一个环节,教育政策高度政治化、官僚化,渐渐走向衰落。相比之下,美国大学的崛起,多少也得益于美国多元的体制。美国至今没有一所国立大学。联邦政府,州政府、地方社会、基金会、校友会、企业、宗教组织等等,都积极对大学施加影响,和中世纪欧洲的多重格局最接近。可见,思考未来大学的发展,中世纪的历史智慧对我们并非全无教益。

决斗的历史

阿瑟·克利斯托尔 / 原作　吴万伟 / 编译

　　1804 年 6 月 10 日的一个夜晚，亚历山大·汉密尔顿坐在位于曼哈顿北区家中的写字台前写信，解释他为什么要于第二天早上在新泽西威豪肯与副总统艾伦·伯尔用枪决斗。他列举了包括道德的、宗教的、实际操作上的反对决斗的五个理由，不过在写完七个段落后，他悲哀地得出结论："世上男人表现荣誉的决心"让他无法"逃避决斗的挑战"。伯尔已经让他处于无法防守的境地，如果汉密尔顿不理睬这个挑战，伯尔将"公布"出来，也就是在报纸上刊登他的拒绝，那样他的政治生涯将毁于一旦。第二天早上，汉密尔顿乘船来到哈德逊河对岸。

　　汉密尔顿死后，他的一个朋友说："如果我们真正勇敢的话，就不应该接受决斗的挑战，但我们都是懦夫。"他不仅是在说汉密尔顿，而且也是在说所有成为公众人物的男人，这些人的声誉只好听凭政治对手和煽动性记者的摆布。正如乔安妮·弗里曼在《为了荣誉而决斗》(2001)中清楚说明的，汉密尔顿和伯尔属于一个阶层，对于他们来说，任何公开的冒犯都不能不做出反应，即使本人没有感受到侮辱。汉密尔顿也发出过决斗的挑战；或者在别人决斗时给人当过助手，他前后参与了十多次的"荣誉之战"。而伯尔参加过三次决斗。他们两个在美国缔造者群体中都不算例外。《独立宣言》的签署人巴顿·格威纳特因为在决斗中受伤而死，前总统詹姆斯·门罗保持克制、没有提出和约翰·亚当斯决斗，只是因为后者当时是在任总统。几年后，安德鲁·杰克逊和亨利·克莱进行决斗，甚至连年轻的亚伯拉罕·林肯也差一点与詹姆斯·谢尔德用剑决斗，这个人后来成为联邦军队的将军。

　　当然，决斗是时代错误。此话不假，因为到现在仍然可能有意外出现。在 1954 年的古巴，有人要和作家厄内斯特·海明威决斗，被他拒绝了。1967 年，

吴万伟：武汉科技大学外语学院副教授。

两个法国政治人物在诺依里用剑决斗。4 年前,秘鲁国会议员挑战国家副总统在利马附近的海滩上决斗。可能没有人预料到在白金汉宫也会出现这样的把戏,但是女王仍然保持正式的捍卫者身份,随时准备好与任何挑战她君权尊严的人决斗。

詹姆斯·拉德尔是英国广播公司(BBC)的记者,是在苏格兰土地上所记载的最后一对因决斗致死的人的后裔。拉德尔根据审判记录本、报纸记载、银行文件、决斗者的往来通信,在《最后的决斗:死亡和荣誉的真实故事》一书中重新详细复制了迫使他的祖先大卫·拉德尔在 39 岁的盛年挑战当时的银行家乔治·摩根的过程。当时身为亚麻商人的大卫·拉德尔比汉密尔顿更不情愿与人决斗,他甚至没有枪。但是为了荣誉,拉德尔不得不提出和摩根决斗。两人在 1826 年 8 月 23 日上午来到决斗场地,只有一个人活着离开。

单人对打是自古以来就有的,如《圣经》中的大卫杀死巨人歌利亚,但决斗的规则是在 6 世纪才出现的。波根地的贡德伯德国王裁定无法达成妥协的分歧可以通过决斗的方式解决。正如名字显示的,"司法决斗"是法律行为,它是在法官和公众面前进行的,而荣誉决斗是私下的、隐蔽的,在历史上的大部分时间里是非法的行为。这种决斗出现在意大利文艺复兴时期,当时许多贵族寻找这样的东西,通过夸张了的荣誉感建立他们作为社会和军事阶层的优越地位。几十种的决斗法则、拦开手册、礼貌规定很快就形诸于文

决斗的历史　　原作大卫·休斯

社会学家讲座　文化

字,还规定了服装、方式、场地等细节性规则。实际上,它们提供了把抽象的荣誉概念合并成为让上层阶级更加体面生活的戒律和公理。他们永远说话算数,总是赶紧帮助处于困境中的朋友或者女人,一旦自己或者家人遭受侮辱或者伤害,绝不善罢甘休。

受到决斗规则的影响,意大利决斗是一种有意识的表演,其中礼仪和公正同等重要。提出决斗的人来决斗绝不是要杀死对方,而是要重新树立起自己的荣誉,他的剑在拔出来之前一直就是支撑的象征。实际上,只要遵守决斗规则,决斗的结果是无关紧要的。正如历史学家唐纳德·维恩斯坦说的:"想象中的决斗(避免的)就像真正进行的决斗一样真实和严肃。"提出决斗并不总是导致真实的决斗。法则中存在漏洞和预防措施,允许冷静思考的时间,好让助手能够协商和平解决的途径。法则还包含详细的指导性意见(包括信件)的写作,列举冒犯本质的挑战书以及应战方式等。显然,有些意大利绅士非常严格地遵守法则,他们对于荣誉的细节吹毛求疵,相互打嘴官司,以至于从来就没有进入决斗场地。

为了荣誉的决斗从意大利传播到了法国,后来到了欧洲其他地方。法国人使得意大利人看起来像掉队者、落伍者。不仅国王的宠臣在带羽毛的帽子被扔下后相互搏斗,他们的助手常常也参加进来,这就是16世纪作家皮埃尔描述的"共同决斗"。虽然英国绅士不像法国人那样热衷决斗,决斗仍然是提高地位的好方法,在英国一直持续到19世纪早期。

爱尔兰人是很难对付的决斗者,攻击对方的时候缺乏庄重和礼仪。1777年,来自5个国家的代表集中在一起商讨制定了"爱尔兰决斗法则"。新的决斗法则在1836年也出现在法国,1838年出现在美国,20世纪初出现在普鲁士和奥匈帝国。到这时,德国决斗已经具有半神秘的色彩。人们发现德国学生使用直边剑决斗,简短的剑头不会造成致命伤害,但是可以留下"可以吹嘘的伤疤"。《决斗:世纪末德国的荣誉崇拜》(1994)的作者凯文·麦克里尔认为,决斗是恢复"荣誉感强烈的人采用一下子晃眼的刀片彻底了结所有的委屈和侮辱的德国历史"的尝试。对于几代德国统治阶层来说,决斗是抗拒软弱、娇气和堕落的堡垒。甚至"犹太复国之父"西奥多·赫茨尔也忍不住想:"几次决斗就可能大大提高犹太人的社会地位。"

但是,决斗一直很少得到官方的鼓励。早在1480年,西班牙的伊萨贝拉就禁止决斗,后来西班牙、法国、英国王室相继禁止决斗。教会也一直谴责决斗。在 1563 年,特伦托会议颁布法令要求把所有的决斗者都驱逐出教会。但是反对决斗的法律证明是非常没有效果的。国王不愿意惩罚为他的军队提供战士的性格倔犟的贵族,法院同样如此。所以虽然法律规定了苛刻的罚款、坐牢甚至处决,但是对违反者的处罚一直非常宽松,可能因为就算严厉处罚也起不了多大作用。在某种意义上,绅士决斗要显示他能够确认自己在社会中的地位,显示荣誉比上帝和国王更重要。要想终止这种行为就要不仅禁止决斗本身,而且要摧毁支持决斗的理想化框架。1653 年,奥利夫·克伦威尔成为护国公后很快签署命令反对决斗,他强烈鼓励贵族们采取坦率的和滑稽的打闹,希望虚假的侮辱能够让他们习惯于真正的侮辱。

詹姆斯·拉德尔考察了所有的正确地方,所有合适的书籍,从安德鲁·斯坦美兹的开拓性著作《所有时代和国家的决斗浪漫史》(1868)到柯尔南的《欧洲历史上的决斗》(1986),到罗伯特·巴尔迪克充满趣味性的《决斗》(1965),再到芭芭拉·霍兰德最近的书《绅士的鲜血》(2003),这些书中都没有提到大卫·拉德尔和乔治·摩根的决斗。拉德尔和摩根,一个是商人,一个是银行家,分歧的最初原因是拒绝贷款。因为对摩根拒绝兑现汇票的决定感到惊讶,拉德尔把生意转向别的地方,这是可以理解的。但是摩根因此怀恨在心,到处散播谣言说拉德尔的经济信用问题,促使拉德尔给苏格兰银行写投诉信抗议。摩根因此怒火万丈,提出决斗的要求。

按照 1824 年的"英国决斗守则",受到侮辱不提出决斗就像不敢答应决斗挑战一样丢脸。名义上,决斗是拉德尔提出来的,但是正是摩根破坏拉德尔的名誉,甚至用雨伞攻击拉德尔的行为,让决斗变得不可避免。詹姆斯·拉德尔的《最后的决斗》中最大的影响因素或许是精心描写了一个以生意往来和教堂礼拜为平庸安逸的生活主要内容的性情平和的人,竟然能够陷入荣誉的概念不能自拔,被迫落入极端礼貌下的极端暴力的陷阱。

这是第一批决斗准则拟订者所没有预料到的后果。他们本来认为通过列举冒犯的情形提出适当的惩罚,可以让人们在动用暴力的冲动面前三思而后行。荣誉决斗被认为是要缩减不加约束的暴力、暗杀、家族复仇、狂暴的打架闹事(几十人拿着砍刀和斧子混战)等在中世纪非常盛行的行为。但是,贵族们这么严肃地看待荣誉,所以几乎任何一种冒犯都可以成为对荣誉的侵犯。两个英国人因为他们的狗打架而决斗,两个意大利贵族因为对于诗人塔索和阿里奥斯托的优点争吵而决斗,这场决斗造成一个人受到重伤,承认他根本就没有阅读自己所竭力称赞的诗人的作品。拜伦的大伯第五代拜伦男爵威廉杀死了一个人,因为这个人不同意谁的财产带来了更多娱乐。至于其职责本来是说服潜在对手和解的决斗助手,人们不可能知道他们消除了多少可能决斗,但是意大利调解大师的话或许可以提供一些暗示:"能够杀人的不是剑或者手枪,而是决斗助手。"

因此,一个本来设计好要约束暴力的机构反而刺激了暴力的增加。亨利四世执政期间,法国至少有四千男人死于决斗中(还有一个说法是一万人)。荣誉或许是决斗冠冕堂皇的借口,对于有些人来说,他们好像就看重决斗的行动。决斗者决斗就是要炫耀前刺或者后刺的技术,或者是给公主留下好印象,或者消灭对手,或者赢得上司的赏识。不是争吵导致了决斗的出现,而是决斗成为争吵的理由。一个法国贵族简单地给邻居寄上卡片,上面写着:"我已经把你的家夷为平地,强奸了你的妻子,绞死了你的孩子,我与你不共戴天。——拉贾德。"

不过,尽管决斗过于频繁,决斗仍然是几个世纪以来解决洗雪冤仇的有效方法。一方面,剑比法官的小木槌更快捷,更有约束力。一个在做生意时上当受骗的人可能更愿意提出决斗而不是介入烦琐的、错综复杂的法律程序。而且,有些冒犯好像是要引起个人的注意。萨缪尔·约翰逊吹嘘说:"一个人可能射击侵犯他荣誉的人,就像他射击试图闯进他家的人一样。"

但是,即使在这些让人震惊的冒犯和自动惩罚的案例中,矛盾也悄悄来到决斗的法则中来:列举哪些行为构成冒犯的举动本身大大增加了让男人相互残杀的机会。所以,决斗检验是否属于傲慢无礼或者不人道的行为呢?或者它是否仅充当了给人放肆地挑衅别人的许可证呢?或许两者都有,这就是善于思考的人既为决斗辩护又谴责决斗的原因。19世纪时,牧师和哲人锡德尼·史密斯总结了这个矛盾:"决斗虽然在文明社会中是野蛮行为,是在野蛮的人中间高度文明的机构,如果和暗杀比起来,它是克服人类冲动的巨大胜利。"

400年前,弗朗西斯·培根建议废除决斗,因为它沿着社会阶梯流入大众。他告诉星法院,一旦"理发师,医生,屠夫以及工匠也开始决斗的话,贵族将再也瞧不起决斗了"。但决斗并没有绝迹,只不过决斗的时尚消失了。随着欧洲从1792年到1815年连续不断的战争,军队成为自我封闭的社会,越来越受到自身规则的制约。尤其是英国军队成为经济不宽裕的贵族以及不是上层社会感到被生活欺骗的中产阶级的大本营。前者把决斗的思想信念带进军队,后者接受了这些信念。刚刚获得提拔成为军官的人马上开始相互挑战以便获得参加过决斗的荣誉。

詹姆斯·拉德尔写到,其中一个军衔受益者就是他祖先的仇敌摩根。1812年,摩根成功赢得45步兵团的指挥官,参加西班牙的半岛战争,复员后,他从来没有停止吹嘘为国王陛下效力的历史。尽管如此,大卫·拉德尔觉得有义务问他的朋友是否值得与摩根决斗。拉德尔是在自我欺骗,决斗法则中的核心的荣誉是对把决斗拿来作为晋身阶梯的人表现鄙夷和不屑。手枪已经让拦开技巧和武器外套成为多余的东西,任何一个使用锤子或者能够扣动扳机的人都适合决斗。

那时的手枪要么打不准,要么在手中爆炸,伤害站在旁边的人,它们引起诸如亲密决斗之类奇特的决斗模式,双方站立非常近,几乎能拿住手绢的两角。最后,随着步枪被制作得更加安全和准确,用枪决斗被看做是比用剑决斗更公平的形式。但是,英国人不能抗拒把公平提高到另一个高度。如果双方都没有瞄准,难道决斗不是更公平、更刺激吗?也许因为拉德尔和摩根都是苏格兰人,两人都瞄准了,同时开枪。一个目击者说大概有十秒钟的时间两人都站着,然后摩根"轻轻地往右边一歪倒下了"。一句话也没有说出来就死掉了。

对于詹姆斯·拉德尔来说,摩根的死造成的惊恐和接下来对大卫·拉德尔的审判证明了决斗受欢迎程度的减弱。拉德尔正确地指出这个世纪中英国进行决斗的人少了,但是如果有人愿意决斗的话,好像没有多少理由不进行决斗。到了1844年,维多利亚女王已经受够了。在她的敦促下,战争条款被修改,任何军官如果参与决斗,或者获悉有人要决斗,就将被部队开除。一年后,英国首相罗伯特·皮尔补充了非常有名的最终裁定:在决斗中伤亡的军官遗孀将得不到抚恤金。道德义务已经从个人荣誉转向对群体的关注。决斗者越来越被看做更关心自己而不是家人或者国家,有史以来第一次出现了拒绝决斗的高尚理由。

　　与此同时,在欧洲大陆和美国南部,男人仍无拘无束地决斗。1794 年,普鲁士决斗法则虽然禁止决斗,却提高了决斗的社会地位,通过区别对待决斗者,不是由军官或者贵族进行的决斗被看做袭击或者谋杀。德国人庄重地威胁要决斗,只有在上司命令的情况下才停下来(显然,比不决斗更丢脸的事情只有不听命令了)。到了 19 世纪末期,德国人比法国人决斗的次数少,但是他们的伤亡率要高。虽然法国人仍然坚持决斗的权力,在很多情况下只是用剑点一下对方的胳膊,或者看出来的故意不命中目标开枪就足以满足荣誉的要求。法国的决斗实际上成为盛大表演,旁观者可以预料战栗和激动,但是肯定不会期待参加葬礼。19 世纪 70 年代,参观欧洲的马克·吐温报道说,在一次手枪决斗中,为了自身的安全,每个人的瞭望台都设计得直接位于决斗者后面。

　　荣誉决斗的最初法则形成后的 500 年,决斗只是发生在上流社会的男人、军队或者政府官员中间。在电话发明以后,在汽车从装配线上下来后,在爱因斯坦发表了特别的相对论后,欧洲人仍然在决斗。尽管有越来越多的道德上的非难,人们似乎不愿意放弃决斗的特权。反对决斗的团体出现在 19 世纪末期只能引起决斗的反弹。托尔斯泰强调了决斗在道德上的不老实,后来在晚年他反思曾经"在战场上杀人,与人决斗就是要杀死他们,但是人们没有觉得有什么不妥当"。

　　如果 1910 年去世的托尔斯泰再活 10 年,他就可能看到决斗在欧洲开始消退。第一次世界大战带来了深刻的意识改变。巨大的伤亡人口,让人震撼的破坏和浪费造成人们对于包括荣誉在内的文化价值长期采取玩世不恭的态度,这成为 1914 年前道德版图的主流。关于民主和现代化的观念或许让决斗显得滑稽可笑,决斗被贬低为过去时代的残留和陈迹。柯尔南在《欧洲决斗的历史》中认为第一次世界大战是一场"实际上终结决斗的决斗"。当然决斗的衰落还有身体上的原因:法国、德国和英国潜在的决斗者群体,那些带领士兵在战壕中冲杀的荣誉感强烈的军官全部都被消灭了。

　　或许不可避免的是,多数欧洲人和美国南方人认为是骑士品质的决斗很快被看做代表早已消失的美好时光的象征。奥地利作家阿瑟·施尼茨勒在一生大部分时间反对决斗,却在战后写的短篇小说中依依不舍地回顾了决斗"生活无限美好,在很多情况下提供了更高贵的模式"。为空虚的荣誉而死肯定比为更少的或者根本没有的目的，听从别人的命令或者希望而死更有意义。至少决斗中的人有"某种风度"，这却因为战争的恐怖而彻底摧毁了。

生活可能曾经更加美好，但是在实际上关于决斗唯一美好的东西是发生决斗的地点，或者在布劳涅森林的茂密的林中空地，或者莱茵河岸边白雪覆盖的场地。决斗是血腥的行动，常常造成尖利的金属划破身体，或者子弹穿透肌肉或者骨头的后果。没有被当场打死的决斗者可能死于破裂的器官产生的痛苦或者伤口感染。但是人们不能指责作家给决斗添加了神秘色彩。毕竟，决斗提供了戏剧化、人物性格、悬念和突出的结局。决斗还能塑造引人入胜的画面，质朴无华的、神秘的美，但是仪式规矩不应该与美丽混淆。决斗的正式成熟或许给予它文明的神态神情，但是它并没有减少决斗中的暴力。

决斗的历史包含越来越卑鄙的讽刺性的内容。它的出现本来就是帮助新兴贵族和普通士兵区别开来，在某个时期，决斗成为几乎完全军人的行为。后来被边缘化的贵族强烈维护这些人把决斗看做自己的特权。由于随身武器的发展，决斗慢慢成为中产阶级的追求。最后曾经能够被描述为"难以匹敌的美丽的本能"的荣誉本身已经不能幸存于人们追求它的不择手段。什么是荣誉?荣誉是决不屈服的街头流氓头子，是《黑道家族》(The Sopranos)中的黑手党在肥胖妻子被称呼肥婆后发飙。最反常的情况就是希姆莱的党卫军皮带上的口号:"我的荣誉就是忠诚。"

决斗的时代已经结束了，但是如果我们向周围看看，就发现集体的想象力仍然没有超越锋利的金属片和神秘枪管里萌芽的预言。

译自: Arthur Krystal, "En Garde! The history of duelling"。《纽约客》授权翻译并发表中文译本。

商君的死

李洁非

书柜里头，有一本长篇小说——《商鞅》，无事时拿起翻看过。写得一般，缺少让人全神贯注的吸引力。我就那么翻着，准备翻几下便送它回书柜里原样躺着……快要终卷时，有一段文字却让我的目光停了下来：那时，商鞅躲避新君惠王和公子虔的追缉，仓皇在路，这日逃至一家客店——

客店老翁按住他的手，坚决地说："先生，没有路验，我们不能收留你。这是商鞅丞相制定的法律。《秦律》规定：收留没有路验的人，刖右脚。"

客店老妇人不满地说："你背《秦律》干什么？这么大冷的天，先让他吃饭吧。"

客店老翁摇摇头："吃饭？《秦律》说：给没有路验的人饭菜，砍右手。"

商鞅说不出一句话，他看着客店老翁把桌上的饭菜一样一样端起来，拿走了。

客店老翁冷淡地说："先生，实在对不起。您请去县衙门自首。我实在不敢收留您，别的客店也不会收留您。商鞅丞相规定过，匿奸者与奸细同罪。若留的客人是奸细，全家斩首，十家连坐。"

商鞅央求地说："那，给孩子买一点吃的，行吗？"

客店老板固执地说："不行，商鞅丞相的法律有规定，以食物资敌者和投敌叛国同罪，腰斩，杀全家。还要十家连坐，十家同罚。《秦律》规定，我们不敢不听啊。"

这细节很有意思。我不知是不是作者凭空杜撰的，找出《史记》查对，见《商君列传》这样记载：

李洁非：中国社会科学院文学研究所研究员。

商君亡至关下,欲舍客舍。客人不知其是商君也,曰:"商君之法,舍人无验者坐之。"商君喟然叹曰:"嗟乎,为法之蔽一至此哉!"

竟真有其事,像小说!——不像历史。

商鞅不姓商,姓公孙,后称商鞅,系他助秦强大后,孝公以商、於十五邑相封之故。《商君列传》初提到他时,称公孙鞅或卫鞅(卫乃其故国也),一旦得封号以后,就只肯照那封号称他"商君"。这大约是古史的体例,比如,张良被封以后《史记》也一律称"留侯",不复称本名。但不知怎么,我觉得这对商鞅似乎才特别有一种意义——可以说,在历史上"鞅"是一个无足轻重,也无关是非的人,而留下深重一笔、让人至今感受和仍不得不思考其存在的那个人,叫"商君"。

直至新千年,中国仍有人把他的事迹铺排成厚厚的长篇小说,稍前,还曾有一部同题材大型话剧在舞台上敷衍,显见他仍有重要的"阅读"价值。倘再倒转 30 年,上世纪 70 年代初的光景,商君的声誉更不得了,他在"评法批儒"运动中几被捧为"无产阶级革命家",记述他在孝公御前会议上舌战贵族的文字,是当时每个中小学生都要背诵的。

这本长篇小说《商鞅》我虽未细读,却读懂了:它的主人公继续作为"改革家"被称颂着。那出话剧我没看过,听说也持一样的主张。借一句时髦的话来讲,19 世纪末以来中国人对于"改革"、"变法",奉行一种"单边主义"态度,凡是沾着边儿的事情,似不用考虑别的道理,也不容讲别的道理,一概是对的。因此,说"改革"、"变法"代表着近代至今中国最大的观念霸权,毫不过分。这一霸权的尊荣,到"文化大革命"可谓登峰造极,不单伟大领袖、革命旗手头上因此加了"绝对正确"的神圣光环,就连古人们也跟着升天的升天、发臭的发臭——比如商君、韩非子、李斯、秦始皇便沾了"变法"的光而得到法定舆论的爱戴和庇护,谁若敢对他们道个"不"字,是要被视同反革命的,而孔丘、孟轲则忽然一文不值,人人得而骂之、啐之。后来索性把王安石也立为先驱人物,就因为在列宁书里找到一句话,赞他是"中国十一世纪最伟大的改革家",这就合该主持《资治通鉴》编纂的司马光倒霉,偏偏做了王安石的政敌,于是立刻成为丑类。另外一个例子是韩愈和柳宗元,这两位古人原本是友,结果也被今人依那尺度硬生生拆作对立面,胡褒横贬……

19 世纪起中国迭遭大辱,张扬变法图新之帜实属必然,但民族性格里急功近利、是非无执这两大病根却随之发作。跟欧美人以至东邻日人比起来，中国人历史态度和文化态度的最大特点是，要么极端保守顽固，祖宗的玩意儿动不得一根指头，要么却豁达到顶点，"过去"的所有全是破烂、祸害，统统扔掉打碎方称吾意，于是咸与维新、革命无罪、造反万岁。说来也怪，中国文明垂世五千年，外表一看，谁都以为像是须眉皤然的老者形象，其实骨子里却深藏着轻躁无常的幼稚性情。"幼稚病"的起因，正是急功近利和是非无执——后者尤其要命。比如就因了"变法"这字眼让有些人觉得亲切，商君便被引为同志了，法家也俨然成为中国法制精神的一笔财富。然而古籍白纸黑字地放在那儿，枉言者应该知道他们其实是在胡扯，但大家大约都觉得为着"古为今用"的利益，是非曲直不必那么在意，就算是撒谎、自瞒自欺也不足惜。

这遮罩了是非的谎诳真不知有多少，以至如将它们一一恢复到真相，颇似西绪弗斯的苦役一般无有尽头，但我们也不敢放弃努力——至少，这努力的过程会使我们的心灵慢慢地习惯于信守。

循此，我们先还商君一个真实。

商君在历史上究竟起了怎样一种作用？他给我们的社会、文化、思想究竟留下了怎样一种遗产？这是我们在议论这位古人时真正应该回答的问题。而这样的问题，以往却通通被回避着——回避的办法，便是用商君的功过评价来替代对他所作所为的思考。这倒也是中国最常用的障眼法，对一个历史人物动辄纠缠于功过，什么三七开、四六开、五五开地计较来计较去，而其所作所为之于历史、文化的影响和后果却不被认知和思考。我们对历史难有理性了解的根源，盖即在此。所谓功过的评价，背后倘无合乎理性标准的思考为基石，极易流于功利主义的结论。商君其人，单论功过的话，岂能有他——不正是他，令原本贫而弱的秦国走向强大，渐为霸主，终扫列国一统天下的吗？照这种"功劳簿"的办法，则我们对商君除了颂扬就简直唯有闭口不谈其他。但历史岂是这么一个东西？历史应该是镜子，供后人揽来鉴察，从那里面知得失、明是非，也即所谓"前事之师"。否则，人类真大可不必修什么历史。

关键并不在商君有没有"变法"、有没有让秦国"强大"起来，而在于一提到"变法"、"强大"等字眼我们是不是就被唱赞歌的冲动所左右，而忘记从更高的原则进行思考。那么，何为"最高的原则"？雨果曾说："在绝对正确的革命之上,还有一个绝对正确的人道主义。"但同样的观念,更清晰、更具体、更能与历史相参照的表述,我推许的是 18 世纪德国思想家赫尔德的这段论述:"纵览历史可以看到,随着真正人道的发展,人类当中破坏精灵的确大大减少,这种情形是依照一种开明的理性和治国之术的内在的自然规律发生的。"应该无人可以否认,人类历史是沿这个路线往前行进的;它是历史的灵魂,无论局部的阶段上历史有过怎样的波折,这个灵魂是永生的、无可毁废的。历史的核心实际上也就是善/恶趋向问题,只不过"善"、"恶"太抽象,易导致歧义或模糊性,于是在赫尔德的表述中,类似概念转化成了"开明理性"和"破坏精灵"这种更明确的词语。将这个思想运用到历史中去,我们的历史观也就极其明朗——归根结底,不论历史上发生了什么,不论某个历史人物曾做过什么,我们唯一要辨明和认定的是,较诸前代或前人,这一事件的发生或这一人物的作为是否起到增进"开明理性"和抑制、减少"破坏精灵"的作用。

商君变法、强秦,最终也须放到这个尺度下来衡量。根据《史记》的记载,商君重军功,奖耕织,打击贵族,立信于民。"行之十年,道不拾遗,山无盗贼,家给人足。民勇于公战,怯于私斗,乡邑大治。"从这个侧面看,变法推进了生产,令人民衣食足,压制犯罪,约民以信,削夺统治阶级特权——这些都与历史的文明方向一致。假使历史上商君的形象都保持在这个方面,后人对他便只有感恩戴德了;可惜事实不是这样,甚至主要不是这样。

孟德斯鸠在《波斯人信札》里说:"我时常寻求,哪一个政府最符合于理性。最完善的政府,我觉得似乎是能以较少的代价达到统治目的的政府……如果在温和的政府之下,人民驯顺,不下于在严峻的政府之下,则前者更为可取,由于它更符合理性,而严峻是外来的因素。"这已经是今天文明社会的一个常识。商君掌权下秦国道不拾遗、山无盗贼,乍听起来令人神往,可那究竟是怎样形成的呢? ——"令民为什伍,而相牧司连坐,不告奸者腰斩,告奸者与斩敌者同赏,匿奸者与降敌同罚",乃至"令民父子兄弟同室内息者为禁","弃灰于道者被刑"……如果百姓把灰撒在路上也会受刑,则"道不拾遗,山无盗贼"的奇迹又有何可稀罕、可称道的? 不仅如此,只怕我们心中还会忽然升起一股巨大的恐惧感,似乎那表面平静安详的社会气氛中处处潜伏着危险、横祸和杀机! 任何一个正常的人,是不可能在这样一种气氛底下感受到安全和幸福的，无论它是否已将犯罪现象消灭得一干二净！

几年前，读美国人华莱士的一部小说。它虚构的故事，说美国某市市长痛感世风的败坏，试图创造一个纯而又纯的社会，于是设法在议会通过一项严苛的法律，剥夺了市民除基本生存需要外所有个人自由和权利，同时赋予警察当局以极大权力，稍触者即遭逮捕被送入集中营。上述措施实施后，该市果然秩序井然，起初市民欢欣鼓舞，并无人理会个别持不同政见者的警劝，事情发展下去，人们最终发现这"洁净的"社会环境是以彻底牺牲公正、个性、隐私以及造就不受任何约束和监督的权力为代价的……华莱士的故事我怎么看怎么像商君"变法"后的秦国，虽然时间、地点隔了老远——并且一个出于忧患的虚构，一个却是铁一般冰冷无情的现实。

尤不可忽视的是，商君"变法"在中国历史上开了非常坏的先例：铁桶统治。在他以前，中国固不乏昏君佞臣，像纣、幽、厉、晋灵公、屠岸贾之流，但好歹只是以个人之恶祸国殃民，自商君之手，个人之恶则变成制度之恶。它未必会以昏君佞臣式的个人暴虐体现出来，却上升为体制性的暴虐。以往，遭殃的往往只是某个忠臣或某一不幸的家族，不足以构成社会性威吓和钳制，而商君发明的连坐法却终于使每个角落都笼罩在人人自危的白色恐怖之下，这简直可以说是中国历史上最黑暗的一项发明。他还鼓励和强制推行告密，"不告奸者腰斩，告奸者斩敌同赏"。可以想象，生活在这样一个"告密时代"，会是怎样一幅令人心惊肉跳的景象。但商君给历史作出的最恶劣的示范，其实是以言治罪："令行于期年，秦民之国都言初令之不便者以千数"，"卫鞅曰'此皆乱化之民也'，尽迁之于边城。其后民莫敢议令"。《韩非·和氏》里有"(商君)燔《诗》、《书》而明法令"一句，此事不见诸别书难知真假，倘若是真的，则"焚书"的首创者就非秦始皇了。然可以肯定，商君之"治"十分看重对人的精神的压制和奴役，中国政治、人性由此所受的损害怎么估量均不为过。

原先，中国幸而有一种比之于大多数古代文明更富理性的"圣人—仁爱"社会政治伦理，它虽不具有现代民主精神和理念，但在当时的历史条件下，还算是比较开明，比较不野蛮，比较关怀民权，比较能自觉抑制历史中"破坏性"之恶的一种社会架构。及至春秋战国，社会大乱，变数激增，原有的周礼在新的时代因素面前已嫌陈旧简单，不敷所用，所以诸说蜂起、百家争鸣,各种探索性思想纷纷提出,但以民为本、与民为善、惜民奉道仍是思想主流,无论孔、老、墨、庄、孟,各家社会理想或有别,治国方略侧重或不一,但都是在为一个更开明的社会而努力。只可惜在那样一个争霸为上的乱世,社会注定屈从于对强权的渴望和这种渴望背后的功利原则,理性的思想和学说因无法满足之而为权势者所鄙弃。商君初见孝公,亦优孟衣冠效仿主流思想以"王道"说之(司马迁讥他"挟持浮说,非其质也"),后者竟昏昏睡去。但商君之非孔子正在于此,他不可能处处碰壁、历尽坎坷犹衷心不改,相反,作为天生的投机家,他极快转换了话语,改以"霸道"进言孝公,双方此时一拍即合,而对中国历史的文明方向破坏最甚、干扰最重、危害最巨的一种治政模式就此诞生。

尽管因与"开明"背道而驰的"破坏"性本质,商君"变法"所生成的体制随着暴政很快达到顶点的虎狼之秦的崩溃而一道崩溃,取而代之的汉朝立国不久终认同于比较开明的儒家伦理,此后两千年中国也都将其立为社会的精神基础。但前者毕竟开了一条恶的先河,作为制度它是遭废止了,作为一种野蛮因素和破坏性力量它却在各朝各代的暴政中不时浮现出来。别的不说,中国历史的"特产"酷吏——明显是秦代"严刑峻法"播下的种子——因为个中巨蠹层出不穷,司马迁写《史记》时已不得不单给此类人设了专门一章《酷吏列传》——由此"酷吏"作为统治集团的一大门派正式登场了,而这突然出现的酷吏横行现象自非空穴来风,作为替恐怖政治奠定理论基础,并用体制化方式第一次亲手实践它的商君能辞其咎吗?《酷吏列传》始着笔处,很明确地把酷吏之根源溯归于以用刑为能事的秦代,"昔天下之网密矣,然奸伪萌起,其极也,上下相遁,至于不振"。文中的"昔"字,正是直指秦代。

荒唐的是,直到现在还有不少人望文生义,以商君法家身份而将其与"法治"的概念联系起来,真十足揭示中国文化的悲哀。所谓"法治",必以现代民主精神为基石,不是以民为敌,不是以刑役民、以刑残民,更不是密探统治、恐怖政治;在"法治"理念中,人民非但不是被制约的对象,相反是制约者,所有的法律均以最大多数人民的意志而立,均以他们的利益为根本,并保证侵害、剥夺人民利益的现象会得到最有效的抑制,纵有发生,亦将完全、迅速予以纠正。试问,商君之"法"骨子里跟现代法治哪里有半点共通之处?当时一位名叫赵良的义者当面质责商君:"君之出也,后车十数,从车载甲,多力而骈胁者为骖乘,持予而操闟戟者旁车而趋,此一物不具,君固不出。《书》曰:'恃德者昌,恃力者亡。'君之危若朝露,尚将欲延年益寿乎?"如果说商君是所谓"法治"的象征,那么可曾有人听说,哪个现代法治国家的大法官这样遭民嫉恨,出门如此不便?

说到商君之"法",承其衣钵的韩非子有过一番"法理"阐述,道是:

> 公孙鞅之法也重轻罪。重罪者人之所难犯也,而小过者人之所易去也。使人去其所易,无离(罹)其所难,此治之道。夫小过不生,大罪不至,是人无罪而乱不生也。

> 公孙鞅曰:"行刑重其轻者。"轻者不至,重者不来,是谓以刑去刑。

活脱脱一副暴政面目、酷吏嘴脸。什么"重轻罪",什么"轻者不至,重者不来",什么"以刑去刑",且不说这种奇谈怪想在法哲学上何其弱智,关键是它真正暴露出商君所谓"以法治国"乃是彻底的强权和独裁。在这种制度下,人民"动辄得咎",以"小过"而被"重罪"。1944年郭沫若在《十批判书》里把它形容为只需要"牛马和豺狼"的"极权主义"制度,他当时的眼光真的很不错。

经商君之手,秦国的确走上了"强大"之路,但这样的"强大"也可以被歌颂吗?别人不说,我想陈胜、吴广们肯定是不同意的。在这问题上,有大是大非。秦末破天荒地爆发了中国历史上真正意义上的大规模人民起义,便是商君式统治的最好注脚。司马迁给商君的盖棺之论是:"商君,其天资刻薄人也。"并痛陈商君留下的两大历史教训:"伤残民以骏(峻)刑","千人之诺诺,不如一士之谔谔"。这位两千多年前的史家的是非观没有问题,我们今天有些人的是非观反倒有了问题。

秦孝公刚死,便出现了小说《商鞅》中讲述的那尴尬一幕。不过,商君对拒留其宿的客店老板所发出的感慨"嗟乎,为法之蔽一至此哉!"恐怕是太史公先生加给他的,以使后来者戒。这一幕后不久,商君果然轻易地被政敌捉住,他们"以其人之道,还其人之身",用商君制定的"严刑峻法"来对付他本人:"车裂商君以徇","灭商君之家"。"评法批儒"的年代,把这称做"反革命的疯狂报复"。谁革命与谁反革命不好说,"报复"却是确凿的。死于"报复"的商君,其实大可以安然瞑目——因为他亲眼得见,行"法"18年后,连昔日的反对派也已用实际行动继承了他的术策。

我想写这样一篇博士论文
——文明史随想

刘庚子

　　"学达性天"四个字是一块匾额,悬于白鹿洞书院正堂,为康熙手书。2004 年 5 月游庐山得见,很是激赏! 私以为讲的是做学问(学术与思想)的境界,更是人生的境界。对此境界心向往之久矣,然岁月践跎,两鬓苍苍,虽不坠读书、践行、思考,却多年既未深研经典,也未认真笔耕,所以距此境界依旧甚远。但心有不甘,私下认定路向无错,所悟所行是在前往此境界的路上。这是一种什么境界呢? 可以肯定它不会是玄奥不可及的,非加"伟大"、"英明"、"天才"、"超凡脱俗"才能达到的。达到这种境界的基点也一定不是一些关于人性的预设,什么人的本质、人的使命,理念的人、道德的人等等,这个基点只能是每个人每日都体验着的自然性情,或者说是对普通的生活、平凡的人生、日常经验的真实感悟和谦逊的理解,是一种对己对人、对传统、对现世、对未来宽厚、放松的心态,而任何矫饰都会是羁绊。

　　一个多世纪以来,人们崇尚"新",似乎只有"新"的东西才有意义。然而在这个尚"新"的环境中,近 20 年来我一直保守,一直怀疑"新"的是否真的有价值,是否就一定是好的。所以,对那些时髦的东西,对那些号称实现了革命创新的宏大理论最无心去读。我拟写一篇题为"财产权利与价值秩序"的博士论文,讲一些"旧"的东西,也许一些学人会以为这些内容对当今中国还算是新的,但在知识的谱系中,这些观念的确已经很旧了。然而旧的东西其价值并不是都随着岁月的流逝而递减,并不必定比"新"的东西价值低。那些作为一种文明的基核特质的旧东西,是与这个文明一样久远的。如《论语》、《老子》、《孙子》中的观念、智慧就比 20 世纪在中国流行的许多新观念对这个民族更有价值。我在准备和写作这篇论文时,始终观照着自己生存其中的这个国度,这个正在转换中的巨型社会能不能形成比较理想的市场秩序,成

刘庚子:北京师范大学人文学院博士研究生。

为一个法治国家。中国这个巨大的时空实体会变成什么样子？我的这个巨大的疑问和关切也正是我选这个题目做博士论文的真正原因。不管未来会变成什么样子，我要表达希望！王焱先生在读储安平《政治上的英人与法人》这篇旧文时有个发现，储安平的这项研究有意忽略了两国政治思想史上的精英，即这样一篇政治文化比较的文章，通篇都没有提到一个大名鼎鼎的思想家，既没有提到霍布斯、洛克、休谟、斯密、伯克，也没有提到孟德斯鸠、伏尔泰、卢梭。对储安平的学术取径，作者写道："由于自宋明理学以降，中国知识人执著于形上的天理世界，往往导致一个未经反省的认识论预设，即美国学者墨子可所说的'天下可运于掌'的乐观主义认识论，高估思想理念对于政治社会的型塑作用。这不仅导致近代中国宇宙王权解体后，知识人成为各种流行意识形态的追逐者，而且也使他们在观察异域文化之际，错认西方的社会政制是根据某位思想家的观念设计而成的。""思想观念并不能直接指导人如何行动，而行动所依凭的制度规则都属于实践性知识，那却不是依靠熟读思想家的著作就能奏其功的。"对此一见解，我深以为然。取这种态度绝非认定理论百无一用，相反，我以为我们这个社会对政治哲学有深刻的需求。只是觉得哲学应该有自知之明，搞哲学的人应记住二战后有人讽刺海德格尔的那句问话："君从叙拉古来？"书斋里哲学的自我膨胀不仅不会给由市场化和对外开放拉动的这个社会的改善带来什么有益的东西，反而会让自己在现实政治中落到可笑可悲的境地，像海德格尔等一批欧洲大陆著名哲学家一样。由哲学家自己的价值观为基点而推演出来的"思想体系"多半似是而非，这种理论若真在现实中起作用，则多半可怕。政治哲学若脚踏真实的历史与现实地层，在个人知识（波拉尼）、政治技艺、制度变迁上作些思考，也许才配得上称为"爱智慧"，而不是思维观念的放纵。而这就要求搞哲学的人应该有足够的经济、法律、政治且首先是历史的支援知识（学人应该警惕，今天的学科分野使一些人在得到某种专深知识的同时，缺失了一个普通人应当识知的一些基本东西）。

　　回到历史和现实的真实再作哲学思考，那些玄来玄去的学理创新、"宏大叙事"真的没那么伟大，没那么重要，这是我的结论。以"财产权利与价值秩序"为题，实已隐含了我的价值取向，而价值取向的确立则基于我对历史真实的认知。历史不会按照哲学家的玄想去演进。如大名鼎鼎的黑格尔专家科耶夫依据黑格尔《精神现象学》中的主仆辩证法,推出一套对历史走向的预言。他把美国称为右翼黑格尔主义,把前苏联称为左翼黑格尔主义,认为此左右翼之差别在历史过程中只是细节问题,因为整个发达世界都将过渡到一个依据理性而组织起来的官僚政治社会,一切阶级差别也将随之消失,历史将终结(黑格尔+韦伯)。到如今,在我们经历并认知了真实的历史之后,面对这等高论真是哭笑不得。读丘吉尔四卷本的《英语民族史》,钱秉旦、许洁明的《英国通史》,杂览古希腊史、古罗马史、古希伯来民族史、法国史、德国史、意大利史、俄国史、美国史,并对照中国史,寻着人物、事件去摸清制度的演化,领悟观念的变迁,不再纠缠于各种历史哲学,心神顿然清爽!在钱著《英国通史》的前言中有几段话甚合我意:"不了解它(指英国),就不能理解今天的世界;没有这个国家,现在的世界也可能就不是这个样!""要想了解现代世界,就应该首先从英国历史开始。""作为一个小国,远离文明中心,在世界文明的边缘上悄悄地生存一千年","默默无闻……却突然跃出地平线……领先走进一种新文明"。"英国开创了世界的一种新文明,这种文明对多数国家来说是异质的,不接受它却很痛苦。这是一种当今世界的主体文明,英国开创这种文明,带给世界的,是灾难,还是福音?""英国是一个'原生型'的或'自发型'的现代化国家,多数国家是'派生型'或'触发型',是被迫进入现代化的…… 被迫走上一条它原本也许根本不会走的路。被强制的过程一定是非常痛苦的。""对中国人来说,英国是迫使中国打开国门的第一个国家,对此,我们抱着复杂的心情。这种心情其实并不是中国的独有,世界上许多国家都有过,至今仍然有。"这些话可谓提纲挈领,轮廓了然。

　　黑格尔所说的"世界历史",我们今天说的"全球化"、"民主化"、"现代化"以及当代哲学讲的,为许多哲学家、文人、知识分子所不喜欢的"现代性",都肇始于英国发生的"工业革命"。工业革命产生的低成本、大批量、精美的工业品向全世界的市场扩展,当然还有军事工业品——船坚炮利——的开路压阵。于是,就开始了"真正的"世界历史,就有了"工业化"、"现代化"、"民主化"、"全球化"。然而这一切都不是英国新文明的本体,不过是这种新文明不期而至的副产品。躲在英国经济繁荣、民富国强后面的新文明的核心,用一个词表达,就是自由,即实行宪政,也就是个人权利——生命权、财产权、自由权——的确立和对权力(王权)的限制,由此而形成法治下的市场秩序。船坚炮利、工业化还好接受,而宪政制度、市场秩序对其他民族、国家却是不可想象的。制度层不可避免的全球扩展则把其他原有文明冲击成"文明的碎片"。由此许多民族国家近一二百年的历史过程变得百般曲折,排异反应痛苦难堪。中华传统文明在人类文明史上无疑曾是最先进发达、最辉煌的文明之一,在遥远的三千年前和两千年前的周和秦有过两次伟大的创制,形成了绵延五千余年、中国——东亚巨大的中华文明圈。无奈,至 20 世纪末受英伦——西方工业文明和制度文明的冲击,陷于"三千年未有之大变局"(茫然地),旧文明的"面子"、尊严扫地殆尽,中国人经历了一百年心酸难堪的挣扎。然而,被 20 世纪西方局势和历史——政治哲学笼罩,中国人对"西方"和本土制度文明的认知远远偏离了历史真实的主轴。因此,今天才有回归历史真实去思考的要求。

说英国开创了一种新文明,而不笼统地说"西方文明",是指英国新文明的出现,虽包含古希腊、古罗马文明的一些因素,也包含基督教、中世纪文明的积淀,还有文艺复兴的影响,但这些因素并不能必然地生长出英伦的新文明。或者可以这样说,没有古希腊、古罗马和希伯来文明就不会有英伦新文明,但英伦新文明不是西方自古希腊始演化的必然结果,它是在西方文明的边缘偶然产生的新东西。如果它不是处于边缘的一个岛国,就不可想象它独特的历史演化,也就不可想象会出现一个与欧洲大陆上强大的王权社会不同的国王权力与贵族权利平衡的社会,近而形成虚君立宪国家。在英伦逐步形成宪政制度的漫长岁月里,它的科学技术进步不在前列(最发达的是今意大利地区),它的航海拓展也不在西班牙、葡萄牙、荷兰、法兰西之上,它在大西洋贸易中所赚的钱也落在上述诸国之后,然而它的宪政体制使其财富没有像欧洲大陆各国那样,大多被国家王权所攫取。个人财产权利保障了民间财富的积累和技术进步的活力,而这正是工业革命的基础。科技进步、工业革命、经济繁荣、国力强盛是宪政之果,而不是因。

美国是英国文明在新大陆的完善与发展,美国取代了英国在国际上的地位,但其文明的内核没有变。而欧洲大陆诸国,无论是法国、德国、意大利还是俄罗斯,如果没有英国、美国的比照,这些国家怕难有今天稳定的结构,今天会是什么样子,我们无法想象。在被我们笼统地称为"西方文明"的范围内,在漫长的历史演化中形成的各族各国其实各有特质,在近二百多年中,它们受英国文明有形无形的冲击,有漫长的各种各样的挣扎,在政治、民情、军事、商业等诸方面均有表现。有国家主义的,有民族主义的,有计划经济的,有法西斯的,有纳粹的等等,还有《西方的没落》的预言。然而九九归一,"没落的"是上述所列的这些东西。

英国新文明的形成过程中,对自由的追求是个核心。所谓自由就是免于受权力暴力的侵害。因而就有了对权力的限制和对权利的争取,就有了权利观念。凡可称为文明的社会(如古代中国),一定程度上都有对生命、财产和自由(行为与言论)的肯定与尊重,都有对无端侵害他人生命、财产、自由的权力、暴力的谴责、约束和惩罚,但都没有形成明确的个人权利观念。个人权利观念的出现,人权理论的阐明是人类的一次伟大的自觉。英国人在他们的大宪章中,在漫长的岁月里无数次的司法实践中,在洛克的政治哲学著作中,在苏格兰启蒙运动(休谟、斯密、弗格森)的理论智慧中,阐述和巩固了他们的自由理论,到了伯克的政治哲学则是要保持这种自由传统。在今天这个开放的社会,全球化的社会,英国人这种关于个人权利与权力、关于市场秩序、关于人性的实践与理论智慧,应该被作为全人类的宝贵财富,值得我们下工夫研究。

政治哲学研究正逐步在中国展开。回顾政治哲学研究的登场,人的哲学研究和价值哲学研究为其提供了哲学的知识基础和观念背景。在当代中国,从某种意义上讲,政治哲学研究的是人的哲学,是价值哲学研究的展开和深化(人的哲学和价值哲学首先讨论了人的价值、人的权利等问题)。这里研究者需要提醒自己注意的是,哲学必须立于文明层面去展开思维,而不可混于现实政治十分具体的事项中去展开思维,有话在哲学层面好好说,慢慢谈,但又不能对现实政治毫无感觉,毫无经验,仅凭文本与玄思作理念推测。我喜欢思想,喜欢思想家的思想,也喜欢自己去思想。这是我自小经历"文革"造成的。学术(规范)对我来说只是更好地表达思想的工具,所以我从来不敢说自己在搞学术。但我的博士论文选题,却的的确确是一个政治哲学的最基本的问题,既不是交叉学科,也不是某种理论创新。那么,对这样一个最基本的问题,我只能尽我所能,老老实实地做,既不想标新立异,也不想天马行空,而是要平和地深深地沉到冷静的历史、政治、哲学思维中。每个理论观念都要观照历史和现实,真真切切想明白,不清楚的绝不瞎写。

一方水土一方人

——读《枪炮、病菌与钢铁——人类社会的命运》杂记

郝时远

"耶利的问题"与文化多样性

几年前,在中国社会科学院研究生院学生举办的一次导师荐书活动中,我推荐了美国演化生物学和生物地理学家贾雷德·戴蒙德的《枪炮、病菌与钢铁——人类社会的命运》一书。其实,对于从事民族学、人类学的研究者来说,这部书可以说是基本参考书而非跨行逾域的另类,只是这部著作展开了生物学、地理学、历史学等多学科的视野。为了更好地理解这部著作,我同时推荐了美国专事动植物驯化起源研究的埃里克·伊萨克所著《驯化地理学》一书,以便有兴趣的学人可以从更专业的知识背景中去感知生物地理学的重要意义。

对于我们这个大千世界来说,文化多样性的差异是最基本的差异之一,而这种差异所依托的最稳定的人类共同体即是民族。民族在形成和发展进程中脱离不了其所处的自然地理环境的影响,即如滑雪板只能发明在环北极圈之地而不可能发明在赤道地区一样,每个民族在适应自身所处的自然环境中都产生了因地制宜的创造。这些创造构成了人类社会文明成就的多样性和连续性。

在公元 1500 年以前,除欧亚大陆外,世界范围的许多古老文明都处于相互隔绝性发展的状态。在此之后,随着东西方航海事业的发展,海路的沟通使各大陆人类的相逢、相知日益广泛。人种差异、文化差异、社会发展进程的差别,也因此成为相互评判的基本视点。对西方航海者来说,美洲、非洲、澳洲和南太平洋岛屿这些前所未知的地方,存在着许许多多尚未进入铁器时代的"快乐的野蛮人"或"高尚的原始人",虽然他们拥有令西方人难以置信的诸如巨石文化一类的辉煌成就,但是面对先进的枪炮却形同鸟兽、不堪

郝时远:中国社会科学院学部委员,民族学与人类学研究所所长、研究员。

一击。占领、教化、殖民统治使这些古老社会相继崩溃,文明与野蛮、先进与落后、统治与屈从、尊贵与卑贱,最终导致了种族主义的泛滥,而那些尚未得到现代科学解读的古老文明成就却因此而湮没于废墟之中。

这些古老文明的毁灭,并非只是一个民族文明发展史的中断,而是人类社会文明发展进程的断裂。对此,虽然没有任何法律来追究造成古老文明崩溃的责任者,但是探究其原因则是科学界义不容辞的责任。巴布亚新几内亚土著人领袖耶利向戴蒙德提出的问题,即是进行这方面研究首先要面对和最终要回答的问题:"为什么你们白人制作那么多货物并将它们运到新几内亚来,而我们黑人却几乎没有属于我们自己的货物呢?"对戴蒙德来说,"这是一个虽然简单但却切中要害的问题",他的思考也因此从"耶利的问题"展开。

"耶利的问题"不是一个新问题,而且答案也不少,其中流毒甚广、影响深远的即是"种族优劣论"。即便现代生物学研究早已证明了人类在智力方面不存在差别,但是将人类按照体貌特征划分为等级的观念并未消除。戴蒙德的著作,正是针对这种观念,别开生面地展现了世界各民族的文化差异和社会发展差别方面的自然地理因素,从而在解读人类社会的历史及其各民族的互动关系方面展开了一个新的视界,对种族主义的理论基石做出釜底抽薪的科学回应——"不同民族的历史遵循不同道路前进,其原因是民族环境的差异,而不是民族自身在生物学上的差异。"当然,戴蒙德对全书观点一言以蔽之的上述论断并非因袭"环境决定论"的陈说,而是揭示了人与自然环境的互动关系。

中国俗语中有"一方水土养一方人"的说法,此语虽流传民间,但是却包含了深刻的道理。人类的生存和发展都离不开自然环境的依托,利用大自然提供的种种资源维持生计、保证繁衍是人的生物本能;而改造自然、发明创造则是人的生物智能。但是,改造和发明脱离不了人类所处的地域环境和生态资源,正所谓不临江河湖海不会创造舟楫之便。在中国先秦文献有关"五方之民"的记载中,《礼记》的一段话颇为经典。其说:"凡居民材,必因天地寒暖燥湿、广谷大川异制。民生其间者异俗,刚柔、轻重、迟速异齐,五味异和,器械异制,衣服异宜。"这就是说,处于不同地理环境中和气候条件下的人们,在习俗、性情、饮食、器用、衣物等方面必然相异。这些相异体现的正是文化多样性。可见,在中国古代智慧中,对多样性差异及其与自然地理环境关系的认识早有定论。然而,古往今来、古今中外,在不同民族互动的历史实践中,往往是以消除差异、谋求同一为主导,以至近代西方世界全球性扩张之际,"西方中心论"、"白人是美丽的"成为公行天下的准则。这种取向至今仍在继续,"现代化=西方化=美国化"的公式在世界范围以及政治、经济、文化和社会生活等领域仍在发生着强烈的影响。

自然地理环境对人类的影响具有重要且基础的作用。虽然我们从世界范围史前文化遗迹中可以发现石器时代工具类型甚至形制等方面的共同性,但是通过工具造就的文化类型、表现方式及其内涵智慧却多种多样。这些文化成果一旦发生互动交流,就会在吸收、借鉴和交融中产生新的发展。而完全孤立的社会(诸如隔离海岛等)则很难取得飞跃性的发展,甚至停滞在一种文化类型中经年继世地延续或自生自灭。这种孤立的文化,虽然在物质技术水准方面能够实现从粗糙向精细的变化,但是却不能实现进步的突变,其中最重要的原因就是自然环境所提供的资源是有限的。因此,当欧亚大陆早已脱离石器时代且实现了以钢铁为标志的船坚炮利之后,孤立的大陆和海岛却仍旧处于石器时代。这些社会并非因为从猿到人的进化过程缓慢,而是自然地理环境隔离的结果。当然,这样的社会也会发生重大的变化,那就是改变了人与自然平衡互动关系之后,特别是有限的自然资源遭到竭泽而渔的利用之后,随之而来的必将是社会的崩溃和文化的沉沦。戴蒙德对南太平洋波利尼西亚岛屿文化的研究,对这些群岛社会差异性的自然环境解读至少包括了以下一些因素:岛屿气候、地质类型、海洋资源、面积、地形、破碎和隔离程度。其中最具典型性的——海洋资源少、面积小、与最近的陆地(岛屿)远达 2000 多公里——孤立社会是复活节岛,而作为人类石器时代遗留至今最具神秘色彩的文化成就也产生在这个孤悬大洋的小岛上。

复活节岛与文明的"用力过猛"

前不久,我有幸考察了孤悬南太平洋之中的复活节岛,流连忘返于那些至今仍属世界之谜的巨大火山岩人形雕像——莫埃(Moai)的身旁。我像所有身临其境的人一样,在想象古代岛民怎样用石器将一个火山面如刀削斧剁般地切割和雕凿,如何在没有运输和起重机械的条件下运送与竖立这些巨石人像者的同时,也不得不思考这些波利尼西亚古老文明的兴衰。古代岛

祭坛上的莫埃

民创造了古代文明的奇迹,同时也毁灭了它们,使今人游移于令人叹为观止的辉煌和痛心疾首的遗憾之间去尽情地猜测想象,以至外星文明之说不胫而走,因为不少专家认为即便是在今天的技术条件下,实现这一规模宏大的工程也绝非易事。问题在于,创造了如此辉煌文明成就的岛民,为什么在遭遇西方舰船时却表现得那样脆弱无能,在背负了"小偷"、"盗贼"的恶名之后,又被迫将强健的肌肉付诸于奴隶主在秘鲁的鸟粪采掘场,而身染天花的幸存者返回复活节岛后却为残存的岛民带来了灭顶之灾,以致一个数千人的社会在进入 20 世纪的时候仅存百人。今天,生活在复活节岛上的岛民很难说是创造让今人叹为观止的莫埃文化的后裔,因为他们大多是来自法属波利尼西亚的塔希提、智利的原著民,他们对莫埃文化的历史记忆并不比外来人知道的多多少,更不要说以石器工具雕凿火山岩的技艺了。

人们对复活节岛以莫埃文化为主体的现代科学研究已经历了一个世纪,历史学、考古学、生物学、人类学等诸多学者的解读众说纷纭,而目前主流的观点都指向了复活节岛生态环境变化这一因素。复活节岛的原始岛民无疑是最早的远航者——波利尼西亚人的一支,而岛上的鸡、芋薯类和老鼠也是最初登岛的波利尼西亚人随行带来的物种。动植物考古学已经证明,这个火山小岛在历史上曾经绿树成荫且有不少于 6 种鸟类。而欧洲人在 1722 年抵达该岛时,除了那些令人生畏的高大巨石雕像外,复活节岛是一片看不到树木和飞鸟的不毛之地。历史上的森林资源无疑为莫埃文化的产生和延续提供了滚木、撬杠、脚手架和绳索之便,而岛民各氏族日益攀比的祖先祭坛,在推动莫埃雕像从几吨、十几吨到几十吨的不断放大的攀比中,也对森林资源造成了竭泽而渔的过度采伐。到 17 世纪,岛上野生动植物资源耗尽,终使数百尊尚未从火山岩壁母体上脱离的莫埃雏形永远留在了石壁崖头,也使那些已经完全雕凿好的莫埃无力走下山冈而停留在走上祭坛的途中。树木的用尽,也使一个曾经远航而来的民族完全丧失了出海的能力,而复活节岛海滨大多为断壁悬崖、缺乏珊瑚礁的海洋地质条件也决定了近海鱼类资源的贫乏。岛民的生存空间因失去舟楫之便而大幅度缩小,岛民的文化传承因失去森林的支撑而被迫终止。环岛四望是无际的汪洋大海,面对以徒手之力丝毫不能撼动的巨大莫埃,挫折、失望、无助和食物的日益缺乏最终引起了社会的动乱,曾经顶礼膜拜的祭坛及其竖立其上的祖先石像已经不能再为他们提供任何心灵慰藉和生存护佑,而推倒这些巨大的莫埃比竖立它们要容易得多。18 世纪至 19 世纪中期,岛上数百尊安座祭坛的莫埃相继背朝青天、面向泥土,倒卧于坍塌的祭坛,莫埃文化及其所支撑的古老社会彻底崩溃。

著名历史学家汤因比在研究人类社会古代文明兴衰嬗替的现象时,曾提出了"用力过猛"的观点,这是值得重视的问题。人类在自身发展中的所谓"用力过猛",一是加诸人类自己,战争、掠夺、屠戮和奴役;一是加诸自然环境,采伐、攫取、滥用和消耗。其结果都将导致物极必反的抗拒和报复,这种反作用力虽然未必能够再创辉煌,但是足以毁灭原有的创造。对于像复活节岛这样的微型孤立社会而言,其灭绝的内因无疑是莫埃文化"用力过猛"的发展导致自然环境巨变,而外因则是古代石器社会遭遇近代工业社会后被抛入历史废墟。孤立、隔离的社会可以在自身发展的历史进程中实现自我智能、体能所及之极限,而开放、交流的社会可以在自身发展的历史进程中实现人类智能、体能所

停滞时代——未及走下山冈的莫埃

郝时远 摄

及之无限。

马克思主义经典作家曾指出,越是追溯人类的历史,各民族的共同性就越多。每一个民族为自身所做的事情,都是他们为人类社会而做的事情,他们的全部价值仅仅在于每个民族都为其他民族完成了人类从中经历自己发展的一个主要使命。而某一地方创造出来的生产力,特别是发明,在往后的发展中是否会失传,取决于交往的扩展情况。只有交往具有世界性,并以大工业为基础的时候,只有一切民族都卷入竞争的时候,保存住已创造出来的生产力才有了保障。这些精辟论断对我们理解古代文明的中断及其在近代的遭遇都具有深刻的启示。

直到 18 世纪仍处于石器时代的复活节岛,经历了与各大陆人类共同的历史进程,但是由于隔离而没有交往,岛民的伟大创造没有惠及人类社会,而其他社会的发明创造也未能对复活节岛提供继续发展的能力。交往是产生竞争的前提,竞争是比较中的选择。而选择未必是取代,应该是在继承基础上通过吸收、借鉴产生的提高,也就是创新。然而,在人类社会的历史进程中,竞争往往表现为你死我活的替代,结果很多本来属于全人类的古老智慧被遗忘,使很多属于在不同生境中产生的独具特色的创造被废弃,最好的命运也就是贴上原始的标签而存入博物馆。以至今人在面对那些辉煌庞大的古代废墟时产生的震撼,在理解那些古老知识系统时产生的困惑,在欣赏那些精妙绝伦的手工技艺时产生的惊叹,只能停留在心理、视觉和情感的层面而无法进入理性的思考。"耶利的问题"自然摆在了世人面前。人们在以"原始"和"落后"回答耶利的提问时,却无法解释耶利的祖先为今天留下的文明遗产和文化内涵。

印第安世界的灭绝与"水土"问题

从广义生态环境的意义,我们可以简约为一方水土一方人的观念。而水土不存、人将焉附? 同样,一方水土本身的差异,在外来"水土"(主要指动植物等物种)渗入后,又会产生怎样的后果? 在人类各大陆隔绝性发展的时代,除了人力对"水土"的利用外,"水土"自身的调节功能取决于相对封闭的生态平衡。这种生态环境中的各个物种之间结成的生物链条维系着这种平衡,其中包括对人类的影响。就像那些躲藏在波利尼西亚人独木舟中的老鼠,一旦登上复活节岛后,在没有天敌的条件下最终也成为毁灭森林植被的祸患。贾蒙德在揭示这种"水土"因素时,从生物多样性的自然环境在地球不同区域特点出发,阐释了欧亚大陆东西向的轴线和美洲、非洲大陆南北向的轴线,进而从生物、驯化动物的传播视角解读人类社会的交往关系及其生物学意义。简单地说,环地球经度区域生态环境的气候、物种是相似的且易于传播,而环地球纬度区域生态环境的气候、物种则差别显著且不易于传播。因此,处于纬度轴线的美洲、非洲大陆,相对处于经度轴线的欧亚大陆而言,包括微生物在内的生物物种,在洋路开通之前很难相逢,人类社会的文化传播也是如此。而在 16 世纪展开的相逢却是遭遇和灾难。

1532 年 11 月 16 日,西班牙征服者皮萨罗率领 168 名士兵在南美秘鲁的卡哈马卡与印加帝国的国王阿塔瓦尔帕及其 8 万军队相遇。这是西方殖民扩张史中一个非常经典的场景。然而,在如此力量悬殊的对峙中,西班牙人的枪声响起、骑兵冲击,顷刻之间使数万印加帝国的精锐部队在心理上被完全摧毁。冲突仅几分钟,印第安人尸横遍野,印加帝国的国王已经成为俘虏。社会发展进程的差别,就是如此无情。而这样的场景,在近代西方全球性殖民扩张的历史上已经从经典变成了常态。枪炮、钢铁之利固然可以解释这些史实,而生态的原因则是最终实现征服和毁灭古老社会的终极杀手。西班牙人带到美洲大陆上的天花、麻疹、伤寒等病菌,对毫无抗体和对症医治能力的印第安世界来说,枪炮的屠戮已经成了小儿科。病菌夺去了印第安世界绝大部分人的生命。同样,西方殖民者在征服异域社会过程中,也遭受了疟疾、黄热等热带疾病的袭击,但是毕竟欧洲的社会发展进程在医药方面已经进入了"钢铁时代"。

时过境迁,人类社会已经进入了 21 世纪。数以千计的民族早已纳入了数以百计的现代民族国家,不再有未发现的大陆,也不再有尚未谋面的陌生人类。全球化时代的经济整合、交通迅捷、信息传播、文化交流正在将人类社会日益密切地编织在一起,"地球村"观念已经为人们普遍接受,现代化已经成为所有国家的目标,尽管它们之间存在着前现代、现代和后现代的差别。同时,世人面临着日益增多的全球性问题,其中生态环境即是其中最重要的问题之一。近代以来的各大陆交流进程,已经巨大地改变了地球生态环境的面貌,物种的交流甚至在很大程度上超过了人类的交流。然而,国家之间的海关依然在严格、谨慎地检查着外来物种,因为任何外来物种的盲目引进都会造成灾难性的后果。"地球人"仍旧面对着"水土"问题。

结语

问题的严重性在于,普遍的现代化目标追求正在造成新的全球性的生态灾难。物种的多样性是维护生态环境平衡的基础。但是,世界各地每天都在消失的物种,已经和正在继续着对生态平衡的破坏,而工业排放造成的臭氧空洞、温室效应等气候变化则使一波波自然灾害频繁地袭击着人类。相应地,诸如"非典"、禽流感之类的病毒也超越了一方水土而具有了全球化特征。自然界对人类过度甚至是无度的索取正在进行着超越古代社会一方水土范围的报复,因为它自身已经失去了平衡。如果按照一方水土一方人的上述逻辑,可以说文化多样性的消失几乎在与生物多样性的消失同步进行。人们在科学地认识到物种多样性是维护生态平衡的基础时,并没有意识到依托于生态环境而形成的文化多样性同样应该是维护人类和平的基础。事实上,社会"麦当劳"化的趋势,不能满足一方水土一方人多样化追求;西方或美国的现代化模式,也不是一方水土一方人共同的归宿。现代化是同一的生存质量,而不是同一的生存方式。

自从 20 世纪 70 年代初罗马俱乐部关于《增长的极限》等研究报告及其所涉及的全球性问题引起世人的关注以来,全球化的概念及其理论逐步从未来学中衍生和分离出来,并在科学知识领域形成了一门综合程度很强、研究视野宽广的新兴学科领域。当然,全球学并非一般意义上的学科,它是一种在全球视野、全球意识主导下包含自然科学和人文科学的学问。它以关系整个人类社会面临的共同性问题为研究对象,将世界看成一个有机联系的大系统,在人、社会、自然之间的相互联系、相互作用中寻求共同的利益。它不仅要求多学科知识的融通与运用,而且要求人们超越不同信仰和文化藩篱,从国家、民族的层面上升到全球的高度来观察和解释世界。这就是说,全球化时代的到来,不仅将使科学的综合达到一种新的境界,而且要求人的观念发生重大的变革。在这方面,贾蒙德以演化生物学家的视角对人类社会命运的观察,就体现了这种科学境界中的学科知识融通。

戴蒙德的研究并不是为了让人们去重新理解一般意义上的人类社会历

史，而是通过人文社会科学与自然科学的相互合作去科学地解读历史，"就像对恐龙的研究一样——同时，使我们认识到是什么塑造了现代世界以及是什么可能塑造未来世界，因而使今天我们自己的社会从中获益"。因此，将人类社会本身融入演化生物学和生物地理学的视野所观察到的历史，是一部更加完整的人类命运史，因为人类社会的互动，不仅是人与人之间的交往，而且包括了人与自然界的相互依存关系。这项研究的意义不仅在于认识过去，更重要的是启示今天和走向未来。中国作为当今世界现代化进程最快的发展中国家，同时也是生物多样性、文化多样性资源丰富的国度。在发展进程特别是推进西部地区经济社会发展的进程中，同样面临着生态环境问题和传统文化流失问题。因此，通过对《枪炮、病菌与钢铁——人类社会的命运》这类学术著作的阅读，无疑能够对在科学发展观统领下实现人与自然可持续发展、经济与社会协调发展的发展观，对在构建和谐社会中确立尊重差异、包容多样的和谐观，产生更加深刻的理解。

《枪炮、病菌与钢铁——人类社会的命运》，〔美〕贾雷德·戴蒙德著，谢延光译，上海译文出版社 2000 年版

关于头发历史的政治经济学

赵　峰

一、头发生产的性质

　　头发虽然和身体相连，但没有神经，没有痛感，所以不是身体的构成部分。头发被认为是身体的产品。如果说人身的再生产是身体的成长的话，指甲、头发及人的其他体毛，如胡须、汗毛等，则是身体再生产的副产品。作为副产品，头发不是人有意识生产的结果，人没有为头发生产进行任何专项投入。

　　头发根植于身体。身体之于头发，犹如土壤之于植物。因此，头发是动物性身体上生长的植物性产品。由于自然条件不同，不同土地适于生产不同产品，并有不同的生产率。头发的生产也依从"生物生长的自然规律"：不同的身体会生产出不同颜色、柔韧性和弯曲度的头发；而且，不同的头皮显然具有不同的生产率。作为身体副产品的头发不同于人体器官的是具有再生性。这种再生性可以类比于韭菜，割了一茬又会再长出一茬。但与韭菜的再生性明显不同的是，生产者不需要为头发的生长施肥——除非土地肥力已经极度枯竭。因此，一般情况下，头发不具有稀缺性。

　　头发是一种有用的东西。头发最基本的功用大概是保暖，尤其是冬天，可以成为户外工作者帽子的替代物。这种替代的经济意义在于，同样的保暖效用，头发是无成本的。当然，头发最重要的功能是其表征性价值。由于头发的再生性、麻木性、柔韧性，使其成为可以自由书写的文本（当然，同任何自由一样，书写头发的自由取决于特定历史条件下的风俗习惯及其他道德规范），成为人身上最具有可塑性的东西。头发作为身体的延伸，自然具有对身体的装饰或修饰作用。当然，特定历史背景赋予个体的等级秩序、个性特征等等也可以通过头发的塑造加以规范、约束和定型，这样，头发的表征性价值就具有了政治的意义。当人获得自身肉体的所有权后，也获得对身体副产

——————
赵　峰：华中师范大学经济学院副教授。

品——头发——的支配权,塑造头发展示差异性成为现代化背景下个体炫耀身体的一种手段。

随着人及人类社会的成长,头发的生产经历了不同的发展阶段,并在不同发展阶段上呈现不同的价值。

二、自然经济:参孙的头发

在原始共同体阶段,个体拥有的资源对头发生产具有重要意义,不同资源禀赋决定截然不同的生产力,垄断性优质资源成为租金产生的重要来源。这一阶段头发生产的自给自足的性质表现为,头发的生产完全是一个自然的过程,头发的价值没有也不可能通过社会化的形式实现。由于个体尚未从自然的控制下解放出来,个体的社会联系往往局限于共同体内部,个性的成长受到交往范围的严格限制(况且,生存压力也制约着个性成长的可能性)。于是,头发,作为身体的附着物,往往只具有内在的价值而缺乏表征性意义。而这种内在价值,是通过主体的自我消费实现的。《圣经》中参孙的故事,反映的是自给自足条件下特殊资源垄断者借助特殊资源实现垄断租金的原理。当然,由于缺乏竞争的市场机制,租金未能通过耗散而增加社会福利。

参孙的故事是这样的:犹太英雄参孙力大无比,可以赤手打死狮子。在一次搏斗中,参孙杀死了 30 个菲力斯丁人,与该部落结下了仇怨。菲力斯丁人要尽各种阴谋要除掉参孙而没有得逞。——参孙实在太强大了。参孙实际上是一介武夫,他头发蓬乱,胡子拉碴,衣服破旧。他有一双铁锤一样有力的拳头,从小就没有在任何较量中失手过,也从不知道危险为何物。参孙的不幸在于他被爱情蒙蔽了。参孙鬼使神差地爱上一个叫大利拉的美女,这个女人是菲力斯丁人派来打探参孙神力源泉的间谍。婚后,大利拉表现出对丈夫足够的忠诚和体贴,使参孙放松了警惕。经受不住大利拉一次又一次的诱惑,参孙道出了他神力的来源:头发。入夜,大利拉趁参孙熟睡剪掉了他的头发。随后,菲力斯丁人像老鼠一样涌入并将参孙捆绑。失去头发的参孙连抬手的力气都没有了。菲力斯丁人剜掉参孙的眼睛,将其关进磨房做苦工。不久,参孙的头发长出来了,但没有眼睛,他无所作为。菲力斯丁人在一次庆典中,将参孙带到神庙,对这个昔日的英雄、今日的落魄者极尽羞辱。当参孙触摸到冰冷的巨型石柱,他的头发在风中战栗起来,自然赋予他的神力回来

参孙在熟睡中被大利拉剪掉了头发

了。他用力推倒了神庙,将里面的人全部压死,也包括他自己。

参孙的头发呈现天然的特点,蓬乱、粗糙、随风飘扬而没有任何固定的发式。这种自然性甚至包括与头发繁荣共生的小虫子。参孙头发的生产和消费完全是一个自给自足的过程,不具备任何社会化的意义。实际上,人们很少注意到参孙头发的特殊性。参孙吸引美女的是他无比的神力而不是他时髦的发型。参孙的头发显然是一种特殊的资源,通过头发,神力可以传递到参孙身上。借助于这种特殊资源,参孙自然获得了垄断租金——力大无穷、神勇无比并频频得到美女的欢心。可惜的是,作为自然经济背景下的特殊资源,参孙的神勇具有不可转让的特点,无法被交换和继承,而只能和他的肉体一起毁灭。

在传统社会,人的生存对自然有着特殊的依赖,这使人们对自然赋予的一切都给予极高的评价,将人体构成的任何一部分甚至包括仅仅是人体附着物的头发都视为是生命的有机组成。在头发成长的历史中,这是最值得炫耀的阶段。

三、管制经济:中世纪欧洲的头发

中世纪欧洲的社会经济生活笼罩在教会的高度控制之下,教会的绝对权威和对世俗经济活动的保守态度,使中世纪的头发生产具有明显的管制特点。作为身体延伸物并位于身体制高点的头发,最适于充当意识形态的符号。教会对头发生产进行管制,仅仅是为了体现上帝固执的偏见——头发长度与人们的虔诚程度成反比。但是,商品经济发展所推动的个性觉醒是个体成长的必然要求,而个体的成长自然包括人们对头发的自然权力。于是,针对头发生产的管制和放松管制之间存在一种持久的张力。

11世纪末,教皇颁布禁令:凡是留长发的人,一律逐出教会,死后也不能为他祈祷。乌斯特大主教对教皇的命令有着无限的忠诚,对长发有着无比的憎恶。他把留长发当做最不道德的行为,认为留长发的男人甚至不是真正的人。他总是随身携带一把剪刀,一旦有长发男人跪在他面前等候祝福,就剪下那人一缕头发,并命令把其余的也剪掉,否则就送他下地狱。

教会对头发生产的管制体现了世俗价值和宗教价值的冲突。在欧洲,长发曾经是身份和地位的象征。但在反抗政府暴政的过程中,平民也留起了长发。在世俗观念中,头发生产——留长发,具有重要的表征价值。这种价值不仅来自心理满足,也来自对既有政治结构的反叛。虽然教会持之以恒地诅咒长发,但时尚总是在边缘冲击着教规。人们认为,就算上帝确实不喜欢长发,把头发做成长长的发卷也许能够逃避上帝挑剔的眼光。人们期望上帝那宽广的胸怀能够容纳足够的多样性。于是英王亨利一世时期,男人留长长的卷发成为一种时尚。在这里,长卷发的生产体现着双重价值:一是表达对传统的抗议,二是彰显个体的独特体验和独立价值。这实际上也就是时尚的意义。

同一时期的法国国王路易七世则显得很顺从,他将头发剪得跟教士一样短。王后艾丽诺是一位快乐、傲慢、疯狂、喜欢寻求刺激的美女,她对国王的发型感到厌倦,挖苦国王软弱、无能、缺乏主见。他们的关系因为国王的发型变得越来越冷淡,最后甚至发生了王后红杏出墙的故事——艾丽诺携带大量财产嫁给了长发飘逸的英王亨利二世。此后,英国和法国陷入了长期战争。按照经济学的说法,管制总是带来资源配置低效率。对法国

英王亨利二世

国王来说,头发管制的后果是致命的。

欧洲中世纪的头发生产更重要的是具有表征性价值,留长发或者剪短发,体现的是世俗世界和宗教世界之间的意识形态冲突。管制始终服务于教会的宗教利益。也就是因为如此,同时因为女性尚未在政治意识中出现,教会对女性发型采取了一种宽容的态度,从而使女性的头发生产具有更强的审美价值而很少有政治意义。

四、现代市场经济:凌乱而张扬的头发

> 一切社会关系不停的动荡,永远的不安定和变动……一切固定的古老的关系以及与之相适应的素被尊崇的观念和见解都被消除了,一切新形成的关系等不到固定下来就陈旧了。一切固定的东西都烟消云散了,一切神圣的东西都被亵渎了。(《共产党宣言》)

这就是我们身处其中的现代社会。现代性消解了使社会凝结成有机体的一切传统,理性取代了构建传统社会联系的宗教、伦理和情感纽带,分工和专业化借助技术霸权将社会肢解为碎片,个体再次回到原子式的存在。在拥挤的人群中,个体感受不到归属,感受不到温暖,彻底失去了作为类的自豪感。个体不断进入某种暂时的状态又不断被排挤出来,被反复抛向无家可归的荒野。技术构建了生产方式、生活方式并进一步构建了意识形态,人作为人的独立和自尊不断遭到质疑和嘲弄。技术在不断否定自身的进步中坚定地否定着传统,身陷技术进步旋涡的人失去了过去,失去了充满传统温暖的家园,被置于动荡和闭塞、躁动和卑怯中。现代生活于是不可避免地呈现出短暂性、瞬间性和偶然性。同时,市场化大潮荡涤了一切价值,货币将整个世界夷平了,个人沉没于平均主义的海洋。断裂、碎片、偶然、暂时、过渡、纷乱、喧嚣,这是我们面对的现代化图景;冷漠、恐惧、麻木、肤浅、焦躁、骚动、晕眩、健忘,这是深陷现代化海洋的人们的普遍心理。

这个世界变化太快。服装款式、室内装修、家电品牌等,等不及人们熟悉就过时了。个体在迅速变化的潮流面前好像被抛向黑暗的孤岛,没有任何东西可以依靠,除了自己的肩;没有任何东西可以抓住,除了自己的手;没有任何东西可以信任,除了自己的感觉;没有任何对象可以倾诉,除了自己的梦呓。被彻底孤立的个体对世界彻底失望,最终只能回归自身,回归自己的身

体。只有自己的身体不会抛弃自己,也只有自己的身体才能实现自己的理想和抱负。身体的现时性使个体摆脱时间的纠缠,身体的现实性使个体获得确定性的满足。现代性就是现在性,在回归传统的时光隧道被关闭后,个体只能在现在的体验中感受家园的温暖。

头发,那一片具有再生性、麻木性、柔韧性和可塑性的人体上的森林,是个体实现生命历险、丰富生命形式、完善生命价值的广阔舞台,是书写个体生命的最好文本。头发生产于是成为一个不断扩张、日益兴旺的产业。头发生产专业化了,并成长为具有典型政治和阶级分层性质的专业生产结构,从发廊、美发店到专业美发店;头发生产的产业化链条拉长了,从直接的头发生产(剪发、造型、染发、护发)到围绕头发生产的辅助产品洗发液、护发素、染发剂及相应机械设备的生产。——一个具有纯粹形而上学意味的产业带来了实实在在的产出和庞大的就业机会。

在现代性的背景下, 头发生产带来了前所未有的巨大价值——这种价值是在传统价值观崩溃后对成为碎片的个体价值的一种回收,一种聚合,一种粘连。在分工和专业化背景下成为现代机器上单调齿轮的个体,通过奇异的发型发出自己的抗议,体现自己的挣扎;被现代化背景下货币的夷平效应荡涤的人们通过染发显示自己的个性色彩,并试图在被吞没之前用力揪着自己鲜艳的头发将自己拽出;深陷于现代性的孤独、凄冷的人们通过抚弄自己别致的头发、愉悦自己的身体而得到温暖。现代社会是一个价值多元的社会,人们希望通过自己造型丰富、色彩艳丽的头发体现自己独立的个性和价值,避免被枯燥、单调、冷漠的现代秩序所吞食。

头发生产的发展过程同时是人类的成长过程。从原始的头发的自然生产到现代的商业化、专业化生产,体现了人对自身的认识和利用从不自觉到自觉的发展过程。头发生产折射出特定时代背景下特定的意识形态。当头发生产由单一走向丰富,由静止走向变幻,由自然走向自主,我们可以理解为人的自主性的增长从而是人类的成长。但是,头发生产的现代背景的断裂、碎片、焦躁、冷漠、恐惧、麻木以及"社会"的原子化,是否真的是一种值得追求的状态?

图书在版编目（CIP）数据

社会学家茶座：精华本.卷三/张立升主编.
—济南:山东人民出版社,2011.3
ISBN 978−7−209−05665−6

Ⅰ. 社… Ⅱ. 张… Ⅲ. 社会学—文集 Ⅳ. C91−53

中国版本图书馆 CIP 数据核字(2011)第 027996 号

主编 张立升 **执行主编** 王 焱
执行主编助理 王 萍
责任编辑 王海玲 马 洁

山东出版集团
山东人民出版社出版发行
网址 http://www.sd−book.com.cn
社址 济南市胜利大街 39 号 邮编 250001
编辑部电话 (0531)82098006
E−mail:chazuo_shehui@hotmail.com
      majie0720@126.com
邮购电话:(0531)82098021

山东临沂新华印刷物流集团有限责任公司印装
规格 16 开(165mm × 235mm)
印张 25.25 字数 390 千字
版次 2011 年 3 月第 1 版 印次 2011 年 3 月第 1 次
定价 36.00 元

如有质量问题,请与印刷单位调换。0539−2925659